CONCORRÊNCIA E REGULAÇÃO

ESTUDOS E PARECERES ECONÔMICOS

Editora Singular
São Paulo
2004

CONCORRÊNCIA E REGULAÇÃO

ESTUDOS E PARECERES ECONÔMICOS

Edgard Antonio Pereira
Eleni Lagroteria
João Paulo Garcia Leal
organizadores

Dados Internacionais de Catalogação na Publicação (CIP)
(Câmara Brasileira do Livro, SP, Brasil)

Concorrência e regulação: estudos e pareceres econômicos
Edgard Antonio Pereira...[et al.]
São Paulo: Editora Singular, 2004.

Outros autores: Eleni Lagroteria, João Paulo G.Leal, Juliana Munhoz Hilal, Paulo Furquim Azevedo, Andrey Correa, Liz Moreira

Bibliografia.
1. Comércio – Regulamentação – Brasil; 2. Concorrência – Brasil;
3. Regulações administrativas – Brasil
I. Pereira, Edgard Antonio; 11. Lagroteria, Eleni; 111. Leal, João Paulo G;
IV. Hilal, Juliana Munhoz; Azevedo, Paulo Furquim

04-3605 CDD-338.60480981

Índices para catálogo sistemático:

1. Brasil: Concorrência e regulação : Produção:
Economia 338.60480981
2. Brasil: Regulação e concorrência: Produção:
Economia 338.60480981

Diagramação e capa: Estúdio Graal

Rua José Nobrega Barbosa nº 100
CEP 02336-090
Tel/Fax: (11) 3862-1242
www.editorasingular.com.br
singular@editorasingular.com.br

APRESENTAÇÃO

O presente volume traz alguns dos estudos e pareceres econômicos elaborados por integrantes da **Edgard Pereira & Associados**. Os textos são integrais e tiveram sua publicação autorizada pelas empresas para as quais foram realizados.

Há sete trabalhos na área da defesa da concorrência, que tratam de questões como aplicação do teste do monopolista hipotético para definição de mercado relevante, *failing firm*, custos de transação, eficiências e cláusulas de exclusividade. Outros quatro trabalhos tratam de temas de regulação econômica: controle de preços, "fator X", leilões para concessão de serviços públicos, entre outros. Três artigos versam sobre defesa comercial, como o que traz uma síntese dos principais acordos que norteiam a atuação da Organização Mundial de Comércio. Há ainda estudos setoriais abrangendo várias indústrias, como de gases industriais, fertilizantes, bebidas, energia elétrica, laticínios, produtos farmacêuticos e outras.

Nesses quase dez anos prestando serviços de consultoria econômica em defesa da concorrência, defesa comercial e regulação econômica, entre outras, testemunhamos a consolidação dessas áreas de pesquisa e trabalho no País. A regulação econômica deu seus primeiros passos a partir de 1994 como corolário da concessão à iniciativa privada da exploração de serviços públicos anteriormente realizados pelo Estado ou por empresas estatais. Em defesa comercial, embora todo o arcabouço institucional venha de muito tempo antes, só recentemente, com a conclusão da Rodada Uruguai do GATT em 1994 e, principalmente, com a abertura econômica brasileira, investigações *antidumping*, por exemplo, ganharam maior fôlego. A defesa da concorrência, que tem uma história já mais antiga no Conselho Administrativo de Defesa Econômica (CADE), comemora neste ano apenas dez anos de vigência da Lei 8.884/94.

O noviciado comum dessas três áreas permitiu um virtuoso processo de aprendizado onde todos os envolvidos, empresas, advogados, economistas e órgãos governamentais contribuíram com seus saberes próprios para a construção dos alicerces doutrinários e jurisprudenciais dessas matérias. Se há ainda muito a ser desenvolvido há também que se admitir que muito já se avançou.

Conviver com tão variadas inteligências mais do que desfrutar de abundante fonte de conhecimento tem sido motivo de orgulho e satisfação. Lembramos em especial daqueles com os quais já não podemos mais ter: Olavo Ruy Ferreira, Eugênio da Costa e Silva e Leônidas Xausa, a quem prestamos nossas homenagens, e de José Ignácio Franceschini, a quem agradecemos por nos ter trazido a labutar nessa seara.

Frutíferas discussões foram travadas ao longo desses anos de trabalho com os profissionais da Secretaria de Acompanhamento Econômico, Secretaria de Direito Econômico, CADE, Procuradoria do CADE, Secretaria de Assuntos Internacionais, Departamento de Defesa Comercial, Agência Nacional de Energia Elétrica, Agência Nacional de Telecomunicações, Agência Nacional de Vigilância Sanitária, Agência Nacional de Saúde Suplementar, entre outras. Nossos cumprimentos a todos os que estão ou que passaram por esses órgãos pelo trabalho de construção institucional desenvolvido.

A todas as empresas com as quais temos tido o prazer de trabalhar agradecemos a confiança. Aos profissionais que nelas trabalham agradecemos também pela camaradagem e pelas relações fraternas que se consolidam ao longo de tantos anos de convivência.

Ao final uma menção especial aos economistas e estagiários que passaram pela **Edgard Pereira & Associados** e que hoje desenvolvem atividades em outras áreas profissionais. Nossa trajetória de sucesso é uma construção coletiva para a qual contribuíram todos os que conosco até aqui estiveram.

São Paulo, Outubro de 2004.

Edgard Antonio Pereira

João Paulo Garcia Leal

Eleni Lagroteria

EDGARD ANTONIO PEREIRA – Bacharel em Economia pelo Instituto de Economia da Universidade Estadual de Campinas, Mestre e Doutor pelo Instituto de Economia Industrial da Universidade Federal do Rio de Janeiro, Professor da Univesidade Estadual de Campinas e titular da Edgard Pereira & Associados.

JOÃO PAULO GARCIA LEAL – Economista, Mestre e Doutor ABD em Economia pelo Instituto de Economia da Universidade Estadual de Campinas e consultor da Edgard Pereira & Associados.

ELENI LAGROTERIA – Bacharel em Economia pela Faculdade de Economia e Administração da Universidade de São Paulo, Mestra em Economia pelo Instituto de Pesquisas Econômicas da Universidade de São Paulo e consultora da Edgard Pereira & Associados.

SUMÁRIO

PARTE I – DEFESA DA CONCORRÊNCIA

PARTE II – REGULAÇÃO

PARTE III – DEFESA COMERCIAL

ÍNDICE

PARTE I – DEFESA DA CONCORRÊNCIA

PARTE II – REGULAÇÃO

PARTE III – DEFESA COMERCIAL

O TESTE DO MONOPOLISTA HIPOTÉTICO E OS MODELOS MICROECONÔMICOS DE FORMAÇÃO DE PREÇO PARA BENS HOMOGÊNEOS

CONCORRÊNCIA PERFEITA, MONOPÓLIO E MODELO DE COURNOT PARA OLIGOPÓLIO

Edgard Antonio Pereira
Eleni Lagroteria

1. Introdução

Grande parte da análise antitruste, como é de conhecimento dos especialistas na área, deve ser precedida da definição dos mercados relevantes cujas estruturas competitivas são alteradas por conseqüência de um ato de concentração, ou para aferição de alguma conduta anticoncorrencial[1]. A tarefa não raro envolve notável esforço. Além do imprescindível bom senso, o levantamento de grande volume de dados, obtenção de informações junto a participantes do mercado e pesquisa de material acadêmico, teórico e empírico, relativo aos setores de atividade vinculados são fundamentais para a conclusão adequada desta etapa inicial da análise.

Tais elementos, contudo, não são suficientes para delimitação de mercados relevantes[2]. O método de definição deve atender à lógica econômica (com adoção de hipóteses adequadas à realidade analisada), sem o que contradições do argumento podem levar a conclusões errôneas e, no extremo, a decisões injustas quando se trata de instrução de processos às autoridades responsáveis pela defesa da concorrência.

---

[1] Exceção seja feita aos mercados de bens diferenciados destinados ao consumidor final. Embora o Teste do Monopolista Hipotético seja útil para a análise de atos de concentração em mercados de produtos desta natureza, a definição de mercado relevante em si é dispensável nestes casos, quando não prejudicial ao próprio processo de análise. A este respeito leia-se: **Baker, Jonathan B**. "*Product differentiation through space and time: some antitrust policy issues*", Palestra publicada no **Antutrust Bulletin**, vol.42, Spring 1997, pp.177-196.

[2] Delimitar mercados relevantes sobre os quais atos de concentração geram efeitos, significa identificar (1) todos os produtos que concorrem com o produto relevante e (2) identificar os limites territoriais a que estão confinados todos os produtores de bens substitutos ao produto relevante, ou seja os concorrentes.

O objetivo deste trabalho é aprofundar a compreensão de teste clássico na metodologia de definição de mercados relevantes. O reconhecido teste está enunciado e é tradicionalmente utilizado pelas autoridades antitruste norte-americanas e mais recentemente pelo SBDC – Sistema Brasileiro de Defesa da Concorrência. Trata-se do "Teste do Monopolista Hipotético" (TMH)[3].

O TMH é o principal instrumento metodológico que dá suporte às definições de mercado relevante adotadas pelo **Federal Trade Comission** (FTC). O objetivo final, segundo os *Guidelines*, é identificar, caso haja, mercados nos quais os agentes envolvidos na operação poderiam dispor de suficiente autonomia para determinar preços.

"The analytic process described ... (*Teste do Monopolista Hipotético*) ensures that the Agency (FTC) evaluates the likely competitive impact of a merger within the context of economically meaningful markets – i.e., markets that could be subject to the exercise of market power".

Tradução Livre:

"O processo analítico descrito ... (Teste do Monopolista Hipotético) assegura que a Agência (FTC) avalie o provável impacto competitivo de uma fusão no contexto de mercados economicamente significantes – i.e., mercados que poderiam estar sujeitos ao exercício do poder de mercado."

Os ***Guidelines*** descrevem o procedimento analítico para atos de concentração horizontal e são dirigidos a um grande número de pessoas, das mais variadas formações – possíveis interessados em processos de fusões e aquisições com impactos no mercado norte-americano. O texto procura explanar o mecanismo geral de determinação de preços em mercados específicos (equilíbrio parcial) em linguagem comum, sem uso do jargão econômico, de modo a difundir a informação para o mais amplo espectro possível de indivíduos. Tendo em vista que o procedimento ana-

[3] O enunciado encontra-se em documento denominado **1992 Horizontal Merger Guidelines (With April 8, 1997, Revisions to Section 4 on Efficiencies).** A Secretaria de Acompanhamento Econômico do Ministério da Fazenda, a exemplo da FTC, também se utiliza do referido teste para análise de atos de concentração no âmbito da jurisdição brasileira, conforme Portaria nº 39 do MF Publicada em 29 de junho de 1999, no Diário Oficial da União.

lítico é complexo (já que o próprio processo de determinação de preços de mercado é também complexo), esta "tradução", embora rigorosa, não é de fato esclarecedora para a maioria dos interessados[4]. Por outro lado, mesmo entre analistas experimentados, é bastante comum a leitura distorcida do TMH, considerada a linguagem pouco técnica[5].

O procedimento analítico descrito primeiramente pelos Guidelines é suficientemente genérico para que se aplique a qualquer caso, independentemente da natureza do mercado a ser analisado[6]. Trata-se de princípio de acordo com o qual a Lei, bem como os procedimentos analíticos, devem ser gerais o suficiente para que se apliquem a qualquer caso particular. Assim, os Guidelines, são ao mesmo tempo um instrumento técnico e jurídico, destinados a dar suporte ao julgamento de qualquer ato de concentração em análise e à decisão.

Para ilustrar, basta lembrar que no decorrer de um mesmo processo pode-se encontrar tantos elementos contra quanto a favor de determinada fusão, na maioria das vezes não quantificáveis. Ou seja, não é possível avaliar com absoluta precisão os benefícios líquidos que dela resultam, mesmo porque se trata de especulação sobre conseqüências futuras da fusão, não completamente previsíveis. Isto não exime o "Juiz" – Conselho ou Comissão – de dar o seu "veredicto". Desta forma, por maior que seja o conteúdo técnico da instrução de determinados processos, a decisão jamais ocorre sem um mínimo de arbitrariedade. O fundamental é limitar tanto quanto possível a parcela arbitrária das decisões – daí a necessidade de instrumentos robustos de avaliação técnica dos impactos de fusões e aquisições sobre a concorrência nos mercados relevantes.

[4] É recorrente a queixa de que o linguajar do economista é ininteligível, motivo inclusive de ressentimentos contra estes profissionais. É sabido, contudo, que o vocabulário científico tem sua função, sobretudo simplificadora, na medida em que termos científicos específicos exprimem complexos conceitos abstratos. Uma explicação plausível para o fato de que o cidadão não especializado se queixa dos economistas mas não dos físicos, por exemplo, talvez seja a de que os primeiros, mas não os últimos, tratem de que questões que afetam diretamente as condições materiais dos indivíduos.

[5] Exemplo de interpretação equivocada do TMH encontra-se no caso clássico do ato de concentração entre a Coca-Cola e a Dr. Pepper's nos Estados Unidos (não autorizado pelo FTC) em que se exibe o uso incorreto do TMH pelas partes.

[6] O TMH deve ser aplicável a mercados (1) de bens diferenciados e bens homogêneos (2) em concorrência perfeita, monopólios e oligopólios; e (3) emergentes, maduros e declinantes.

Esta análise não se propõe a lidar com tal sorte de questão – mais filosófica que científica. O escopo do presente trabalho limita-se a examinar o caminho inverso ao percorrido pelos autores dos Guidelines para o enunciado do TMH. Procurar-se-á, desta forma, recuperar alguns dos modelos de maximização de lucros subentendidos no TMH. No texto que descreve o teste há referência implícita a alguns dos princípios que constituem a base de toda a racionalidade econômica[7] presente na maioria dos modelos de determinação de preços.

O trabalho que segue divide-se em quatro itens com o seguinte conteúdo. A parte **2** dá seqüência a esta introdução descrevendo o TMH e discutindo mercados de produtos homogêneos em *Concorrência Perfeita e Monopólio* (Os Casos Extremos) e as "duas curvas de demanda" – a de mercado e aquela tal como percebida individualmente por cada ofertante. Este item tem por objeto explanar no que consiste o TMH. O Item **3** dá conta do modelo de oligopólio de *Cournot* para bens homogêneos. A aplicabilidade de TMH para os oligopólios é avaliada segundo o modelo de Cournot neste item. Embora os modelos de concorrência em oligopólios não apresentem regularidade para todos os casos, é possível demonstrar que o TMH vale para o modelo de Bertrand. Na descrição do modelo específico de Cournot registram-se os casos particulares de (a) inúmeros ofertantes e/ou existência de ofertantes com participações desprezíveis na oferta e (b) de um único produtor (Monopólio). O leitor observará que o TMH é aplicável a mercados desta natureza. O Item **4** sumaria as principais conclusões da análise.

Ainda à guisa de introdução, é importante registrar os fundamentos microeconômicos para a compreensão do TMH:

1. Todos os produtores maximizam lucros operando no nível de produção que iguala custos marginais à receita marginal. Ou seja, enquanto o custo de se produzir uma unidade a mais de produto for inferior às receitas de venda desta mesma unidade adicional, há estímulo para o aumento da produção e vice-versa. Isto ocorre independentemente do padrão de con-

[7] Em um campo restrito da Teoria Microeconômica, desenvolveram-se modelos de jogos de informação incompleta em que um dos jogadores identifica probabilidade significativa de que outro jogador seja irracional". Ainda assim, tal "irracionalidade" é claramente definida como a situação em que o jogador possui outros interesses não circunscritos aos possíveis "payoffs" do jogo. A este respeito leia-se Kreps, D.M., A Course in Microeconomics Theory, Princeton university Press, 1990. p. 480.

corrência observado. No caso dos oligopólios o cálculo de maximização de lucro exige variedade maior de instrumentais econômicos na medida em que nem sempre é possível prever com segurança a reação dos concorrentes a uma alteração de preços e/ou quantidade e que afeta significativamente as receitas do agente da ação. Nestes casos são utilizados conceitos de Teoria dos Jogos que envolvem incerteza quanto a ação/reação de qualquer agente participante do jogo. A previsão desta reação é fundamental para a estimação do comportamento da demanda individual do produtor.

2. O produtor vê a sua curva de demanda individual tanto menos inclinada em relação à curva de demanda do mercado, quanto maior for o número de concorrentes (produtores de bens substitutos) e/ou quanto menor for a sua participação relativa no mercado.

3. A curva de demanda individual do monopolista coincide com a curva de demanda do mercado, ou seja, qualquer atitude do monopolista quanto às variáveis de oferta (preço e quantidade) leva a uma variação da quantidade demandada de seu produto na exata razão da redução da quantidade demandada total do mercado.

4. *Equilíbrio de Nash* é definido como aquela situação em que as estratégias escolhidas por cada um dos participantes de um jogo representam a melhor ação frente às estratégias escolhidas pelos demais.

2. O Teste do Monopolista Hipotético e os Modelos de Concorrência Perfeita e Monopólio

O enunciado do TMH constante dos **Guidelines** é o seguinte:

"...the Agency (FTC) will delineate the product market to be a product or group of products such that a hypothetical profit-maximizing firm that was the only present and future seller of those products ('monopolist') likely would impose at least a 'small but significant and non-transitory' increase in price. That is, assuming that buyers likely would respond to an increase in price for a tentatively identified product group only by shifting to other products, what would happen? If the alternatives were, in the aggregate, sufficiently attractive at their existing terms of sale, an attempt to raise prices would result in a reduction of sales large enough that the price increase would not prove profitable, and the tentatively identified product group would prove to be too narrow."

Tradução Livre:

"... a Agência (FTC) delineará o mercado de produto como sendo um produto ou um grupo de produtos tais que uma firma hipotética, maximizadora de lucro, a única vendedora presente e futura de tais produtos ("monopolista") provavelmente imporia pelo menos um "pequeno e não transitório" aumento de preços. Isto é, supondo que compradores provavelmente responderiam a um aumento de preço, para um grupo de produtos tentativamente identificados, somente pela procura de outros produtos, o que aconteceria? Se as alternativas são, no agregado, suficientemente atrativas nos seus termos de vendas existentes, a tentativa de elevar preços resultaria na redução de vendas larga o suficiente para que o aumentos de preços demonstre ser não lucrativo, e que tentativamente o grupo de produtos preliminarmente identificado demonstraria ser muito restrito." (grifo nosso)

Quanto à dimensão geográfica, os **Guidelines** expõem TMH da seguinte forma.

" ... The Agency (FTC) will delineate the geographic market to be a region such that a hypothetical monopolist that was the only present or future producer of the relevant product at locations in that region would profitably impose at least a "small but significant and no transitory" increase in price, holding constant the terms of sale for all products produced elsewhere. That is assuming that buyers likely would respond to a price increase on products produced within the tentatively identified region only by shifting to products produced at locations of outside the region, what would happen? If those locations of productions outside were, in the aggregate, sufficiently attractive at their existing terms of sale, an attempt to rise price would result in a reduction in sales large enough that the price increase would not prove profitable, an the tentatively identified geographic area would prove to be too narrow

Tradução Livre:

"... a Agência (FTC) delineará o mercado geográfico como sendo a região em que um monopolista hipotético que era o único produtor presente e futuro do produto relevante naquela região imporia pelo menos "um pequeno mas significante e não transitório aumento de preços, tomando como constantes os termos de venda para todos os produtos produzidos alhures. Isto é, assumindo que os compradores provavelmente responderiam a um aumento de preços dos produtos produzidos dentro da região tentativamente identificada deslocamento para produtos produzidos em localizações fora da região, o que aconteceria? Se aquelas localizações de produção fora da região forem, no agregado, suficientemente atrativas em seus termos existentes de venda, uma tentativa de aumentar preços resultaria na redução das vendas grande o suficiente para que o aumento de preços demonstrasse ser não lucrativa, e a área geográfica tentativamente identificada demonstraria ser muito restrita."

O texto acima – à primeira vista obscuro – apóia-se em conceitos microeconômicos básicos. Especificamente, fundamenta-se no comportamento da demanda tal como vista pelo produtor individual e, logicamente, de seus próprios custos de produção. Ocorre que a demanda pelo produto de um fabricante individual depende do comportamento de seus concorrentes no processo competitivo. Desta forma, a reação exclusiva da demanda individual de um produtor face à eventual política de alteração de preços pode expressar, na verdade, características estruturais da oferta.

O que se afirma no enunciado do TMH é que quando os produtos e área geográfica "tentativamente" identificados expressarem comportamento da demanda reflexivo da existência de produtos e localizações de produção alternativas, deve-se agregar estes ofertantes ao mercado relevante. É como se a demanda do mercado "tentativamente" identificada correspondesse exclusivamente a demanda tal como vista pelos produtores individuais, mas não a demanda do mercado como um todo.

É sabido que a função demanda por determinado bem é normalmente explicada por um conjunto maior de variáveis do que simplesmente o preço do próprio produto. Inclui também pelo menos a renda do consumidor e o preço dos produtos substitutos.

Para o produtor individual a curva de demanda será tanto mais elástica quanto maior for o número de substitutos existentes e, sobretudo, de quão próximos estes substitutos são do bem cuja demanda é analisada. Assim é que a teoria prediz a total incapacidade do produtor individual com relação à determinação de preço de bens homogêneos, ou seja, naqueles em que os produtos concorrentes substituem com perfeição o bem em questão, e onde há número tão grande de competidores que nenhum deles tenha participação significativa na oferta total. Os diagramas da demanda individual e da demanda de mercado em concorrência perfeita são apresentados abaixo.

Fig 1.1. Curva de demanda do produtor individual

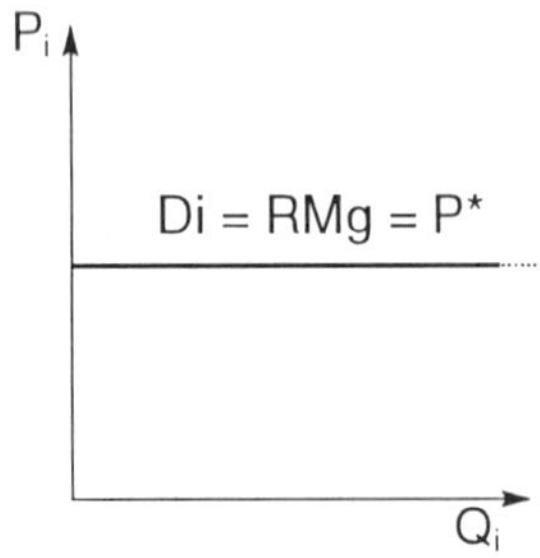

Fig 1.2. Demanda e oferta de mercado

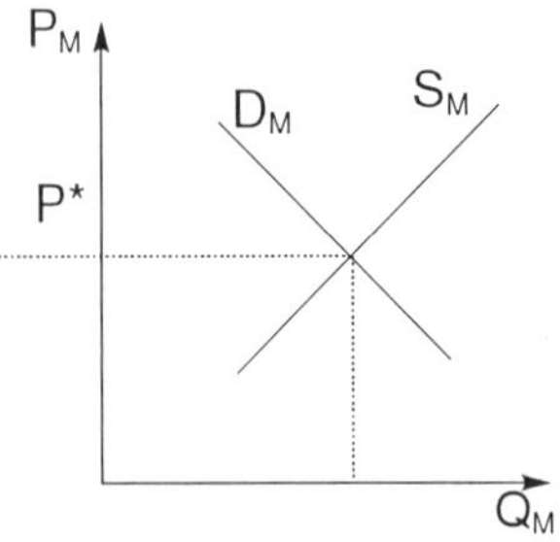

Os diagramas ilustram a determinação de preço no mercado de bens homogêneos e a demanda individual de um produtor. Este último, tem a demanda pelo seu produto infinitamente elástica ao preço P* determinado pela oferta e demanda de mercado. Caso o produtor individual decida por elevar seu preço para um nível superior a P*, não conseguirá realizar a venda de uma unidade sequer, pois há oferta abundante de substitutos perfeitos (homogêneos) a preço inferior, sem custos adicionais de aquisição. Também não há racionalidade em reduzir seu preço abaixo do de mercado pois perderá receita inutilmente sem atender toda a demanda, já que é um pequeno produtor.

Assim a demanda individual do produtor é, neste caso, uma expressão da estrutura de oferta do mercado como um todo, qual seja, a de concorrência perfeita. No sentido exposto pelo ***Guidelines*** trata-se de mercado absolutamente não sujeito ao poder de mercado. Ou seja, nos termos propostos pelo TMH, um único produtor, ou mesmo um pequeno subgrupo destes, não compõe o mercado como um todo, já que, aumentos de preços levam a inúteis perdas de lucratividade[8]. A delimitação do mercado é obtida quando são agregados à oferta todos os produtores (caso de bens homogêneos, sem substitutos) de tal modo que, se vistos em conjunto, como um

[8] De fato no caso de mercados em concorrência perfeita o aumento de preço individual acima do preço de mercado leva ao prejuízo idêntico aos custos fixos mais custos variáveis da produção não vendida.

monopolista, têm assim o poder de determinar preços segundo uma relação particular com a demanda de mercado.

Tome-se no outro extremo o modelo de monopólio, onde o poder de determinar preços é máximo. A título de exercício intelectual, imagine-se que se trata de um "monopolista hipotético" tal como descrito pelos ***Guidelines***.

O "monopolista hipotético" não enfrenta concorrência pois todos os produtos potencialmente substitutos são ofertados exclusivamente por ele, (ou por todos os ofertantes organizados em conluio). Para este caso vale o modelo clássico de determinação de preço em monopólio.

O problema de maximização de lucro do monopolista (hipotético ou não) pode ser escrito como:

$\mathbf{Max}_p\ p\,Q - c\,Q$
tal que, $D_M(p) = Q$
onde:
p é o preço;
Q é a quantidade;
c é o custo por unidade produzida;
$D_M(p)$ é a função demanda de mercado.

Substituindo Q pela função demanda temos que:
$\mathbf{Max}_p\ D_M(p) - c\,(D_M(P))$

Substituindo a função demanda por sua inversa p(Q) – onde p é o preço ao qual devem ser vendidas as Q unidades de produto – a receita que o monopolista espera receber, se vende Q unidades de produto, será

Pode-se então colocar o problema de maximização do monopolista como

$\mathbf{Max}_Q\ p\,(Q)\,Q - c\,(Q)$

As condições de primeira e segunda ordem para este problema são:
$p\,(Q) + p'(Q)\,Q = c'(Q)$
$2p' + p''(Q)\,Q - c''(Q) \leq 0$

A condição de primeira ordem diz que a escolha que maximiza o lucro do monopolista é aquela em que a receita marginal é igual ao custo marginal. Quando o monopolista considera a possibilidade vender dQ unidades a menos de produto, ele tem de levar em conta dois efeitos. Primeiro,

3. O Modelo de Cournot para Oligopólios

O oligopólio é uma situação de mercado intermediária entre os casos já estudados. Neste caso as interações ocorrem entre poucas empresas, únicas participantes do mercado em análise.

Para simplificar o raciocínio suponham-se dois únicos produtores de bens considerados substitutos perfeitos (homogêneos) sem existência de outros substitutos próximos ou distantes.

Na etapa de identificação do mercado relevante segundo o TMH, tem-se por objetivo verificar se a demanda do dois produtores em conjunto coincide com a demanda de mercado.

O produto agregado das duas firmas pode ser expresso como:

$$Q = q_1 + q_2$$

Então a maximização de lucro da empresa 1 assumirá a seguinte forma:

$$\max \pi_1 (q_1 , q_2)\, q_1 = p\,(q_1 + q_2) - c_1(q_1)$$

Ou seja, o lucro da empresa 1, $\pi 1$, é uma função do preço determinado pela oferta total de mercado menos o custo de produção de q1 unidades. Claramente o lucro da empresa 1 depende da quantidade ofertada pela empresa 2. O equilíbrio de *Nash* deve satisfazer as duas seguintes condições de primeira ordem:

$$\frac{\partial \pi_1}{\partial q_1} (q_1 , q_2)\, q_1 = p\,(q_1, q_2) + p'\,(q_1 + q_2)q_1 - c_1(q_1) = 0$$

Como condição de segunda ordem temos que as derivadas segundas das equações acima assumem a forma geral:

onde $Q = q_1 + q_2$

A condição de primeira ordem para a empresa 1 determina a escolha ótima com base em suas crenças sobre qual será a escolha da firma 2 quanto ao volume que ofertará. Mesmo assim a condição impõe que as receitas marginais esperadas coincidam com os custos marginais de produção. A firma simplesmente decide qual será seu volume de produção.

Tomemos agora o caso geral para o modelo de Cournot com ***n*** firmas participando do mercado relevante.

Sabendo de início que a condição de primeira ordem de maximização de lucros da firma i é dada por

$$p'(Q)\, q_i - p\,(Q) - c'(q_i) = 0$$

A condição acima pode ser reescrita na forma:

$$p\,(Q) = \left[1 + \frac{p'(Q)\, q_i}{p(Q)}\right] = c'(q_i)$$

Fazendo a participação da firma i no mercado igual a si = qi / Q e incorporando esta variável à equação acima:

$$p\,(Q) = \left[1 + \frac{p'(Q)}{p(Q)}\, Qs_i\right] = c'(q_i)$$

ou

$$p\,(Q) = \left[1 + \frac{dp}{dQ}\, \frac{Q}{p}\, s_i\right] = c'(q_i)$$

ou

$$p\,(Q) = \left[1 + \frac{1}{\varepsilon}\, s_i\right] = c'(q_i)$$

Esta última equação ilustra o sentido em que o modelo de oligopólio de Cournot está entre os casos extremos de concorrência perfeita e monopólio.

Fazendo $s_i = 1$, chega-se exatamente à condição de maximização do monopólio já demonstrada acima.

$$P\,(Q) = \left[1 + \frac{1}{\varepsilon}\right] = c'(Q)$$

Por outro lado, se si se aproxima de zero, ou seja se a participação de cada ofertante "i" é infinitesimal, o equilíbrio de Cournot se aproxima do modelo perfeitamente competitivo.

Tomando-se por hipótese que todas as empresas possuem custos marginais constante de c_i, e adicionando ambos aos lados da equação acima para as n firmas, temos:

$$np(Q) + p'(Q)\,Q = \sum_{i=1}^{n} C_i$$

Assim nos termos TMH, fica demonstrado que se tomando os dois (ou os "n") ofertantes do mercado, como um "monopolista hipotético" (ou como um conjunto de ofertantes operando em conluio) é possível impor um pequeno mas "significativo e não transitório aumento de preços" sem perda de lucratividade, quando a quantidade ofertada supera o volume Q de vendas que maximiza a função lucro.

A título de ilustração, análoga à elaborada para o caso de concorrência perfeita, o quadro abaixo apresenta a curva de demanda tal como percebida pelo oligopolista (e que depende primordialmente da reação dos concorrentes às suas ações) em relação à demanda total de mercado.

Figura 3.1. Curvas de demanda de mercado e do oligopolista

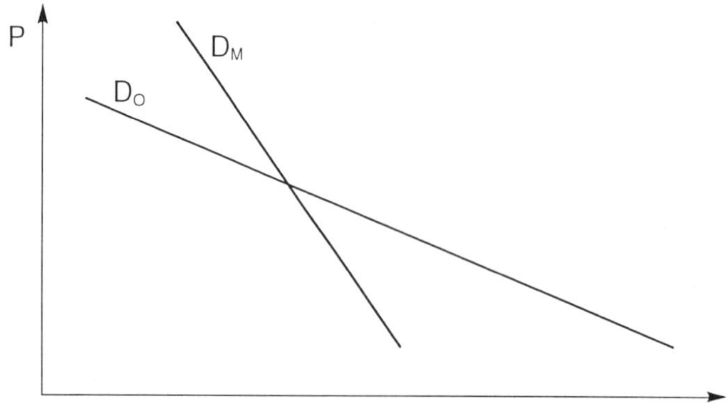

Onde D_0 é a curva de demanda do oligopolista individual e D_M a demanda de mercado que, por definição, coincide com a curva de demanda tal como vista pelo "monopolista hipotético".

Utilizando os resultados acima relativos ao modelo de oligopólio de Cournot para n=1 (monopólio); $n \to \infty$ (concorrência perfeita); e n=2, observa-se que o preço de equilíbrio é inversamente proporcional ao número de ofertantes no mercado.

4. Conclusão

Este trabalho procurou demonstrar as bases microeconômicas do clássico "Teste do Monopolista Hipotético" para definição de mercados relevantes.

Entende-se que, com o referido teste, o analista antitruste busca dimensionar com precisão o mercado analisado, identificando as localidades e os produtores que efetivamente concorrem com as empresas em processo de fusão. O Teste está estreitamente vinculado aos conceitos de elasticidade da demanda no sentido de que, sempre que o acréscimo de produtos e localidades aos produtos e localidades identificados de início indicarem uma curva de demanda menos elástica que a do mercado inicial, então há ainda espaço para o aumento de preços com resultados lucrativos, caso os participantes da oferta inicialmente definida atuem como um monopolista.

Assim, de uma maneira bastante sintética, a aplicação do Teste do Monopolista Hipotético objetiva encontrar a verdadeira demanda de mercado. Uma vez encontrada a demanda de mercado, ou seja, aquela que coincide com a demanda do Monopolista Hipotético, fica definido o mercado relevante de atuação da(s) empresa(s) envolvidas em processos de defesa da concorrência.

O uso de três modelos microeconômicos para a exposição desta interpretação demonstra que o Teste é aplicável a mercados com os padrões de formação de preços explorados neste texto. Entretanto, é possível intuir que o Teste é suficientemente genérico para se aplicar a qualquer padrão competitivo. Neste sentido, este instrumento de definição é consistente com os princípios teóricos de racionalidade econômica de maximização de lucros e de fato elaborado com base nos fundamentos da teoria.

Maio de 2001.

A *FAILING FIRM* E O CASO CROMA

Edgard Antonio Pereira
Juliana Munhoz Hilal

1. Introdução

A operação envolvendo as empresas AMORIM PINTO E CIA. LTDA. (**AMORIM PINTO**), ARO S.A EXPORTAÇÃO, IMPORTAÇÃO, INDÚSTRIA E COMÉRCIO (**ARO**), INDÚSTRIAS REUNIDAS RENDA S/A (**RENDA**), METALÚRGICA CEARENSE S/A (**MECESA**), TAPON CORONA METAL – PLÁSTICO LTDA (TAPON) para a constituição da CIA. DE ROLHAS METÁLICAS DAS AMÉRICAS (**CROMA**) determinará a oferta conjunta de rolhas metálicas pelos cinco produtores, que anteriormente atuavam de maneira independente.

O caso em pauta apresenta particularidades que têm de ser consideradas para o completo entendimento do mercado, das motivações da operação e das condições competitivas enfrentadas pela **CROMA**. Trata-se de um segmento com demanda evidentemente declinante e *subordinada* ao mercado à frente, composto pelas empresas de bebidas envasadas em vidro (cervejas, refrigerantes etc.). Nesse contexto, os produtores de rolhas metálicas têm experimentado a elevação contínua de sua capacidade ociosa, que alcançou presentemente níveis praticamente insustentáveis. Some-se a isso a profunda alteração estrutural provocada pela construção pela AMBEV (principal cliente) de uma fábrica destinada à produção de expressiva quantidade de rolhas metálicas.

Tais mudanças são determinantes importantes do padrão de competição no mercado relevante e têm imprimido às empresas constituintes da **CROMA** condições economicamente inviáveis para a manutenção da produção e do atendimento eficiente ao mercado. Em verdade, na hipótese de manutenção da configuração vigente anteriormente à presente operação, se teria como certa a saída do mercado de muitos ofertantes, resultando possivelmente em uma situação tão (ou mais) concentrada que a obtida com a criação da **CROMA**. O presente estudo trata especificamente dessas características do mercado tendo em vista tais dificuldades, pautando a discussão na condição amplamente reconhecida e utilizada pelas autoridades antitruste chamada usualmente de *failing firm*.

A próxima seção apresenta uma discussão teórica sobre o conceito de *failing firm* e sua abordagem pelas autoridades antitruste internacionais. Sua aplicação ao caso **CROMA** é desenvolvida na seção seguinte.

2. A Teoria da *Failing Firm*

A situação conhecida como failing firm corresponde ao caso em que a(s) empresa(s) adquirida(s) ou concentrada(s) não conseguiria(m) sobreviver no mercado na ausência da operação de fusão ou aquisição sob análise. Ocorre quando uma ou mais firmas encontra(m)-se em processo de falência ou em vias de encerrar suas atividades, seja por problemas internos à empresa ou decorrentes de condições de mercado adversas.

A verificação da situação de failing firm é fundamental para a análise desempenhada pelas autoridades antitruste, devido às particularidades impostas aos mercados e às empresas que operam nessas condições. De fato, o argumento da failing firm tem sido aceito pelas autoridades internacionais de defesa da concorrência, determinando a aprovação de fusões e aquisições que não seriam aceitas em outras ocasiões.

Conforme afirmado por Scherer[1]:

"One accepted loophole is the so-called failing firm defense, invoked when the acquired company is unlikely to survive as a viable competitor in the absence of a merger. It has been construed narrowly by the courts to cover only acquired entities as failing firms, to require that they face "a grave probability of business failure," and to insist that there be no other merger prospect with a less severe concentration-increasing effect."[2] (p. 555)

---

[1] SCHERER, F. M. *Industrial market structure and economic performance*. Houghton Mifflin Company, 1980.

[2] Tradução livre: "Uma alternativa aceita é a chamada defesa da *failing firm*, utilizada quando a empresa adquirida provavelmente não sobreviveria como um competidor viável na ausência de uma fusão. O argumento tem sido interpretado de forma restrita pelas cortes para cobrir apenas entidades adquiridas como *failing firms*, requerendo que elas enfrentem uma grande probabilidade de falência dos negócios e insistindo que não haja outras fusões com efeitos menos substantivos sobre o aumento da concentração".

Tal abordagem decorre do fato de que, se comprovada a situação de saída inevitável do mercado por parte de uma das empresas, a operação não seria o *fator responsável* pelo aumento ou criação de poder de mercado. Na ausência da fusão ou aquisição, os ativos da *failing firm* deixariam de ser utilizados e sua oferta cessaria, determinando a distribuição de sua demanda entre a(s) empresa(s) remanescente(s) no mercado.

Uma discussão interessante envolve a especificidade dos ativos envolvidos na atividade sob análise. Caso os ativos empregados fossem destinados exclusivamente à produção no mercado relevante, o fechamento da empresa em dificuldades acarretaria o sucateamento de tais equipamentos, configurando uma perda do ponto de vista econômico. Já no caso de ativos não especializados, haveria a possibilidade de sua utilização em outras atividades gerando um "efeito compensatório", de modo que uma análise dos resultados obtidos com e sem a fusão ou aquisição deveria ser feita. Na prática, entretanto, as autoridades não chegam a considerar tal "efeito compensatório", sendo a operação usualmente aprovada caso se verifiquem os fatores necessários (desenvolvidos adiante) para a configuração de uma situação de *failing firm*.

Note-se que não se trata aqui da *falência propriamente dita* da empresa adquirida ou concentrada, mas sim de sua provável saída do mercado. Esse entendimento é expresso em documento da *Organization for Economic Co-operation and Development* (OCDE), preparado a partir de contribuições de autoridades de defesa antitruste de vários países, mais precisamente: Austrália, Nova Zelândia, Canadá, França, Alemanha, Irlanda, Japão, Noruega, República Eslovaca, Reino Unido, Estados Unidos da América (EUA) e União Européia. Conforme contribuição da Commerce Commission (Austrália/Nova Zelândia):

"The Commission notes that the above concerns relate not to the potential failure of the target company per se, but to the potential withdrawal from market supply in the future of supply presently being channelled through the target company. In other words, the concern of the failing company argument is not with a specific competitor, but with the competitive process. The failing company test requires that the supply presently offered through the company in question would cease."[3] *(Failing Firm Defense OCDE/GD(96)23, Paris, 1996, p. 41)*

[3] Tradução livre: "A Comissão entende que a preocupação acima se relaciona não com o fracasso potencial em si da companhia alvo, mas com a saída potencial do mercado da

Nesse caso, mesmo que não houvesse a operação, a *failing firm* não representaria um competidor efetivo à(s) empresa(s) adquirente(s) ou concentrada(s) e a estrutura de mercado resultante na ausência da fusão ou aquisição poderia ser igual e até mesmo pior que aquela obtida com a sua realização.

"Notwithstanding the analysis of Section 1-4 of the Guidelines [EUA], a merger is not likely to create or enhance market power or to facilitate its exercise, if imminent failure, as defined below, of one of the merging firms would cause the assets of that firm to exit the relevant market. In such circumstances, post-merger performance in the relevant market may be no worse than market performance had the merger been blocked and the assets left the market." [4] *(Failing Firm Defense OCDE/GD(96)23, Paris, 1996, p. 40,* grifo nosso)

A idéia implícita nessa abordagem refere-se à relação causal entre a operação e o aumento de poder de mercado e de concentração da estrutura de oferta, ligação que deve estar presente para que uma intervenção antitruste seja necessária. No caso de uma situação de *failing firm*, a deterioração do mercado ocorreria de qualquer forma, independentemente da realização da fusão ou aquisição, rompendo-se desse modo qualquer relação de causalidade.

Esse entendimento é explícito pelo Escritório Federal de Cartéis (*Bundeskartellamnt*) da Alemanha no referido documento da OCDE, conforme trecho reproduzido a seguir.

"**Causal connection**: The failing firm defense argument is usually used in the context of the examination whether there is a causal connection between

---

oferta atualmente prestada pela companhia alvo. Em outras palavras, a preocupação para o argumento da *failing firm* não é com um competidor específico, mas com o processo competitivo. O teste da *failing firm* requer que a parcela atualmente ofertada pela companhia em questão se extinguisse."

[4] Tradução livre: "Apesar da análise da Seção 1-4 dos Guidelines [EUA], uma fusão é improvável que crie ou acentue poder de mercado ou facilite o seu exercício, se uma quebra iminente, como definida abaixo, de uma das requerentes causasse a retirada dos ativos daquela firma do mercado relevante. Em tais circunstâncias, o resultado pós-fusão do mercado relevante pode ser "não pior" do que o resultado do mercado se a fusão fosse interrompida e os ativos deixassem o mercado."

the merger and the anticipated worsening of the market structure: If a deterioration in the market structure takes place also without the merger, the merger obviously is not the cause of that deterioration."[5] (*Failing Firm Defense OCDE/GD(96)23, Paris, 1996, p. 55*)

Tal linha de análise é também adotada pela Comunidade Européia (CE), que considera a ligação causal como ponto central na avaliação de uma fusão ou aquisição. Nesse sentido, uma operação deverá ser detida caso tenha como resultado a criação de posição dominante ou o fortalecimento de uma dominância pré-existente, não se aplicando tal orientação na ausência dessa relação de causalidade.

Tais casos são considerados pela CE como rescue mergers, uma vez que os efeitos negativos sobre a competição no mercado são decorrentes de fatores independentes da operação. Nesse contexto, fusões ou aquisições são entendidas não apenas como não lesivas, mas como possíveis geradoras de benefícios econômicos, na medida em que podem determinar o alcance de configurações mais eficientes de mercado.

"The economic rationale of "rescue mergers" The basic principle underlying the "rescue merger" concept is that the future market structure would be equally detrimental to competition irrespective of whether the deal is cleared or blocked. Thus, there is no link of causality between the merger and the negative effects on competition and therefore no legal ground for prohibiting the merger. Moreover, there might be, on economic grounds beneficial effects resulting from, inter alia: economies of scale, economies of scope, or other efficiencies, so that prohibiting the deal would add new detrimental economic and social effects to the effect on competition which would exist in any case."[6] (*Failing Firm Defense OCDE/GD(96)23, Paris, 1996, p.94*, grifo nosso)

---

[5] Tradução livre: "**Ligação Causal**: O argumento da *failing firm* é geralmente usado no sentido da verificação da existência de uma conexão causal entre a fusão e a piora antecipada da estrutura do mercado: se uma deterioração da estrutura de mercado aconteceria também sem a fusão, a fusão obviamente não será a causa desta deterioração."

[6] Tradução livre: "**A *rationale* econômica das *rescue mergers***
O princípio básico por trás do conceito de rescue mergers é que a estrutura futura do mercado seria igualmente danosa à competição independentemente da realização do negócio. Logo, não existe ligação de causalidade entre a fusão e os efeitos negativos na competição e, portanto, não há base legal para proibir a fusão. Ademais, pode haver

Para que o argumento da *failing company* seja aceito e a operação seja considerada uma *rescue merger*, a verificação de alguns fatores se faz necessária. As autoridades Australianas e Neo-Zelandezas, por exemplo, realizam o "teste da *Failing Firm*" que, de forma simplificada, verifica se na ausência da operação a parcela historicamente ofertada pela firma deixaria de suprir o mercado, e os recursos por ela empregados não seriam mais utilizados como conseqüência de sua falência.

Nesses países, o procedimento para a investigação dos casos de *failing firm* envolve 2 etapas principais. A primeira delas consiste na verificação da condição econômica da empresa e da probabilidade de que tal firma enfrente problemas financeiros em magnitude suficiente para causar sua falência e a cessação de suas atividades. Se o resultado dessa etapa evidenciar que, a despeito de eventuais problemas, a empresa provavelmente continuaria operando e constituindo um competidor no mercado, o argumento da *failing firm* é descartado imediatamente.

Se, ao contrário, houver grande probabilidade de que a empresa saia do mercado, a investigação prossegue para a etapa seguinte, em que é avaliada a configuração que provavelmente resultaria caso a atividade da firma efetivamente cessasse. Nesse caso, verifica-se se os recursos utilizados pela firma deixariam o mercado completamente ou se poderiam ser empregados de outra forma. Se a probabilidade de que tais recursos deixem completamente o mercado for elevada, de modo que esses não venham a ter qualquer presença competitiva, o teste da *Failing Company* é satisfeito e preocupações das autoridades que existiriam em circunstâncias normais não são consideradas, uma vez que a configuração pós-fusão (ou aquisição) seria, no mínimo, não pior do que aquela vigorante caso os ativos deixassem o mercado.

Os critérios utilizados pelas autoridades americanas (*Federal Trade Commission – FTC* e *Department of Justice* – DOJ) para que o argumento da *failing firm* seja aceito e determine a aprovação de uma operação que, de outra sorte, receberia decisão contrária, se baseiam nas mesmas premissas, porém incorporando alguns elementos adicionais que precisam ser atendidos. Nesse sentido, as seguintes situações devem estar presentes:

---

efeitos econômicos benéficos resultantes de: economias de escala, economias de escopo ou outras eficiências; de modo que a proibição do negócio viria somar prejuízos econômicos e sociais aos efeitos nocivos que já ocorreriam independentemente da operação."

1. Existência de problemas econômico-financeiros por parte da empresa que no futuro próximo determinariam a impossibilidade de atendimento às suas obrigações financeiras.

2. Impossibilidade de reverter tais problemas mediante reestruturação interna da empresa ou outras medidas passíveis de serem adotadas unilateralmente.

3. Realização de esforços prévios para vender seus ativos a compradores alternativos.

4. Saída do mercado dos ativos da *failing firm* se a operação não se realizar.

Caso tais condições sejam verificadas, entende-se que a operação provavelmente não criará (ou ampliará no caso de dominância pré-existente) poder de mercado ou facilitará o seu exercício.

Como conclusão tem-se que, quando verificada a situação de *failing company*, tendo em vista a deterioração da estrutura de oferta independentemente da operação e a saída do mercado da(s) empresa(s) concentrada(s), a análise estática dos market-shares detidos pelas firmas concentradas em período pretérito não constitui um bom indicador do efetivo poder de mercado alcançado com a operação. Essa situação é prevista no item 1.52 do 1992 Horizontal Merger Guidelines adotado pelo DOJ norte americano e pela FTC, reproduzido a seguir.

"1.52 Factors Affecting the Significance of Market Shares and Concentration
The post-merger level of market concentration and the change in concentration resulting from a merger affect the degree to which a merger raises competitive concerns. However, in some situations, market share and market concentration data may either understate or overstate the likely future competitive significance of a firm or firms in the market or the impact of a merger. The following are examples of such situations.
1.521 Changing Market Conditions
Market concentration and market share data of necessity are based on historical evidence. However, recent or ongoing changes in the market may indicate that the current market share of a particular firm either understates or overstates the firm's future competitive significance. [...] The Agency will consider reasonably predictable effects of recent or ongoing changes

in market conditions in interpreting market concentration and market share data."[7] (grifo nosso)

Nesse caso, as condições competitivas no mercado após a operação não devem ser comparadas com a estrutura vigente no período anterior, mas sim com a situação que provavelmente seria alcançada caso a operação não se concretizasse[8]. Essa constatação é essencial para a análise de atos de concentração pelas autoridades de defesa antitruste, sob pena de se imprimir custos desnecessários ao mercado e às partes envolvidas. De fato, quando verificadas as condições para a aplicação da tese da *Failing Firm*, ainda que a concentração de mercado resultante de uma operação seja elevada, o caso não deverá apresentar preocupações competitivas, visto que a estrutura resultante e a redução da competição não teriam ocorrido *em função da operação*, mas sim das condições da empresa (falência) e/ou do mercado (declínio ou extinção) vigentes. Assim, além de não apresentar prejuízos à concorrência, operações envolvendo *failing firms* geralmente implicam ganhos de bem estar em relação à situação que seria obtida na

[7] Tradução livre: "1.52 Fatores que Afetam o Significado das Participações de Mercado e da Concentração
O nível de concentração do mercado e a alteração na concentração resultantes da fusão afetam as preocupações competitivas levantadas pela operação. Entretanto, em algumas situações as informações referentes aos *market shares* e à concentração de mercado podem subestimar ou superestimar a provável futura posição de mercado de uma firma ou firmas ou o impacto de uma fusão. Seguem exemplos de tais situações.
1.521 Alterações nas Condições de Mercado
Os dados sobre a concentração do mercado e *market shares* são baseados em evidências históricas. Entretanto, mudanças recentes ou em andamento no Mercado podem indicar que as participações atuais subestimam ou superestimam a futura posição competitiva da firma. [...] Ao interpretar informações sobre a concentração de mercado ou market shares a Agência irá considerar efeitos razoavelmente previsíveis de mudanças recentes ou em curso nas condições do Mercado."

[8] "There are several general conclusions which can be drawn from the above discussion. The first and most important is that when a party to a merger is failing, competition authorities are right to modify their normal approach to merger review. In particular, estimates of competitive conditions after a proposed merger involving a failing firm should be compared not to the pre-merger situation, but rather to what is expected to happen should the merger be blocked, i.e. how would competition fare under each of the reasonable alternatives to the merger. Such alternatives ought to include liquidation as well as less anti-competitive mergers." (*Failing Firm Defense OCDE/GD(96)23, Paris, 1996, p.22*)

sua ausência, determinando a permanência no mercado de ativos que de outra forma seriam descartados.

"A suspect merger may be allowed to proceed where the resources of the target are so depleted and the prospect of rehabilitation so remote that it faced the grave possibility of a business failure with resulting loss to its stockholders and injury to the communities where its plants were operated'. (International Shoe Co v. FTC). The rationale for the exemption is that it is unwise to force a firm to leave the market, because of the market's possible loss of a productive asset and the ensuing social costs to the community."[9] (*Failing Firm Defense OCDE/GD(96)23, Paris, 1996, p. 39*, grifo nosso)

3. Evolução do Mercado Brasileiro de Rolhas Metálicas e a Situação de Falência Iminente

A constituição da **CROMA** envolveu a junção das atividades relativas a rolhas metálicas das empresas **AMORIM PINTO, ARO, RENDA, MECESA** e **TAPON** no mercado brasileiro. Lembre-se que as rolhas metálicas são as chamadas "tampinhas", utilizadas unicamente como lacres de embalagens de vidro para bebidas (cervejas, refrigerantes, águas etc.), não havendo competição e possibilidade de substituição pelo lado da demanda entre tais rolhas e as tampas plásticas destinadas a embalagens PET e REFPET (PET retornável). Da mesma forma, não existe flexibilidade da oferta, visto que os equipamentos utilizados na produção das rolhas metálicas são essencialmente distintos daqueles destinados à fabricação das tampas plásticas, inexistindo a possibilidade de redirecionamento da produção em virtude de alterações na demanda.

[9] Tradução livre: "Uma fusão potencialmente nociva pode ser aceita se os recursos da empresa alvo estiverem tão depreciados e a probabilidade de sua reabilitação for tão remota que determinem a elevada possibilidade de sua falência, gerando perdas para seus acionistas e danos às comunidades onde as fábricas operam'. (International Shoe Co v. FTC). A lógica para tal exceção reside no fato de que seria pouco sábio forçar a firma a se retirar do mercado tendo em vista a possível perda para o mercado de ativos produtivos e os custos sociais resultantes para a comunidade."

A estrutura de oferta vigente no momento anterior à operação é apresentada nas figuras a seguir.

Figura 1. Vendas em quantidade (1999)

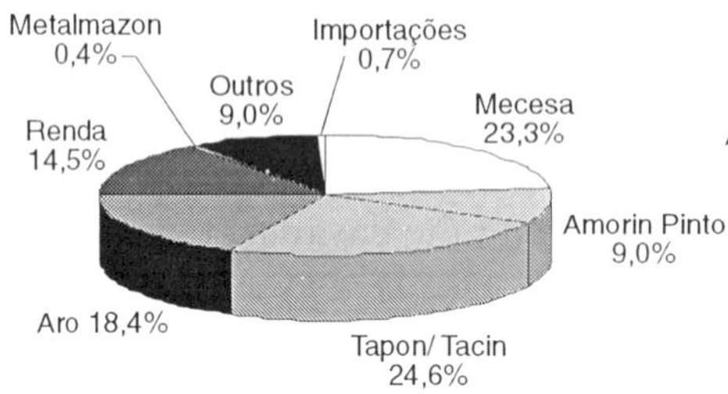

Fonte: Estimativa das Requerentes

Figura 2. Capacidade instalada (Brasil)

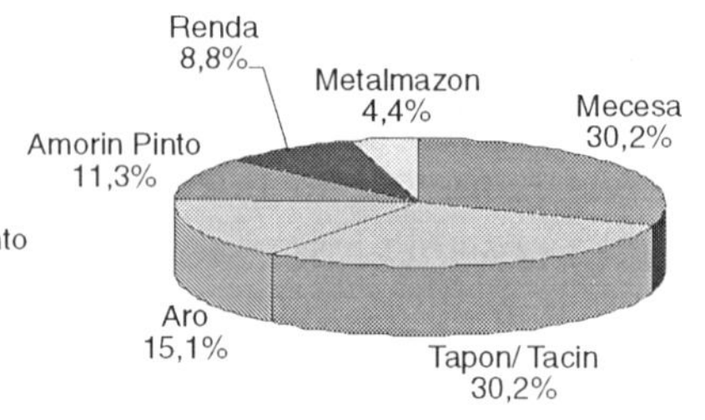

Fonte: Sindicato Nacional de Indústria de Rolhas Metálicas

O item "outros" constante da figura 1 (vendas) refere-se a empresas ofertantes em 1999 mas que encerraram suas operações, sendo os competidores atuais indicados na figura 2 (capacidade). Com a constituição da **CROMA**, as cinco empresas envolvidas passarão a ofertar rolhas metálicas conjuntamente, obtendo uma participação expressiva de mercado e tendo a **METALMAZON** como única competidora efetiva e já instalada no País.

Ressalte-se porém que as seguintes alterações se impõem ao mercado em pauta: a) declínio da demanda nacional de rolhas metálicas e conseqüente ampliação da capacidade ociosa; e b) construção pela AMBEV de unidade produtiva no País para a fabricação de rolhas metálicas.

O declínio da demanda nacional de rolhas metálicas decorre basicamente da alteração no perfil de consumo de bebidas, na medida em que as garrafas de vidro, que anteriormente representavam parcela amplamente dominante, têm sido substituídas por embalagens descartáveis. As figuras 3 e 4 a seguir apresentam evolução da participação de cada tipo de embalagem no total das vendas de refrigerantes e cervejas no Brasil.

Essa redução acentuada da utilização das embalagens de vidro tanto para refrigerantes (de 87,1% em 1990 para 12,7% em 2001 – estimativa) como para cervejas (de 94,8% em 1990 para 59,7% em 2001 – estimativa) tem determinado a diminuição da demanda por rolhas metálicas.

Figura 3. Refrigerantes

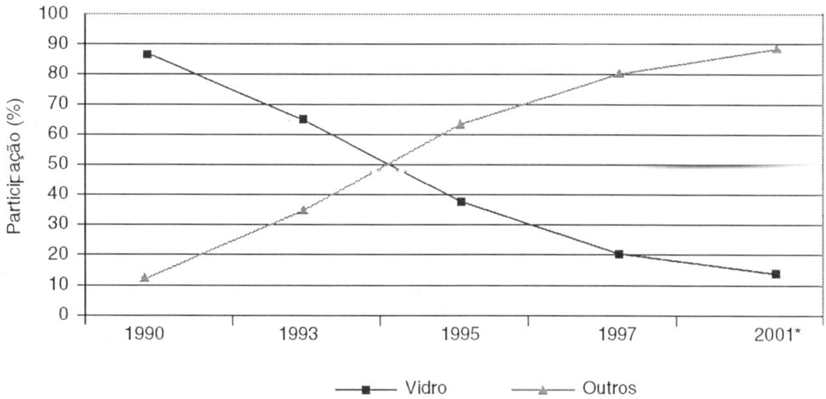

Figura 4. Cerveja

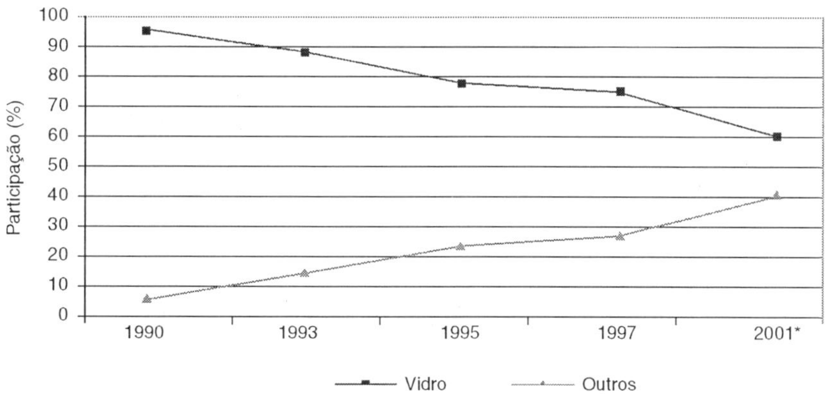

* Estimativa.
Fonte: Kaiser (fl. 92 dos autos).

Verifica-se assim um descompasso entre a capacidade instalada da indústria, que se mantém constante, e a evolução da demanda por tampinhas, que tem caído a taxas expressivas e apresenta como tendência redução ainda maior. De fato, enquanto em 1999 a demanda nacional de rolhas metálicas alcançou um montante de 15.394 mil unidades, a capacidade instalada da indústria superava 38 bilhões de unidades. No caso das empresas constituintes da CROMA, tal descompasso é apresentado na figura 5 a seguir.

Figura 5

Empresa	*Capacidade*	*Vendas (1999)*	*Vendas/ Capacidade*
Mecesa	11.520.000	3.686.000	32,00%
Amorim Pinto	4.320.000	1.426.000	33,01%
Tapon/Tacin	11.520.000	3.894.000	33,80%
Aro	5.760.000	2.917.000	50,64%
Renda	3.360.000	2.297.000	68,36%
Total	*36.480.000*	*14.220.000*	*38,98%*

Fonte: Requerentes.

Todas as empresas apresentaram vendas muito inferiores à capacidade produtiva instalada, revelando ociosidade insustentável e determinante de elevados custos fixos unitários[10].

Note-se que as informações acima prestadas não consideram as empresas que operavam no mercado em 1999 e, em vista das dificuldades enfrentadas, encerraram suas atividades. Cite-se entre elas as empresas **Silva Pedroza, Silva Portela e Crown Cork do Brasil** (maior fabricante mundial do produto), que decidiu descontinuar suas atividades no País devido às condições adversas e aos baixos preços de mercado.

Tome-se como parâmetro o custo da folha de flandres, principal insumo para a fabricação das tampinhas metálicas, fornecido pela Companhia Siderúrgica Nacional (CSN) que detém o monopólio sobre o produto no mercado brasileiro. Somente nos últimos 5 anos (1996 – 2000) o preço cobrado pela CSN aumentou cerca de 67%, ante uma variação de preços de 42% no caso da empresa Amorim Pinto, 21% da empresa Renda e 29% da Mecesa.

Vislumbrava-se assim cenário extremamente desfavorável para os ofertantes de rolhas metálicas: por um lado, o aumento de custos imposto pelo único fornecedor do principal insumo utilizado (além de outros itens como mão-de-obra, energia etc.) e a redução do volume de vendas determinado pela retração da demanda, e por outro, a impossibilidade de

[10] Note-se que, apesar de desconsiderar a variação de estoques, os números constantes da figura 5 constituem uma boa indicação do nível de ociosidade das empresas.

elevação dos preços para a manutenção das margens obtidas, tendo em vista a demanda declinante, aumento da capacidade ociosa e o elevado poder de barganha dos grandes clientes.

A segunda alteração estrutural a ser considerada, qual seja, a construção da fábrica de rolhas metálicas da AMBEV, veio somar-se a essa situação desfavorável para os ofertantes do produto, na medida em que provocará a antecipação e a intensificação do estreitamento da demanda nacional. De fato, o projeto da unidade prevê o início de suas operações com produção de 7.100 bilhões de unidades/ano, passando a 7.810 bilhões no ano de 2002 e chegando a 8.591 bilhões no ano seguinte. Supondo-se que essa previsão se concretize, a produção da nova fábrica da AMBEV deverá ser responsável pelo suprimento da demanda da empresa em sua quase totalidade, restringindo o mercado nacional para cerca de 7 bilhões de unidades/ano. Note-se que essa estimativa é otimista, na medida em que supõe a manutenção da demanda total (incluindo AMBEV) no nível de 1999, desconsiderando a tendência à sua queda gradual por conta da substituição das embalagens de vidro.

Nessas condições, a operação de constituição da CROMA foi a solução mais eficiente encontrada pelas empresas ofertantes de rolhas metálicas no Brasil para sua manutenção no mercado. Isso porque, na ausência da operação, as dificuldades impostas ao setor certamente determinariam o encerramento das atividades de muitos produtores e o sucateamento de seus ativos. Trata-se na verdade da situação de falência iminente, aplicando-se ao caso o argumento da *failing firm* descrito na seção anterior.

Com a constituição da CROMA, tal situação será revertida, na medida em que as empresas obterão a escala necessária para manterem o suprimento eficiente ao mercado nacional e reduzirem substancialmente a capacidade ociosa existente, direcionando parte da produção para o mercado externo. Dessa forma, a maior parte dos ativos produtivos instalados será mantida em operação, sendo sua utilização otimizada de modo a atender eficientemente e ao menor custo às diferentes demandas (nacional e internacional).

A informação acima apresentada é fundamental para a análise das autoridades de defesa da concorrência, na medida em que se rompe o nexo causal entre a concentração do mercado e a operação. Nessas condições, a comparação entre a estrutura de oferta nos momentos anterior e posterior à operação não constitui parâmetro adequado para a análise do caso, sendo a comparação apropriada aquela feita entre a estrutura decorrente da operação e a configuração esperada caso a fusão não se concretizasse. Esses e outros fatores são analisados em detalhe a seguir, mediante a aplicação ao caso CROMA dos parâmetros para a aceitação do argumento da *failing firm*.

4. Aplicação do Argumento da *Failing Firm* ao Caso CROMA

Como afirmado nas seções anteriores, a aplicação do argumento da *failing firm* e sua aceitação pelas autoridades internacionais de defesa da concorrência, em especial nos Estados Unidos, depende da verificação de alguns critérios que devem estar presentes. Fundamentalmente, trata-se das seguintes constatações: a) situação de falência iminente; b) impossibilidade da empresa de sanar desequilíbrios por meios próprios; c) ausência de arranjos eficientes com menores efeitos anticompetitivos; e d) provável saída do mercado dos ativos atualmente empregados.

Situação de falência iminente

As características do mercado descritas na seção anterior evidenciam dificuldades fundamentais enfrentadas pelas empresas. Como dito, a situação de sobre-capacidade da indústria, associada à demanda decrescente e totalmente subordinada à decisão da indústria a jusante (bebidas engarrafadas) tem determinado a elevação da capacidade ociosa, ampliando os custos fixos unitários para níveis insustentáveis. Some-se a isso a elevação dos custos variáveis, com o aumento expressivo do preço da folha de flandres (principal insumo fornecido pela monopolista CSN) e demais insumos e despesas e a impossibilidade de seu repasse para o preço das rolhas metálicas, que tem apresentado evolução real negativa (deflacionado pelo IPA-GV).

A verificação da escala mínima eficiente (EMV) de produção e sua contraposição à demanda esperada constituem parâmetros essenciais nessa situação. Conforme as requerentes, a EMV para a atuação no mercado de rolhas metálicas é de 3,6 bilhões de unidades/ano. Tomando-se por base a demanda nacional do produto em 1999, que somou 15.394 milhões e subtraindo-se a produção esperada da fábrica da AMBEV (8.591 bilhões/ano), tem-se que o mercado total, mantida a demanda no nível de 1999, alcançaria 6.803 milhões de unidades ano. Supondo-se que o consumo se estabilizasse nesse montante, o mercado comportaria 1,89 ofertantes operando à capacidade eficiente (3,6 bilhões/ano), ou seja, a configuração eficiente seria de no máximo dois participantes, caso se mantivesse a demanda nos níveis de 1999. Note-se porém que se tem como tendência a diminuição gradual da demanda pelas rolhas metálicas, sendo razoável a suposição de que o montante demandado nos próximos anos será ainda inferior às 6.803 milhões de unidades/ano. Nessas condições, a manutenção de mais de vários ofertantes no mercado torna-se ainda mais improvável, determinando definitivamente a concentração da estrutura de oferta como configuração economicamente eficiente.

O voto do Conselheiro Arthur Barrionuevo Filho no Ato de Concentração 080000.013759/97-98 é ilustrativo a esse respeito, apresentando análise similar à desenvolvida acima.

"No caso em tela, onde a escala mínima eficiente é de 400 mil preças/ano e, a demanda em 1999 é 1.270 mil peças, caindo a taxas crescentes (-5,40% em 1997 e -9,00% em 2003) devido à redução de automóveis mais antigos, existe uma óbvia e notória tendência à redução de oferta. **Dificilmente, no biênio de 2004/05 haverá demanda para mais de um produtor operando em escala eficiente. Assim, existe no máximo um espaço de cinco anos, onde poderíamos ter mais de um produtor com escala eficiente**.
Se considerarmos os custos de transação e o tempo necessário, para a separação e venda do negócio de bombas de combustíveis, e, mais ainda, o ganho que se terá por, talvez, três anos de mercado mais desconcentrado, existe uma grande probabilidade dos custos serem maiores do que os benefícios.
Pior ainda, supondo a existência de dois produtores de porte, em cinco anos, um deles poderá ser obrigado a sair do mercado abruptamente, ao invés de planejar a desmobilização como agora, podendo provocar desabastecimento, ou ainda, permanecendo os dois, produzindo com maior custo médio e consequentemente, maior preço." (Voto do Conselheiro Arthur Barrionuevo Filho no Ato de Concentração 080000.013759/97-98 – Echlin do Brasil Indústria e Comércio Ltda. e Indústria e Comércio Brosol Ltda., negrito no original)

No mesmo sentido se manifestou o Conselheiro Ruy Santacruz:

"O mercado de bombas de combustível mecânicas apresenta uma característica que o torna especial para o tratamento antitruste – o fato dele se encontrar em processo de rápida extinção com prazo marcado. Desconsiderar esse fato pode significar uma decisão errada por parte da autoridade de defesa da concorrência. Não se trata de um mercado em declínio – que pode ser analisado à luz das teorias de ciclo de vida do produto -, cujas vendas decaem lentamente após um período de crescimento. Num mercado dessa natureza o ofertante conta com mecanismos capazes de atenuar a queda das vendas, inclusive reduzindo preço, tornando-o ainda atrativo para segmentos de demanda. No caso em tela, entretanto, na medida em que a frota de veículos vai sendo substituída para o bombeamento eletrônico, o mercado se extingue rapidamente numa taxa absolutamente previsível, nada podendo o produtor fazer para reduzir ou atenuar a perda de vendas. Dessa forma, torna-se evidente que o mercado tende rapidamente para o monopólio, estrutura de oferta que será inevitavelmente a mais eficiente em termos de bem-estar econômico. Ou seja, o monopólio é consequência da extinção da demanda e necessidade estrutural para garantir o maior atendimento possível aos usuários do produto com preço e qualidade adequados. De fato, diante da redução da demanda, a oferta em duas unidades de produção com elevada capacidade ociosa seria ineficiente do ponto de vista econômico, fazendo subir o custo por unidade produzida, colocando em risco, inclusive, a eficiência das firmas na distribuição da produção. Já sob o domínio de uma única firma, estaria garantida a produção mais eficiente, a possibilidade de melhor preço e qualidade a garantia de uma distribuição em bases adequadas." (Voto do Conselheiro Ruy Santacruz no Ato de Concentração 080000.013759/97-98 – Echlin do Brasil Indústria e Comércio Ltda. e Indústria e Comércio Brosol Ltda., grifo nosso)

No caso em pauta, ainda que a constituição da CROMA não se concretizasse, mostrava-se como certa a saída do mercado de boa parte dos competidores, resultando em uma estrutura de oferta muito concentrada, possivelmente de monopólio. Ressalte-se que as dificuldades apontadas acima já determinaram o fechamento de três empresas desde 1.999. Nessas condições, verifica-se o critério da falência iminente, indicando aplicar-se ao caso o argumento da *failing firm*.

Poderia-se ainda argumentar que, mesmo que a evolução do mercado determinasse a falência das empresas e sua saída do mercado no futuro próximo, seria desejável a manutenção de sua atuação como competidores pelo maior tempo possível. Nesse caso, a operação viria abreviar o tempo de permanência da competição no mercado, devendo ser, portanto, impedida pelas autoridades de defesa da concorrência.

Ocorre porém que, ao primar pela manutenção da competição no curto prazo, pode-se comprometer os resultados e a eficiência de médio e longo prazo. Conforme descrito no estudo preparado pela OCDE, esse fator deve ser especialmente considerado em se tratando de indústrias com demanda declinante. Nesse caso, empresas que ainda são competidoras no período atual estarão provavelmente deixando o mercado no futuro próximo, sendo provavelmente mais eficiente que a operação de fusão ou aquisição ocorra enquanto a(s) empresa(s) ainda goza(m) de saúde financeira para atuar(em).

"Even if flailing firms could be reliably identified, competition authorities may take the view that the competition such firms provide, albeit weak or weakening, benefits consumers and should be allowed to continue as long as possible. That view makes sense, but should be tempered with considerations of longer term competitive effects. A merger involving a flailing firm might foster a considerably better competitive environment than a similar merger occurring only after one of the parties has sunk into irreversible failure, i.e. there is a tradeoff between present and future levels of competition.
3. Declining industry considerations
Some countries who question the wisdom of widening the failing firm defense/exception to include flailing firms, might be willing to do so in cases where the flailing firm is part of a declining industry, i.e. an industry characterized by universally low profitability (at least among the domestic producers) and imminent or actual, reductions in capacity. Incorporating a reference to objective, easily verifiable factors outside the control of the merging parties would lower the evidentiary risk of applying the same merger review regime to failing and flailing firms. Moreover, in declining industry situations it is more likely that firms flailing today will be failing tomorrow. Consequently, declining industry conditions would make it more necessary to consider whether or not the flailing firm issue involves a tradeoff between present and future levels of competition." (Failing Firm Defense OCDE/GD(96)23, Paris, 1996, p. 21-22)[11]

---

[11] Tradução livre: "Mesmo que empresas em estado pré-falimentar pudessem ser identificadas, as autoridades de defesa da concorrência poderiam considerar que a competição promovida por tais empresas, ainda que fraca ou decadente, beneficiaria os consumidores e deveria continuar pelo maior prazo possível. Essa visão faz sentido mas deve ser balanceada com considerações quanto aos efeitos concorrenciais de longo prazo. Uma fusão envolvendo empresa em estado pré-falimentar pode resultar

Note-se que no caso CROMA a tentativa de manutenção da competição de curto prazo seria equivocada, visto que na ausência da operação a falência dos concorrentes seria certa e ocorreria em um futuro próximo, devido à elevada capacidade ociosa existente e seu agravamento por conta do ingresso da fábrica da AMBEV.

Impossibilidade de saneamento dos desequilíbrios por meios próprios

As razões para a provável saída dos competidores do mercado caso a operação não se concretizasse não decorrem de problemas internos às empresas, tais como deficiências gerenciais e produtivas ou erros estratégicos, que poderiam ser evitados ou revertidos por ações independentes por parte das empresas.

No caso CROMA, as dificuldades enfrentadas pelas empresas participantes da operação decorrem fundamentalmente das condições adversas do mercado de rolhas metálicas. Como dito, o comportamento da demanda é totalmente subordinado à dinâmica do mercado à frente, não havendo ações que pudessem ser adotadas pelas empresas para reverter a retração do consumo verificada.

Essa discussão está intimamente ligada à questão das eficiências específicas de atos de concentração, versus aquelas que poderiam

---

em ambiente competitivo superior ao que ocorreria com a realização de uma fusão similar, porém ocorrida depois que uma das partes tenha ingressado em processo irreversível de falência. Há neste caso, um *trade-off* entre os níveis de concorrência presente e futuros".

3. Considerações sobre empresas declinantes.

Alguns países que questionam a ampliação da defesa pautada na teoria *failing company* para incluir empresas em situação pré-falimentar, poderiam faze-lo nos casos em que que a empresa em estado pré-falimentar integre uma indústria declinante, isto é, uma indústria caracterizada por baixas taxas de lucro (ao menos para empresas com atuação no mercado interno) e pela redução iminente ou efetiva da capacidade. A incorporação de referências quanto aos fatores objetivos e facilmente verificáveis que estejam fora do controle das empresas participantes da fusão diminuiria o risco de se aplicar o mesmo enfoque para empresas falentes e aquelas em estado pré-falimentar. Ademais, em situações de indústrias declinantes é provável que firmas presentemente em situação pré-falimentar, estarão falindo no futuro próximo. Conseqüentemente, em situações de indústrias declinantes seria mais necessário considerar se a questão da empresa em situação falimentar realmente invoveria um trade-off entre níveis de competição presente e futura." (*Failing Firm Defense OCDE/GD(96)23, Paris, 1996, p. 21-22*) ser alcançadas por outros meios. No caso em pauta, dentre os principais benefícios gerados pelo ato figura a obtenção de economias de escala que possibilitarão a atuação eficiente ao menor custo, além da manutenção dos ativos mais eficientes no mercado. Desse modo, possibilita-se a reestruturação racional da estrutura de oferta, o que não se poderia esperar na hipótese da ausência da operação e da conseqüente reestruturação espontânea ou saída desordenada do mercado.

Sabe-se que apesar de constituir eficiência a ser considerada, a obtenção de economias de escala nem sempre figura entre os benefícios que somente poderiam ser obtidos mediante um Ato de Concentração. Por vezes, a realização de uma fusão ou aquisição é simplesmente o modo mais simples de alcança-las, não sendo porém o mais desejável para a competição. Como afirmado por Joseph Farrel e Carl Shapiro em seu artigo *Scale Economies and Synergies in Horizontal Merger Analysis* publicado no Antitrust Law Journal:

"We generally concur with the Guidelines' test for whether claimed efficiencies are "merger specific." Efficiencies are not merger-specific if individual firms likely can and will achieve them without the necessity of merging (or comparable restrictions). Simple scale economies may often fail to be merger-specific on this basis, if one or both of the merging parties would, without great delay, achieve greater scale on its own, as Judge Sporkin found."[12] (*Farrell e Shapiro*, p. 6)

No caso em pauta, entretanto, a constituição da CROMA foi a única opção encontrada para a obtenção da escala necessária à atuação eficiente no setor e ao re-direcionamento de parte da produção para o mercado externo. De fato, em casos específicos como esse, economias de escala podem, e devem, ser consideradas como *merger-specific*, na medida em que não poderiam ser obtidas de outro modo.

[12] Tradução livre: "Geralmente concordamos com o teste dos Guidelines para a verificação de se as eficiências alegadas são específicas da fusão (*merger-specific*). Eficiências não são específicas da fusão se as firmas provavelmente poderão e irão atingi-las individualmente sem a necessidade de fundirem-se. Nesse sentido, simples economias de escala podem, freqüentemente, não ser *merger-specific* se uma ou ambas as requerentes puderem, independentemente e em um curto espaço de tempo, alcançar maior escala, como alegado pelo Juiz Sporkin."

> "On the other hand, one can envision cases in which unilateral expansion absent the merger is unlikely. Thus, suppose that the industry is static or declining, and both firms have operated roughly at their current scales for some years despite an awareness of inefficiently small scale. Evidence such as this would suggest that neither firm would likely expand any time soon in the absence of the merger.
> In any event, our point here (aniticipating a contrast we will draw with the concept of synergy) is that the enquiry into merger-specificity should be a realistic one, focusing on what will happen with and without a merger."[13] (Farrell e Shapiro, p. 6-7, grifo nosso)

Assim, as eficiências (economias de escala) e sinergias (otimização da utilização dos ativos e da distribuição do produto entre outras) decorrentes da operação constituem o único meio encontrado para a superação das dificuldades encontradas, possibilitando a continuidade de atuação das empresas e a manutenção de seus ativos no mercado.

Ausência de arranjos eficientes com menores efeitos anticompetitivos

Como demonstrado nas seções anteriores, a configuração atual do mercado com vários ofertantes não é eficiente, determinando nível elevado de capacidade ociosa e, conseqüentemente, custos superiores aos que seriam verificados no nível ótimo de produção. De fato, dada a demanda estimada para os próximos anos e a escala mínima eficiente, o mercado tenderia, mesmo na ausência da operação, a uma estrutura mais concentrada, de monopólio no extremo. Não se verifica, assim, o nexo causal entre os possíveis efeitos anticompetitivos decorrentes da concentração e a operação.

---

[13] Tradução livre: "Por outro lado, há casos em que expansões unilaterais são improváveis na ausência de uma fusão. Suponha-se que a indústria esteja estática ou em declínio e ambas as firmas tenham operado por alguns anos nos seus atuais níveis de escala, apesar de estarem cientes de que tal escala é pequena e ineficiente. Evidências como essas sugeririam que, na ausência de fusões, nenhuma das firmas provavelmente se expandiria no futuro próximo".
De qualquer modo, o argumento aqui (antecipando um contraste nós iremos abordar com o conceito de sinergia) é que o questionamento quanto às eficiências específicas da fusão deve ser realista, focando-se no que irá acontecer com e sem uma fusão."

A despeito de tal constatação, se poderia argumentar que a constituição da CROMA não seria o arranjo mais eficiente, havendo, por exemplo, a possibilidade de compra de uma ou mais empresas por um terceiro agente ainda não participante do mercado. Nesse sentido, há que se argumentar em primeiro lugar que a configuração eficiente não seria alcançada a não ser que todas as empresas fossem absorvidas pelo terceiro comprador. Nesse caso, o resultado seria a obtenção do monopólio por um agente ainda não atuante, de modo que o efeito sobre a competição não seria superior ao obtido com a constituição da CROMA.

Considere-se ainda que o ingresso em um mercado como o de rolhas metálicas, com capacidade ociosa elevada e que apresenta demanda sabidamente declinante e subordinada ao setor de bebidas, seria pouco provável. Nessas condições, dificilmente um agente econômico entenderia como vantajoso o investimento de vultosos recursos em um mercado em retração e sujeito ao poder de barganha de clientes e fornecedores. Cite-se como exemplo o trecho da análise desenvolvida pela Comunidade Européia no caso Kali – Salz/MdK/Treuhand, extraído do artigo da OCDE e reproduzido a seguir.

"The Kali and Salz/MdK/Treuhand Case:
(ii) Alternative acquirers
As part of the privatisation procedure, Goldman Sachs was assigned the task of inviting tenders for MdK. As a result, an extensive and detailed record of all alternative buyers contacted prior to MdK's privatisation was available in this case. During the investigation of the merger, the Commission examined the record and contacted all companies that had expressed some interest in acquiring MdK. None of the companies contacted by Goldman Sachs or the Commission was prepared to acquire MdK in its present condition, even combined with a substantial financial aid by the Treuhand. This negative response was objectively justified by a number of factors, including the operating structure of MdK, the existence of overcapacities and the generally depressed state of the potash market and the absence of significant synergies as a result of the acquisition – by contrast, K+S's geographical location and product range made such synergies possible."[14]
(Failing Firm Defense OCDE/GD(96)23, Paris, 1996, p.92, grifo nosso)

[14] Tradução livre: "***O caso de Kali e Salz/MdK/Treuhand:***
(ii) Compradores alternativos
Como parte do procedimento de privatização, a Goldman Sachs foi escolhida para

Nesse sentido também se manifestou o Conselheiro Ruy Santacruz em seu voto no Ato de Concentração já citado.

"Também é difícil avaliar se outra empresa poderia assumir o controle da Brosol no lugar da Echlin, dado que o mercado se extinguia. Parece certo que o investimento num mercado com essa característica não parece, em princípio, atraente para quem nele já não atuava." (Voto do Conselheiro Ruy Santacruz no Ato de Concentração 080000.013759/97-98 – Echlin do Brasil Indústria e Comércio Ltda. e Indústria e Comércio Brosol Ltda.)

Assim, ainda que se entendesse que efeitos anticompetitivos pudessem ser gerados pela constituição da CROMA, seria altamente improvável que existissem arranjos alternativos que se mostrassem superiores para a finalidade de defesa da concorrência, sendo portanto atendido o critério para a aplicação do argumento da *failing firm*.

Provável saída do mercado dos ativos atualmente empregados

O último critério a ser atendido é a verificação da probabilidade de saída do mercado dos ativos produtivos empregados pelas empresas em dificuldades. Como expresso nas seções anteriores, para a aplicação do argumento da *failing firm* não é suficiente que seja demonstrada a situação de falência iminente da(s) empresa(s), mas sim que fique patente que, na ausência da operação, a aplicação de seus ativos seria descontinuada. Ressalte-se que os equipamentos destinados à fabricação das rolhas metálicas

encontrar compradores para MdK. Como resultado, foi disponibilizado um registro extenso e detalhado de todos os compradores alternativos contatados antes da privatização da MdK. Durante a investigação da fusão, a Comissão examinou o registro e contatou todas as companhias que expressaram algum interesse em adquirir a MdK. Nenhuma das companhias contatadas pela Goldman Sachs ou pela Comissão estava preparada para adquirir a MdK nas condições atuais, mesmo com a oferta de uma ajuda financeira significativa pela Treuhand. Esta resposta negativa foi justificada objetivamente por um número de fatores, incluindo a estrutura operacional da MdK, a existência de setores supersaturados, o estado de depreciação geral do mercado de potassa e a ausência de sinergias significativas como resultado da aquisição – em contraste, a localização geográfica e o alcance do produto da K+S tornou tais sinergias possíveis."

são específicos à atuação nesse mercado, não podendo ser sequer redirecionados para a utilização em mercados alternativos.

Resta evidente o atendimento a essa condição, tendo em vista as condições do mercado de rolhas metálicas e a provável configuração resultante caso a CROMA não fosse constituída.

5. Considerações Finais

Os elementos acima apresentados evidenciam estarem presentes todas as condições, recuperadas a seguir, para que o argumento da failing firm seja aplicado ao caso em pauta, determinando análise diferenciada por parte das autoridades de defesa da concorrência. São elas:

1. Situação de falência iminente
2. Impossibilidade da empresa de sanar desequilíbrios por meios próprios
3. Ausência de arranjos eficientes com menores efeitos anticompetitivos
4. Provável saída do mercado dos ativos atualmente empregados.

Nesse sentido, a simples avaliação da alteração do nível de concentração do mercado nos momentos anterior e posterior à operação não constitui bom parâmetro para a verificação dos verdadeiros efeitos decorrentes do ato, sendo mais apropriada a comparação da configuração do mercado pós-operação com a que provavelmente ocorreria em sua ausência.

"O fato é que um mercado cuja demanda tem data marcada para acabar precisará, para garantir a oferta pelo maior período possível, ver reduzida a oferta a um único vendedor. À medida em que a demanda vai encolhedo as capacidades ociosas dos ofertantes vai aumentando até o momento em que a firma com menor custo e/ou melhor capacidade financeira, e/ou mais comprometida com o mercado termina por adquirir as outras firmas ou espera que as outras firmas quebrem. Certamente a aquisição pela firma sobrevivente da capacidade instalada das firmas que se retiram é uma solução de mercado superior, na medida em que impede o sucateamento de ativos ainda em funcionamento e aumenta a capacidade da oferta em responder positivamente no mercado em termos de preço e qualidade do produto." (Voto do Conselheiro Ruy Santacruz no Ato de Concentração 080000.013759/97-98 – Echlin do Brasil Indústria e Comércio Ltda. e Indústria e Comércio Brosol Ltda., grifo nosso)

No presente caso a concentração do mercado ocorreria mesmo que a CROMA não fosse constituída, de modo que não se pode atribuir à operação eventuais efeitos nocivos que possam ser detectados. Ao contrário, o Ato de Concentração apresenta eficiências significativas e que não poderiam ser obtidas de outra forma, atendendo desse modo aos requisitos descritos pela SEAE para a aprovação de atos dessa natureza.

Setembro de 2001.

AQUISIÇÃO DA MANAH PELO GRUPO BUNGE COMENTÁRIOS AO PARECER TÉCNICO DA SEAE A.C. 08012.004904/00-97

Edgard Antonio Pereira
Eleni Lagroteria

1. Introdução

Em 31 de março de 2000, efetivou-se operação de aquisição da **Manah** – empresa produtora de fertilizantes finais e intermediários – pelo **grupo Bunge**, a que pertence a produtora de matérias-primas, fertilizantes intermediários e finais, **Bunge Fertilizantes**.

A operação apresenta uma série de complexidades do ponto de vista societário e econômico, tendo em vista que a **Manah**, bem como o **grupo Bunge**, são acionistas do **grupo Fertifos**, controlador das principais produtoras de insumos para fertilizantes no Brasil – **Fosfertil** e **Ultrafertil**.

Para efeito de análise antitruste, o ato de concentração traz impactos horizontais sobre a estrutura de oferta das misturas NPK, produto final destinado à adubação de solos agrícolas, fabricado e comercializado por adquirente e adquirida. Observa-se também a presença de impactos sobre as relações verticais da cadeia produtiva de fertilizantes, uma vez que tanto o **grupo Bunge** quanto o **grupo Fertifos** produzem e comercializam rocha fosfática e alguns de seus derivados, os fertilizantes fosfatados, que respondem pelo conteúdo do elemento Fósforo (P) nas misturas NPK. Além disto, a controlada do **grupo Fertifos**, **Ultrafertil**, produz e comercializa fertilizantes nitrogenados cujo macronutriente é o Nitrogênio (N), também componente dos fertilizantes ao agricultor. O Cloreto de Potássio (K) comercializado no Brasil junto às misturadoras tem por origens o mercado internacional (aproximadamente 88% da oferta ao mercado doméstico) e a Cia Vale do Rio Doce, responsável por 12% da oferta do produto no setor de fertilizantes. Evidentemente, a transação não interfere nas condições de oferta deste último insumo.

Desta forma, identificar-se-iam dois elementos de impacto sobre o ambiente concorrencial no mercado de misturas NPK: o primeiro diretamente ligado à concentração horizontal da oferta de misturas e o segundo relacionado ao eventual controle da produção e comercialização dos insumos produzidas pelo **grupo Fertifos** destinados tanto a acionistas da *holding* quanto aos misturadores concorrentes, não pertencentes ao grupo, para a produção de misturas.

No tocante à concentração horizontal, é sabido que estrutura concentrada é condição *necessária* mas não *suficiente* para o exercício abusivo do poder de mercado. Em especial, a indústria de misturas NPK, além de não exibir estrutura ou padrão de concorrência oligopolísticos, possui uma série de características que naturalmente disciplinam o comportamento da oferta, dispensando preocupação específica com o setor.

Com efeito, a própria SEAE reconhece que "*a oferta é composta por grande número de misturadoras de pequeno porte, que atuam regionalmente, e por poucas empresas de grande porte, que têm uma atuação mais ampla no território nacional*"[1]. Isto é, parte substancial da oferta é bastante pulverizada, mesmo na definição geográfica mais restrita de mercado geográfico, adotada pela SEAE[2].

No mercado de misturas NPK, as diminutas barreiras à entrada constrangem condutas anti-concorrenciais. A tecnologia de produção restringe-se à mistura dos insumos, a escala mínima de produção é pequena (30 mil t/ano) – o que favorece a participação regional de pequenos ofertantes – e os custos de instalação de uma planta mínima não ultrapassam o valor de R$ 240,00 mil[3].

A operação em foco gerou concentração de cerca de 33% no mercado brasileiro de misturas NPK, (18% da **Serrana**, 12% da **Manah** e 3% da **Ouro Verde**, no mercado brasileiro, em 1999, segundo informações constantes dos anexos que acompanham a petição inicial). Nenhum dos outros participantes do mercado detinha participação superior a 10% do mercado brasileiro em 1999.

A preocupação central, manifestada pela SEAE em seu parecer, estaria vinculada às dificuldades de acesso à matéria-prima produzida

[1] Parecer nº106/COGPA/SEAE/MF/2001, de 05 de abril de 2001, nota de rodapé nº 9. Requerentes **Andely** (grupo **Bunge**) e **Manah**.

[2] É entendimento da SEAE que os mercados de misturas NPK são regionalizados. Aquela Secretaria definiu três mercados de misturas a saber: região sul (Santa Catarina e Rio Grande do Sul), região central (Paraná, São Paulo Minas Gerais, Mato Grosso do Sul, Mato Grosso e Goiás) e região leste-nordeste (Rio de Janeiro, Espírito Santo, estados do Nordeste e Tocantins).

[3] Esta informação foi apresentada em resposta ao ofício SEAE 1627, de 18 de maio de 2000, em petição protocolada em 11 de junho de 2000.

internamente para as pequenas misturadoras. É opinião daquela Secretaria que esta constituiria a *principal* barreira ao ingresso de novos misturadores no mercado de misturas NPK da região central do Brasil, embora não identifique qualquer outro impedimento ao surgimento de novas misturadoras naquela área geográfica:

"A principal barreira à entrada no mercado de misturas é a dificuldade de acesso ao abastecimento interno de fertilizantes básicos. Como visto anteriormente, na região central este setor é dominado pelo grupo Bunge e Fosfertil. Nas regiões litorâneas, esta barreira é contornada pela importação de fertilizantes básicos. Nos mercados relevantes do sul e leste-nordeste, as importações representam 66% e 70% do consumo de fertilizantes básicos fosfatados, respectivamente. Já na região central, as importações correspondem à apenas 7% do consumo de fertilizantes básicos fosfatados. Nesta região, o custo do frete desde os portos torna o insumo importado pouco competitivo em comparação com o produto nacional."[4] ***Parecer Técnico nº 106/COGPA/SEAE/MF, de 05 de abril de 2001, A.C. 08012.004904/00-97. Requerentes Andely (grupo Bunge) e Manah. § 53.***

Este entendimento, de caráter estritamente econômico[5] (acesso aos fertilizantes básicos dificultado para a maioria dos misturadores da região central do Brasil), teria dado origem às restrições sugeridas pela SEAE à autorização do ato de concentração em foco.

Identificado o ponto central sobre o qual se alicerçam os argumentos de caráter econômico da SEAE, o presente texto tem por objetivo demonstrar a elevada contestabilidade, pelas importações, do segmento de fertilizantes básicos na região centro, fator que inclusive autoriza a definição mais ampla do mercado geográfico, extensiva à dimensão internacional.

---

[4] Observe-se que no citado parecer não é mencionada a metodologia de cálculo das participações das importações nos mercados de insumos da região central do Brasil e nos outros mercados relevantes geográficos.

[5] Há ainda uma discussão de natureza jurídica sobre a possibilidade de controle do **grupo Fertifos** pelo **grupo Bunge**. O presente texto limita-se à análise do parecer da SEAE nos seus termos econômicos apenas. A exposição dos aspectos societários da operação encontra-se em petição a que se anexa este documento.

A compreensão deste fato é fundamental para a instrução do ato de concentração em análise, tendo em vista que a entrada no mercado de misturas NPK estaria condicionada à disponibilidade de fertilizantes básicos (também denominados intermediários), elo imediatamente anterior da cadeia de produção dos fertilizantes finais.

Em seguida, dedica-se a presente análise a outros elementos menos centrais na análise da SEAE, porém relevantes para a compreensão do padrão de concorrência dos mercados envolvidos e das transformações por que vem passando indústria nacional de fertilizantes.

2. A Dimensão Internacional dos Mercados de Fertilizantes Básicos

A) Evolução da demanda e da oferta de fertilizantes básicos no Brasil

Primeiramente, cabe mais uma vez registrar que os produtos objeto da presente operação são *homogêneos*. Por definição, os produtos *homogêneos* não possuem elementos diferenciadores que motivem a predileção do consumidor por uma ou outra procedência, nacional ou importada, do produto. Com isto esclarece-se que o misturador da região central e o próprio agricultor (consumidor final) não vêm diferença entre o insumo para misturas fabricado localmente e o de origem estrangeira. Portanto, não têm preferência específica pelo produto nacional.

Os misturadores decidem pela origem dos insumos que irão adquirir comparando apenas os custos de aquisição; entre eles os custos de transporte e os impostos adicionados ao preço FOB do produto. É possível demonstrar que os preços do produto doméstico e internacional dos fertilizantes básicos colocados em Cubatão são semelhantes e altamente correlacionados, indicando com isto concorrência efetiva entre produtores nacionais e estrangeiros[6]. Os quadros contendo séries de preços nacionais e internados em Cubatão são apresentados às páginas 21 a 26 deste documento.

[6] Mais adiante encontram-se as séries de preços nacionais e internacionais internados dos fertilizantes básicos fosfatados – Superfosfato Simples (SSP) em Cubatão, Superfosfato Triplo (TSP) em Cubatão, Fosfato de Monoamônio (MAP) em Uberaba, Fosfato de Diamônio em Cubatão (DAP). Os quadros apresenta ainda as taxas de correlação entre as séries de preços em média superiores a 70%. Nos casos do MAP e do DAP as correlações entre preços domésticos e internacionais chegam a superar 90%.

O parecer da SEAE apresenta o comportamento dos preços CIF do Fosfato de Monoamônio (MAP) – um dos produtos pertencentes ao mercado relevante de fertilizantes fosfatados – com relação ao produto importado internado em quatro localidades do interior do Brasil, a saber, (1) Uberlândia, (2) Goiânia/Jataí, (3) Paulínia e (4) Marília. Os gráficos utilizados pela SEAE em seu parecer são reproduzidos abaixo[7]:

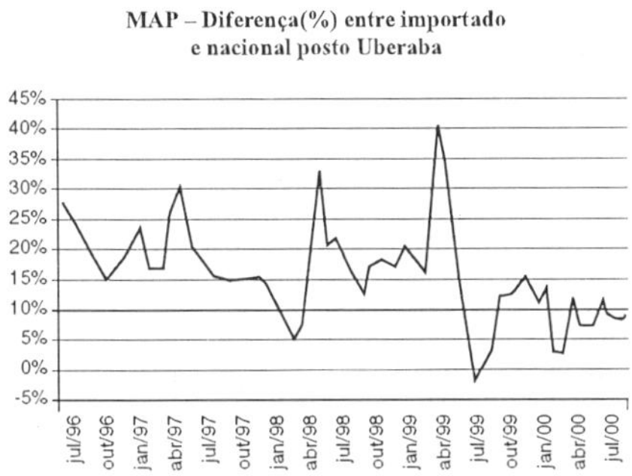

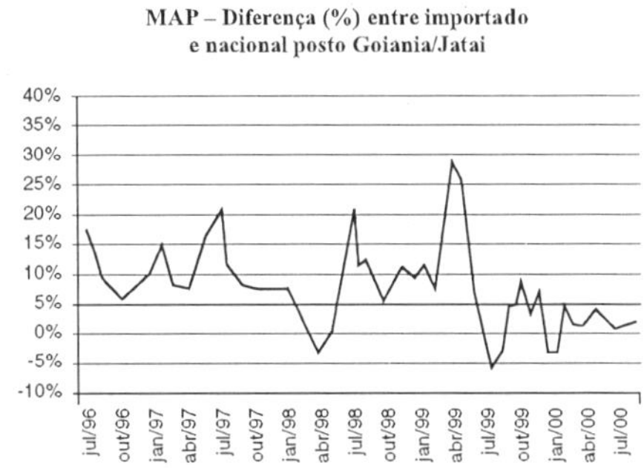

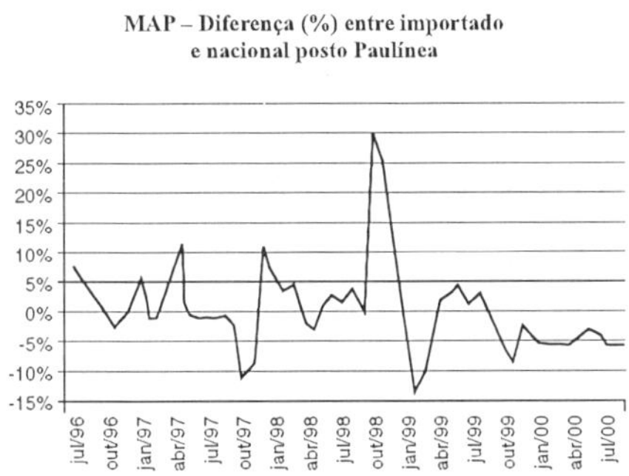

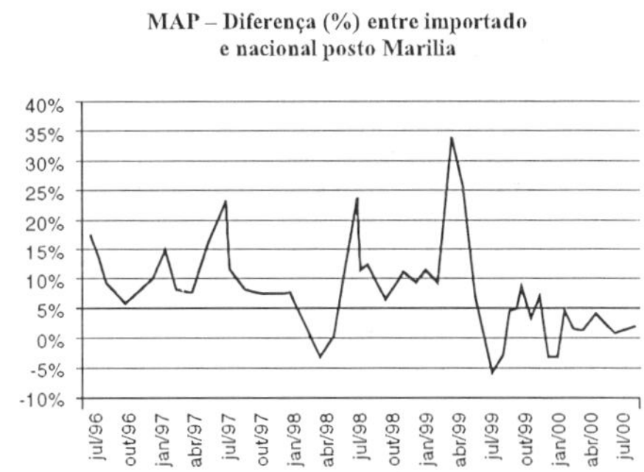

Observe-se o comportamento absolutamente paralelo dos preços em todas as localidades registradas, o que identifica um mesmo padrão de concorrência em todas as regiões do país. Os diferenciais de preços em relação ao produto internado discriminados em percentagem no eixo vertical dos gráficos acima explicam-se simplesmente pela variação dos fretes (altamente sazonais) para cada localidade discriminada, bem como pelos diferenciais de impostos incidentes sobre os produtos importados e nacionais.

[7] ***Parecer Técnico nº 106/COGPA/SEAE/MF, de 05 de abril de 2001, A.C. 08012.004904/00-97***. Requerentes ***Andely*** (***grupo Bunge***) e ***Manah***. p. 15.

MAP – Preços nacionais versus internacionais internados no pólo de consumo (US$/tonelada)

Nacional; FOB Uberaba
Importado: Internado via Porto de Santos
Aliquota de ICMS para Estado de São Paulo: 12% com redução de 30%

Distância Santos – Paulínia 160 km
Uberaba – Paulínia 378 km

Pólo de Paulínia

	Nacional				*Importado*				*CIF*
	FOB Uberaba	*Frete*	*ICMS*	*CIF*	*FOB Porto*	*Frete*	*ICMS (frete)*	*CIF*	*Nac x Import.*
2000	207	13	19	239	217	8	-	225	6 %
Fev	217	13	19	250	217	8	-	226	11%
Mar	215	14	19	248	215	9	-	224	11%
Abr	201	14	18	233	211	6	-	219	6%
Mai	199	11	18	228	207	6	-	215	6%
Jun	202	12	18	231	203	6	-	211	10%
Jul	193	12	17	222	196	6	-	204	9%
Ago	193	12	17	222	197	6	-	205	8%
Set	227	11	20	259	234	6	-	242	7%
Out	237	11	21	269	245	7	-	253	7%
Nov	236	11	21	268	245	7	-	252	6%
Dez	234	11	21	266	245	7	-	252	6%

Fonte: Bunge Fertilizantes / SIFRECA (Sistema de Informação de Fretes Agrícolas – ESALQ/USP)

MAP – Preços nacionais versus internacionais internados no pólo de consumo (US$/tonelada)

Nacional; FOB Uberaba
Importado: Internado via Porto de Santos
Aliquota de ICMS para Estado de São Paulo: 12% com redução de 30%

Distâncias
Santos – Piracicaba 210 Km
Uberaba – Piracicaba 379 km

Pólo de Piracicaba

	Nacional				*Importado*				*CIF*
	FOB Uberaba	*Frete*	*ICMS*	*CIF*	*FOB Porto*	*Frete*	*ICMS (frete)*	*CIF*	*Nac x Import.*
2000	207	16	19	242	217	9	-	226	7%
Fev	217	16	20	253	217	9	-	226	12%
Mar	215	16	19	251	215	9	-	224	12%
Abr	201	16	18	236	211	9	-	220	7%
Mai	199	16	18	233	207	9	-	216	8%
Jun	202	16	18	236	203	9	-	212	11%
Jul	193	16	18	227	196	9	-	205	10%
Ago	193	16	18	226	197	9	-	206	10%
Set	227	16	20	263	234	9	-	243	9%
Out	237	15	21	274	245	9	-	254	8%
Nov	236	15	21	272	245	8	-	253	7%
Dez	234	15	21	270	245	8	-	253	7%

Fonte: Bunge Fertilizantes / SIFRECA (Sistema de Informação de Fretes Agrícolas – ESALQ/USP)

MAP – Preços nacionais versus internacionais internados no pólo de consumo (US$/tonelada)

Nacional; FOB Uberaba
Importado: Internado via Porto de Santos
Aliquota de ICMS para Estado de São Paulo: 12% com redução de 30%

Distância:
Santos – Goiânia 965 km
Uberaba – Goiânia 463 km

Pólo de Goiânia

	Nacional				*Importado*				*CIF*
	FOB Uberaba	*Frete*	*ICMS*	*CIF*	*FOB Porto*	*Frete*	*ICMS (frete)*	*CIF*	*Nac x Import.*
2000	207	14	11	232	217	34	2	252	-8%
Fev	217	14	11	242	217	34	2	253	-4%
Mar	215	14	11	240	215	35	2	252	-5%
Abr	*201*	14	11	22	211	34	2	247	-9%
Mai	199	14	10	223	207	33	2	242	-8%
Jun	202	14	11	226	203	34	2	239	-5%
Jul	193	14	10	217	196	34	2	232	-6%
Ago	193	14	10	217	197	34	2	233	-7%
Set	227	14	12	253	234	33	2	269	-6%
Out	237	13	12	263	245	32	2	279	-6%
Nov	236	13	12	261	245	31	2	278	-6%
Dez	234	13	12	259	245	31	2	277	-6%

Fonte: Bunge Fertilizantes / SIFRECA (Sistema de Informação de Fretes Agrícolas – ESALQ/USP)

MAP – Preços nacionais versus internacionais internados no pólo de consumo (US$/tonelada)

Nacional; FOB Uberaba
Importado: Internado via Porto de Santos
Aliquota de ICMS para Estado de São Paulo: 12% com redução de 30%

Distância:
Santos – Uberaba 550 km
Uberaba (fábrica) – Uberaba (Consumo) – Goiânia 50 km

Pólo de Uberaba

	Nacional				*Importado*				*CIF*
	FOB Uberaba	*Frete*	*ICMS*	*CIF*	*FOB Porto*	*Frete*	*ICMS (frete)*	*CIF*	*Nac x Import.*
2000	207	4	-	211	217	13	1	231	-9
Fev	217	4	-	221	217	14	1	232	-5
Mar	215	4	-	219	215	14	1	230	-5
Abr	201	4	-	205	211	14	1	226	-9
Mai	199	4	-	23	207	13	1	221	-8
Jun	202	4	-	206	203	13	1	218	-5
Jul	193	4	-	197	196	13	1	211	-7
Ago	193	4	-	197	197	13	1	212	-7
Set	227	4	-	231	234	13	1	248	-7
Out	237	4	-	241	245	13	1	259	-7
Nov	236	4	-	240	245	12	1	258	-7
Dez	234	4	-	238	245	12	1	258	-8

Fonte: Bunge Fertilizantes / SIFRECA (Sistema de Informação de Fretes Agrícolas - ESALQ/USP)

Quanto maior a distância entre o centro brasileiro produtor de insumos e o ponto de entrega, mais econômico o uso do produto importado em relação ao nacional. Tomando-se por exemplo o MAP, no pólo de Paulínia, que está distante do maior centro produtor brasileiro e próximo do porto de importação no sul/sudeste, os preços do produto internado são menores, relativamente aos preços domésticos, conforme demonstram os gráficos acima elaborados pela SEAE.

As Requerentes elaboraram exercício semelhante para o MAP, apresentado nas tabelas que seguem, onde são discriminados os custos de transporte e o ICMS que, adicionados ao preços FOB, determinam o preço CIF em (1) Paulínia, (2) Piracicaba, (3) Goiânia e (4) Uberaba. Observa-se ali a pequena e constante diferença entre os preços FOB do produto nacional e importado. O diferencial entre os preços CIF é explicado muito mais pelos custos adicionais de transporte e impostos, como se pode verificar.

Como dito, os consumidores de fertilizantes básicos escolherão a origem do produto de acordo com o preço CIF. Nos quadros acima verifica-se que a distâncias razoáveis do centro produtor de Uberaba (Paulínia e Piracicaba) o preço CIF do produto importado é de fato menor. Em Goiânia e Uberaba, nas proximidades dos centros produtores nacionais de matéria-prima, o preço CIF nacional é mais vantajoso. O preço FOB em Uberaba, um pouco inferior ao preço FOB no porto de Santos procura de fato compensar as desvantagens competitivas do produtor nacional em relação ao internacional.

Assim, duas observações sobre o entendimento da SEAE quanto à delimitação geográfica dos mercados de insumos para produção de misturas seriam pertinentes.

Primeiramente, é natural que a distribuição mais eficiente da produção se concentre nas proximidades da unidade produtiva tornando-se mais "rarefeita" na medida em que se distancia desta e se aproxima de unidades produtivas concorrentes.

Neste caso em particular, o fato das importações contestarem o mercado local não implica que misturadores da região central busquem insumos nos portos enquanto as misturadoras estabelecidas no litoral adquirem insumos de unidades produtivas no interior. A predominância deste comportamento altamente ineficiente seria observado em apenas duas situações: (1) na condição fictícia de custos de transporte e de diferencial de impostos[8] inexistentes (2) na condição de que os produtos apresentassem um mínimo de diferenciação que justificasse a predileção de algumas misturadoras do centro pelos insumos colocados no litoral e vice-versa. Tratando-se de produtos homogêneos é certamente natural que os próprios mecanismos de mercado se encarreguem espontaneamente de minimizar o volume de transporte dos produtos pelo território nacional.

Não obstante, o fluxo de insumos em um único sentido é explicável, segundo a lógica econômica, se a origem do produto é a da localidade onde há abundância de oferta (portos através dos quais chega o insumo importado) com destino aos centros consumidores deficitários, ou seja, aquele em que há escassez de oferta (região central do Brasil). Este é o caso da indústria brasileira de fertilizantes, como se demonstrará.

Em segundo lugar, é fato essencial que as unidades misturadoras localizadas nos portos não constituem o destino final fertilizantes *ao agricultor*. Com efeito, a maior região agrícola do país é o Centro-Oeste que, por sinal, tende a aumentar sua participação relativa na área cultivada brasileira em vista das direções nas quais se expandem as atuais fronteiras agrícolas[9]. A região Sul, como se sabe, esgotou as possibilidades de expansão da fronteira, de modo que não se espera crescimento substancial da demanda por fertilizantes nesta área geográfica. De outra parte, é evidente que o litoral não contribui para a produção agrícola do país. A expansão da fronteira agrícola e o aumento da produção têm estimulado a demanda derivada por fertilizantes básicos na região centro que, por sua vez, não vem sendo acompanhada pela oferta doméstica. Assim, grande parte da produção de fertilizantes finais no litoral é posteriormente encaminhada para as áreas agrícolas mais dinâmicas, onde concorre, na ponta, com as misturas produzidas junto aos centros consumidores, ou seja, concorre com a produção do interior do Brasil.

---

[8] Sobre a produção e comercialização dos produtos nacionais incidem impostos e encargos como o ICMS, PIS e COFINS, que não incidem sobre produtos importados. Em adição, as alíquotas de impostos sobre importação de insumos e matérias-primas vêm decrescendo ao longo do tempo por determinação da política de abertura da economia brasileira ao comércio exterior.

[9] Desconhecem-se as fontes informações utilizadas pela SEAE sobre participação de mercado dos fertilizantes básicos importados na região central do Brasil (7% segundo Parecer Técnico). Com efeito, não é possível realizar o cálculo com base exclusiva nas repostas aos ofícios endereçados às Requerentes pela SEAE. Entende-se que é inviável determinar o mercado de fertilizantes fosfatados por região, uma vez que não existem dados do consumo destes produtos incorporados nas misturas NPK, por estado da Federação.

Evolução do consumo de fertilizantes por Estado

Região Estados	*1995*	*1996*	*1997*	*1998*	*1999*	*2000*	*Total %*	*Anual %*	*Total mil t*
Região Sul	3069	3445	3746	4077	3837	4.599	50%	8%	1.529
Rio Grande do Sul	1301	1333	1486	1600	1457	1733	33%	6%	432
Santa Catarina	310	333	302	383	350	436	40%	7%	125
Paraná	1458	1779	1958	2094	2030	2430	67%	11%	972
Região Sudeste	4753	4885	5453	5523	4878	5650	19%	4%	897
São Paulo	3140	2968	3166	3032	2632	3003	-4%	-1%	(137)
Minas Gerais	1407	1701	2029	2205	1993	2323	65%	11%	916
Rio de Janeiro	17	60	42	44	31	59	242%	28%	42
Espírito Santo	189	157	215	242	222	266	40%	7%	76
Região Centro-Oeste	1938	2691	3310	3604	3636	4563	130%	18%	2525
Mato Grosso	780	1128	1422	1603	1770	2116	171%	22%	1336
Mato Grosso do Sul	529	451	699	730	551	804	52%	9%	275
Goiás	610	1067	1149	1211	1269	1493	145%	20%	883
Distrito Federal	19	46	40	60	45	1516	174%	22%	32
Região Nordeste	1017	1072	1254	1346	1220	839	49%	8%	500
Bahia	465	526	611	689	692	21	80%	13%	374
Sergipe	15	18	19	22	17	219	39%	7%	6
Alagoas	231	236	211	209	163	36	-5%	-1%	(12)
Paraíba	38	37	47	42	29	149	-4%	-1%	(1)
Pernanbuco	158	108	190	258	130	45	-6%	-1%	(9)
Rio Grande do Norte	34	29	39	45	39	18	31%	6%	11
Ceará	13	16	23	22	17	47	39%	7%	5
Piauí	13	21	23	25	29	143	268%	30%	34
Maranhão	50	80	92	134	104	164	188%	24%	93
Região Norte	62	82	82	119	120	69	164%	21%	102
Tocantins	17	47	36	52	49	94	299%	32%	52
Outros	45	35	46	67	71	16	112%	16%	50
TOTAL BRASIL	10839	12176	13845	14669	13689	392	51%	9%	5553

Fonte ANDA

Produção agrícola brasileira (mil t) / Variação

Algodão	*1995*	*2000*	*Total (%)*	*Anual (%)*	*Total (mil.t)*
Sul	530	124	-77%	-25%	(406)
Sudeste	361	240	-34%	-8%	(121)
Centro-Oeste	350	1.290	268%	30%	939
Nordeste	172	255	49%	8%	84
Norte	28	796	2701%	95%	768
Total Brasil	1.442	2.705	88%	13%	1.264

Arroz	*1995*	*2000*	*Total (%)*	*Anual (%)*	*Total (mil.t)*
Sul	6.000	6.061	1%	0%	62
Sudeste	948	437	-54%	14%	(510)
Centro-Oeste	1 .459	2.428	66%	11%	969
Nordeste	1.709	1.337	-22%	-5%	(372)
Norte	1.108	1.270	15%	3%	162
Total Brasil	11.224	11.534	3%	1%	310

Café	*1995*	*2000*	*Total (%)*	*Anual (%)*	*Total (mil.t)*
Sul	1.695	2.081	23%	4%	386
Sudeste	12.673	24.791	96%	14%	12.118
Centro-Oeste	219	374	71%	11%	156
Nordeste	848	1.225	44%	8%	377
Norte	1.594	2.049	29%	5%	456
Total Brasil	17.028	30.520	79%	12%	13.492

Milho	*1995*	*2000*	*Total (%)*	*Anual (%)*	*Total (mil.t)*
Sul	19.003	13.868	-27%	-6%	(5.135)
Sudeste	8.412	7.209	-14%	-3%	(1.203)
Centro-Oeste	6.375	6.384	0%	0%	8
Nordeste	2.680	3.091	15%	3%	411
Norte	972	1.090	12%	2%	118
Total Brasil	37.442	31.641	-15%	-3%	(5.801)

Soja	*1995*	*2000*	*Total (%)*	*Anual (%)*	*Total (mil.t)*
Sul	12.170	13.224	9%	2%	1.054
Sudeste	2.366	2.829	20%	4%	463
Centro-Oeste	10.085	13.538	34%	6%	3.453
Nordeste	1.268	1.654	30%	5%	386
Norte	46	132	190%	24%	86
Total Brasil	25.934	31.376	21%	4%	5.442

Cana-de-açúcar	*1995*	*2000*	*Total (%)*	*Anual (%)*	*Total (mil.t)*
Sul	21.687	24.239	12%	2%	2.552
Sudeste	201.052	218.081	8%	2%	17.029
Centro-Oeste	19.577	25.757	32%	6%	6.180
Nordeste	60.659	55.778	-8%	-2%	(4.881)
Norte	725	602	-17%	-4%	(123)
Total Brasil	303.700	324.457	7%	1%	20.757

Fontes: IBGE e FNP Consultoria

Assim, não é de se esperar que o aumento do volume de importações seja consumido nos estados litorâneos, exceto os do Norte e Nordeste para algumas culturas produzidas em escala ainda inexpressiva.

A tabela abaixo descreve o grande aumento das importações de fertilizantes que ocorreu no Brasil nos últimos dez anos, além de indicar a mudança no perfil logístico de importações. Portos que antes não participavam da internação de fertilizantes estão ganhando importância e outros que eram muito importantes, como Santos, perderam participação relativa.

Importações de fertilizantes no Brasil – (por porto)

PORTOS	*1990*		*2000*		*Variação*
	Mil t	*%*	*Mil t*	*%*	
Paranaguá – PR	694	23%	3.783	37%	445%
Santos – SP	1.403	46%	2.454	24%	75%
Rio Grande – RS	423	14%	1.290	13%	205%
Vitória – ES	52	2%	785	8%	1.417%
Porto Alegre – RS	103	3%	558	5%	442%
Aratu – BA	–	–	186	2%	100%
Imbituba – SC	–	–	285	3%	100%
Itaqui – MA	4	0,1%	174	2%	4.250%
Itacoatiara – AM	–	–	69	1%	100%
Outros	363	12%	716	7%	98%
TOTAL	3.041	100%	10.300	100%	239%

Ocorre que várias misturadoras optaram por instalar suas unidades de mistura nas proximidades dos pontos de oferta de matérias-primas nacionais (Cubatão, Uberaba, Catalão etc.) ou importadas (portos). Mesmo produtoras de fertilizantes básicos se instalaram perto dos portos, uma vez que também utilizam insumos importados como rocha fosfática, ácido sulfúrico e fosfórico e enxofre na sua produção (vide exemplo dos pólos de Rio Grande e Cubatão). Atualmente com a expansão agrícola para as regiões centrais do Brasil, as misturadoras estão optando pela instalação de unidades industriais perto dos centros de consumo. As empresas **Aliança**, **Araguaia**, **Boa Safra**, **COMIGO**, **Moema**, **Sul Goiana** e **Terraboa**, por exemplo, se instalaram recentemente em Goiás. No Mato Grosso, se estabeleceram **Maggi** e **Copernutri**. Isto é, ainda que se observasse elevada barreira à entrada de misturadoras na região central, esta não teria sido suficiente para impedir o ingresso de novos concorrentes no mercado de misturas NPK[10]. O aumento da produção de fertilizantes finais na região central ocorre também por meio de importação de insumos.

Para isto, novos canais logísticos para a importação já estão em funcionamento. Um exemplo disto é a importação de fertilizantes realizada pelo **grupo Maggi**, através da Hidrovia do rio Amazonas e Madeira operando pelo porto de Itacoatiara-AM e Porto Velho-RO. Esta operação envolve o transporte casado de fertilizantes com o de soja. Assim, o **grupo Maggi** utiliza os mesmos navios que trazem fertilizantes importados para exportar sua produção de soja. Pelo porto de Paranaguá, esta empresa também opera com a importação de fertilizantes casada com a exportação de soja. O frete de retorno, na exportação da soja, é mais uma vantagem para que o produtor rural importe fertilizantes utilizando o fluxo de transporte entre o pólo de consumo e os portos. Segue comparativo de importações do **grupo Maggi**:

Importações do grupo Maggi

Porto/Produto	*1990 (mil ton)*	*2000 (mil ton)*	*Taxa de variação de 1990 para 2000*
Paranaguá – PR	4.000	25.984	550%
SSP	4.000	9.150	129%
MAP	–	1.700	100%
KCl	–	11.100	100%
Fertilizantes NPK	–	4.034	100%
Itacoatiara – AM	21.600	46.550	116%
SSP	11.600	4.945	-57%
Fertilizantes NPK	10.000	41.605	316%
Total	25.600	72.534	186%

Fonte: SIACESP

[10] Na análise da SEAE encontra-se uma estimativa de redução do número de misturadoras na região centro. As estimativas foram feitas com base no número de importadoras de Cloreto de Potássio localizadas na região. Cabe salientar a fragilidade desta estimativa com base nas importações uma vez que a Vale do Rio Doce também fornece o produto para misturadoras, conforme mencionado. Sabe-se que a CVRD fornece Cloreto de Potássio em Paulínia, por exemplo, indicando grande raio de atuação da empresa.

Além das importações pelo **grupo Maggi** por Paranaguá e Itacoatiara, observam-se vendas de fertilizantes básicos produzidos em Paranaguá pela **Fospar** ao estado do Mato Grosso, bem como da unidade industrial da **Serrana** em Cubatão para misturadoras localizadas no estado de Goiás.

Matéria anexa, "***Cargill vai exportar soja pelo porto de Santarém***", publicada pela Gazeta Mercantil, em 28 de maio de 2001, informa que a **Cargill** está investindo na construção de um terminal de exportação de soja no porto de Santarém, gerando economias substanciais em transporte de soja e adubo entre o norte do estado de Mato Grosso e o porto de exportação.

O diagrama abaixo apresenta a participação da produção local de fertilizantes fosfatados, em conteúdo de P2O5, no consumo aparente nacional. Observe-se que, em 1990, a participação da produção nacional no consumo aparente de fertilizantes fosfatados produzidos com matéria-prima nacional era de 76%. Esta participação caiu para 45% em um período de 10 anos.

Neste período, o consumo de fertilizantes fosfatados, medido em conteúdo do elemento fósforo, cresceu 99% de 1,1 milhão para 2,3 milhões de toneladas; a produção nacional cresceu somente 18%, enquanto as importações cresceram 752% e a produção nacional com matéria-prima importada cresceu 78%.

Consumo aparente de fertilizantes no Brasil 1990 a 2000
fósforo (mil toneladas de P2O5 – SSP / TSP / MAP / DAP)

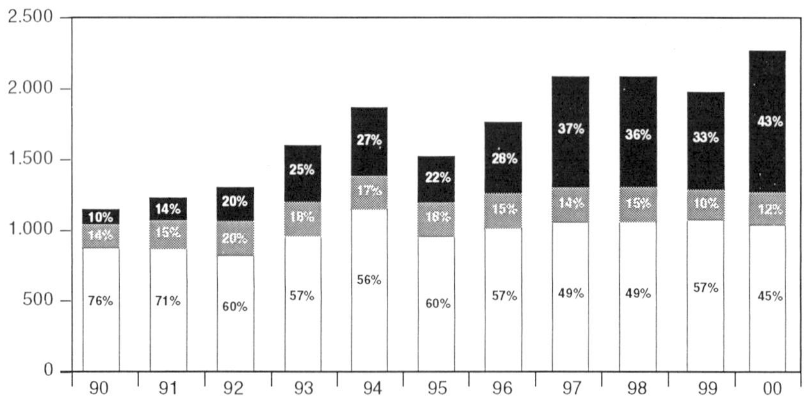

Variação	
Período de 1990 a 2000	99%
Média Anual	7%
Importação	24%
Prod. Nacional (MP Import.)	5%
Prod. Nacional	2%

Dos dados acima deduz-se que a região central é a de maior potencial de absorção do aumento das importações.

No diagrama encontram-se as taxas médias estimadas de crescimento do consumo do elemento fósforo (7% ao ano), crescimento das importações (24% ao ano), crescimento da produção nacional com matéria-prima importada (6%) e da produção nacional com matéria-prima local (2%).

Ora, é evidente que a produção local de fertilizantes básicos está perdendo importância na própria região central, cuja produção agrícola é a maior e a que mais cresce no país. Ou seja, o crescimento do consumo de fertilizantes na região centro está sendo acompanhado pelo crescimento mais que proporcional das importações. Este é um claro indício de que os fertilizantes importados são competitivos com os insumos fabricados internamente.

Em suma, o que se observa é o aumento do consumo na região central do Brasil simultâneo à redução da participação da produção nacional no consumo aparente e, portanto, associado ao aumento da participação das importações. Uma vez que a região central é a que mais contribui para o aumento da demanda de fertilizantes conclui-se que as importações devem aumentar sua participação na oferta da região no Centro-Oeste brasileiro.

Para complementar o argumento, apresenta-se a seguir o padrão de formação de preços no mercado brasileiro de fertilizantes básicos.

B) Formação de preços e definição de mercado relevante geográfico no mercado de matérias-primas e fertilizantes básicos

No parecer relativo ao presente ato de concentração, a SEAE argumenta:

"Conforme pode ser observado, a Fosfertil fixa seus preços em um nível um pouco abaixo do preço de paridade do produto internalizado para as principais regiões agrícolas do centro do país, o que torna inviável a importação de fertilizantes básicos pelas misturadoras localizadas no centro." **Parecer Técnico nº 106/COGPA/SEAE/MF, de 05 de abril de 2001, A.C. 08012.004904/00-97. Requerentes Andely (grupo Bunge) e Manah, § 27.**

A fixar seus preços em um nível abaixo do importado, as empresas nacionais produtoras de fertilizantes intermediários (localizadas na região central) buscam evitar que seus produtos sejam menos competitivos do que os importados.

O "*Teste do Monopolista Hipotético*" é um instrumento valioso para a compreensão deste comportamento e para a definição do mercado geográfico. Tomando-se o Guia de Análise de Atos de Concentração da SEAE, tem-se que:

"O Teste do 'Monopolista Hipotético' consiste em considerar, para um conjunto de produto e área específicos, começando com os bens produzidos e vendidos pelas empresas que estão se concentrando e com a extensão territorial em que estas empresas atuam, qual seria o resultado final de um 'pequeno porém significativo e não transitório' aumento dos preços para um suposto monopolista destes bens nesta área. Se a resposta é que a redução das vendas seria suficiente para fazer com que um suposto monopolista não considere o aumento de preços rentável, então a SEAE acrescentará o produto que é o mais próximo substituto do produto da empresa concentrada e a região de onde provém a produção que é a melhor substituta da produção da empresa em questão à definição original de mercado relevante. O exercício é, em seguida, repetido com referência a esse novo mercado e assim sucessivamente, até o ponto em que seja identificado um grupo de produtos e um conjunto de localidades para o qual seja economicamente interessante, para um suposto monopolista, impor um 'pequeno porém significativo e não transitório' aumento dos preços. O primeiro grupo de produtos e localidades identificado segundo este procedimento será o menor grupo de produtos e localidades necessários para que um suposto monopolista esteja em condições de impor um 'pequeno porém significativo e não transitório' aumento de preços, sendo por isso, a definição de mercado relevante."(grifo nosso) ***Guia Para Análise Econômica de Atos de Concentração.*** **Portaria nº 39, de 29 de junho de 1999 (Publicada no DOU de 01/07/99, Seção I, pág. 49).**

A aplicação do Teste do Monopolista Hipotético ao presente caso enseja conclusão quase que imediata quanto à extensão geográfica do mercado relevante. Senão vejamos.

Nos Estados Unidos, para efeito de aplicação da Lei Antitruste, o "pequeno mas significativo e não transitório" aumento de preços é arbitrado em 5%, isto é, caso o suposto monopolista eleve em 5% os preços praticados e obtenha perda de lucratividade, então se acrescentam os produtos e localidades substitutos mais prováveis ao mercado relevante originalmente definido. Observe-se que a definição mais ampla ou mais restrita da definição de mercado depende do aumento de preços arbitrado pela autoridade antitruste. Quanto maior o aumento de preços do suposto monopolista maior a possibilidade de que se encontrem produtos e localidades substitutas aos de atuação das Requerentes.

No caso em tela, suponha-se que a estrutura societária permitisse a atuação coordenada entre empresas do grupo Bunge e as empresas do grupo Fertifos, de tal modo que, hipoteticamente, se comportassem como um monopolista na região central do Brasil[11]. O aumento de 5% nos preços das matérias-primas e fertilizantes básicos atuaria no sentido de ampliar a participação de mercado dos produtos importados. Para elevações maiores de preços domésticos, mesmo nas proximidades das unidades produtivas de rocha fosfática e insumos derivados, o suposto monopolista perderia toda demanda individual para a concorrência internacional. Em suma, pequenos aumentos de preços dos produtos nacionais, implicariam, de imediato, reação das importações, autorizando a definição mais ampla de mercado geográfico.

Os gráficos com séries de preços apresentados a seguir demonstram diferenciais de preços internacionais e domésticos relativamente constantes, no geral, inferiores a 5%[12]. Estas correlações são os melhores indicadores da muito estreita margem para trabalhar preços que os produtores de fertilizantes fosfatados detêm.

---

[11] Com efeito, de acordo com parecer da SEAE, a definição do mercado relevante geográfico como região central, associada ao entendimento jurídico de que ao grupo Bunge viesse a adquirir controle sobre o grupo Fertifos por força da operação em análise implicaria o monopólio de matérias-primas e insumos para produção de fertilizantes naquela área, o que é um contra-senso.

[12] Exceção seja feita aos primeiros meses do ano de 1999, por ocasião da mudança de regime cambial. A forte desvalorização do câmbio ocorrida em fevereiro daquele ano e o subseqüente período de ajuste dos preços internos à variação do dólar respondem pelo diferencial de preços domésticos e internacionais internados. As séries de preços voltam a convergir logo em seguida, ainda no primeiro semestre do ano.

Preços nacionais e internacionais de matérias-primas e fertilizantes Rocha fosfática (jan/1997 a dez/2000) – US$/tonelada

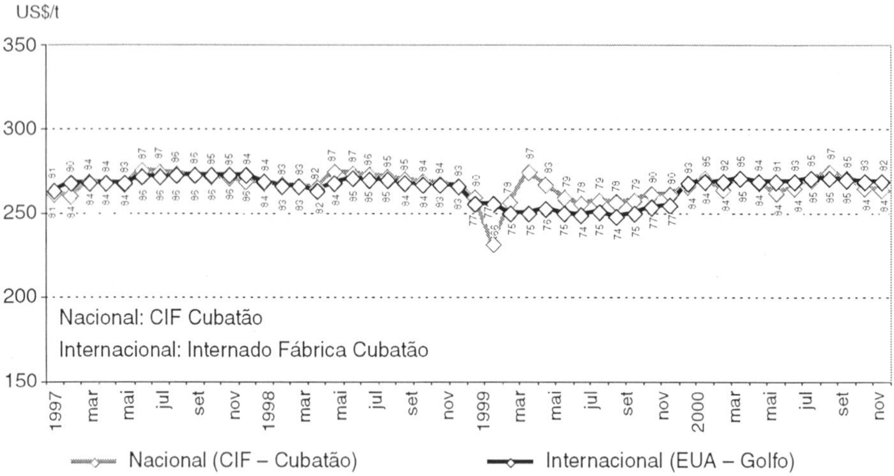

Fonte
Preços Nacionais – Ultrafertil
Internacionais – Estimativa Serrana

Preços nacionais e internacionais de matérias-primas e fertilizantes Preços de SSP Gr. (jan/1997 a dez/2000) – US$/tonelada

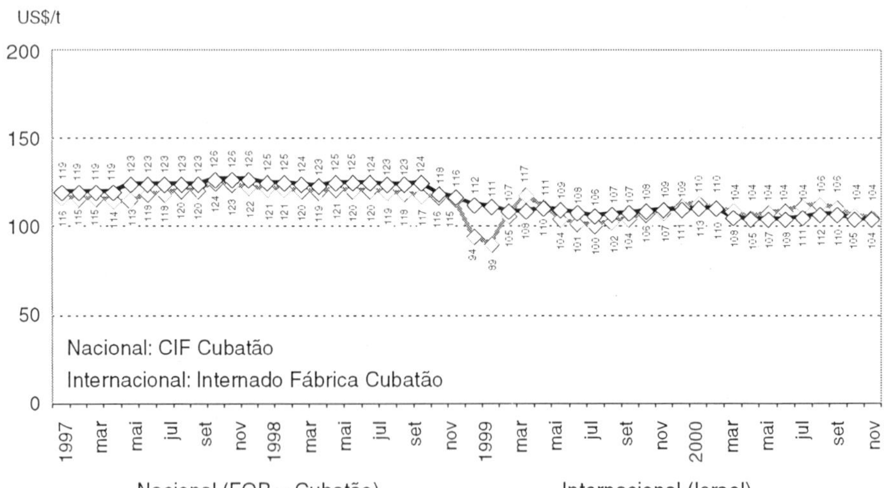

Fonte
Preços Nacionais – ANDA
Internacionais – Estimativa Serrana

Preços nacionais e internacionais de matérias-primas e fertilizantes Preços de TSP Gr. (jan/1997 a dez/2000) – US$/tonelada

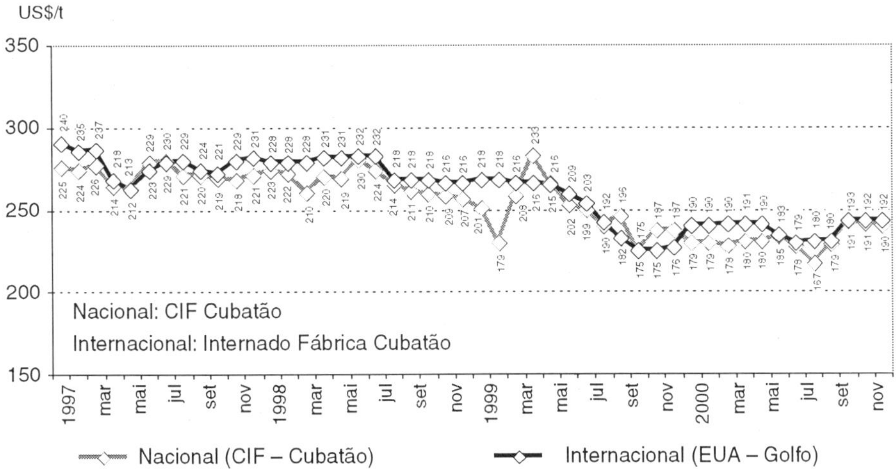

Fonte
Preços Nacionais – Fosferil
Internacionais – Estimativa Serrana

Preços nacionais e internacionais de matérias-primas e fertilizantes Preços de MAP Gr. (jan/1997 a dez/2000) – US$/tonelada

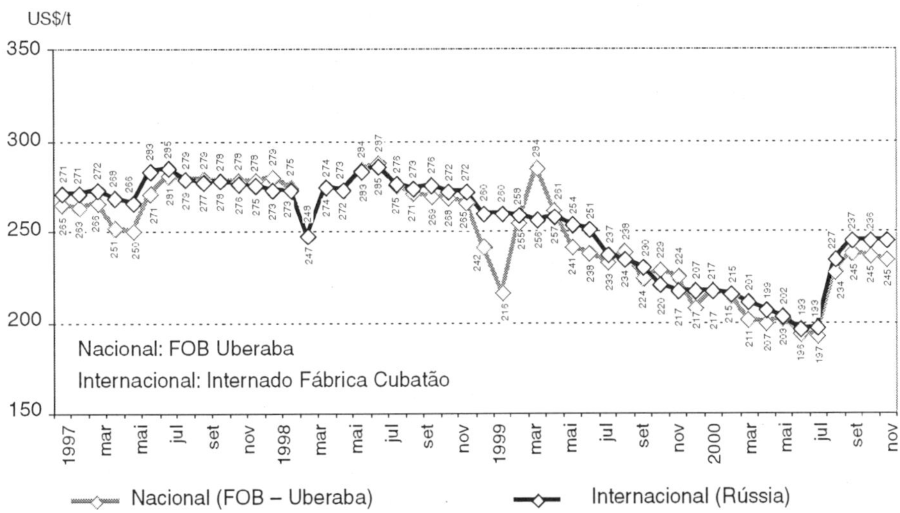

Fonte
Preços Nacionais – Fosfertil
Internacionais – Estimativa Serrana

Preços nacionais e internacionais de matérias-primas e fertilizantes Preços de DAP Gr. (Jan/1997 a Dez/2000) – US$/tonelada

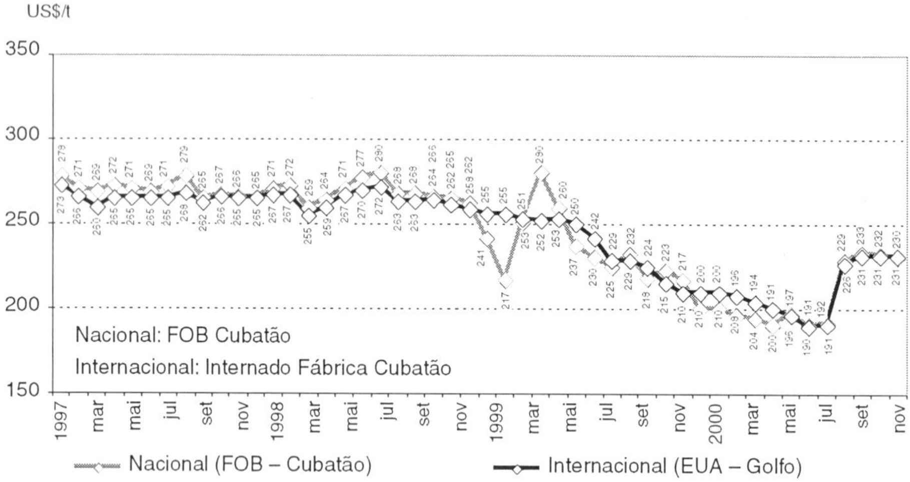

Fonte
Preços Nacionais – Ultrafertil
Internacionais – Estimativa Serrana

Assim, há uma contradição na interpretação dos fatos expressa no parecer da SEAE. Definindo-se os mercados de fertilizantes básicos como de dimensão regional entende-se que o **grupo Bunge** e o **grupo Fertifos** "dominariam" a região central, nos termos utilizados por aquela Secretaria. Todavia, estes ofertantes não possuem liberdade para fixar preços conforme extensivamente demonstrado ao longo das análises de atos de concentração no setor, e confirmado pela SEAE no citado parágrafo. **Os produtores nacionais de fertilizantes básicos fosfatados são tomadores de preços ou price takers, na medida em que são forçados a seguir os preços praticados pelos ofertantes internacionais para definir seus próprios preços, assumindo portanto posição oposta à de domínio de mercado, definido como aquele em que os ofertantes têm poder de determinar preços**.

Ora, a condição de monopólio permite ao monopolista fixar preços e assim maximizar lucros com base em apenas dois conjuntos de informações, a saber, a estrutura de custos de produção e a demanda de mercado. O verdadeiro monopolista não necessita de quaisquer outras informações para definir o preço a ser praticado por não haver produtos ou localidades substitutos aos de sua atuação, por definição.

Preços nacionais e internacionais internados (US$/ tonelada)

	ROCHA		*SSP*		*TSP*		*MAP*		*DAP*	
	Nacional	*Inter-nacional*	*Nacional*	*Inter-nacional*	*Nacional*	*Inter-nacional*	*Nacional*	*Inter-nacional*	*Nacional*	*Inter-nacional*
	(CIF Cubatão)	*(EUA-Golfo)*	*(Fob - Cubatão)*	*(Israel)*	*(CIF Cubatão)*	*(EUA-Golfo)*	*(FOB - Uberaba)*	*(Russia)*	*(Fob - Cubatão)*	*(EUA-Golfo)*
1997	81	81	116	119	225	240	265	271	278	273
Fev	80	84	115	119	224	235	263	271	271	266
Mar	84	84	115	119	226	237	266	272	269	260
Abr	84	84	114	119	214	218	251	268	272	265
Mai	83	84	113	123	213	212	250	266	271	265
Jun	87	86	118	123	229	223	271	283	269	265
Jul	87	86	118	123	230	229	281	285	271	265
Ago	86	86	120	133	221	229	279	279	279	268
Set	86	86	120	123	220	224	279	277	265	262
Out	85	86	124	126	219	221	278	278	267	266
Nov	85	86	123	126	218	229	278	276	266	265
Dez	84	86	122	126	221	231	278	275	265	265
1998	84	84	121	125	223	228	279	273	271	267
Fev	83	83	121	125	222	228	257	273	272	267
Mar	83	83	120	124	210	228	247	248	259	255
Abr	82	82	119	123	220	231	274	279	264	259
Mai	87	84	121	125	219	231	272	273	271	267
Jun	87	85	120	125	230	232	284	283	277	270
Jul	86	85	120	1254	224	232	287	285	280	272
Ago	85	85	119	123	214	218	275	276	268	263
Set	85	84	118	123	211	218	271	273	268	263
Out	84	84	117	124	210	218	269	276	266	264
Nov	84	83	116	118	209	216	268	272	265	262
Dez	83	83	115	116	207	216	265	272	262	258
1999	80	77	94	112	201	218	242	260	241	255
Fev	66	77	89	111	179	218	216	260	217	255
Mar	78	75	105	108	208	216	255	258	251	253
Abr	87	75	117	108	233	216	284	256	280	252
Mai	83	76	11	110	216	215	261	257	260	253
Jun	79	75	104	109	202	209	241	254	237	250
Jul	78	74	101	110	199	203	238	251	230	242
Ago	79	75	100	106	190	192	233	237	225	229
Set	78	74	102	107	196	182	238	234	232	229
Out	79	75	104	107	175	175	224	230	218	224
Nov	80	77	106	108	187	175	229	220	223	215
Dez	80	77	107	109	187	176	224	217	217	210
2000	83	84	111	109	179	190	207	217	200	210
Fev	85	84	113	110	179	190	217	217	200	210
Mar	82	84	110	110	178	190	215	215	196	208
Abr	85	85	108	104	180	191	201	211	194	204
Mai	84	84	105	104	180	190	199	207	191	200
Jun	81	84	107	104	183	185	202	203	197	196
Jul	83	84	108	104	178	179	193	196	191	190
Ago	85	85	111	104	167	180	193	197	192	191
Set	87	85	112	106	179	180	227	234	229	226
Out	85	85	110	106	191	193	237	245	233	231
Nov	83	84	105	104	191	192	236	245	232	231
Dez	82	84	104	104	190	192	234	245	230	231

Correlações

	Rocha	*SSP*	*TSP*	*MAP*	*DAP*
1997	0,81	0,84	0,65	0,83	0,65
1998	0,84	0,85	0,82	0,94	0,97
1999	0,72	0,87	0,88	0,82	0,84
2000	0,79	0,73	0,66	0,98	0,95
97/00	0,64	0,79	0,89	0,94	0,95

Dada a natureza dos produtos (homogêneos) e dos processos produtivos (custos unitários crescentes), são as quantidades produzidas internamente que se ajustam ao preço internacional e não os preços internos. Trata-se de um regime concorrencial puro, em que os ofertantes de mercado disputam, em condição de igualdade, a participação na oferta da região central do Brasil.

A própria SEAE admitiu a concorrência entre empresas nacionais e estrangeiras nos mercados de matérias-primas e fertilizantes básicos, atribuindo-lhes dimensão internacional:

"Os fertilizantes básicos fosfatados são commodities cujos preços internos são fixados a partir dos seus preços internacionais, acrescidos dos custos de internação. De uma maneira geral o acesso ao produto importado é livre, mesmo para o caso de pequenos misturadores que se associam em pools de importadores – patrocinados pelas associações de misturadores. Também existe ampla oferta de traders neste mercado, o que viabiliza as importações em lotes menores." ***Parecer Técnico nº 33/SEAE/COGPI, de 17 de abril de 1998. A.C. 08012.000711/98-25.***

"As necessidades brasileiras de consumo de matérias-primas e fertilizantes básicos fosfatados e nitrogenados não são completamente satisfeitas pela produção nacional, ocupando as importações um papel importante para o suprimento destas necessidades. Em 1998 as importações de nitrogenados representam cerca de 61% e as de fosfatados 23% do consumo nacional. (...) Definiram-se os mercados geográficos relevantes segundo informações do Sindicato das Indústrias de Adubos e Corretivos Agrícolas no Estado de São Paulo – SIACESP sobre a procedência dos produtos:
Amônia – Brasil, África do Norte, EUA, Caribe e Europa Oriental,
Concentrado Fosfático – Brasil, EUA, Marrocos,
Ácido Fosfórico – Brasil e EUA,
Nitrogenados – Brasil, EUA, Europa, Venezuela e Trinidad,
Fosfatados – Brasil, EUA, Tunísia, Marrocos, Jordânia."
Parecer nº 105 MF/SEAE/Coordenação de 06 de abril de 1999. A.C. 08012.000497/00-01.

"A rocha fosfática é uma commodity com amplo comércio internacional. No Brasil, 1/6 do consumo aparente é atendido por importações, realizadas principalmente por produtores de fertilizantes fosfatados localizados na região sul e nordeste. Isto porque a produção brasileira, concentrada nas regiões sudeste e centro-oeste, não é competitiva com o produto importado, nas demais regiões do país. Já nas regiões sudeste e centro-oeste, os produtores brasileiros ao fixar sua política comercial, precisam considerar fortemente a possibilidade de importações, que definem o preço do produto no mercado doméstico, o que transforma o mercado relevante, do ponto de vista geográfico, no mercado mundial.

(...)

Os fertilizantes básicos fosfatados também são commodities cujos preços internos são fixados a partir dos seus preços internacionais acrescidos, dos custos de internação. De uma maneira geral o acesso ao produto importado é livre, mesmo para o caso de pequenos misturadores que se associam em pools de importadores – patrocinados pelas associações de misturadores. Também existe ampla oferta de traders neste mercado, o que viabiliza importações em lotes menores."

(...)

Ressalte-se que a ida ao mercado externo é obrigatória para as empresas situadas nas regiões norte, nordeste e sul do país, uma vez que a oferta nacional não é competitiva. Já nas regiões sudeste e centro-oeste, a importação também é uma imposição, mas nesse caso da insuficiência da oferta interna em vários produtos, inclusive o cloreto de potássio (K), mineral raro no solo brasileiro. Como conseqüência, os preços internos são determinados pelos preços internacionais acrescidos dos custos de internação, situando-se os primeiros um pouco abaixo destes em função da diferenças observadas entre as condições de financiamento externo e interno. De fato, cláusulas de contrato de fornecimento da Fosfertil e Ultrafertil incluem a formação do preço a partir do preço internacional, o que, associadas aos demais argumentos apresentados transforma, o mercado relevante no mercado mundial."

Parecer Técnico nº 11/SEAE/COGPI/RJ de 10 de fevereiro de 1998. A.C. 08000.018928/97-31.

A compreensão dos fatores que determinam as condições concorrenciais nos mercados de fertilizantes básicos leva à conclusão de que é a indústria nacional que enfrenta desvantagens absolutas de custos em relação à oferta internacional e não o contrário.

A vantagem da localização é a única que favorece a atuação competitiva de empresas nacionais no mercado brasileiro, agindo como elemento compensador, em parte, das vantagens de que se beneficiam os grandes exportadores estrangeiros.

A perda de importância relativa da oferta doméstica de insumos para a indústria de fertilizantes deve-se sobretudo a dois fatos amplamente discutidos no âmbito dos atos de concentração no setor:

Primeiramente todas as matérias-primas utilizadas na produção de fertilizantes NPK são raras em solo brasileiro[13].

Utilizando-se como exemplo o mercado de fosfatados[14], além da pouca disponibilidade da rocha fosfática no Brasil, esta é pobre em conteúdo de fósforo relativamente à rocha extraída nos países grandes produtores e exportadores. Assim, a produção de fosfatados no Brasil é mais dispendiosa, tendo em vista as etapas adicionais no processo produtivo para o aumento da concentração do elemento fósforo na matéria-prima. O Conselheiro-Relator Mércio Felsky, no voto para os atos de concentração mencionados, compartilha deste entendimento e esclarece a questão:

"No caso de rocha fosfática, além da clara indicação de que os preços internacionais servem como parâmetro para preços internos, há outras fortes razões para supor que o processo concorrencial transcende o mercado nacional: 1) as importações representam metade das vendas internas; 2) o teor de fósforo do minério brasileiro é pobre (4% a 12%), quando comparado com minérios de outros países, em particular, Marrocos (cerca de 30%); 3) os preços internacionais internados são semelhantes, e muitas vezes menores, que os preços nacionais; e 4) a alíquota de importação é baixa (3%)". ***Voto do conselheiro relator Mércio Felsky para o A.C. 08012.018928/97-31 e outros em que a Serrana figura como Requerente, conjuntamente julgados e aprovados. p.6.***

[13] No Brasil, a rocha fosfática apresenta-se com baixo teor de fósforo e tem origem "ígnea", fatores que constituem um permanente desafio aos técnicos e à tecnologia brasileira, tanto em relação à mineração como no tocante ao beneficiamento (elevação do teor de fósforo) do produto. Existem hoje no Brasil oito jazidas de minério apatítico em exploração. De acordo com recente matéria publicada no jornal Valor Econômico (07/05/2001), sabe-se que a Galvani vai iniciar em 2002 a exploração da jazida de Campo Alegre de Lourdes, na Bahia. A própria Galvani desenvolveu um sistema de concentração de rocha chamado concentração a seco.

[14] Os fertilizantes fosfatados são os únicos fertilizantes básicos produzidos pela empresa adquirente.

O segundo é o fato do mercado de fertilizantes básicos fosfatados possuir dimensão internacional.

No documento citado, o Conselheiro Relator entende ser o mercado de fertilizantes básicos fosfatados o internacional:

"1. Os produtores nacionais de fertilizantes fosfatados tendem a utilizar os preços internacionais como parâmetro para fixação dos preços domésticos. Este entendimento é corroborado não apenas pelas correlações entre séries de preços internacionais e domésticos, como também nos contratos de fornecimento. Nestes contratos há previsão explícita de que os preços das matérias-primas fornecidas pela Ultrafertil/Fosfertil deverão ser estabelecidos de acordo com os preços predominantes no mercado internacional (...).
2. Em segundo lugar 47% do volume comercializado de P_2O_5 em 1997 foi importado (portanto, considerando-se todo o mercado relevante de fertilizantes fosfatados), o que demonstra que clientes dos fornecedores de matérias-primas freqüentemente recorrem ao mercado internacional, em caso de escassez interna;" Voto do conselheiro relator Mércio Felsky para o A.C.08012.018928/97-31 e outros julgados e aprovados conjuntamente em que a Serrana figura como Requerente. pp. 9 e 10[15].

O Conselheiro Relator Thompson de Andrade na análise do CADE da aquisição da Adubos Trevo S/A pela Hydro Fertilizantes Ltda. reafirma este entendimento (pág. 3).

"Considerando que os preços internacionais de fertilizantes fosfatados atuam no sentido de disciplinar os preços internos, entendo que a dimensão geográfica do mercado de fertilizantes fosfatados deve ser a internacional, acompanhando a jurisprudência recente seguida por este Conselho".

[15] Ato de Concentração 08012.018928/97-31, Requerentes: Serrana de Fertilizantes e IAP S/A; Ato de Concentração 08012.00711/98-25, Requerentes: Serrana de Fertilizantes S/A e Elekeiroz S/A e Elekpart Participações e Administração S/A; Ato de Concentração 08012.005843/98-43, Requerentes: Serrana Participações S/A, Manah S/A e Banco Sul América S/A; Ato de Concentração 08012003344/99-93, Requerentes: Páteo Participações e Consultoria de Comércio Exterior, Banco Sul América S/A, Banco BBA Creditanstalt e Nevada Woods S/A, todos relatados pelo Conselheiro Mércio Felsky e julgados em 29 de novembro de 2000.

Inapta a atender toda a demanda doméstica por fertilizantes, a indústria nacional enfrenta a concorrência internacional a despeito dos custos de transporte envolvidos na importação. Segundo a SEAE, no parecer relativo ao presente ato, "*Os fertilizantes básicos são produtos de baixo valor agregado que não suportam custos de transporte à longa distância. O alto impacto dos custos de transporte tende a regionalizar o mercado.*"[16]

Contrariando o entendimento da SEAE, observa-se que os fertilizantes básicos, dentro da cadeia de produção de fertilizantes de fato não possuem baixo valor agregado. A maior parte do custo de produção das misturas NPK deriva da aquisição de fertilizantes básicos, uma vez que o processo de mistura agrega pouco valor ao produto final. O transporte a longas distâncias é suficientemente econômico para viabilizar importações de países distantes, há mais de 20 dias de navegação, como Estados Unidos, Marrocos e Israel.

Contribui para este entendimento a existência de relações comerciais bem estabelecidas entre as empresas estrangeiras e os consumidores nacionais. O quadro abaixo apresenta a evolução das participações de empresas estrangeiras no mercado brasileiro de fertilizantes fosfatados medido em conteúdo do P_2O_5.

Diz-se ainda que fertilizantes básicos com baixa concentração de nutriente, por exemplo o SSP (Superfosfato Simples), não são economicamente passíveis de transporte por longas distâncias, pois, se comparado com os produtos de maior concentração, o frete seria relativamente mais caro por volume de nutriente transportado. Mesmo assim, verifica-se aumento das importações de SSP no Brasil, conforme quadro abaixo.

Importação de fertilizantes fosfatados

	1998 (mil ton)	*1999 (mil ton)*	*2000 (mil ton)*	*Taxa de variação de 1998 para 2000*
SSP	139	125	334	167
TSP	364	279	461	65
MAP	879	854	1219	43
DAP	54	26	184	608
Total (milt)	1437	1284	2198	71
mil t de P_2O_5	695	626	1022	63

Fonte: SIACESP (Sindicato da Indústria de Adubos e Corretivos do Estado de São Paulo

[16] Parecer Técnico nº 106/COGPA/SEAE/MF, de 05 de abril de 2001, A.C. 08012.004904/00-97. Requerentes Andely (grupo Bunge) e Manah. § 28.

Mercado de fertilizantes fosfatados SSP / TSP / MAP / DAP (em mil t de P_2O_5)

Empresas	*1997*		*1998*		*1999*		*2000*	
	em mil t	*em %*	*em mil t*	*em %*	*em mil t*	*em %*	*em mil t*	*em %*
Fosfertil	483	30%	505	31%	560	34%	558	27%
Ultrafertil	103	7%	101	6%	99	6%	134	6%
Bunge Fertilizantes	52	3%	81	5%	78	5%	78	4%
Galvani	61	4%	64	4%	77	5%	92	4%
Copebras	69	4%	72	4%	73	4%	82	4%
Fospar	46	3%	52	3%	58	3%	63	3%
Profertil	32	2%	32	2%	32	2%	24	1%
Cibrafertil	23	1%	25	2%	25	1%	27	1%
Total Brasil	869	55%	932	58%	1002	60%	1058	51%
Conagra (EUA)	9	1%	37	2%	119	7%	242	12%
Cargil Inc. (EUA)	90	6%	89	6%	32	2%	97	5%
Helm Fertilizer (EUA)	41	3%	28	2%	36	2%	88	4%
Int Chemical Company (EUA)	91	6%	94	6%	25	2%	86	4%
Ameropa (Suiça)	25	2%	53	3%	56	3%	76	4%
Phoschem (EUA)	174	11%	145	9%	136	8%	74	4%
Rotem (israel)	42	3%	46	3%	85	5%	71	3%
Norsk Hydro (Noruega)	42	3%	53	3%	35	2%	71	3%
Maroc Phosphore (Marrocos)	–	0%	–	0%	4	0%	66	3%
Group Chimique Tunisien (Tunísia)	5	0%	24	2%	10	1%	35	2%
Wittraco (Alemanha)	–	0%	15	1%	19	1%	34	2%
Mekatrade (França)	49	3%	23	1%	24	1%	34	2%
Glencore (EUA)	71	4%	26	2%	56	3%	20	1%
Indagro (Alemanha)	17	1%	–	0%	–	0%	15	1%
ICEC	–	0%		0%	–	0%	4	0%
Industrias Sulfuricas (Uruguai)	–	0%	1	0%	1	0%	3	0%
Haifa Fertilaizer	–	0%		0%	–	0%	1	0%
Awt H. unde Beteiligung (Alemanha)	–	0%	10	1%	–	0%	–	0%
Fertichem (Suiça)	12	1%	–	0%	–	0%	–	0%
IBE	–	0%	8	0%	–	0%	–	0%
Int. Commodities Export corp. (EUA)	–	0%	11	1%	–	0%	–	0%
Kynoch Fertilizer (África do Sul)	–	0%	4	0%	–	0%	–	0%
Office C. des Phosphates (Marrocos)	6	0%	6	0%	9	1%	–	0%
Ramex (México)	2	0%	3	0%	–	0%	–	0%
Toepfer International (Cingapura)	–	0%	9	1%	11	1%	–	0%
Transammonia (EUA)	35	2%	2	0%	11	1%	–	0%
Unifert (EUA)	6	0%	–	0%	–	0%	–	0%
Total Importação	716	45%	684	42%	669	40%	1015	49%
TOTAL GERAL	1585	100%	1616	100%	1671	100%	2073	100%

Em síntese, a evolução de todas as variáveis relevante do setor de fertilizantes indica contestabilidade efetiva, pelas importações, dos mercados de matérias-primas e insumos para os fertilizantes finais. O quadro abaixo exibe a estrutura da oferta no mercado relevante de fertilizantes fosfatados em sua real dimensão geográfica.

Capacidade mundial de produção de fertilizantes fosfatados (Considera SSP, TSP, MAP, DAP)

	Empresa	*País*	P_2O_5 *Mil t*	*em %*
1	IMC Global	EUA	3.229	9,4%
2	CargiIl Inc.	EUA	1.845	5,4%
3	OCP Group	Marrocos	1.195	3,5%
4	CF Industries	EUA	1.025	3,0%
5	Group Chimique Tunisien	Tunísia	871	2,5%
6	PCS Phosphate	EUA	774	2,3%
7	Oswal Chemical Fertilizer	índia	745	2,2%
8	Farmaland Hydro (Norsk Hydro)	EUA	620	1,8%
9	Agroindustrias de Balsas	México	568	1,7%
10	Fosfertil	Brasil	565	1,7%
	Outros		22.800	66,6%
	TOTAL		34,237	100%

Fonte: IFA - Processed Phosphate Statistics 2000

A dimensão internacional do mercado, a homogeneidade dos produtos e o padrão de concorrência observado implicam, necessariamente, inexistência de poder de mercado nas mãos das Requerentes.

Ainda menos provável é a prática de preços abusivos ou qualquer outra conduta anticompetitiva no sentido de prejudicar misturadoras concorrentes no mercado brasileiro de fertilizantes NPK, consumidoras de matérias-primas e insumos produzidas pelo **grupo Bunge** e / ou pelo **grupo Fertifos**.

Conclui-se assim pela inexistência de barreiras à entrada no mercado de misturas NPK, em função dos baixos investimentos necessários e da abundante oferta de fertilizantes básicos via importação a preços competitivos com os dos produzidos internamente. Estes fato-

res colocam os novos entrantes em condições competitivas semelhantes aos misturadores já instalados.

C) Expansão da capacidade de concorrentes efetivos na região central do Brasil

O documento de notificação da operação[17] em análise contém informações e farto material de imprensa demonstrando o notável potencial de crescimento agrícola da região Centro-Oeste brasileira. Em particular informa-se que "*as projeções da demanda por fertilizantes no Brasil são altamente positivas tendo em conta (1) a presença de grandes áreas agricultáveis ainda não exploradas; (2) a baixa fertilidade do solo nacional e sua conseqüente carência de nutrientes; (3) a firme expansão da fronteira agrícola observada; e (4) o grande número de projetos de investimento em infra-estrutura para geração de energia, irrigação do solo e sobretudo de transporte já implantadas ou em andamento.*"

O potencial de crescimento da demanda tem atraído não apenas os concorrentes internacionais como também investimentos de competidores brasileiros interessados em oportunidades de negócios no interior do país.

Matéria do jornal "O Valor", de 16 de maio p.p. anexada a este documento informa que a empresa de fertilizantes **Galvani** vai investir cerca de R$ 75 milhões para ampliar a atuação na Bahia. Segundo a citada matéria a Galvani deverá explorar uma jazida de rocha fosfática em Campo Alegre de Lourdes e montar uma unidade industrial em Juazeiro para a produção de SSP, TSP e MAP.

Na mesma data, o mencionado jornal publica matéria anexa denominada "*Heringer deverá investir R$ 6 mi em fábrica na Bahia*". Segundo o artigo a empresa planeja instalar unidade produtiva em Candeias-BA. O diretor comercial da empresa explica que "o que nos atraiu foi o crescimento do mercado, especialmente no oeste do Estado". Região esta que possui grandes taxas de crescimento no consumo de fertilizantes, principalmente em função da expansão das culturas de soja e milho da região de Barreiras-BA.

Segundo a matéria "Trator e Irrigação na Terra do Sol", publicada na revista Veja de 13/06/2001, página 134, o PIB (Produto Interno Bruto) das regiões de Barreiras-BA, Balsas-MA e Rondonópolis-MT cresceram

[17] Petição protocolizada em 24 de abril de 2000, pg.31.

no período de 1975 a 1996, 12,3%, 6,5% e 6,4% ao ano, respectivamente. Enquanto isto, o PIB brasileiro cresceu no mesmo período 3,2% ao ano.

Mais significativos são os investimentos planejados pela **Copebrás** em Catalão-GO, avaliados em cerca de US$ 150 milhões. A principal concorrente local das Requerentes pretende expandir a capacidade de produção de rocha fosfática, de 650 mil t/ano, para 1.100 mil t/ano. Deverá ainda dobrar a capacidade da planta de SSP, para 300 mil t/ano. Em adição, pretende construir planta de ácido fosfórico com capacidade de 120 mil t/ano de P2O5 e de 300 mil t/ano de fosfatados (MAP, DAP e TSP).

Os impactos desta expansão de capacidade deverão contribuir para a alteração importante do perfil da oferta de fertilizantes fosfatados no Brasil, estimado em conteúdo de P_2O_5. Segue abaixo diagrama com a projeção elaborada por técnicos de mercado das Requerentes referente ao comportamento das vendas até o ano 2005.

Observe-se que a participação da **Copebrás** na oferta ao Brasil deverá dobrar no período considerado, em detrimento do *share* de mercado da **Ultrafertil/Fosfertil** se reduz bruscamente, tanto para a **Copebrás** quanto para outros ofertantes inclusive estrangeiros.

Assim, é de se notar que a concorrência no setor de fertilizantes se acirra não apenas com competidores estrangeiros mas também nacionais.

Projeção do mercado de fertilizantes básicos fosfatados no Brasil (1999 e 2000 real; de 2001 a 2005 previsão)

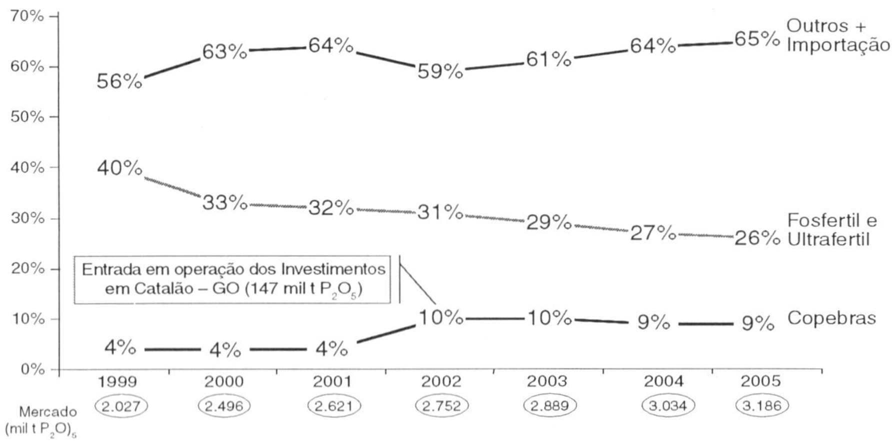

Fonte: estimativa Bunge Fertilizantes

3. Aspectos Institucionais da Indústria Nacional de Fertilizantes

A) Os impactos da política de abertura às importações sobre a indústria brasileira de fertilizantes

Além das desvantagens competitivas domésticas vinculadas à pouca disponibilidade recursos naturais, dois fatores devem ser levados em consideração, quais sejam: (1) os custos de aquisição do produto doméstico incidem o ICMS, PIS e COFINS, não incidentes sobre os produtos importados e (2) as alíquotas de importação são pequenas e têm sido reduzidas ao longo do tempo.

Acompanhamento das alíquotas de importação

	Até 1998	*Ago/90*	*Out/92*	*Dez/97*	*Dez/98*	*Dez/99*	*Jan/01*	*Jun/01**
NITROGÊNIO								
Amônia	45%	Zero	Zero	3%	4%	4%	6,5%	6,5%
Uréia	15%	10%	10%	9%	9%	9%	6%	5%
Sulfato de Amônio	Zero	Zero	Zero	5%	5%	5%	4%	3%
Nitrato de Amônio	Zero	Zero	Zero	3%	3%	3%	Zero	Zero
FÓSFORO								
Rocha Fosfática	30%	10%	5%	3%	3%	3%	2,5%	2,5%
Ácido Fosfórico	4%	10%	5%	3%	4%	4%	6,5%	4,0%
SSP/TSP	40%	20%	10%	9%	9%	9%	6%	5%
MAP	50%	20%	10%	9%	9%	9%	6%	5%
DAP	50%	20%	10%	9%	9%	9%	6%	5%
POTÁSSIO								
Cloreto de Potássio	10%	Zero	Zero	3%	3%	3%	Zero	Zero

*Segundo resolução n.º 16 da Câmara de Comércio Exterior em vigor a partir de 01/06/2001
Fontes: Camex e Aduaneiras

As alíquotas de importação de fertilizantes básicos e acabados foram reduzidas em Janeiro de 2001, o que comprimiu as margens da indústria nacional e aumentou a competitividade da importação.

Por fim, a Resolução nº 16 da Câmara de Comércio Exterior, de 29 de maio do corrente, aprova lista básica de exceções à Tarifa Externa Comum (TEC), reduzindo novamente as alíquotas de importação de matérias-primas e fertilizantes básicos.

Em decorrência da baixa proteção tarifária, houve elevação no volume de importados no ano de 2000, correspondendo a um acréscimo de 43% em relação à média de importações nos anos de 1997 a 1999, condição que resultou: (1) na elevação do estoque de passagem de fertilizantes (2000/2001) para, aproximadamente, 3,3 milhões de toneladas, representando um acréscimo de 94% em relação à média dos estoques finais do período de 1997 a 1999; (2) em estoque de passagem equivalente ao abastecimento nacional dos quatro primeiros meses do ano, ou seja 20,1% da demanda nacional; (3) em contribuição de US$ 219 milhões para o déficit na balança comercial.

Com a manutenção do atual cenário, é evidente o excesso de oferta oriunda da facilitação de entrada de fertilizantes importados. O resultado da perda de receita por parte dos produtores da ordem de US$ 246 milhões implica perda de arrecadação tributária conforme abaixo.

i. PIS / COFINS.. US$ 9,0 milhões
ii. ICMS... US$ 18,5 milhões
iii. Imposto de Renda / CSLL.................. US$ 74,0 milhões
iv. TOTAL.. US$ 101,5 milhões

Este impacto no entanto, não reflete em ganhos à produção agrícola, pois caso a proposta seja aceita e a alíquota do Imposto de Importação passe para 4%, a redução alcançada no custo da produção agrícola corresponderá ao inexpressivo número de 0,15%.

Além de operar com reduzidas alíquotas de importação, o setor de fertilizantes conta com os acordos bilaterais, entre o Brasil e outros países da América Latina, que estabelecem alíquotas ainda mais reduzidas. Alguns destes países são produtores de fertilizantes básicos, o que pode afetar o mercado brasileiro de matéria-prima. A produção de duas novas unidades produtoras de Uréia (fertilizantes intermediário do mercado de nitrogenados) que entrarão em serviço na Argentina (**Profertil**, inaugurada em Nov/2000) e na Venezuela (**Fertinitro**, a ser inaugurada ainda em 2001) será direcionada principalmente ao Brasil com alíquota zero, no caso da Argentina (em função do MERCOSUL), ou com alíquota reduzida em 100%, no caso da Venezuela.

Matérias-primas e fertilizantes intermediários provenientes dos Estados Unidos poderão ser "triangulados" pelo México e entrar no Brasil com redução das alíquotas de importação. De fato, o NAFTA (Acordo Norte Americano de Livre Comércio) permite transferências internas entre Estados Unidos, Canadá e México, sem incidência de alíquotas de importação e certificados de origem.

	Bolivia	*Chile*	*Colômbia*	*Equador*	*Peru*	*Venezuela*	*México*
NITROGÊNIO							
Amônia	72	90	60	60	60	60	20
Uréia	100	70	100	100	100	100	20
Sulfato de Amônio	45	70	50	50	50	50	20
Nitrato de Amônio	65	100	35	35	35	35	20
FÓSFORO							
Rocha Fosfática	45	70	50	50	50	50	20
Ácido Fosfórico	45	70	50	50	50	50	20
SSP/TSP	100	70	50	50	50	50	20
MAP	100	100	–	–	–	–	20
DAP	100	70	50	50	50	50	20
POTÁSSIO							
Cloreto de Potássio	–	–	–	–	–	–	–

Fontes: Camex e Aduaneiras

Verifica-se desta forma que, no âmbito da política de comércio, todas as condições caminham no sentido de estimular a importação, conferindo-lhe vantagens competitivas em relação ao produto nacional.

Merece menção o fato de que as importações tenham sido tão favorecidas pela política comercial – adicionando vantagens àquelas já detidas pelos países tradicionalmente exportadores – que várias plantas locais produtoras dos insumos tenham interrompido suas atividades, por economicamente inviáveis.

B) Sobre as importações em pequena escala

Conforme demonstrado ao longo das análises de atos de concentração no setor de fertilizantes não há impedimento à importação em pequena escala. Verifica-se no mercado a importação direta de fertilizantes básicos por pequenas misturadoras conforme informações apresentadas em apêndice. Em adição, os pequenos misturadores contam com oportunidade de se organizarem para a formação de lotes, geridos por vários *sites* agrícolas disponíveis na internet que inclusive apresentam a cotação dos fertilizantes utilizados na elaboração das misturas (agrosite.com.br; agronegocios-e.com.br; megaagro.com.br; agropool.com; e campo21.com.br).

A **COABRA** é uma cooperativa criada para facilitar o acesso de pequenos misturadores às importações. E em função de recentes acordos com a Fertipar, conseguiu aumentar seu poder de compras no mercado internacional.

Importação de fertilizantes por empresa – exemplo de pequenos importadores do mercado (2000) – (toneladas de produto)

Importador	*Total*	*Portos*			
		Paranaguá	*Santos*	*R. Grande*	*Imbituba*
Extrafertil	500	–	500	–	–
Nutrisafra	500	500	–	–	–
Alto Uruguai	480	–	–	–	480
Cresciumal	400	–	–	–	400
Ibiraiaras	350	–	–	–	350
Tupancireta	236	–	–	236	–
Zwrox	200	–	–	200	–
Fertiprata	200	200	–	–	–
Sulfato Rio Grande	200	–	–	200	–

Encontra-se em apêndice cartas da **COABRA** oferecendo aos seus cooperados fertilizantes intermediários importados, disponibilizados no porto de Paranaguá. Uma das citadas correspondências informa que "*estamos efetuando contratos de importação, nos preços acima (sem a taxa de juros), já inclusos frete curto e armazenamento por 30 dias, na forma de pagamento antecipado*". Além disso, a cooperativa oferece Superfosfato Simples trazido da Holanda com destino a Mato Grosso do Sul, Mato Grosso, Goiás, Minas Gerais, e Paraná.

Para ilustrar o crescente poder desta cooperativa, segue resumo de suas importações:

Importação de fertilizantes por empresa
Importações COABRA (1999 e 2000)

Período / *Porto/Produto*	*1999*	*2000*
Paranaguá (PR)	–	146.536
Sam	–	9.032
Uréia	–	2.055
SSP	–	18.594
TSP	–	10.302
MAP	–	24.738
KCI	–	81.815
TOTAL	–	146.536

Comprova-se assim a ausência de obstáculos à importação em pequenas quantidades, o que favorece a entrada de pequenos misturadores em todas as regiões do Brasil.

C) Sobre a bonificação oferecida pela Fosfértil e Ultrafértil

Segundo parecer da SEAE referente ao ato de concentração em análise, o desconto de 2% oferecido aos clientes que derem preferência ao fornecimento por parte da **Fosfertil/Ultrafertil** prejudica o misturador por inviabilizar as importações.

"Além da competição com o preço do produto nacional, a importação é dificultada pela dependência que as misturadoras do centro têm com relação aos seus fornecedores nacionais. Por exemplo a Fosfertil/Ultrafertil (maior fornecedora de insumos no centro do país), em seu contrato anual de fornecimento de fertilizantes básicos, impõe uma cláusula de fidelidade que concede um desconto adicional de 2% sobre o valor das compras anuais de cada misturadora. Caso a misturadora decida adquirir mais fertilizante básico naquele ano, é necessário comunicar à Fosfertil/Ultrafertil, para que esta autorize a importação (sic). Se a Fosfertil/Ultrafertil tiver disponibilidade do produto, este será fornecido à misturadora. Se importar sem autorização, a misturadora perde o desconto adicional de 2% sobre toda a comporá do ano. Ou seja, mesmo que a misturadora consiga um preço mais baixo no mercado internacional a importação acaba sendo inviável, devido à perda de desconto." ***Parecer Técnico nº 106/COGPA/SEAE/MF, de 05 de abril de 2001, A.C. 08012.004904/00-97. Requerentes Andely (grupo Bunge) e Manah § 46.***

As regras de desconto estabelecidas pela **Fosfertil/Ultrafertil** constituem nítido instrumento de concorrência via preço com os competidores estrangeiros. Como existe a opção dos clientes em obter o produto importado, esta cláusula de bonificação se faz necessária para que tanto a **Fosfertil**, quanto a **Ultrafertil**, consigam colocar toda produção no mercado. Além disto a bonificação de 2% é garantida através de cláusula no contrato de fornecimento para aqueles clientes que, ao manifestar a necessidade de compras excedentes àquelas contratadas com a **Fosfertil** e /ou **Ultrafertil** não possam ser naquele momento atendidos por estas empresas, partindo assim, por falta de opção, para as importações.

A bonificação de 2% oferecida pela **Fosfertil/Ultrafertil** no cumprimento do programa anual de compras é pequena se comparada com o benefício que um misturador obtém com a isenção de ICMS sobre o produto importado.

Evidência disto é o significativo volume de importações realizado por grandes misturadores que são clientes da **Fosfertil**, como a **Heringer** e a **Moema**. Estas empresas estão também entre os maiores importadores de fertilizantes intermediários do país.

4. Outros Cometários Relativos ao Parecer SEAE

Entende-se que as informações acima são suficientes para descaracterizar qualquer preocupação de ordem antitruste relativa à aquisição da **Manah** pelo **grupo Bunge**.

Conforme mencionado inicialmente, as conclusões da SEAE com respeito a operação em tela e conseqüentes sugestões de restrições sobre a operação, decorreriam basicamente de um entendimento equivocado sobre as dimensões geográficas dos mercados de matéria-prima e insumos para a indústria de fertilizantes em geral.

Demonstrado que as empresas fabricantes de fertilizantes finais dispõem de fontes alternativas fartas e economicamente viáveis de insumos para a produção de misturas, a hipótese de elevada barreira à entrada de novos concorrentes por dificuldade de acesso a estes insumos fica descartada.

Para efeito de esclarecimentos apenas, cabem alguns comentários sobre outros entendimentos da SEAE.

Sobre a dificuldade específica de acesso à rocha fosfática, matéria-prima para a produção de todos os fertilizantes fosfatados a Secretaria entende que:

"A maior dificuldade para entrada no mercado de ácido fosfórico está relacionada como o acesso à rocha fosfática, matéria-prima inicial para produção deste ácido. Para se verificar o alto grau de dependência da indústria de ácido fosfórico com relação à fonte de rocha, basta verificar que 60% da produção de rocha fosfática são utilizadas como consumo cativo das próprias detentoras da mina na fabricação de ácido fosfórico e que apenas 5% são vendidos no mercado". ***Parecer SEAE nº 106/COGPI/SEAE/MF. §51***

O acesso à rocha fosfática não é o fator principal para a não existência de outras plantas de ácido fosfórico no Brasil. O alto nível de investimento exigido para a construção de uma unidade produtora de ácido fosfórico, entre US$ 50 milhões e US$ 80 milhões, é fator preponderante. Não existem barreiras a produção potencial com uso de rocha fosfática importada. Ademais, é uma matéria-prima que conta com baixa alíquota de importação e com alta contestabilidade das importações em seu mercado.

O quadro ao lado apresenta a distribuição da oferta de rocha fosfática no Brasil, inclusive de grandes exportadores do produto ao País.

No mercado de misturas NPK, verifica-se que as marcas da **Bunge Fertilizantes** perderam participação no ano 2000 em benefício de empresas não integradas com a produção de matérias-primas.

A **Trevo** vem recuperando sua participação de mercado, como já tinha sido previsto em manifestações anteriores, retomando sua força, principalmente na Região Sul do Brasil. Em 1998, com a redução das vendas devido ao pedido de concordata a Trevo deixou um espaço de mercado que foi inicialmente ocupado por outras empresas do setor, mas com a sua venda para a **Norsk Hydro (a maior empresa de fertilizantes do Mundo)** e com o surgimento de fortes empresas regionais, como a **Unifértil** e a **Piratini**, ambas empresas importadoras de fertilizantes básicos, o mercado está sendo pulverizado. Em 2000, a **Trevo** recuperou participação atingindo 8% do mercado, partindo de 3% em 1999.

Sobre a efetividade da rivalidade no mercado de misturas NPK, a SEAE argumenta que os pequenos misturadores não integrados não dispõem de condições para contestar a participação dos grandes produtores.

"As misturadoras não integradas verticalmente ao setor produtor de fertilizantes básicos e matérias-primas dificilmente conseguirão aumentar sua produção, já que dependem do fertilizante básico que é fornecido pelas grandes empresas do setor, na sua quase totalidade integradas com empresas misturadoras". ***Parecer SEAE nº 106/COGPI/SEAE/MF. § 56***

Mas, o que se verifica é a alta contestabilidade do mercado de fertilizantes básicos pelas importações. (Já foi demonstrado anteriormente a contestabilidade das importações no mercado de fertilizantes básicos fosfatados).

Mercado nacional de rocha fosfática (mil t de produto)

Empresas	*1997*		*1998*		*1999*		*2000*	
	Em mil t	*Em %*	*Em mil t*	*Em %*	*Em mil t*	*Em %*	*Em mil t*	*Em %*
Ultrafertil	533	31%	439	30%	417	32%	378	31
Serrana	253	15%	214	14%	172	13%	161	13
Copebras	–	0%	–	0%	50	4%	50	4
Fosfertil	132	8%	23	2%	10	1%	35	3
Total Brasil	918	54%	676	46%	649	50%	624	50
Rotem/Amfert/Negev (Israel)	375	22%	396	27%	385	30%	311	25
Office C. des Phosphates (Marrocos)	191	11%	235	16%	202	16%	271	22
Ferphos (Argélia)	–	0%	–	0%	–	0%	32	3
Cie Phosphates de Gafsa (Tunísia)	89	5%	74	5%	35	3%	–	0
EPE Ferphos (Argélia)	10	1%	10	1%	13	1%	–	0
Group Chimique Tunisien (Tunísia)	–	0%	–	0%	4	0%	–	0
Office Togolais des Phosphates (Togo)	98	6%	94	6%	–	0%	–	0
Ben-Trei Ltd. (EUA)	20	1%	–	0%	–	0%	–	0
Total Importação	784	46%	809	54%	638	50%	614	50
TOTAL GERAL	1.702	100%	1.485	100%	1.288	100%	1.238	100

Mercado de misturas MPK no Brasil (mil toneladas de produto)

Empresas	*1997*		*1998*		*1999*		*2000*	
	Em mil t	*Em %*	*Em mil t*	*Em %*	*Em mil t*	*Em %*	*Em mil t*	*Em %*
Serrana	1.403	10,2%	1.621	11,0%	1.930	14,1%	2.169	13,2%
Manah	1.868	13,6%	2.016	13,7%	1.601	11,7%	1.825	11,1%
IAP	388	2,8%	515	3,5%	461	3,4%	430	2,6%
Ouro Verde	352	2,6%	289	2,0%	368	2,7%	411	2,5%
Bunge Fertilizantes	4011	29,2%	4.442	30,2%	4.359	31,8%	4.835	29,5%
Cagill/Solorrico/ Fertiliza	1445	10,5%	1.550	10,5%	1.930	14,1%	2.246	13,7%
Grupo Fertipar*	976	7,1%	1.060	7,2%	1.287	9,4%	1.934	11,8%
Norrsk Hydro/Trevo	825	6,0%	775	5,3%	534	3,9%	1.246	7,6%
Heringer	688	5,0%	898	6,1%	1.259	9,2%	1.475	9,0%
Fertibras	399	2,9%	472	3,2%	726	5,3%	770	4,7%
Unifertil	179	1,3%	177	1,2%	287	2,1%	285	1,7%
Defer/ Roullier	110	0,8%	265	1,8%	287	2,1%	292	1,8%
Copas	825	6,0%	323	2,2%	–	–	–	–
Outros**	4.292	31,2%	4.686	31,8%	2.996	21,9%	3.243	19,8%
Importação	–	0,0%	70	0,5%	23	0,2%	66	0,4%
TOTAL GERAL	13.750	100,0%	14.717	100,0	13.689	100,0%	16.392	100;0%

* Grupo formado pr Fertipar, Fertigran, fertine, Piratini, Centro-Oeste e COABRA

** Existem no Brasil cerca de 150 outros produtores de misturas NPK

Consumo aparente de fertilizantes básicos potássicos e nitrogenados

Fertilizantes básicos potássicos (mil toneladas de K_2O)

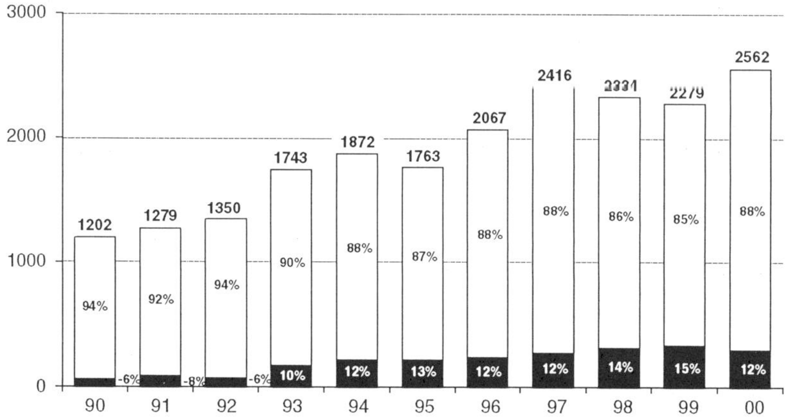

Variação	*1990 a 2000*	*Anual*
	100%	7%
Prod. Nacional	326%	16%
Consumo Aparente	113%	8%

Importação

Produção Nacional

Fertilizantes básicos nitrogenados (mil toneladas de N)

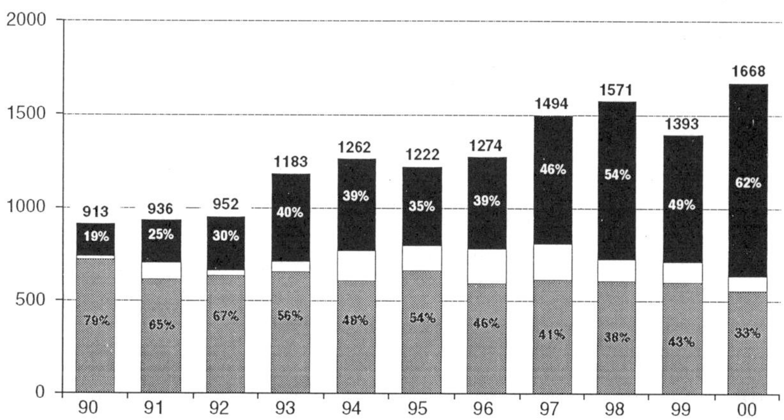

Variação	*1990 a 2000*	*Anual*
	494%	20%
Prod. Nacional (MP Importada)	357%	16%
Prod. Nacional	-24%	-3%
Consumo Aparente	83%	6%

Importação

Produção Nacional (Mat. Prima Importada)

Produção Nacional

Fonte: ANDA/SICESP

Sobre o poder de negociação dos misturadores com as ofertantes de insumos, a SEAE entende que:

"como as concorrentes são empresas de menor porte, tudo indica que dificilmente teriam êxito nesta negociação, tendo em vista a alta concentração no setor de fornecimento de matéria-prima e, principalmente, pelo fato de as maiores fornecedoras de fertilizantes básicos pertencerem ao mesmo grupo econômico das requerentes." ***Parecer SEAE nº 106/ COGPI/SEAE/MF. § 68***

As concorrentes da **Bunge Fertilizantes** no mercado de misturas são, principalmente: **Heringer**, **grupo Fertipar**, **Norsk Hydro** e **Cargill**. A **Heringer** e o **grupo Fertipar** são empresas nacionais que apresentam grande força no mercado, além de serem grandes importadores de fertilizantes básicos.

A **Norsk Hydro** é a maior empresa de fertilizantes do mundo. A **Cargill** a maior empresa de grãos do Mundo. Estas duas empresas são produtoras de matérias-primas e fertilizantes básicos nos Estados Unidos e na Europa e com isso podem direcionar o excedente de suas produções para o mercado brasileiro. As estatísticas de importação, como já demonstrado anteriormente, indicam o crescimento destas empresas no fornecimento ao Brasil.

Analisando dados de participação de mercado de Fertilizantes Fosfatados, destacam-se outras empresas estrangeiras, como a **Conagra**, grande *trader* norte-americana, que possuem participações expressivas no mercado nacional.

Segundo Voto do CADE (Conselheiro Antônio Fonseca) no Ato de Concentração referente à aquisição da **Ultrafertil** pela **Fosfertil**, (pág.11):

"A existência de importações substanciais explica-se por dois fatores fundamentais: (a) a produção doméstica não é suficiente para suprir a demanda interna mesmo operando à plena capacidade, como ocorre com as empresas do grupo Fertifos; (b) a capacidade produtiva ociosa e estoques elevados nos países do hemisfério norte no período de maior demanda no hemisfério sul (Jul/Nov).

Em razão da sazonalidade invertida nos dois hemisférios do planeta é possível importar fertilizantes básicos a preços bastante inferiores aos praticados nos países de origem (EUA em particular), os quais estão em período de entressafra com baixa demanda por fertilizantes. Sob a ótica global, a demanda externa por fertilizantes do Brasil é bastante inexpressiva, uma vez que o mercado nacional representa menos de 3% do mercado mundial".

Esta sazonalidade invertida entre os hemisférios sul e norte, favorece as concorrentes das Requerentes no mercado nacional de fertilizantes NPK – a Norsk Hydro, atual controladora da Trevo e a Cargill, verticalmente integradas com produção de insumos no exterior. Tratam-se de grandes comerciantes de fertilizantes no mundo que dispõem de produção a ser ofertada no Brasil e outros países do hemisfério sul quando a demanda está desaquecida no hemisfério norte.

5. Conclusão

As conclusões e sugestões emitidas pela Secretaria de Acompanhamento Econômico em seu parecer relativo à aquisição da **Manah** pelo **grupo Bunge**, estão fortemente baseadas no entendimento de que há mercados regionais de insumos, de participação exclusiva do **grupo Bunge** e do **grupo Fertifos**, delimitados à área central do Brasil.

Tendo em vista que os controladores do **grupo Fertifos**, entre eles as Requerentes, são produtores de fertilizantes NPK, a preocupação antitruste estaria relacionada às desvantagens dos não acionistas do grupo, concorrentes das Requerentes, na obtenção de insumos para a produção de misturas no centro do Brasil.

Demonstrou-se, neste documento, a elevada contestabilidade no mercado de matéria-prima (rocha fosfática) e de fertilizantes básicos fosfatados pelas importações, que não encontram barreiras de entrada e que possuem crescentes participações de mercado.

Com efeito, demonstra-se que a vantagem competitiva relativa à localização das fontes de fornecimento de matéria-prima no Brasil constitui apenas compensação parcial em relação às vantagens competitivas da produção internacional de duas ordens, a primeira referente à disponibilidade de recursos naturais dos países tradicionalmente exportadores e a segunda, de ordem institucional, relativa as maiores incidências de impostos sobre o produto nacional.

Assim, contrariamente ao entendimento da SEAE, demonstra-se que na verdade é o produto doméstico que enfrenta dificuldades de concorrer com o produto importado a distâncias relativamente elevadas dos centros de produção nacionais.

Considerando-se que a oferta nacional de matérias-primas alcança os limites do economicamente viável, o crescimento acelerado da produção agrícola na região centro é e será crescentemente atendido por misturas produzidas com fertilizantes básicos importados. A facilidade de ingresso no mercado de misturas NPK permanece garantida pela oferta abundante de fertilizantes básicos no mercado internacional. Vale dizer, a única barreira à entrada apontada pela SEAE é de fato inexistente.

Compreendida a real dimensão geográfica (como sendo internacional) e o padrão de concorrência dos mercados de insumos para a produção de fertilizantes NPK, não há porque restringir a operação de aquisição da **Manah** pelo **grupo Bunge**. Ao contrário, é importante que o **grupo Fertifos** seja administrado por empresas eficientes e céleres nas reações aos movimentos da concorrência internacional.

Maio de 2001.

CUSTOS DE TRANSAÇÃO, RELAÇÕES CONTRATUAIS VERTICAIS E EFICIÊNCIAS

Edgard Antonio Pereira
João Paulo G. Leal

1. Introdução

A análise dos autos do Processo Administrativo nº 08000. 022579/97-05 mostra que a White Martins – mediante a prática de exclusividade na aquisição de matéria-prima, proveniente da Ultrafértil, para fabricação de gás carbônico – foi acusada de criar barreira ao ingresso de novo concorrente. Mais precisamente, a empresa foi acusada de criar dificuldade à constituição de novo concorrente (cf. inciso V do art. 21 da Lei 8.884); impedir o acesso a fonte de matéria-prima (cf. inciso VI do art. 21); e açambarcar, sem justificada necessidade, matéria-prima (cf. inciso XV do art. 21).

O mérito da prática de exclusividade não pode ser analisado com rigor sem que sejam cotejados seus efeitos anti-competitivos e pró-competitivos, isto é, os possíveis ganhos de eficiência econômica resultantes da exclusividade, que podem contrabalançar eventuais prejuízos à concorrência. Em uma palavra, a exclusividade não pode ser tida como uma infração per se, encontrando-se sujeita à aplicação da regra da razão, que busca sopesar potenciais efeitos nocivos à concorrência e eficiências decorrentes da conduta investigada.

As transações, mediadas pelo mercado e realizadas por empresas ao longo de uma mesma cadeia produtiva (relações verticais), encontram-se sujeitas a custos específicos, justamente denominados custos de transação. A celebração de contratos de longo prazo e de acordo de exclusividade ou, em termos mais gerais, a regulação das transações entre dois agentes quaisquer mediante contrato, em substituição às relações de mercado, pode ser geradora de ganhos de eficiência econômica, as quais se revertem em benefício à concorrência e ao mercado como um todo.

Essas questões são analisadas adiante, tendo em vista principalmente a identificação nos autos de insuficiências relativas à desconsideração, no curso das investigações, das possíveis eficiências associadas à exclusividade de fornecimento de matéria-prima para produção de gás carbônico.

No item 1, faz-se uma breve apresentação do conceito de custos de transação e das motivações para o estabelecimento de contratos que disciplinam as relações verticais entre empresas independentes. A análise volta-se no item 2 para o caso concreto, com seus custos de transação característicos e possíveis eficiências relacionadas à prática de exclusividade. No item 3, são analisadas a definição de mercado relevante e a suposta posição dominante da White Martins com relação especificamente à prática denunciada e considerando as especificidades das transações entre fornecedor e cliente no presente caso.

2. Custos de Transação, Comportamentos Oportunistas

A teoria dos custos de transação sustenta que as relações entre agentes econômicos estão sujeitas a custos, que podem ser significativos e não relacionados ao processo produtivo. No tocante, particularmente, às transações mediadas pelo mercado entre, por exemplo, o fornecedor de determinada matéria-prima e seu adquirente, há custos relacionados à obtenção de informações acerca de preços, qualidade e demais condições de fornecimento de todos os ofertantes da matéria-prima, assim como custos relativos à negociação e ao estabelecimento de um acordo entre as partes envolvidas[1].

---

[1] O trabalho de Ronald Coase (The Nature of the Firm. *Economica*, 1937; conforme reimpresso em *The Firm, the Market, and the Law*. Chicago, The University of Chicago Press, 1988) assenta pioneiramente os fundamentos da teoria, desenvolvida e ampliada principalmente por Oliver Williamson (vide, por exemplo, *Markets and Hierarchies – Analysis and Antitrust Implications: a Study in the Economics of Internal Organization*. Nova Iorque, The Free Press, 1975). Para uma discussão mais atualizada vide, por exemplo, Azevedo, Paulo F. (1996). *Integração Vertical e Barganha*. São Paulo, FEA/USP (tese de doutorado). De acordo com Coase (idem), " A principal razão pela qual é rentável estabelecer uma firma seria que há um custo de uso do mecanismo de preços. O mais óbvio custo de 'organizar' a produção mediante o mecanismo de preços é aquele da descoberta de quais são os preços relevantes [...] Os custos de negociação e conclusão de um contrato separado para cada transação de troca que ocorre no mercado deve ser tomado em conta" (tradução livre de: "The main reason why it is profitable to establish a firm would seem to be that there is a cost of using the price mechanism. The most obvious cost of 'organizing' production through the price mechanism is that of discovering what the relevant prices are. [...] The costs of negotiating and concluding a separate contract for each exchange transaction which takes place on a market must be taken into account". (p. 38-39).

Sob determinadas condições, especificadas adiante, o estabelecimento de relações contratuais duradouras entre cliente e fornecedor pode constituir-se em uma forma de organização dessas relações superior àquela proporcionada pelo mercado, no sentido de gerar maior eficiência econômica pela redução dos custos de transação. Em outros casos, nos quais sobretudo é pouco viável a predição em contração de contingências mais significativas, há um forte incentivo à integração vertical como forma de redução daqueles custos. Todavia, essa possibilidade não se coloca aqui como objeto de análise[2].

Dito de outro modo, a eficiência de determinada estrutura de governança – mercado, integração vertical ou relação contratual vertical – é determinada pelas características ou especificidades técnicas e econômicas das transações realizadas, fazendo com que os custos de transação sejam mais ou menos elevados. Essas características, sobretudo, estão relacionadas à temporalidade das relações comerciais envolvidas, à especificidade dos ativos envolvidos e à incerteza quanto a eventos futuros.

A relação comercial sobre sua perspectiva temporal pode ser qualificada quanto ao tempo total de duração e à freqüência com que ocorre. Os custos de transação serão mais elevados, em geral, quanto maior a duração da relação e menor a freqüência temporal entre as transações.

Em intervalos curtos e repetitivos, as partes envolvidas devem: (i) obter informações indispensáveis à concretização do negócio; (ii) zelar para que não haja assimetrias de informações; e (iii) processar até os níveis hierárquicos de tomada de decisão o conjunto mais relevante de dados obtidos. Além dos custos de informação, há os custos (iv) de negociação dos termos da transação estabelecida entre as partes; (v) de fiscalização e monitoramento das regras estabelecidas (prazos de entrega, qualidade da mercadoria, por exemplo), entre outros.

Ativos específicos são aqueles cujo valor depende da continuidade de determinada transação. Por serem específicos à transação, os ativos não podem ser facilmente remanejados ou, em sentido contrário, o

[2] Considerando que o produto transacionado é o subproduto de uma atividade industrial utilizado como matéria-prima para a produção de gás carbônico, é bastante razoável supor que a integração vertical entre as partes não seja facilmente cogitada como uma forma de organização superior às transações de mercado, embora as transações regidas por contrato sejam superiores a estas.

rompimento da relação entre as partes faz com que se incorra em custos de seleção de novo fornecedor (ou cliente) e em custos de negociação, já mencionados.

A especificidade dos ativos, ademais, estabelece certo grau de dependência entre as partes de uma relação, que pode ser unívoca ou recíproca. Em linhas gerais, o custo de transação ou a diferença do valor do ativo alocado a uma ou outra transação é objeto de negociação entre as partes envolvidas na transação, cientes do poder de barganha que cada uma detém em razão da especificidade do ativo em questão.

Entre as três principais características das relações entre agentes, a incerteza por si constitui-se em um importante custo de transação, como também permeia todos os demais determinantes desses custos. A impossibilidade de se prever com segurança o ambiente econômico no qual os agentes tomarão suas decisões futuras, tendo em vista inclusive as prováveis assimetrias de informação existentes, faz com que, a cada transação, incorra-se em um custo de formação de expectativas sobre eventos incertos.

A supressão da necessidade de reavaliação das expectativas, a cada momento, reduz os custos de transação. A inter-relação entre incerteza, de um lado, e a temporalidade das transações e a especificidade dos ativos é acentuada. Quanto maior a duração temporal da transação, maior tende a ser a incerteza, resultando maiores custos de transação. E, quanto maior a especificidade dos ativos, maior a importância do grau de confiança acerca de eventos vindouros.

Por fim, esses elementos que constituem os custos de transação e, particularmente, a especificidade dos ativos envolvidos ensejam a adoção de comportamentos oportunistas. Diante de alterações das condições de mercado, uma das partes pode aproveitar para modificar os termos da transação em detrimento dos interesses da outra parte, cujos ativos são específicos (ou que dispõe de informações assimétricas, maior aversão ao risco etc.).

Carlton & Perloff ilustram a importância da especificidade dos ativos para as relações verticais entre empresas

"Em 1919 a General Motors (GM) contratou com a Fisher Auto Body para a produção exclusiva de carrocerias [auto body] GM. Porque a

Fisher teve que desenvolver equipamentos produtivos especializados que poderiam ser utilizados somente para carros GM, estava relutante em assinar um contrato de curto prazo, porque, no momento da renegociação, Fisher estaria a mercê da GM. Por outro lado, a GM estava relutante em depender tão fortemente de um único fornecedor, temendo que, com um contrato de curto prazo, no momento de renegociação a GM estaria à mercê da Fisher. Porque cada parte temia que um contrato de curto prazo os colocaria à mercê da outra firma, eles assinaram um contrato por dez anos, com o preço dado de acordo com uma fórmula especificada[3]."

A apresentação acima da teoria dos custos de transação certamente não se pretende exaustiva. Buscou-se mencionar os principais aspectos da teoria, os quais permitem identificar a presença de significativos custos de transação no caso sob exame e, conseqüentemente, a importância da celebração de contratos de longo prazo, que disciplinem as relações entre as partes, para a obtenção de maior eficiência econômica.

Essas questões são abordadas na seqüência, ressaltando-se, desde logo, que a análise desenvolvida não é detalhada ou conclusiva. Ao contrário, dadas as especificidades do mercado de gás carbônico e das transações entre fornecedor e cliente de subproduto, essas considerações evidenciam unicamente a necessidade de se analisar com rigor os possíveis ganhos de eficiência resultantes da aludida conduta a fim de contrapô-los a eventuais efeitos anti-competitivos sobre o mercado em questão.

---

[3] Tradução livre de: "In 1919 General Motors (GM) contracted with Fisher Auto Body for exclusive production of GM auto bodies. Because Fisher had to develop specialized production devices that could be used only for GM cars, it was reluctant to sign a short-term contract because at renegotiation time Fisher would be at the mercy of GM. On the other hand, GM was reluctant to depend so heavily on one supplier, fearing that, with a short-term contract, at renegotiation time GM would be at the mercy of Fisher. Because each party feared that a short-term contract would leave it at the mercy of the other firm, they signed a contract for ten years, with the price to be set according to a specified formula". (*Modern Industrial Organization*. Nova Iorque, Harper Collins College Publishers, 1994, 2ª edição, p. 18). Os autores citam Klein, Crawford and Alchian (Vertical Integration, Appropriable Rents, and Competitive Contracting Process. *Journal of Law and Economics*. 21, 1978).

3. Ganhos de Eficiência

A análise de relações contratuais verticais é considerada a razoabilidade da prática e eventuais efeitos pró-competitivos sobre o mercado. De acordo com Carlton & Perloff[4].

"Sob as leis antitruste, a maioria das restrições verticais não-preço são julgadas sob a **regra da razão**: uma violação possível que deve ser considerado separadamente de seus méritos. Isto é, a restrição vertical não é ilegal per se (sempre ilegal). As cortes tentam pesar as características pró-competitivas da restrição contra as anti-competitivas, decidindo se proíbem a restrição" (como no original).

O mesmo ocorre com relação ao Brasil, sendo que a Resolução CADE nº 20/1999 especificamente dispõe que:

"Como no caso das restrições horizontais, as práticas verticais pressupõem, em geral, a existência de *poder de mercado* sobre o mercado relevante "de origem", bem como efeito sobre parcela substancial do mercado "alvo" das práticas, de modo a configurar risco de prejuízo à concorrência. Embora tais restrições constituam em princípio limitações à livre concorrência, podem também apresentar benefícios ("eficiências econômicas") que devem ser ponderados vis-à-vis os efeitos potenciais anti-competitivos, de acordo com o princípio da razoabilidade. Tais benefícios estão freqüentemente relacionados à economia de custos de transação para os produtores/ofertantes, seja evitando que a intensificação da concorrência intra-marcas leve à proliferação de condutas oportunistas dos revendedores, fornecedores e/ou dos concorrentes, em prejuízo da qualidade dos serviços e em detrimento da sua reputação, seja assegurando ao revendedor/fornecedor

---

[4] "Under the antitrust laws, most nonprice vertical restrictions are judged under a **rule of reason**: a possible violation that must be considered separately on its merits. That is, vertical restriction are not per se illegal (always illegal). The courts attempt to weigh the procompetitive features of the restriction against the anticompetitive ones in deciding whether to prohibit the restriction" (Carlton & Perloff; *op. cit.*, p. 537, como no original).

remuneração adequada para incentivá-lo a alocar recursos à oferta de bens e serviços" (como no original).

Não obstante, no presente caso, como já mencionado, não se observou qualquer perquirição acerca dos ganhos de eficiência proporcionados pela exclusividade na aquisição do subproduto para a fabricação do gás carbônico, sendo que a análise dos custos de transação envolvidos indica claramente a importância dos mesmos[5].

A produção de gás carbônico ocorre mediante dois processos produtivos,, sendo que, no caso em tela, a matéria-prima provem da atividade industrial de outra empresa. Trata-se de um subproduto, sendo que o efluente gasoso passa por uma etapa de separação em lavadores e absorvedores químicos e, posteriormente, há seu resfriamento, purificação, compressão e liquefação.

As unidades de fabricação do gás carbônico apresentam reduzida escala de produção (dimensionado para o fornecimento do subproduto), não dispõe de uso alternativo (não são adaptáveis ou flexíveis) e localizam-se nas imediações das instalações fabris de onde provém o subproduto. Essa localização é dada para não se incorra no custo de transporte do efluente gasoso até a unidade de processamento. Há idealmente (não fossem as oscilações e paralisações das atividades fabris tanto da fornecedora do subproduto quanto das instalações de produção do gás carbônico) um fluxo contínuo de suprimento da matéria-prima.

Com relação à especificidade dos ativos, nota-se que os que são utilizados para fabricação de gás carbônico são dedicados à transação envolvendo a aquisição de subproduto da respectiva fonte. Há, nos termos de Williamson, uma especificidade locacional no presente caso. Embora as

[5] Pode-se mencionar, por exemplo, o Parecer nº 160 da Procuradoria-Geral do CADE, no qual alega-se que a cláusula de exclusividade em questão favoreceu unicamente a adquirente ("Ora, de se ver que a cláusula de exclusividade favorece unicamente um dos contratantes, qual seja a WHITE MARTINS"; p. 36). A exclusividade, como visto anteriormente, reduz os custos de transação, sendo que a transação diz respeito às partes. A ausência de profundidade revela-se, ademais, pela desconsideração de que o mesmo aditivo contratual dispõe de mecanismos de *take or pay* (a adquirente compromete-se a pagar por determinado quantidade do produto, mesmo que seu consumo efetivo não tenha alcançado aquela quantidade).

instalações e os equipamentos de fabricação de gás carbônico possam ser transladados para outra locação, tanto os custos de desmontagem, transporte, montagem e adaptação (*sunk costs*), quanto os custos de transação propriamente ditos – busca de novo fornecedor, estabelecimento de negociações quanto aos termos de suprimento, entre outros – são elevados.

O mesmo não pode ser tido com relação aos ativos da empresa fornecedora da matéria-prima. Como visto, esta é um subproduto da atividade principal da "fornecedora". Independentemente, da importância alcançada no faturamento da empresa, por exemplo, pode-se presumir que a comercialização do subproduto não pode se constituir em sua atividade principal, ao passo que os ativos destinados à fabricação do gás carbônico a partir desse subproduto não têm outra finalidade.

Essa hierarquia, dada pela dependência unívoca entre as partes contratantes, e a possibilidade de adoção de comportamentos oportunistas por parte da fornecedora são importante para caracterizar o poder de barganha, no caso, do fornecedor do subproduto frente aos potenciais adquirentes. Como já mencionado, enquanto que o rompimento da relação comercial resulta apenas em custos de transação para o fornecedor (os quais podem ser compartilhados com o novo adquirente do subproduto), para o adquirente a quebra da transação implica não só em custos de transação (com um novo fornecedor), como também em outros custos de desinstalação, manutenção da força de trabalho inativa e instalação dos equipamentos junto a outro fornecedor.

Há, ainda, outros importantes custos de transação relacionados à temporalidade e à incerteza presente das relações comerciais no caso em tela. A incerteza no presente caso é agravada pelo fato do gás carbônico não poder ser armazenado em grandes quantidades. Um impasse no momento de confirmação de determinada transação (ou renovação de contrato, por exemplo), se não garantida a continuidade do fornecimento, implica perdas correntes de receita, devido à impossibilidade abastecimento do mercado consumidor de gás carbônico com produto previamente armazenado.

Com relação à temporalidade das relações de compra e venda do subproduto, como visto, maior tende a ser o custo de transação, quanto maior for tanto a freqüência das transações, quanto os custos de monitoramento das regras estabelecidas entre as partes. Ambos os elementos estão presentes no caso em tela.

A compra e venda do subproduto, como já mencionado, dá-se idealmente de forma contínua, com o gás bruto fluindo ininterruptamente e em quantidades variáveis das instalações da fornecedora para os equipamentos de fabricação do gás carbônico. Abstraindo esse fato e supondo intervalos discretos nos quais transações sucessivas dispõem sobre a compra de "pacotes" de subproduto, os custos de negociação tendem a ser elevados.

No presente caso deve-se considerar, ainda, que o monitoramento das regras estabelecidas entre as partes é complexo e oneroso. O teor de gás carbônico contido no subproduto é parte importante do sistema de aferição da qualidade do efluente, o que depende de análise estequiométricas, e mesmo discrepâncias entre a quantidade vendida (medida pelo fornecedor em suas instalações) e a quantidade comprada (medida pelo adquirente em suas instalações) geram custos de monitoramento não desprezíveis.

Pelas características técnicas e econômicas do processo de produção do gás carbônico a partir de subproduto pode-se afirmar que os custos de transação envolvidos são significativos, bem como são substanciais as possibilidades de comportamentos oportunistas por parte da fornecedora. Num caso, a celebração de contratos de longo prazo condiz com a busca de redução desses custos. Noutro caso, a exclusividade de aquisição do subproduto está associada à prevenção de comportamentos oportunistas e ao período de tempo necessário para a recuperação do capital investido em ativos específicos. Em uma palavra, há elementos que autorizam concluir que essa forma de organização das relações comerciais em tela é superior às de mercado, gerando ganhos de eficiência que, de outro modo, não seriam obtidos.

4. Posição Dominante e Definição de Mercado Relevante

Nas investigações realizadas no âmbito desse processo administrativo pode-se verificar que não houve a devida aferição ou até mesmo a consideração dos ganhos de eficiência decorrentes da redução dos custos de transação. Encontra-se, assim, prejudicada a análise pelas autoridades antitruste dos efeitos pró-competitivos da prática em contraposição aos seus efeitos restritivos. Não obstante, na seqüência, são apresentados breves comentários sobre a suposta posição dominante exercida pela White Martins e sobre alegados efeitos anti-competitivos da exclusividade celebrada com a Ultrafértil.

A caracterização de posição dominante ou de poder de mercado reside na capacidade de um agente impor condições vantajosas a outrem (uma empresa ou consumidor final). Essa capacidade, por sua vez, é aproximada pela participação da empresa no mercado relevante, embora outros fatores devam ser levados em consideração.

No presente caso, tanto o Parecer da Secretaria de Direito Econômico, quanto o da Procuradoria Geral do CADE, inclusive por remissão ao Ato de Concentração nº 78/96, definem o mercado relevante como o de gás carbônico na dimensão geográfica regional (Espírito Santo, Minas Gerais, Paraná, Rio de Janeiro e São Paulo) e, considerando a participação de mercado da White Martins, concluem pela existência de posição dominante.

Independentemente do mérito, "*posição dominante no mercado de gás carbônico*" significa dizer, por exemplo, que determinada fabricante do produto tem capacidade de praticar um pequeno, mas significativo e não transitório, aumento de preços, sem que a reação de empresas rivais seja capaz de frustrar o aumento. Não se percebe, no entanto, relação entre a posição dominante no mercado de gás carbônico e o exame da referida prática. Ou, em outros termos, havia por parte da White Martins capacidade de impor algo desvantajoso à fornecedora do subproduto para a produção do gás carbônico?

Para a Ultrafértil, no momento da negociação de fornecimento do subproduto, o *market share* da White Martins no mercado de gás carbônico é irrelevante. O que importa unicamente é a existência, atestada nos autos, de outra empresa disposta a adquirir a matéria-prima. Nesse ponto, é importante atentar para a cronologia dos fatos narrados nos autos:

– Em <u>março de 1996</u> havia "firmes tratativas" entre a Messer e a Ultrafértil para a aquisição do subproduto, nos termos utilizados pela primeira (apud Parecer da Procuradoria Geral, p. 3);

– Em <u>10 de maio de 1996</u>, a Messer apresentou "firme proposta para a compra dessa produção excedente de dióxido de carbono" (*apud* Parecer da Procuradoria Geral, p. 3);

– Em <u>9 de julho de 1996</u>, a Ultrafértil pronunciou-se por meio de carta, pondo fim às negociações (vide Parecer da Procuradoria Geral, p. 3).

Note-se que o aditamento ao contrato de fornecimento, e conseqüentemente a inserção de cláusula de exclusividade sobre a disponibilidade do subproduto, foi firmado em <u>1º de julho de 1996</u>. Então é possível afirmar com bastante precisão que a Ultrafértil teve duas empresas dispostas a adquirir o subproduto.

Como em um leilão, nada importa exceto o lance realizado por cada participante. E, como já mencionado, a fornecedora dispõe de maior poder de barganha (e possibilidade de comportamentos oportunistas) derivado, principalmente, do fato de que os ativos da empresa adquirente são específicos e sujeitos a elevados custos de transação, além de outros custos igualmente significativos.

Por essas razões, sustenta-se que posição dominante da White Martins não está suficientemente caracterizada, pois não é derivada de sua participação no mercado de gás carbônico, como definido no curso das investigações. Ao contrário, o mercado relevante para o exame da prática em questão, em sua dimensão geográfica e material, encerra-se na própria Ultrafértil.

5. Considerações Finais

Encontra-se consagrado na teoria econômica que relações contratuais entre empresas verticalmente relacionadas podem ser superiores às relações mediadas pelo mercado, no sentido de propiciarem as primeiras reduções de custos de transação e, assim, maior eficiência na utilização dos recursos disponíveis. A regulamentação da Lei 8.884/94, como mencionado, faz menção explicita à necessidade de aplicação do princípio da razoabilidade quando do exame de restrições contratuais verticais.

Assim sendo, a ausência de investigação acerca dos possíveis efeitos pró-competitivos da prática em exame, o que facilmente é constado a partir da análise dos autos, torna-se ainda mais grave, quando se considera que as relações comerciais (transacionais) em questão estão sujeitas a custos de transação elevados, como demonstrado nos itens anteriores. Ademais, à medida que se avança na compreensão das especificidades dessas relações, a própria definição do mercado relevante utilizada nos autos mostra-se frágil.

Por essas razões, em suma, considera-se que o exame dos impactos concorrenciais da prática investigada encontra-se prejudicado, tendo em vista a ausência dos elementos que permitem apreender correta e completamente o alcance dos efeitos pró-competitivos presentes no caso concreto.

Abril de 2001.

MERCADO RELEVANTE DE GÁS CARBÔNICO E EFICIÊNCIAS NA ANÁLISE DE CONTRATOS DE EXCLUSIVIDADE

Edgard Antonio Pereira
João Paulo G. Leal

1. Introdução

A investigação sobre criação de dificuldades para o ingresso de novos concorrentes, mediante impedimento de acesso à fonte de matéria-prima, conduzida no âmbito do Processo Administrativo nº 08000.022579/97-05, tem desconsiderado algumas evidências trazidas aos autos pela Representada, bem como especificidades decorrentes da conduta em tela e do setor industrial sob análise.

O cerne da crítica diz respeito à contraposição pouco refletida dos eventuais prejuízos à concorrência à razoabilidade da conduta em questão.

De um lado, houve a magnificação dos possíveis impactos negativos da conduta em decorrência em grande medida da definição do mercado relevante como o de gás carbônico. Essa definição, que se entende equivocada, conduziu a investigação para uma apreciação pouco balizada acerca da disponibilidade de matérias-primas substitutas a serem utilizadas por novos entrantes.

De outro lado, a racionalidade subjacente à celebração do contrato em questão foi desconsiderada, não obstante ser fundamentada na busca por maior eficiência alcançada, entre outros fatores, pela redução de custos de transação e de custos de capital em ampliação da capacidade de produção da Representada.

Esses dois lados da balança – cuja consideração é essencial à aplicação da regra da razão – são analisados na seqüência.

2. Efeitos Concorrenciais do Contrato

2.1. Elementos para Definição do Mercado Relevante

A definição de mercado relevante[1] é usualmente feita identificando-se os produtos que podem ser utilizados como sucedâneos àquele

[1] Como nos *Guidelines do Department of Justice / Federal Trade Commission (1992 Horizontal Merger Guidelines)*, na Resolução CADE nº 20 (9/06/1999) e no Guia

sob investigação, no caso deste sofrer um *pequeno, mas significativo e não transitório aumento de preço* (como resultado objetivo do exercício abusivo do poder de mercado).

No presente caso, o que se investiga é se o monopolista hipotético estaria em condições de restringir o acesso à matéria-prima para a produção de gás carbônico (exercendo abusivamente o poder de mercado para a criação de barreira à entrada de novos competidores). Portanto, o produto sob investigação é a matéria-prima (sua disponibilidade) e o mercado relevante, em suas dimensões material e geográfica, deve identificar as possibilidades de substituição pelos consumidores (fabricantes de gás carbônico) do produto em questão.

Esse, no entanto, não foi o entendimento expresso no voto do Conselheiro-Relator, Dr. Celso Fernandes Campilongo:

"No Ato de Concentração nº 78/96 o produto relevante foi definido como sendo o dióxido de carbono (CO2) e o mercado geográfico como o regional – no caso, a região Sudeste. <u>Dada a completa similitude com a presente análise, adota as mesmas definições</u>" (p. 20, sublinhou-se).

Num caso (no AC supra mencionado) interessa definir as possibilidades de substituição existentes para os consumidores de gás carbônico, enquanto que in casu caso a investigação diz respeito aos sucedâneos à fonte de matéria-prima contratada disponíveis para os fabricantes de gás carbônico. Não há, portanto, "similitude" entre as duas situações. O que se indica aqui é a ausência de uma investigação aprofundada acerca da existência de substitutos à fonte de subproduto contratada pela Representada.

Ocorre que a participação detida por certa empresa no mercado do produto (a jusante) e, conseqüentemente, seu poder de mercado não guarda relação necessariamente com a participação no mercado da matéria-prima (a montante). A participação da empresa em um mercado não é indicador de posição dominante em outro mercado (no qual

para Análise Econômica de Atos de Concentração Horizontal da SDE / SEAE (Portaria nº 50, de 1º/08/2001).

se daria a para a criação de dificuldades de acesso dos concorrentes à matéria-prima)[2].

O caso *Tampa Electric Co. versus Nashville Co.*, apreciado pela Suprema Corte norte-americana em 1961 (365 U.S. 320), guarda fortes semelhanças com a presente investigação – tratava-se de ontrato de exclusividade celebrado entre *Tampa* e *Nashville* para o fornecimento de carvão durante 20 anos, que seria utilizado pela primeira para geração de energia elétrica – e constitui-se em um exemplo claro de definição de mercado relevante para o exame de contratos de exclusividade – relativo ao mercado do produto objeto da exclusividade.

Em síntese, o Juiz Clark da Suprema Corte entendeu que o referido contrato não era ilegal, pois a quantidade de carvão adquirida representava uma pequena fração da oferta disponível de carvão[3] no mercado geográfico relevante:

"From these statistics it clearly appears that the proportionate volume of the total relevant coal product as to which the challenged contract pre-

[2] Na seqüência do referido Voto tem-se a presunção da existência de poder de mercado, baseada no *market share* da Representada no (equivocado) mercado de gás carbônico, mas não no (correto) mercado relevante de matéria-prima para produção de gás carbônico: "Conforme os dados do Ato de Concentração nº 78/96, em 1999, o *market-share* da White Martins seria de 73% (note-se que a prática refere-se a outro período). Atualmente, segundo a Representada, seria de 59% (fls. 635) [...] é incontestável que se trata (e isso era muito mais acentuado à época da prática, quando havia um monopólio), de mercado altamente concentrado e propício, por isso mesmo, às posições abusivas" (p. 20).

[3] "In applying these considerations to the facts of the case before us, it appears clear that both the Court of Appeals and the District Court have not given the required effect to a controlling factor in the case - the relevant competitive market area. This omission, by itself, requires reversal, for, as we have pointed out, the relevant market is the prime factor in relation to which the ultimate question, whether the contract forecloses competition in a substantial share of the line of commerce involved, must be decided. For the purposes of this case, therefore, we need not decide two threshold questions pressed by Tampa Electric. They are whether the contract in fact satisfies the initial requirement of 3, i. e., whether it is truly an exclusive-dealing one, and, secondly, whether the line of commerce is boiler fuels, including coal, oil and gas, rather than coal alone. We, therefore, for the purposes of this case, assume, but do not decide, that the contract is an exclusive-dealing arrangement within the compass of 3, and that the line of commerce is bituminous coal" (*op. cit.*).

empted competition, less than 1% is, conservatively speaking, quite insubstantial" (op. cit.).

Como bem ilustrado em *Tampa v. Nashville*[4], a celebração de contrato de fornecimento de matéria-prima pode vir a causar prejuízo à concorrência, caso a quantidade contratada seja elevada o bastante, em relação à oferta do mercado relevante, a ponto de propiciar o "fechamento" (*foreclosure*) do acesso de empresas concorrentes, estabelecidas ou potenciais, à matéria-prima[5].

---

[4] Na mesma linha, tem-se o caso *Jefferson Parish Hospital Dist. nº 2* versus Hyde (466 U.S. 2, 1984), sobre contrato de exclusividade firmado pelo hospital Jefferson Parish e empresa Roux de anestesistas, (os serviços de anestesia seriam prestados exclusivamente pela Roux). A investigação versou, *inter alia*, sobre possíveis efeitos no mercado de prestação de serviços de anestesia. O ponto a destacar é que os dois mercados envolvidos – de serviços hospitalares e o de serviços de anestesia – não se confundem:
"In order to prevail in the absence of per se liability, respondent has the burden of proving that the Roux contract violated the Sherman Act because it unreasonably restrained competition. That burden necessarily involves an inquiry into the actual effect of the exclusive contract on competition among anesthesiologists. This competition takes place in a market that has not been defined. The market is not necessarily the same as the market in which hospitals compete in offering services to patients; it may encompass competition among anesthesiologists for exclusive contracts such as the Roux contract and might be statewide or merely local".
Vide também o Processo Administrativo nº 53500.000359/99, no qual o Conselheiro Celso Campilongo manifestou-se nos seguintes termos:
"Data venia, o sinal das transmissões de TV aberta da Rede Globo não se enquadra, de nenhum modo, na categoria de infra-estrutura essencial: (i) não é indispensável (tanto que a Directv, mesmo sem ele, continua sendo um concorrente forte e arrojado); (ii) não é impossível, à Directv, duplicar a estrutura, vale dizer, produzir seu conteúdo ou contratá-lo com terceiros ..."
É certo que este processo referia-se à aplicação da essential facility doctrine. Porém, sua aplicação ao presente caso é direta. Examinou-se a condição de reprodutibilidade do produto objeto da exclusividade (ou, por analogia, a matéria-prima para a produção de gás carbônico) para determinar se a exclusividade conferida a uma empresa (a White Martins aqui) cria dificuldades à atuação de empresa concorrente.

[5] De maneira análoga, em um contrato de exclusividade de distribuição, o potencial de prejuízo à concorrência guarda relação com a importância (participação relativa) do(s) distribuidor(es) contratado(s) com exclusividade frente às possibilidades alternativas de distribuição. Note-se que a participação de mercado da empresa contratante no mercado de origem (a montante) não é decisiva. Uma empresa que tenha firmado

Em suma, quando se trata de inferir o poder de mercado resultante, por exemplo, de uma fusão, o indicador de participação de mercado é calculado pela relação percentual entre as vendas combinadas das empresas fundidas e as vendas totais para o mercado relevante (dadas as dimensões geográfica e material). Porém, no exame do poder de mercado que decorre de um contrato de fornecimento, o indicador, conceitualmente análogo, é calculado em termos de *grau de fechamento*. Toma-se o *quantum* do produto (ou matéria-prima) objeto do contrato em relação ao mercado total (disponibilidade) do mesmo produto. Não necessariamente há uma correspondência entre o *market share* (a jusante) e o grau de fechamento (a montante).

2.2. O Mercado Relevante de Matérias-primas para Produção de Gás Carbônico

A matéria-prima em questão (subproduto da atividade industrial da Ultrafértil) tem uma finalidade específica: a produção de gás carbônico para comercialização na Região Sudeste mais o Estado do Paraná (mercado relevante geográfico do produto a jusante). Assim sendo, o mercado relevante geográfico das matérias-primas (que não são passíveis de serem transportadas) deve abranger a região capaz de ser abastecida com o produto final a partir da fonte em questão.

O maior dissenso deve ocorrer com a definição da dimensão material do mercado relevante de matérias-primas para produção de gás carbônico. Conceitualmente, basta identificar as matérias-primas economicamente viáveis para a produção de gás carbônico. O instrumento para tanto é o teste do monopolista hipotético: supondo um pequeno, mas significativo e não transitório aumento do preço da matéria-prima em questão, estabelecer quais seriam as alternativas para o consumo por parte dos fabricantes de gás carbônico. Na prática, no entanto, as dificuldades são maiores.

Como se sabe, o gás carbônico pode ser produzido a partir da combustão ou da utilização do subproduto das atividades industriais de terceiros. Conservadoramente, pode-se admitir *a priori* que a aplicação do

contrato de exclusividade com parcela muita alta dos distribuidores existentes ("fechado" o canal de distribuição) pode *ceteris paribus* causar prejuízo à concorrência, mesmo que detenha uma participação muito reduzida em seu mercado de atuação.

teste do monopolista hipotético ao presente caso indique que não há elevada possibilidade de substituição entre combustão e subproduto[6].

Com relação às fontes de subproduto, os efluentes de processos industriais podem conter gás carbônico em diferentes graus de pureza, o que não faz com que essas matérias-primas não sejam substitutas entre si[7]. Esclarece-se que o teor mais baixo de gás carbônico presente no gás de purga não é um impedimento técnico à sua utilização. Ao contrário, o gás de purga é concentrado e o teor de gás carbônico remanescente é, então, elevado a 98%. A Representada estima que os investimentos em unidades fabris de igual capacidade produtiva, uma delas utilizando subproduto semelhante ao da Ultrafértil e outra, subproduto da Petrobrás/

[6] No Voto em referência afirma-se que:
"Sabe-se que as fontes de sub-produto, nesse aspecto, são muito mais viáveis – inclusive quanto aos custos de instalação e produção –, do que os de uma planta de combustão" (p. 20).
Registre-se a ausência de qualquer referência a fundamentar tal afirmação. Note-se ainda que no AC nº 78/96 foi informado que:
"Com relação ao custo final do produto, este é apenas um dos elementos considerados no processo decisório de implantação de uma unidade industrial de gás carbônico. Leva-se em conta, por exemplo, a maior flexibilidade da planta de combustão, decorrente de sua independência locacional da unidade geradora do sub-produto. Sua maior proximidade física do cliente pode inclusive compensar o diferencial do custo de produção. Portanto, constituem-se como alternativas absolutamente válidas todas as fontes existentes.
Por último, mas não menos importante, o acirramento da concorrência no mercado brasileiro de gás carbônico, após a aquisição da **LIQUID CARBONIC** pela **WHITE MARTINS**, o custo de obtenção do sub-produto tende a aumentar proporcionalmente ao preço dos materiais combustíveis utilizados em plantas a combustão, fazendo com que o custo de produção de unidades de sub-produto e de combustão se aproximem. Assim, os valores ora apresentados devem ser periodicamente reavaliados, de modo a adequá-los à dinâmica competitiva do mercado de gás carbônico" (em resposta ao Ofício DPDE nº 3.043/97, fls.).

[7] "Além disso, o CO_2 possui diferentes graus de pureza. Por exemplo, enquanto o teor de pureza de uma fonte de amônia é de 99%, nas fontes de gás de purga esse teor abaixa para 55%. Não só a quantidade de pureza é diversa. Para a viabilização comercial da fonte de gás de purga é necessária a construção de unidades que separam o CO_2 do gás de purga dos demais componentes. Tudo isso aponta para elevados custos de investimentos, que reduzem as fontes disponíveis, inclusive aquelas das refinarias RPBC e REPLAN, apontadas como supostamente alternativas, pela Representada" (Voto do Conselheiro-Relator, p. 21).

Replan, seriam da ordem de US$ 9 milhões (equipamentos de purificação de CO_2) e de US$ 12 milhões (equipamentos de purificação e de concentração de CO_2 – denominados *unidade de Mea*), respectivamente. A diferença não só é acessível aos entrantes potenciais, não se constituindo em barreira de capital, como também não resulta em assimetria de custo significativa.

Deve-se notar que as ressalvas à consideração das fontes alternativas de subproduto referem-se estritamente a uma questão de preços relativos, os quais, por sua vez, estão associados à condição de ingresso de novos concorrentes.

É fato que a condição de acesso à matéria-prima pode constituir-se em uma vantagem absoluta de custo para empresas já estabelecidas[8]; e também é verdadeiro que essa possível vantagem pode decorrer unicamente da precedência do ingresso dessas empresas no mercado em questão. Trata-se da "história precedente" , como referido por Labini, que condiciona determinada estrutura de "equilíbrio"[9].

Mais precisamente, é uma conseqüência natural do funcionamento do mercado que uma empresa estabelecida depois de outra depare-se com maiores dificuldades de ingresso. As matérias-primas podem ser de pior qualidade, sua localização pode ser menos interessante ou, simplesmente, a disputa por ela pode fazer com que o preço seja maior.

O que se busca enfatizar aqui é que é normal que as empresas já estabelecidas tenham tido acesso às fontes mais adequadas. Esse é o resultado esperado da pressão da concorrência sobre uma fonte de recursos limitada. Porém não necessariamente a condição de acesso à matéria-prima é tal que o ingresso de novos concorrentes seja "eficazmente impedido" ou "bloqueado", utilizando a terminologia de Bain. Ao contrário, no presente

---

8 "The condition that with easy entry established firms should have no absolute cost advantagens means that, for a given product, potential entrant firms should be able to secure just as low a minimal average cost of production after their entry as established firms had prior to this entry" (Bain, Joe. Barriers to New Competition. Cambridge, Harvard University Press, 1956 (reimpressão: Augustus M, Kelley Publishers, 1993, p. 12).

9 "Uma vez atingida certa situação de equilíbrio, as outras situações de equilíbrio são inatingíveis. Sob esse aspecto, o esquema aqui apresentado leva em conta, portanto, de modo formal ou abstrato, a 'história precedente'" (Labini, P. S.. Oligopólio e Progresso Técnico. 1956. Tradução: Abril Cultural, 1984, p. 64).

caso, a capacitação técnica e financeira e o conhecimento do mercado dos concorrentes potenciais não encontraria – como efetivamente não encontraram – maior impedimento para o ingresso na eventual pior qualidade das fontes disponíveis.

O mais importante, entretanto, sobre a disponibilidade e preços relativos da matéria-prima em apreço está associado ao fato de ser esta um subproduto da atividade de terceiros. Em decorrência dessa especificidade é certo que não há um "mercado" de subproduto no sentido tradicional de transações regulares de compra e venda, a partir das quais se poderia estimar curvas de demanda e oferta. Pode-se dizer, a oferta de subproduto é latente ou potencial; o ofertante não necessariamente reconhece como um produto passível de ser comercializado o resíduo de seu processo de produção; e o demandante só se faz presente no "mercado" em intervalos bastante discretos, quando da renovação de contratos de fornecimento e/ou quando do ingresso de novos concorrentes.

Em suma, entende-se que o mercado relevante em questão é composto pelas fontes de subproduto aptas a serem utilizadas para a produção de gás carbônico destinado à Região Sudeste (mais Paraná). Para se estabelecer o eventual prejuízo à concorrência resultante do contrato em apreço, é necessário identificar o grau de fechamento do mercado relevante, isto é, qual o peso da quantidade prevista no contrato na oferta total de subproduto. Considerando as especificidades do produto relevante (ser parte da condição de ingresso de novos concorrentes e ser subproduto da atividade de terceiros), apresenta-se adiante uma estimativa do grau de fechamento do mercado, considerando (conservadoramente) a oferta total composta apenas pelas fontes em uso e englobando (menos restritivamente) as fontes de subproduto já identificadas.

2.3. Grau de Fechamento do Mercado Relevante

O potencial de prejuízo à concorrência pela contratação, com exclusividade, de suprimento de matéria-prima é estabelecido pela relação entre o quantum contratado e a quantidade total ofertada, ou seja, o grau de fechamento do mercado decorrente da contratação em tela.

Considerando inicialmente que a quantidade total ofertada corresponde unicamente (e, portanto, conservadoramente) à disponibilidade de subproduto em utilização, tem-se o seguinte quadro de oferta:

Empresa/Unidades	*Capacidade (tpd)*
Ultrafértil – SP	360
Oxiteno – SP	35
Petrobrás (Reduc) – RJ	35
Petrobrás (Regap) – MG	45
Ultrafértil – PR	100
Comgás – SP	70
White Martins – Total	*645*
Prosint – RJ	90
AGA – Total	*90*
Petrobrás (Revap) – SP	65
Rhodia – SP	65
Air Liquide – Total	*130*
Hoechst – SP	40
Spal – Pananco – SP	60
Messer – Total	*100*
TOTAL GERAL	*965*

Notas:
a) A **AGA** ingressou no mercado de gás carbônico a partir da fonte de subproduto proveniente da Prosint – até então "desconhecida" no mercado;
b) A **AIR LIQUIDE**, também em 1997, obteve a contratação com fontes anteriormente comprometidas com a **WHITE MARTINS**: Petrobrás-Revap e Rhodia. Também anunciou a contratação de fonte então "desconhecida" no mercado (Peróxidos), porém não houve a construção de capacidade produtiva junto a esta fonte.
c) A **MESSER GRIESHEM**, em fevereiro de 1999, em reposta ao Ofício CADE nº 90/98, informou a contratação das fontes junto à Hoecht, sua controladora, e até então "desconhecida" no mercado, e junto à Spal-Pananco, até então cliente da **WHITE MARTINS**.
d) Em 1999, a **BOC** contratou o fornecimento de 100 tpd de subproduto, provenientes da Ultrafértil – montante não considerado acima por fazer parte da disponibilidade de 170 tpd sob investigação.
e) Em 2000, a Comgás deixou de fornecer a matéria-prima à **WHITE MARTINS**.
Fonte: Relatório Anual do TCD e AC nº 78/96.

Assim sendo, a disponibilidade utilizada no período em questão era da ordem de 965 tpd contra um montante de subproduto de 170 tpd contratados com exclusividade pela Representada. Resulta, portanto, em um **grau de fechamento de aproximadamente 17,6%**

À guisa de esclarecimento, deve-se consignar que se entende correto o cômputo de fontes "desconhecidas", bem como de fontes anteriormente comprometidas com a Representada na estimativa acima da disponibilidade total utilizada de subproduto.

Isto porque, em primeiro lugar, a análise da condição de ingresso no mercado é, por certo, de natureza estrutural. Não importa estritamente a disponibilidade "pontual" ou "momentânea" de subproduto no mercado relevante geográfico definido, mas a oferta existente no horizonte de tempo adequado para a realização de investimentos em constituição de capacidade produtiva, vale dizer, para o ingresso de novos concorrentes e/ou ampliação da capacidade de empresas já estabelecidas[10].

Em segundo lugar, porque as fontes "desconhecidas" não passaram a "existir" unicamente após a identificação pelos novos concorrentes. O fato é que havia a geração do subproduto anteriormente à identificação da fonte como fornecedora de matéria-prima para a produção de gás carbônico. Tome-se o caso das da Prosint, Hoechst e Spal-Pananco, cuja disponibilidade total monta a 190 tpd. A existência material dessas fontes antecede claramente sua identificação por um fabricante de gás carbônico. Ademais, ainda que fossem consideradas apenas essas fontes como alternativas à da Ultrafértil (170 tpd), mesmo assim o grau de fechamento decorrente do contrato não seria suficiente para bloquear o ingresso de um novo concorrente.

Por fim, a inclusão de fontes contratadas com a Representada é correta, pois, não havendo propriamente um "mercado" de subproduto, o usual é que os demandantes disputem o suprimento em momentos de

---

[10] Entendimento diverso foi esposado no Voto do Conselheiro-Relator, que afirma: "Nem mesmo a entrada da AGA e da AIR LIQUIDE, verificadas durante a vigência do contrato de exclusividade entre a White Martins e a Ultrafértil, infirmam isso. Não pode haver dúvida de que o processo concorrencial teria sido acirrado e antecipado se, àquela época, os excedentes que representam 10% do mercado relevante [sic] estivessem disponíveis".
Aparentemente trata-se de uma contradição em termos. Se, em última instância, a conduta sob análise versa sobre a criação de barreiras ao ingresso de novos concorrentes, a entrada de duas novas empresas no mercado indica que a conduta não pôde produzir qualquer efeito negativo.
Ademais, é pacífica a jurisprudência do CADE no sentido do não reconhecimento de barreiras substanciais ao ingresso de novos entrantes em havendo condição para a entrada em prazo inferior a dois anos. A restrição pontual reconhecida pelo Conselheiro-Relator implicaria numa cogitada barreira no prazo máximo de 17 meses, inferior portanto àquele prazo bienal. O ponto ainda merece maior destaque, à medida que os concorrentes potenciais efetivamente ingressaram no mercado em prazo inferior aos dois anos e no curso da restrição contratual.

renovação dos contratos (análise mais detalhada dos prazos de vigência dos contratos então em vigor pode precisar o "cronograma" de entradas possíveis no mercado relevante em questão). Ademais, como mostram as "perdas" de contratos da Representada para a **AIR LIQUIDE** e para a **MESSER**, essas disponibilidades efetivamente retornam ao "mercado" uma vez expirado o contrato de fornecimento.

Porém, como já antecipado, a oferta de subproduto para produção de gás carbônico não se limita à disponibilidade já utilizada ou contratada. Engloba também fontes já identificadas (as não identificadas não são obviamente mensuradas) e que não se encontram contratadas por qualquer empresa[11], conforme apresentado no quadro abaixo.

O total geral de subproduto para produção de gás carbônico, de acordo com a estimativa acima, monta a 2.365 tpd, resultando em um grau de fechamento do mercado de 7,2%, em decorrência da contratação de 170 tpd. da Ultrafértil.

Em suma, seja a partir de uma definição restritiva do mercado de subproduto para a produção de gás carbônico (uma restrição anterior já

Empresa/Unidades	*Capacidade (tpd)*
Disponibilidade utilizada	*965*
Petrobrás (Replan) – SP	440
Petrobrás (Rbpc) – SP	420
Petrobrás (Repar) – PR	400
Ultrafértil – SP	70
Peróxidos – PR	70
Disponibilidade excedente	*1.400*
TOTAL GERAL	*2.365*

Nota:
a) Considera-se os 70 tpd ainda disponíveis junto à Ultrafértil após a contratação de 100 tpd. pela BOC, assim como os 70 tpd. anunciados pela Liquide CARBONIC que seriam utilizados a partir da Peróxidos.
Fonte: AC nº 78/96.

[11] Em um sentido mais amplo, a decisão proferida pelo CADE no AC nº 78/96, que condiciona a aprovação do ato a que a Requerente se abstenha de disputar certas fontes de subproduto, expressamente reconhece, portanto, a existência de disponibilidade de matéria-prima para a produção do gás carbônico.

foi feita, quando da desconsideração da possibilidade de substituição por material de combustão), seja considerando toda a disponibilidade já identificada, o "fechamento" do mercado relevante proporcionado pelo contrato em questão foi reduzido. Quando muito, é possível estabelecer um *ranking* de fontes alternativas para o ingresso de novos concorrentes. Esta fonte seria preferível àquela e esta, à outra, pelas mais variadas razões (custo de produção, aporte de capital ou localização, por exemplo), porém não há estruturalmente à criação de uma barreira à entrada de novos concorrentes pela vigência do contrato em tela[12].

3. Da Racionalidade do Contrato em Questão

Em contraposição ao pequeno ou mesmo nulo prejuízo ao mercado ocasionado pela conduta da Representada, deve-se atentar para o outro lado da balança da regra da razão. A contratação quantidade adicional de subproduto pela Representada encontra-se justificada pela busca por maior eficiência, quer seja pela redução de custos de transação e da prevenção de comportamentos oportunistas, quer seja pela otimização dos recursos de capital empregados.

Os elementos principais da teoria dos custos de transação foram apresentados às fls. ("Custos de Transação, Relações Contratuais Verticais e Eficiências") e não serão retomados aqui. Na seqüência faz-se apenas menção a algumas poucas questões que, considera-se, merecem maior aprofundamento.

No Voto do Conselheiro-Relator é aceita em geral a importância dos custos de transação para o caso em tela. Faz-se ressalva, no entanto, quanto à "extensão" das eficiências obtidas com a exclusividade aos excedentes adquiridos pela Representada:

"O que não pode ser aceito, em nenhuma hipótese, é que as supostas eficiências também possam estar relacionadas à exclusividade sobre os excedentes de CO_2. Caso não houvesse exclusividade sobre os excedentes nada levaria

---

[12] Como demonstram, acredita-se de forma muito veemente, os ingressos de várias outras empresas no mercado em simultâneo com a prática sob investigação (no sentido estrutural do tempo econômico).

a crer num comportamento oportunista por parte do fornecedor. Não haveria qualquer alteração no fornecimento necessário à produção da compradora. E mesmo que se admita que a reserva estratégica de matéria-prima, os benefícios – social ou privado – da fórmula não são evidentes" (p. 21).

Duas questões principais revelam a racionalidade subjacente à contratação do dito excedente da Ultrafértil.

Em primeiro lugar, há uma dependência assimétrica dos ativos utilizados por cada uma das partes do contra sob exame. Os ativos que são utilizados para fabricação de gás carbônico são dedicados à transação envolvendo a aquisição de subproduto de determinada fonte. Há, nos termos de Williamson, uma especificidade locacional no presente caso.

O mesmo não pode ser tido com relação aos ativos da empresa fornecedora da matéria-prima. Como visto, esta é um subproduto da atividade principal da fornecedora. Independentemente, da importância alcançada no faturamento da empresa, por exemplo, pode-se presumir que a comercialização do subproduto não pode se constituir em sua atividade principal e, mais importante, o ativo (o subproduto) não tem destinação estrita para determinado contrato. Diante de um impasse com o adquirente do subproduto, outra empresa pode vir a adquiri-lo com perdas pequenas para o fornecedor.

Essa hierarquia, dada pela dependência assimétrica entre as partes contratantes, favorece a adoção de comportamentos oportunistas por parte do fornecedor e, mais importante, oportunismo que é potencializado justamente no momento de negociação da aquisição de quantidades adicionais de subproduto.

Mais precisamente, no presente caso, tem-se uma empresa cujos ativos produtivos encontram-se comprometidos com a utilização de determinada fonte de subproduto e que usufrui de ganhos de eficiência em virtude do contrato estabelecido (faz-se referência aqui ao contrato original e não ao aditamento que estabeleceu a exclusividade sobre o dito excedente).

Se, diante de perspectivas favoráveis de crescimento da demanda, por exemplo, a empresa contratante tenciona dispor de suprimento adicional, o maior poder de barganha (a possibilidade do comportamento oportunista) encontra-se do lado do fornecedor. Algo como: "negociemos preços mais favoráveis em bloco – sobre a quantidade originalmente contratada mais a quantidade adicional – ou rompamos o contrato". O subtexto é claro: "suas instalações já se encontram comprometidas – quem tem mais a perder é você!". Pois, como mencionado, os ativos em questão são específicos e há uma redução de custos proporcionada pela utilização, em escala ampliada, de uma mesma fonte de suprimento.

O segundo ponto que explicita a racionalidade da conduta da Representada é justamente a existência de perspectivas favoráveis de crescimento do mercado de gás carbônico. Diferentemente do entendimento expresso na citação acima do referido Voto, não foi a possibilidade de alteração das condições de fornecimento necessário à produção corrente da Representada que motivou a celebração do aditamento ao contrato, mas sim a possibilidade de adoção de comportamento oportunista quando da contratação de suprimentos adicionais.

Em suma, identificam-se fortes razões pelas quais a Representada motivou-se a celebrar contrato de aditamento para a compra de quantidade adicional de subproduto da Ultrafértil. Essa motivação não só diz respeito à intenção de atender ao mercado em crescimento, como também à busca por redução de custos e à necessidade de preservação de investimentos já realizados contra comportamentos oportunistas. Conseqüentemente, esses ganhos de eficiência estão relacionados às quantidades originalmente contratadas e, principalmente, às quantidades adicionais de subproduto provenientes da Ultrafértil.

4. Síntese

Como citado anteriormente, o Voto do Conselheiro-Relator afirma que não são evidentes os benefícios da conduta sob exame. Se não são evidentes ou mensuráveis, crê-se com base nas razões expostas acima que o comportamento da Representada encontra respaldo na busca por eficiência decorrente da contratação do suprimento da matéria-prima em questão, mesmo que momentaneamente o fornecimento venha a exceder a capacidade de produção da empresa.

Dito de outro modo, não é possível afastar de plano a racionalidade subjacente à conduta sob exame. E é menos ainda razoável afirmar, sem demonstrar cabalmente, que tal conduta produziu ou que pudesse produzir prejuízos à concorrência. Como evidenciado anteriormente, partindo-se de uma definição equivocada do mercado relevante, que, por sua vez, conduziu a investigação para uma análise insuficiente do grau de fechamento do mercado, chegou-se finalmente à afirmação da ilicitude da conduta.

Porém, a utilização de matérias-primas "desconhecidas" por novos concorrentes, a contratação de fontes de subproduto anteriormente comprometidas contratualmente com a Representada e a disponibilidade de quantidades substanciais de matéria-prima ainda não utilizadas são, para dizer o mínimo, fortes indícios de que a exclusividade estabelecida com a Ultrafértil não se constituiu, nem poderia se constituir, em obstáculo à atuação de concorrentes potenciais.

Fevereiro de 2002.

O MERCADO BRASILEIRO DE REFRIGERANTES, ESTRATÉGIAS COMPETITIVAS E A ATUAÇÃO DA COCA-COLA QUANDO DO INGRESSO DA BAESA

Edgard Antonio Pereira
Juliana Munhoz Hilal
João Paulo G. Leal

1. Introdução

O Processo Administrativo nº 08012.006450/2000-97 foi instaurado a partir de representação da Pepsi-Cola contra a Recofarma Indústria do Amazonas Ltda. (Recofarma) e Spal Indústria de Refrescos S/A para a investigação de suposto prejuízo à competição pela criação de dificuldades à atuação de concorrentes.

Análises anteriores sobre a estratégia de ingresso da Baesa no Brasil e a evolução do mercado nacional no período evidenciaram os seguintes aspectos como fatores determinantes de seu insucesso à frente das operações da Pepsi no País: a) sobredimensionamento da capacidade produtiva instalada, acentuado pela frustração das expectativas de crescimento do mercado brasileiro a partir de 1995; b) bases inadequadas de financiamento do ingresso no país, agravada pela elevação dos juros no Brasil e na Argentina; c) acirramento da competição na indústria com crescimento expressivo dos concorrentes regionais; d) mix de produtos muito amplo, resultando em custos de distribuição e *marketing* mais elevados; e) investimento equivocado em embalagens PET retornáveis.

Desse modo, os problemas encontrados pela Baesa decorreram fundamentalmente de aspectos macroeconômicos e relativos a alterações estruturais do segmento nacional de refrigerantes, somado a equívocos estratégicos da própria empresa.

Tendo em vista essas considerações, o presente estudo apresenta análise econométrica detalhada das variáveis determinantes das vendas da Pepsi no período de ingresso da Baesa. O resultado obtido, adiante-se, é a demonstração da desvinculação entre o insucesso da empresa e supostas ações lesivas da Coca-Cola no mercado nacional.

Como subsídio para tal discussão e para a escolha das variáveis utilizadas no modelo, é desenvolvida sinteticamente na próxima seção uma análise do padrão de concorrência no segmento brasileiro de refrigerantes (que apresenta características específicas de mercados de bens diferenciados) e as estratégias competitivas típicas previstas na teoria econômica para esse tipo de mercado.

A última seção apresenta uma avaliação da conduta da Coca-Cola e demais concorrentes no período, considerando a política de preços, negociação com canais de vendas e ações promocionais.

2. Padrão de Competição em Mercados de Produtos Diferenciados e o Caso Específico de Refrigerantes

Os mercados de produtos diferenciados apresentam características específicas que os distinguem dos de produtos homogêneos considerados nos modelos tradicionais de análise microeconômica. No caso de bens homogêneos, o preço é a variável-chave para a escolha do consumidor. Assim, todos os produtos são ofertados ao mesmo preço, visto que discrepâncias entre preços levariam invariavelmente à migração da demanda para bens de concorrentes.

Em se tratando de bens diferenciados, a escolha do produto por parte do consumidor leva em conta outros fatores além de seu preço. Nesse sentido, a diferenciação de produto corresponde à oferta de um bem que seja um substituto próximo de outro(s), mas que apresente características que o distingam de alguma forma dos demais. Essa configuração determina que cada bem apresente uma curva de demanda que será provavelmente distinta (diferentes elasticidades) e negativamente inclinada, tendo em vista suas respectivas especificidades e capacidades de obter certa fidelidade dos consumidores.

O mercado de refrigerantes é claramente um segmento marcado pela diferenciação dos produtos, conforme apresentado a seguir.

Estratégias competitivas

A diferenciação depende dos esforços engendrados por cada ofertante no sentido de desenvolver, lançar e promover produtos que cativem os compradores e se distingam, ainda que subjetivamente, dos demais competidores. As características dos próprios produtos fazem com que os mercados sejam mais ou menos propensos à competição por diferenciação.

Como bem descrito por GUIMARÃES[1]:

"O sucesso de uma diferenciação de produto inovadora – vale dizer, a introdução de um produto novo do ponto de vista do mercado – depende de que os consumidores potenciais o considerem melhor (em geral, ou para usos específicos, ou a determinado preço) do que os produtos existentes. Nesse sentido, o ponto central refere-se aos critérios segundo os quais o produto é avaliado por compradores potenciais." (p. 37)

No caso de produtos que são avaliados segundo um único critério, os chamados bens unidimensionais, as possibilidades de diferenciação são restritas. O exemplo citado por GUIMARÃES é ilustrativo a esse respeito: no caso do carvão, o único critério observado pelo consumidor, além do preço, é seu poder calorífico, restando diminuta ou nenhuma possibilidade de melhoria do produto para a obtenção de certa fidelidade frente a competidores.

Já no caso de produtos que são avaliados conforme vários critérios, verifica-se maior margem para diferenciação, na medida que são conferidas às empresas maiores oportunidades de melhoria de uma ou mais características. Tais bens são chamados multidimensionais, no sentido de que são avaliados em suas várias dimensões, podendo-se citar inúmeros exemplos tais como automóveis (design, consumo, segurança, conforto, preço etc.), artigos de vestuário (estilo, tipo de tecido, marca etc.) e bebidas, dentre as quais os refrigerantes (sabor, marca, preço, imagem etc.).

Outro fator que determina a maior ou menor vocação de um mercado para a diferenciação é a natureza dos critérios de avaliação de cada bem. Nesse sentido, há três fontes possíveis da diferenciação: a) atributos reais e objetivos dos produtos; b) informação incompleta; e c) comportamento irracional dos consumidores com base em fatores subjetivos.

No primeiro caso, supondo-se compradores racionais e informados sobre as opções ofertadas, a diferenciação entre os bens decorre de

[1] GUIMARÃES, Eduardo Augusto, Acumulação e Crescimento da Firma. São Paulo, Zahar Editores, 1981.

seus atributos objetivos, entendidos como suas propriedades que podem ser concretamente observadas, mensuradas e comparadas (LANCASTER[2]).

A distinção nos atributos dos bens pode levar a duas formas de diferenciação: horizontal e vertical. A diferenciação horizontal ocorre quando diferentes consumidores apresentam preferências distintas pelos bens ofertados, de modo que um mesmo produto seja considerado como superior aos seus concorrentes por alguns consumidores, e inferior a seus competidores por outro grupo de consumidores. Nesse caso, consumidores com preferências distintas farão escolhas também diferentes mesmo que todos os bens sejam vendidos ao mesmo preço. Aplicando-se ao mercado de refrigerantes, supondo-se que produtos de diferentes sabores fossem vendidos ao mesmo valor e sem marca ou qualquer distinção de imagem, seria de se esperar que a demanda se distribuísse de acordo com as preferências heterogêneas dos consumidores.

No caso da diferenciação vertical, certos produtos são avaliados pelo comprador informado e racional como superiores aos seus competidores em todos os seus atributos. Nesse caso, supondo-se a venda dos bens a preços iguais, a escolha certamente recairia sobre o produto melhor avaliado.

A segunda fonte de diferenciação é a existência de informações incompletas por parte dos consumidores. Nesse caso, escolhas diferenciadas não seriam resultantes unicamente de avaliações distintas de atributos objetivos dos produtos, mas também de deficiências no conhecimento do consumidor no momento da comparação das dimensões dos produtos.

Conforme afirmado por GREER[3] em estudo sobre o mercado de cervejas:

"In such situations consumers often rely on cues to determine what they perceive to be the best buy. Although consumers may be acting rationally in relying on such cues, they may nevertheless be making poor choices.

[2] LANCASTER, Kelvin, Consumer Demand: A New Approach, Columbia University Press, 1971.

[3] GREER, Douglas. Beer, Causes of Structural Changes in Industry Studies. 2a edição, M.E. Sharp, 1998.

The main quality cues that beer drinkers rely on are price, seller's market position, and advertising."[4] (p. 45)

A afirmação acima pode ser aplicada também ao segmento de refrigerantes, dada a deficiência no nível de informações detidas pelos consumidores quanto à qualidade dos produtos.

A terceira fonte de diferenciação decorre do comportamento dos consumidores com escolha baseada em fatores subjetivos e simbólicos. Ainda que todos os produtos apresentassem atributos idênticos, sua percepção e avaliação pelo consumidor seriam totalmente distintas, dependendo da imagem de cada bem. Nesse caso, cumpre papel fundamental a publicidade de cada marca, que, além de informar sobre as características dos produtos, relaciona-as com fatores subjetivos que acabam por determinar a preferência dos consumidores.

"Beer is a relatively inexpensive perishable "convenience good" as opposed to an expensive durable "shopping good" (like refrigerators), so consumers are less budget-conscious and less motivated to collect objective information about beer than they would be otherwise. Moreover, the persuasive effect of advertising is especially powerful when there is an interaction between the advertising and the consumer's experience, something which seems true of beer. The message and the trial interact to affect behavior."[5] (GREER, p. 48)

[4] Tradução livre: "Nessas situações, os consumidores frequentemente recorrem a indícios para determinar o que eles acreditam que seja a melhor opção de compra. Ainda que os consumidores estejam agindo racionalmente ao recorrerem a tais indícios, eles podem, entretanto, estar realizando escolhas ruins. Os principais indícios quanto à qualidade das cervejas em que os consumidores pautam suas escolhas são o preço, participação de mercado da empresa ofertante e propaganda".

[5] Tradução livre: "A cerveja é um "bem de conveniência" relativamente barato, em oposição a um bem durável de preço elevado (como refrigeradores). Desse modo, os consumidores são menos preocupados com a restrição orçamentária, tendo pouca motivação para coletar informações objetivas sobre a cerveja do que teriam no caso de outros bens. Ademais, o efeito persuasivo de atividades promocionais é especialmente poderoso quando há uma interação entre a propaganda e a experiência do consumidor, algo que parece verdadeiro no caso da cerveja. A mensagem e o julgamento interagem para afetar o comportamento".

Assim como no mercado de cervejas, no segmento de refrigerantes a publicidade apresenta importância fundamental, sendo um dos principais instrumentos competitivos utilizados pelas empresas na busca pela diferenciação do produto e pela conseqüente fidelidade dos consumidores. No caso dos refrigerantes o efeito da propaganda é muito significativo por tratar-se de bens de consumo não duráveis, de baixo valor unitário e que têm sua utilização associada com a obtenção de prazer em beber e com a sensação provocada pelo seu consumo. Desse modo, os atributos objetivos dos produtos são relativamente menos importantes, sendo fundamental para a escolha do consumidor a imagem divulgada e as alegadas sensações proporcionadas por cada refrigerante em comparação aos seus competidores.

Os elementos descritos acima lançam luz sobre a natureza da competição existente em mercados de bens diferenciados. Evidentemente, nesses segmentos a concorrência é muito distinta daquela verificada no caso de produtos homogêneos, em que o preço é a única dimensão considerada para a escolha do bem.

Nos mercados diferenciados os produtos são multidimensionais, possibilitando a competição não apenas por preço, mas pela busca de vantagens em cada uma das dimensões consideradas pelos consumidores, seja pela melhoria real dos produtos ou pela sua diferenciação via fatores subjetivos. Conforme afirmado por BAIN[6]:

"What are the principal consequences of product differentiation? The one most often emphasized in the literature of economic theory is that the individual seller gains some independent jurisdiction over his price, relative to the prices of his rivals, which he would not have if the competing products were parts of a single homogeneous, standardized commodity. He can presumably raise his price somewhat above those of his rivals while retaining some but not all of the customers who prefer his product, and will suffer increasing loss of customers with increasing elevations of price. Correspondingly, he can lower his price to and below those of his rivals without attracting away all of the buyers who prefer their products, although his own sales should expand as his relative price becomes lower."[7] (p. 115)

---

[6] BAIN, Joe. *Barriers to New Competition*, 1956.

[7] Tradução livre: "Quais as principais conseqüências da diferenciação de produto? O principal efeito enfatizado na literatura econômica é que o ofertante individual tem alguma influência sobre seu preço, relativamente ao preço de seus rivais, que ele não

Note-se que a heterogeneidade dos produtos não torna menos importante o preço dos produtos como variável para a determinação das escolhas individuais. Porém, ao preço somam-se as preferências subjetivas e objetivas de cada consumidor. As estratégias competitivas dos concorrentes ganham em complexidade. Há empresas que se empenham mais fortemente na obtenção da fidelidade do consumidor via diferenciação de seus produtos, há outras que focam sua atuação na oferta de bens com apelo centrado em preços baixos e há aquelas que situam-se no meio termo, esforçando-se moderadamente para diferenciar seus produtos e simultaneamente adotando estratégias de preço relativamente agressivas.

Condição de entrada

A condição de entrada corresponde à possibilidade de que novas empresas passem a ofertar produtos em determinado mercado. Trata-se assim das dificuldades específicas de cada segmento, derivadas das características do produto e da demanda, que determinam a facilidade de ingresso de concorrentes potenciais.

Segundo BAIN[8], sua avaliação pode ser vista como:

"...the advantages of established sellers in an industry over potential entrant sellers, these advantages being reflected in the extent to which established sellers can persistently raise their prices above a competitive level without attracting new firms to enter the industry."[9] (p. 3 – itálico no original)

---

deteria no caso de produtos homogêneos (commodities). O ofertante pode elevar seu preço acima do preço de seus rivais enquanto mantém parte da demanda dos consumidores que preferem seu produto, e irá perder mais consumidores à medida que elevar seu preço. Da mesma forma, ele pode reduzir seu preço para nível igual ou inferior ao de seus rivais sem atrair todos os compradores que preferem os produtos concorrentes, ainda que as vendas de seu produto se elevem à medida que o preço diminui".

[8] Op. cit. p. 6.

[9] Tradução livre: "...as vantagens de ofertantes estabelecidos frente a entrantes potenciais se refletem no montante que as firmas estabelecidas podem elevar seus preços acima do nível competitivo sem com isso atrair novas empresas para o mercado".

Ainda segundo BAIN, a entrada poderia ser considerada fácil se três condições estruturais estivessem presentes em um mercado: a) ausência de vantagens absolutas de custos das empresas instaladas frente aos ingressantes potenciais; b) ausência de vantagens advindas da diferenciação de produto por parte das firmas já atuantes; e c) economias de escala diminutas[10].

Em se tratando especificamente do segmento brasileiro de refrigerantes, não existem vantagens absolutas de custo significativas que impeçam ou dificultem o ingresso no mercado. De fato, as técnicas de produção são acessíveis, com a tecnologia incorporada aos equipamentos ofertados por empresas independentes. Os insumos utilizados são amplamente disponíveis, podendo ser adquiridos de vários fornecedores, não havendo recursos escassos ou de propriedade de firmas já instaladas que limitem o acesso de novos concorrentes.

Se por um lado inexistem vantagens absolutas de custo que dificultem o ingresso no mercado de refrigerantes, as barreiras advindas da diferenciação do produto podem ser significativas.

De fato, havendo a diferenciação de produtos, uma possível fonte de barreiras ao ingresso pode advir da preferência dos consumidores por produtos e marcas já estabelecidas. Nesse caso, a vantagem dos ofertantes já instalados seria resultante da resistência dos compradores em experimentar o produto novo e desconhecido.

O ingresso no mercado de refrigerantes, no entanto, comportam estratégias distintas. Supondo-se a entrada de um pequeno ofertante com atuação regional e produto com apelo pelo baixo preço (como as tubaínas), os custos de venda (promoção) são muito baixos. Já no caso do ingresso de um grande ofertante, como a Baesa, com um posicionamento de preços mais elevados, os gastos com publicidade deveriam ser significativos para despertar a curiosidade do consumidor e criar a demanda pelo produto em magnitude suficiente para possibilitar a produção em escala, senão eficiente, ao menos economicamente viável.

Sabe-se que a Baesa ingressou o mercado brasileiro produzindo e distribuindo os produtos da "família Pepsi", marca mundialmente conhecida, detendo portanto vantagens em relação a um entrante totalmente desconhecido. Ocorre porém que os produtos da Pepsi nunca apresentaram vendas ex-

[10] Para uma análise detalhada, ver BAIN *op. cit.* p. 6.

pressivas no País, sendo suas marcas pouco disseminadas entre os consumidores brasileiros. Nesse caso, investimentos expressivos teriam de ser feitos para promover e alavancar as vendas dos refrigerantes da empresa. Note-se que se trata de refrigerantes que têm no sabor e em atributos subjetivos seus principais atrativos, sendo essencial que o entrante tenha disponibilidade financeira para arcar com custos de venda (promoção) elevados durante período suficiente para conquistar a preferência de parte substancial do mercado consumidor.

Nesse sentido, a elevada diferenciação dos refrigerantes determina a existência de expressivos custos irrecuperáveis (*sunk costs*), entendidos, por exemplo, como gastos realizados pelas empresas que são específicos àquela atividade, tais como equipamentos próprios para a produção de determinado(s) produto(s) e que não poderiam ser redirecionados e despesas com promoção dos produtos, que são por natureza irrecuperáveis.

De uma perpectiva mais geral, dois meios podem ser adotados (individualmente ou em simultâneo) pelo entrante para promover a compra de seu produto e sua utilização pelo consumidor: a manutenção de preços inferiores aos de seus concorrentes e/ou a assunção de custos maiores de venda.

"In order to secure a market, the entrant may have to accept a lower net price than established firms, relative to the cost of production, either perpetually or for an appreciable interval of time during which he establishes "buyer acceptance" for his product. Or he may have to incur appreciably higher selling costs per unit of Sales volume, indefinitely or for a similar interval. Finally, he may fave some combination of these two disadvantages. His total disadvantage due to product differentiation at any time will be effectively the sum (conveniently stated in per-unit-of-output terms) of his price and his selling-cost disadvantage. Not only the initial size of the disadvantage, but also its duration will of course be important. Additionally important may be na increment to absolute capital requirements, representing money which the entrant must "invest in losses" over a period of years during which he is striving to establish his product."[11] (BAIN, p. 116)

[11] Tradução livre: "Para garantir um mercado para seu produto, o entrante tem que aceitar praticar um preço líquido mais baixo que o das firmas estabelecidas, relativo ao custo de produção, seja em definitivo ou por um período considerável, durante o qual ele adquire a aceitação dos consumidores para o seu produto. Alternativamente, ele terá que incorrer em custos unitários de venda significativamente superiores por

Em se tratando especificamente dos custos de venda, entendidos fundamentalmente como os gastos com a promoção do novo produto e criação de sua demanda, uma importante consideração deve ser feita quanto às possíveis economias (ou deseconomias) de escala existentes. Geralmente, os custos de promoção variam à medida que se eleva o volume de vendas pretendido. Nesse caso, os gastos unitários com a promoção do produto se reduziriam com a elevação do número de unidades vendidas, atingindo um ponto ótimo e depois apresentando comportamento ascendente[12]. Desse modo, considerando-se estritamente os gastos de promoção, o nível ótimo de oferta seria aquele correspondente ao ponto de mínimo na curva de custo. Ocorre, porém, que tal ponto pode não corresponder ao ponto ótimo de oferta considerando-se as economias de escala de produção e distribuição. Nesse caso, a diferenciação de produto determinaria desvantagens para o entrante na medida em que esse seria obrigado a atuar em uma escala diferente daquela que seria ótima no caso de bens homogêneos, ofertando um nível de produto intermediário situado entre a escala ótima de produção e a escala ótima de promoção.

No caso das barreiras advindas das economias de escala, alguns fatores devem ser analisados segundo BAIN: a) economias reais de produção e distribuição em grande escala e da participação de tal escala no

período indefinido ou igualmente significativo. Por fim, ele poderá enfrentar uma combinação dessas duas desvantagens, sendo sua desvantagem total, derivada da diferenciação de produto, equivalente à soma (convenientemente expressa em termos unitários) de suas desvantagens de preço e de custos de venda. Não apenas o montante inicial da desvantagem é importante, como também a sua duração. Adicionalmente, pode ser relevante o incremento no capital necessário, representando "investimentos em perdas" que o entrante deve realizar nos anos em que ele estiver buscando o estabelecimento de seu produto."

[12] BAIN explica o comportamento ascendente da curva de custos de promoção a partir de determinado ponto da seguinte maneira: "...the gross disadvantage of the entrant in lower price plus higher selling cost per unit increases from some point as his scale increases, when promotional outlays of rivals are unchanged. A potential automobile manufacturer might be able to find a market for 10.000 automobiles per year with a price-plus-selling-cost disadvantage of only $50 per car as compared to the strongest established firms, but he might find that his disadvantage increased progressively to $150 per car as he sought successively large volumes up to 200,000 cars per year. This might result from the fact that some but not many buyers are easily detachable from the established brands by novelty or specialty in design, or have the desire to be "experimenters" with a new product." (p. 118)

mercado total; b) economias estritamente pecuniárias, advindas por exemplo do poder de barganha detido por grandes produtores; e c) economias de propaganda para ofertantes com larga escala.

No segmento específico de refrigerantes, as economias de escala próprias da atividade são significativas, tendo em vista: a) os elevados custos fixos existentes e advindos dos equipamentos e instalações utilizados; b) a necessidade de equipe de vendas e setor administrativo; c) os gastos substanciais com publicidade e divulgação dos produtos. Todos os custos elencados acima são expressivos e a obtenção de escalas elevadas é fundamental para promover a diluição dos montantes absolutos e a conseqüente redução dos custos unitários a níveis eficientes.

Note-se que, no caso de um grande ofertante, além suportar a diluição dos custos de produção e administrativos, a escala obtida deve ser suficientemente elevada para permitir manutenção de um eficiente sistema de distribuição dos produtos para os pontos de venda.

De fato, todas as grandes empresas atuantes no País possuem redes de distribuição próprias, que levam os produtos da cada uma das fábricas até os pontos de venda da região atendida, que envolve, em geral, todo o território nacional. Nesse caso, o desenvolvimento de um sistema de distribuição implicaria custos expressivos, com a aquisição dos veículos, *softwares* de logística, contratação e treinamento de funcionários destinados à atividade. Note-se que o Brasil é um País com dimensões continentais, não sendo trivial a montagem de uma rede que atenda eficientemente todos os pontos de varejo que devem ser supridos.

Especificamente no caso da Baesa, apesar dessa empresa já atuar amplamente na Argentina, sua experiência nessa área pouco acrescentava à atividade de distribuição no Brasil, dadas as diferenças fundamentais entre as dimensões, características da malha de transporte e das áreas a serem cobertas nos dois países.

Além das condições estruturais que determinam a condição de entrada no mercado, outro fator pode influenciar o ingresso de novos ofertantes. Trata-se da reação dos competidores instalados, que em certas ocasiões pode exigir do novo ofertante maiores custos de venda ou a oferta dos produtos a preços inferiores ao previsto.

O aumento do custo de venda pode ser imposto ao entrante em decorrência do acirramento da competição entre as empresas instaladas. Em se tratando do ingresso de um grande concorrente, por exemplo a Baesa, a expectativa é de que o aumento da oferta pela nova firma não seja acomodado pelo crescimento do mercado, determinando a diluição dos *market shares* dos competidores atuais. Nesse contexto, verifica-se uma tendência natural para a elevação dos esforços de venda das empresas já ofertantes na forma de ampliação dos gastos com divulgação e promoção dos produtos, como tentativa de garantir a fidelidade do cliente e proteger a parcela de mercado anteriormente detida por cada concorrente. Nesse contexto, a empresa ingressante deve dispor de recursos suficientes fazer frente à disputa competitiva travada no mercado. Ressalte-se que a ampliação dos esforços promocionais é prática natural e esperada em mercados de bens diferenciados, não constituindo ação anticompetitiva. Ao contrário, tal ação decorreria exclusivamente do acirramento da concorrência no mercado e da tentativa das empresas instaladas de minimizarem suas perdas em face do novo ingresso.

No segmento de refrigerantes tais gastos seriam direcionados fundamentalmente para a realização de campanhas de *marketing* em veículos de comunicação, para a distribuição de brindes e concursos e para a divulgação em pontos de venda mediante a instalação de pontos de degustação (super e hipermercados) e distribuição de equipamentos de apelo ao cliente e do varejista como refrigeradores, máquinas de auto-serviço etc.

A reação dos competidores instalados pode também representar uma barreira à entrada, na medida em que tais empresas possam diminuir seus preços e mantê-los em níveis baixos por determinado período.

Suponha-se que o preço praticado em um mercado seja elevado o suficiente para que empresas ainda não estabelecidas considerem como lucrativa a entrada no setor. Nesse caso, o ingresso de novos competidores seria provável. Entretanto, ainda que o preço praticado seja atrativo, se houver a expectativa de que os concorrentes estabelecidos reduzirão seus preços em resposta a uma entrada, e que poderão mantê-los nesse patamar por um período suficientemente grande, isso pode determinar a desistência de ingresso por parte de competidores potenciais.

Note-se que não se trata necessariamente da prática de preço predatório, entendido como a redução dos preços praticados para um nível inferior aos custos variáveis com a *finalidade* de expulsar concorrentes do mercado. Nesse caso, a redução de preços poderia ser obtida mediante a redução dos lucros obtidos, uma vez que as firmas estabelecidas poderiam valer-se de diferenças entre seus custos e aqueles enfrentados pelos entrantes potenciais.

Esse comportamento foi verificado no setor nacional de refrigerantes a partir do início de 1996. Como se verá adiante, nesse período alguns fabricantes do produto passaram a reduzir seus preços em maior ou menor medida para fazer frente aos contínuos ingressos dos tubaineiros, que rapidamente obtiveram, em conjunto, parcela significativa das vendas nacionais.

Em síntese, o padrão de competição em mercados de produtos diferenciados, como o setor de refrigerantes, apresenta características que o diferem substancialmente dos mercados de produtos homogêneos, inclusive determinando a existência de barreiras à entrada adicionais, derivadas exatamente da fidelidade por parte dos consumidores às marcas estabelecidas. Como visto em detalhe adiante, *grosso modo* a estratégia da Pepsi privilegiou a realização de esforços de venda substanciais (*sunk costs*), com preços de venda posicionados nos segmentos superiores do mercado. A obtenção (rápida) de elevada escala de produção fazia-se necessária para a diluição dos gastos com propaganda (tendo em vista, inclusive, os problemas de financiamento dessa estratégia). Todavia, em simultâneo com a entrada da Pepsi houve a consolidação do crescimento das tubaínas, cuja estratégia de expansão baseava-se em preços baixos e era até certo ponto infensa ao esforço de vendas empreendido pela Pepsi e demais fabricantes. O "fenômeno" das tubaínas (ao lado da reversão das perspectivas de crescimento do mercado brasileiro) solapou as bases do ingresso da Pespi, com uma estratégia mal calibrada para a realidade do mercado brasileiro e o vigor da concorrência local.

3. Determinantes da Participação de Mercado da Pepsi-Baesa

O presente Processo Administrativo tem por objetivo a análise das condutas adotadas pela Coca-Cola no período de ingresso da Baesa no Brasil e a verificação de seus supostos efeitos sobre o insucesso dessa empresa no mercado nacional.

Como já demonstrado detalhadamente em documentos anteriores, inúmeros fatores derivados da estratégia de entrada da Baesa e de condições macroeconômicas ou mudanças estruturais no segmento brasileiro de bebidas foram responsáveis pelos problemas encontrados pela empresa, que acabaram por levá-la a uma condição financeira insustentável e ao seu egresso do mercado no segundo semestre de 1997.

Complementando os elementos já apresentados, elaborou-se um estudo econométrico com vistas a identificar as variáveis que, estatisticamente, explicariam a queda da demanda por Pepsi no período de atuação da Baesa no Brasil. Assim, o período da análise estatística inicia-se no momento de inflexão da curva de participação de mercado da empresa, que apresentou comportamento fortemente crescente a partir do final de 1994 (entrada da Baesa), atingiu seu ápice em dez/95-jan/96 e teve queda substancial a partir de então. A figura 1 a seguir ilustra tal comportamento.

Figura 1. Participação da Pepsi nas vendas totais de refrigerantes Brasil (% de vendas em volume)

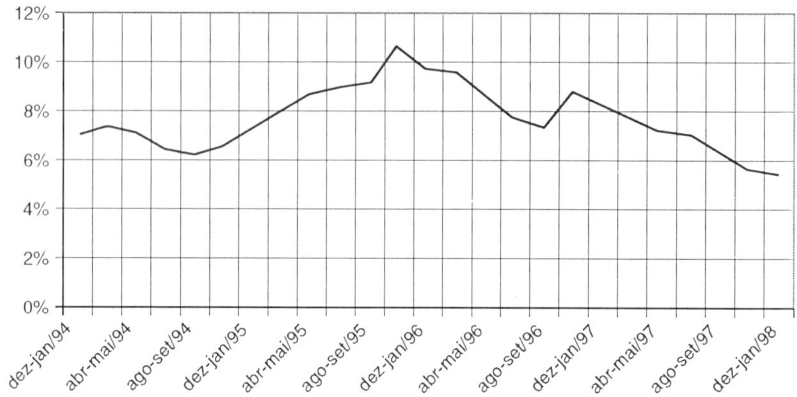

Fonte: Coca-Cola e ACNielsen

Especificamente no Estado de São Paulo[13], principal área de atuação da Spal, a evolução da participação da Pepsi-Baesa apresentou comportamento praticamente semelhante, apesar de mais acentuado (figura 2). De fato, nessa região o market share da Pepsi saiu de pouco mais de 2% no

[13] Municípios atendidos pela franquia de São Paulo (Arujá, Barueri, Biritiba-Mirim, Bom Jesus dos Perdões, Caieiras, Cajamar, Carapicuiba, Cotia, Diadema, Embu, Embu-Guacu, Ferraz de Vasconcelos, Francisco Morato, Franco da Rocha, Guararema, Guarulhos, Igaratá, Itapecerica da Serra, Itapevi, Itaquaquecetuba, Jandira, Juquitiba, Mairiporã, Mauá, Moji Das Cruzes, Nazaré Paulista, Osasco, Pirapora do Bom Jesus, Poa, Ribeirao Pires, Rio Grande da Serra, Santa Isabel, Santana de Parnaiba, Santo André, Sao Bernardo do Campo, São Caetano do Sul, São Lourenco da Serra, São Paulo, Suzano, Taboão da Serra, Vargem Grande Paulista).

momento de ingresso da Baesa (dez/94) para quase 13% em novembro de 1995, apresentando queda expressiva a partir de então.

Figura 2. Participação da Pepsi nas vendas totais de refrigerantes Estado de São Paulo (% de vendas em volume)

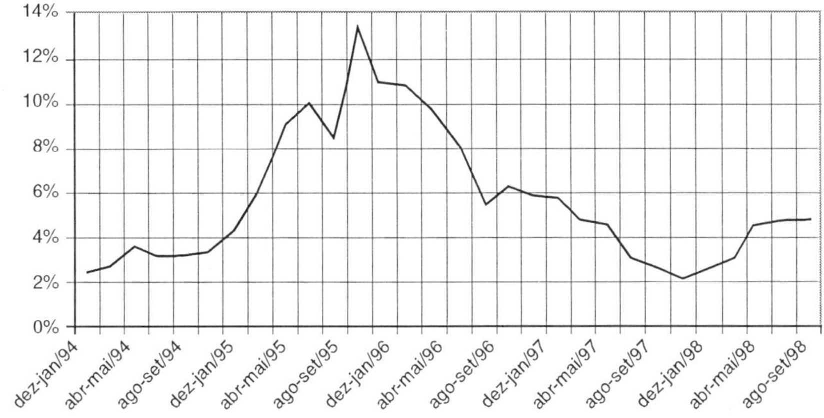

Fonte: Coca-Cola e ACNielsen.

Note-se que para o desenvolvimento do exercício econométrico foram utilizados dados referentes ao Estado de São Paulo[14], uma vez que as denúncias das práticas supostamente realizadas têm como foco a área de atuação da Spal.

Em um primeiro momento, selecionou-se as seguintes variáveis como possíveis explicativas do comportamento da participação da Pepsi (SHPC):

– *Market share* da Coca-Cola – **SHCC**

– *Market share* das Tubaínas – **SHOUTRAS**

– Preço da Pepsi-Cola – **PPC**

– Preço da Coca-Cola (US$/litro) – **PCC**

– Preço das Tubaínas – **POUT**

Os resultados obtidos são apresentados a seguir.

[14] Região atendida pela franquia de São Paulo.

LS // Dependent Variable is **SHPC** → Variável Explicada
Date: 08/15/01 Time: 10:05
Sample: 12 30
Included observations: 19

Variável	*Coefficient*	*Std. Error*	*t-Statistic*	*Prob.*
SHCC	0.050790	0.108725	0.467145	0.6476
SHOUTRAS	-0.122883	0.084810	-1.448923	0.1694
PPC	-0.056054	0.022056	-2.541505	0.0235
PCC	0.006416	0.019495	0.329101	0.7470
POUT	0.093638	0.015628	5.991656	0.0000

→ Variáveis Explicativas

R-squared	0,894839	Mean dependent var	0.058727
Adjusted R-squared	0.864793	S.D. dependent var	0.030568
S.E. of regression	0.011240	A kaike info criterion	-8.755625
Sum squared resid	0.001769	Schwarz criterion	-8.507088
Log likelihood	61.21860	F-statistic	29.78229
Durbin-Watson stat	2.207922	Prob (F -statistic)	0.000001

O R-quadrado encontrado indica que 89,48% do comportamento da participação de mercado da Pepsi-Baesa é explicado pelo modelo. Dentre as variáveis escolhidas, apenas o preço da Pepsi (PPC) e o preço das tubaínas (POUT) são significativas. De fato, conforme o modelo **o *market share* de Coca-Cola** e das tubaínas, assim como **o preço da Coca-Cola, não têm efeito** (ou têm efeito desprezível) **sobre o *market share* da Pepsi-Baesa, sendo inclusive rejeitados pelo teste *t*.** O *market share* da Pepsi, no entanto, é afetado pelo preço da própria Pepsi com 98% de confiança e pelo preço das tubaínas com 99,9% de confiança (para uma análise detalhada das variáveis e testes de consistência do modelo, vide Anexo I).

Os sinais obtidos para os coeficientes de preço PPC e POUT também corresponderam ao esperado, uma vez que: a) o sinal negativo obtido para a variável PPC indica que elevações no preço da Pepsi levariam a uma redução no share da empresa (SHPC); e b) o sinal positivo do coeficiente POUT indica que um aumento no preço das tubaínas implicaria uma elevação na participação de mercado da Pepsi (SHPC).

Refazendo-se o modelo de modo a incorporar apenas as variáveis explicativas (PPC e POUT) obtêm-se os seguintes resultados:

LS // Dependent Variable is **SHPC** → Variável Explicada
Date: 08/15/01 Time: 11:05
Sample: 12 30
Included observations: 19

Variável	*Coefficient*	*Std. Error*	*t-Statistic*	*Prob.*
PPC	-0.057696	0.008595	-6.712583	0.0000
PCC	0.108567	0.012919	8.403579	0.0000

→ Variáveis Explicativas

R-squared	0.864045	Mean dependent var	0.058727
Adjusted R-squared	0.856048	S.D. dependent var	0.030568
S.E. of regression	0.011598	A kaike info criterion	-8.814582
Sum squared resid	0.002287	Schwarz criterion	-8.715168
Log likelihood	58.77870	F-statistic	108.0413
Durbin-Watson stat	2.175160	Prob (F -statistic)	0.000000

O modelo considerando apenas as variáveis PPC e POUT explica 86,4% do comportamento do share da Pepsi-Baesa no período (R-quadrado de 0,864045), que é afetado pelo preço da Pepsi e das tubaínas com 100% de confiança.

Os exercícios estatísticos realizados e apresentados acima evidenciam dois fatores como explicativos da queda da participação da Pepsi-Baesa no mercado brasileiro: o preço da própria Pepsi e o preço das tubaínas que tiveram seu share fortemente ampliado e adotaram conduta de preços agressiva. Assim, como já afirmado, o insucesso da Baesa no Brasil não decorreu do comportamento da Coca-Cola, mas sim de uma política equivocada da própria Baesa e do acirramento da competição no País, por conta de fatores estruturais e conjunturais não previstos quando de seu ingresso.

No que se refere às tubaínas, essas ampliaram significativamente sua participação no mercado nacional (passaram de 13,4% de share em 1993 para 20,5% em 1997), valendo-se principalmente: a) da mudança nos hábitos de consumo dos brasileiros no que se refere ao tipo de embalagem (substituição de garrafas retornáveis pelas descartáveis); b) da incorporação de grande número de pessoas das classes C e D ao mercado consumidor de refrigerantes; e c) de uma política de preços muito agressiva.

Assim, a partir do início de 1995 as empresas ofertantes das tubaínas passaram a reduzir seus preços relativamente às demais empresas de forma contínua e substancial. Os preços em dólares americanos também foram reduzidos em termos absolutos, passando de US$ 4,35 em dez-94/ jan-95 para US$ 2,47 em out-nov/97[15].

Figura 3. Preço médio em US$ por caixa unitária embalagens de 1.5L a 2L

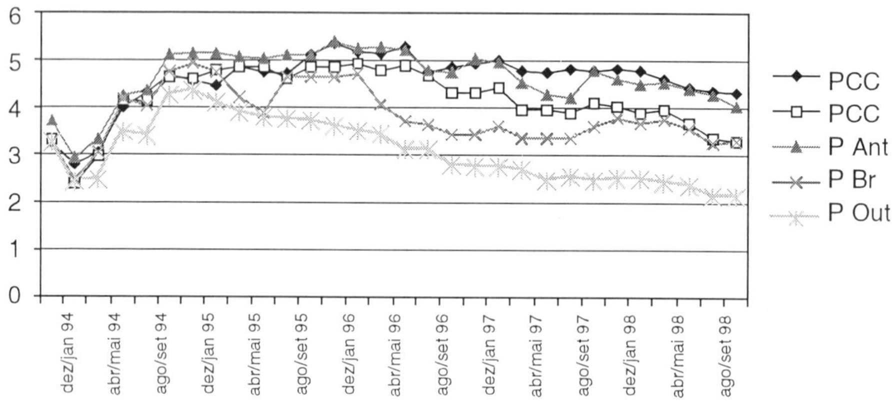

Fonte: Nielsen (apud Coca-Cola).

A reação das demais empresas a esse movimento de queda nos preços das tubaínas não foi uniforme, variando em função do perfil das companhias e de seus produtos. Como explicitado na primeira seção, em um mercado com bens diferenciados os preços não constituem a única variável de escolha dos consumidores, de modo que, dependendo das demais características dos bens, distinções de preços podem ser sustentadas sem que disso resulte, necessariamente, uma perda expressiva de *market share*.

Como explicitado na figura 3, os preços da Coca-Cola e da Antarctica mantiveram-se razoavelmente constantes, apresentando uma ligeira redução em agosto de 1996.

A Brahma reduziu seus preços significativamente, aproximando-os dos valores cobrados pelas tubaínas.

A Pepsi-Baesa, por seu turno, manteve preços elevados até ago-set/96 e reduziu-os posteriormente, de forma gradual. Esse comportamento

[15] Preços por caixa unitária de embalagens familiares (de 1,5 litro a 2 litros) comercializadas na Grande São Paulo.

indica que a empresa provavelmente tentou manter seus preços elevados, apostando na manutenção de suas vendas pela fidelização dos consumidores mediante a diferenciação de seu produto.

Ocorre porém que a Pepsi não obteve parcela substancial de consumidores fiéis. De fato, ao que se sabe, desde seu ingresso no País a Baesa não obteve sucesso no que se refere a *cativar* os clientes brasileiros, sendo que os recursos aplicados pela empresa destinaram-se mais para os aspectos comerciais (distribuição e colocação nos pontos de venda) do que para campanhas de marketing que tivessem êxito em diferenciar o produto frente a seus concorrentes, e, dessa forma, alterar as preferências dos consumidores com base em fatores outros que não o preço praticado.

Essa situação ocasionou perdas expressivas no *market share* da empresa, uma vez que seus produtos não eram vistos pelos consumidores como diferenciados o suficiente para justificar o pagamento de preços elevados como os cobrados à época pela Pepsi-Baesa.

Figura 4. Share vs preços – Pepsi-Cola e tubaínas

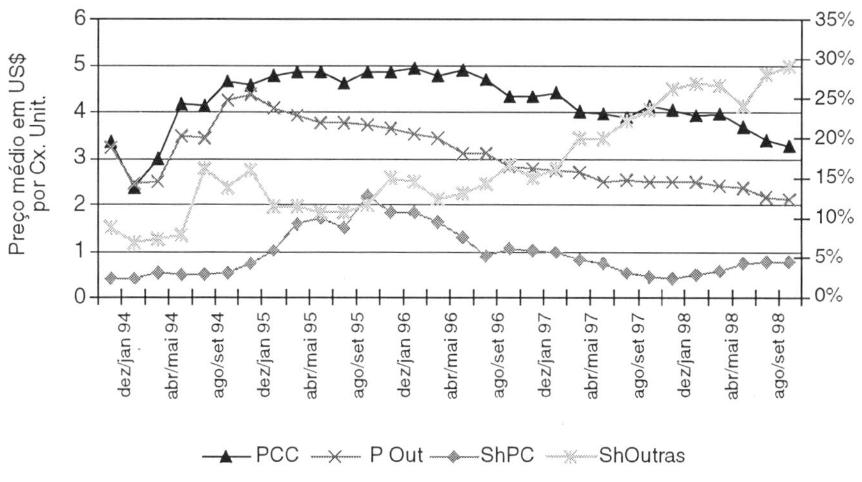

Fonte: Nielsen (apud Coca-Cola).

A despeito da perda substancial em seu market share a partir de jan/96, a Pepsi-Baesa não reduziu seus preços até jul/96. Somente nesse período a participação da empresa foi reduzida em quase 30% (de 10,8% para 7,6%). A partir de então a Baesa, provavelmente numa tentativa de reverter a perda de share verificada, diminuiu seus preços que passaram de US$ 4.89 em jun-jul/96 para US$ 3.89 em ago-set/97 (redução de cerca de 20%).

Os resultados da política acima descrita, demonstrados pelos modelos econométricos desenvolvidos, são evidenciados na figura 5 a seguir. Tal gráfico indica as trocas de produtos realizadas por uma amostra de consumidores na região da Grande São Paulo, entre os anos de 1996 e 1997, explicando a variação no *market share* da empresa verificado entre os dois períodos.

Figura 5. Troca de marcas para Pepsi
Grande São Paulo 1996 vs. 1997

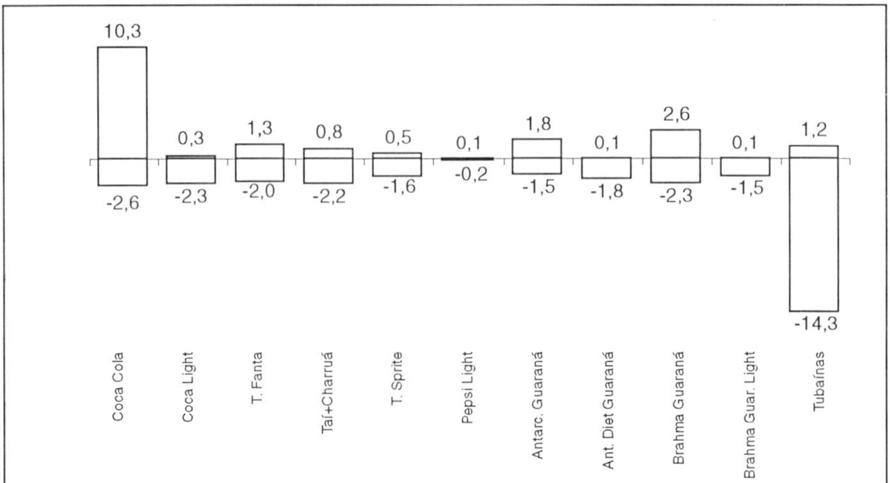

	Coca Cola	Coca Light	T. Fanta	Taí+Charruá	T. Sprite	Pepsi Light	Antarc. Guaraná	Ant. Diet Guaraná	Brahma Guaraná	Brahma Guar. Light	Tubaínas
Saldo	7,7	-2,0	-0,8	-1,4	-1,1	-0,2	0,3	-1,7	0,3	-1,5	-13,1
impacto	-0,9	7,4	0,4	2,3	1,8	1,8	-0,1	10	-0,2	24,3	3,4

Fonte: Painel Ibope (*apud* Coca-Cola).

Em 1997, a Pepsi ganhou volume obtendo 7,7% de ganho líquido de volume proveniente de Coca-Cola relativamente às suas vendas no ano anterior, e manteve sua posição praticamente inalterada em relação às demais marcas. Entretanto, a Pepsi **perdeu** 13,1% de vendas **para as tubaínas**. Esse resultado evidencia o impacto da política de preços agressiva das tubaínas sobre as vendas da Pepsi.

Note-se que, a despeito da redução de preços realizada pela Pepsi ao longo de 1997, os valores cobrados pela empresa no período mostraram-se, em média (média simples dos 12 meses), cerca de 57% superiores ao preço médio (média simples dos 12 meses) das tubaínas. Assim, <u>os produtos ofertados pela Pepsi não apresentavam a competitividade neces-</u>

sária para fazer frente às tubaínas pelo fator preço e, por outro lado, não dispunham de diferenciação em outros atributos (objetivos e subjetivos) em grau suficiente para cativar parcela significativa dos consumidores e garantir a manutenção das vendas da empresa com preços em patamar mais elevado.

Como afirmado, os produtos da Pepsi nunca obtiveram a preferência e lealdade dos consumidores no mercado nacional. Os dados constantes da figura 6 abaixo são ilustrativos a esse respeito.

Figura 6

Grau de Lealdade	*Pepsi Cola*		*Tubaínas*	
	1996	*1997*	*1996*	*1997*
Exclusivo	0,5	0,1	0,8	2,3
Alto leal	13,6	1,4	47,9	68,1
Médio leal	40,2	36,2	33,2	20,7
Fraco leal	45,7	62,3	18,2	8,9

Fonte: Painel Ibope (apud Coca-Cola).

Conforme o Painel Ibope, em 1996 apenas 0,5% dos consumidores dos produtos da Pepsi-Baesa eram exclusivos e 13,6% apresentavam alta lealdade. Os 85,9% restantes não se mostravam fiéis aos produtos da empresa. Tais números indicam que os refrigerantes da Pepsi-Baesa não dispunham de atributos que garantissem à empresa a preferência e lealdade dos consumidores. A situação se tornou ainda mais evidente no ano de 1997, quando o percentual de consumidores fiéis da Pepsi caiu para apenas 1,5%, sendo que o grupo de compradores com lealdade fraca alcançou 62,3% do total.

Por outro lado, as tubaínas que já apresentavam lealdade elevada em 1996 (48,7%), passaram a deter parcela ainda mais expressiva de consumidores fiéis em 1997. Nesse ano, 70,4% dos consumidores de tubaínas se mostraram leais a esses produtos, provavelmente em função dos preços reduzidos cobrados pelas empresas ofertantes.

Em síntese, os elementos apresentados evidenciam que o declínio da Pepsi-Baesa, ocorrido a partir de dez/95 – jan/96, decorreu unicamente da estratégia adotada pela empresa e de fatores estruturais do mercado nacional. De fato, os modelos estatísticos desenvolvidos e as informações analisadas demonstram que: a) a estratégia de preços da Pepsi-Baesa foi fator determinante de seu desempenho no período de queda de sua participação de mercado; b) a estratégia de preços da Coca-Cola ou sua participação de mercado tiveram impacto inexistente ou desprezível sobre o insucesso da Pepsi-Baesa; b) a atuação das tubaínas mediante política agressiva de preços (que resultou em elevação de seu market share) é significativa para explicar o mau desempenho da Pepsi-Baesa no período; d) os produtos ofertados pela Pepsi-Baesa não possuíam vantagens em seus atributos, relativamente aos seus competidores, que garantissem à empresa a manutenção de suas vendas diante do acirramento da concorrência e da redução dos preços das tubaínas (seguidas pela Brahma).

4. Práticas Competitivas no Período de Ingresso da Baesa

Evolução dos preços

A figura 3 apresentada na seção anterior ilustra o comportamento dos preços dos principais ofertantes de refrigerantes entre dez/93-jan/94 e out-nov/98[16].

A entrada da Baesa no mercado nacional ocorreu em dezembro de 1994. Nessa época, a Brahma (antiga distribuidora da Pepsi no Brasil) reduziu seus preços substancialmente, passando de US$ 4.92 por caixa em dez/94-jan/95 para US$ 3.91 em jun-jul/95 (redução de 20,5%). A partir de então a empresa voltou a subir seus preços em dólares americanos, situando-os nos 8 (oito) meses seguintes no patamar dos demais ofertantes de porte.

Também em dez/94-jan/95 os tubaineiros iniciaram uma redução nos preços praticados, partindo de um valor médio de US$ 4.35 por caixa em dez/94-jan/95 para US$ 3.62 em dez/95-jan/96 (queda de 16,8%). Ao contrário do verificado no caso da Brahma, tal redução foi gradual e contínua, sendo que em nenhum momento verificou-se nova subida nos preços praticados (em dólar).

---

[16] Com vistas a evitar distorções geradas por diferenças no mix de embalagens ou em distinções regionais, bem como tendo em vista o foco da investigação no presente Processo Administrativo, os dados utilizados referem-se às embalagens familiares vendidas na região atendida pela franquia de São Paulo.

Figura 7

Período	*Brahma*		*Tubaínas*	
	US$/Caixa	*Variação (%)*	*US$/Caixa*	*Variação (%)*
dez/jan95	4,92	–	4,35	–
fev/mar95	4,76	-3,3%	4,1	-5,7%
abr/mai95	4,23	-11,1%	3,9	-4,9%
jun/jul95	3,91	-7,6%	3,77	-3,3%
ago/set95	4,66	19,2%	3,74	-0,8%
out/nov95	4,65	-0,2%	3,7	-1,1%
dez/jan96	4,64	-0,2%	3,62	-2,2%

Fonte: Nielsen (apud Coca-Cola).

Como visto, esse comportamento dos preços da Brahma e das tubaínas não afetou os valores praticados pela Pepsi-Baesa no momento de sua entrada, visto que a empresa ingressou no mercado nacional ofertando produtos com preços mais elevados, próximos àqueles cobrados pela Coca-

Figura 8. Preço médio Coca-Cola embalagens familiares – franquia de São Paulo

Período	*US$ por caixa*	*Variação (%)*	*Variação Acumulada (%)*
dez/jan94	3,24	–	–
fev/mar94	2,8	-13,58%	-13,58%
abr/mai94	3,02	7,86%	6,79%
jun/jul94	3,99	32,12%	29,94%
ago/set94	4,33	8,52%	10,49%
out/nov94	4,67	7,85%	10,49%
dez/jan95	4,58	-1,93%	-2,78%
fev/mar95	4,46	-2,62%	-3,70%
abr/mai95	4,87	9,19%	12,65%
jun/jul95	4,74	-2,67%	-4,01%
ago/set95	4,7	-0,84%	-1,23%
out/nov95	5,11	8,72%	12,65%
dez/jan96	5,34	4,50%	7,10%

Fonte: Nielsen (apud Coca-Cola)

Cola e pela Antarctica. Note-se que, se a drástica diminuição nos preços da Brahma – antiga distribuidora da Pepsi no Brasil (e a mais gradual redução do preço médio das tubaínas) tinha como objetivo dificultar ou impedir o ingresso da Baesa no País, essa não foi bem sucedida, visto que a empresa argentina ganhou mercado rapidamente, partindo de um *share* de 3,1% em novembro/94 para uma participação de 12,8% em novembro/95 (franquia de São Paulo – vide figura 4).

Ressalte-se que em nenhum momento a Coca-Cola adotou política de preços destinada a dificultar ou impedir a entrada da Baesa no Brasil. Ao contrário, a empresa continuou praticando seus preços normalmente, conforme as condições de demanda e de concorrência existentes (vide figura 8).

Ações promocionais e colocação nos canais de vendas

Como apresentado na primeira seção, produtos diferenciados são caracterizados por apresentarem vários atributos (subjetivos ou objetivos) considerados pelos consumidores no momento da compra do bem. Desse modo, as empresas ofertantes esforçam-se para imprimir vantagens a seus produtos que sejam reconhecidas pelos clientes e lhes confiram preferência em relação aos demais bens. As formas de implementação de tal esforço variam conforme as características dos mercados, dos produtos e de suas diferentes utilizações.

No caso de bens de consumo final, como os refrigerantes, um meio fundamental para diferenciação do produto, promoção de sua experimentação pelo cliente e obtenção da preferência do consumidor é a divulgação por meio de campanhas de *marketing* e promoções. Tais campanhas podem apresentar caráter informativo ou subjetivo. No primeiro caso, as peças publicitárias têm por objeto *informar* os clientes quanto às características objetivas dos produtos e suas vantagens frente aos substitutos disponíveis. Como visto, em se tratando de refrigerantes tais campanhas divulgam aspectos relativos ao sabor, embalagem, nível calórico, benefícios à saúde etc. No caso das propagandas subjetivas, os aspectos ressaltados não derivam de características paupáveis dos produtos, mas sim daquelas ligadas *à imagem* que se pretende imprimir ao bem, de modo a cativar certo grupo de consumidores.

Vários meios são utilizados pelas empresas para divulgar seus produtos, envolvendo desde as tradicionais propagandas em mídias de massa (campanhas televisivas, de rádio, jornais etc.), até a realização de promoções como brindes, degustações, patrocínio de eventos e equipes esportivas e distribuição de materiais para estabelecimentos de revenda. Nesse último caso, além de dirigirem-se aos consumidores finais, os materiais distribuídos aos varejistas visam atribuir maior visibilidade aos produtos da empresa e garantir sua exposição em locais apropriados, além de obter a simpatia do vendedor.

A intensidade dos esforços de propaganda adotados pelas empresas varia ao longo do tempo, adequando-se às condições de concorrência vigentes em cada período e às alterações verificadas no comportamento da demanda. Desse modo, fatores como o grau de concentração do mercado, a evolução do *market share* da empresa, a expectativa de crescimento (ou declínio) da demanda e o ingresso de novos competidores, entre outros, ditam o perfil e a intensidade das atividades promocionais a serem realizadas.

Como já assinalado, em se tratando especificamente da entrada de um novo concorrente, como no caso da Baesa, há uma tendência ao acirramento da competição no mercado e, conseqüentemente, dos esforços de promoção e divulgação por parte das empresas já instaladas. Isso porque um entrante de porte geralmente inicia suas atividades despendendo recursos substanciais para a divulgação de seu produto, visando obter parcelas de mercado pertencentes aos concorrentes já existentes. Tais empresas amplificam então suas ações de *marketing*, buscando fundamentalmente defender-se da ofensiva do ingressante e proteger seu *market share*.

Esse comportamento foi verificado no período de entrada da Pepsi-Baesa no País, quando os principais ofertantes no mercado nacional, dentre os quais a Coca-Cola, intensificaram seus esforços nesse sentido. Ressalte-se que não há nessa prática qualquer ação anticompetitiva. Ao contrário, trata-se de comportamento ditado pelo *acirramento da concorrência* no segmento, que acaba por resultar no benefício do próprio consumidor (promoções, descontos, brindes, eventos etc.).

Outro aspecto fundamental a ser avaliado é a distribuição do produto e a negociação com os canais revendedores. Isso porque a demanda criada mediante as ações promocionais acima descritas tem de ser atendida prontamente com a disponibilização dos bens ao consumidor. Como comentado na primeira seção, essa necessidade constitui uma barreira à entrada, especialmente em se tratando de um produto de consumo final e venda pulverizada como refrigerantes, em um País de dimensões continentais como o Brasil.

No caso específico da Baesa, a empresa despendeu recursos expressivos na montagem de um sistema de distribuição e na disseminação de seus produtos pelos estabelecimentos varejistas do País. Como apresentado em documentos anteriores, a Pepsi-Baesa obteve parcelas significativas do espaço total de prateleira (*share* de exposição), principalmente em se tratando das embalagens familiares retornáveis em super e hipermercados.

A figura 9, na próxima página, apresenta o *share* de exposição dessas embalagens e sua respectiva participação de mercado (em volume) na região da franquia de São Paulo. Desde o ingresso da empresa no País os refrigerantes REFPET da Pepsi-Baesa (2 litros) obtiveram parcela considerável do espaço de prateleira, que só passou a ser inferior a 2% em fev-mar/96.

Figura 9

Pepsi 2l Refpet	*Share de Exposição*	*Participação de Mercado*
ON/94	–	–
DJ/95	2,9	1,5
FM/95	2,1	1,0
AM/95	2,5	1,6
JJ/95	2,3	0,9
AS/95	7,3	1,4
ON/95	3,4	2,8
DJ/96	2,5	1,3
FM/96	1,0	1,7
AM/96	1,2	1,4
JJ/96	0,9	0,7
AS/96	1,2	0,3
ON/96	0,2	0,2
DJ/97	0,0	0,0

Fonte: ACNielsen.

Note-se que o *share* de exposição obtido pelo produto da Pespi foi (excetuando-se fev-mar/96 e abr-mai/96) inferior à sua participação de mercado em todo o período. Desse modo, os problemas vislumbrados pela Baesa não decorreram da impossibilidade de colocação de seus produtos nos pontos de venda (o que como se vê não se verificou na prática), mas sim da indisposição do consumidor em adquirir seus refrigerantes, provavelmente em função da baixa lealdade e preferência obtida pela Pepsi-Baesa (vide figura 6).

Os dados obtidos a partir de pesquisa do IBOPE e apresentados pela própria Pepsi-Baesa são ilustrativos a esse respeito. Foram entrevistados, entre 17/04/98 e 13/05/98, os funcionários responsáveis pelas compras de 117 supermercados localizados nas cidades de São Paulo (50), Rio de Janeiro (50) e Natal (17). Note-se que, apesar de a escolha dos estabelecimentos ter sido aleatória, a Pepsi incluiu na amostra alguns supermercados específicos, escolhidos conforme seu próprio "interesse estratégico".

Assumindo-se entretanto a amostra como representativa e descartando-se um possível viés, os resultados obtidos são esclarecedores. Cerca de 19% da amostra afirmaram não comercializar produtos da Pepsi. Dentre os fatores alegados pelos supermercados para a não comercialização dos produtos da empresa cita-se: "o serviço é ruim" (22% dos que não comercializam Pepsi e 4,1% do total); "não há o recebimento de benefícios em relação ao preço" (16% dos que não comercializam Pepsi e 3% do total); "o giro do produto é baixo/vende pouco/não tem saída" (15% dos que não comercializam Pepsi e 2,8% do total); "não há vendedores oferecendo o produto (13% dos que não comercializam Pepsi e 2,4% do total13%); "os consumidores preferem outras marcas" (8% dos que não comercializam Pepsi e 2,8% do total)[17]. Tais respostas vêem confirmar a mencionada falta de preferência pelo produto por parte dos consumidores e demais falhas da própria Pepsi, resultando no desinteresse de boa parte dos lojistas em trabalhar com os refrigerantes da Pepsi.

Outra resposta verificada em alguns estabelecimentos foi de que "há exclusividade para os produtos da Coca-Cola", correspondendo a 8,2% da amostra total. Note-se que nesse caso, o termo "exclusividade" pode ter sido utilizada em seu sentido amplo, não correspondendo necessariamente à relação formal de exclusividade. Assim, a "exclusividade" mencionada na pesquisa poderia envolver tal comportamento por atitude voluntária do

---

[17] A somatória dos estabelecimentos é maior que o número total de entrevistas tendo em vista a existência de múltiplas respostas para a questão.

lojista, devido, por exemplo, ao maior giro e retorno proporcionado pelos produtos da Coca-Cola tendo em vista o limitado espaço de vendas de certos estabelecimentos, gerando assim melhor resultado ao varejista. Da amostra pesquisada, 1,3% do total respondeu que "a Coca-Cola dá verba para não se vender produtos da Pepsi".

De fato, qualquer tentativa de impedir ou dificultar o ingresso ou a atuação de um concorrente do porte da Pepsi-Baesa e com atuação distribuída por todo o território nacional seria infrutífera e extremamente custosa, a ponto de tornar-se inviável economicamente. Conforme dados da Associação Brasileira de Supermercados (ABRAS), o número de estabelecimentos de auto-serviço no Brasil, em 1998, foi de 51.502 lojas. Considerando-se apenas o segmento de super e hipermercados (2 ou mais *check-outs*) havia no País cerca de 21,8 mil pontos de venda.

Nessas condições, uma hipotética estratégia de obtenção de exclusividade em número significativo de lojas, a ponto de dificultar ou impedir um concorrente de peso de colocar seus produtos nesse canal de vendas demandaria esforços muito expressivos, absorvendo recursos que provavelmente se sobreporiam aos benefícios esperados. Lembre-se, ademais, que o canal de auto-serviço corresponde a apenas parte das vendas de refrigerantes, que também são ofertados em bares, restaurantes, padarias, lojas de conveniência etc., tornando ainda mais inviável e improvável a adoção de ações nesse sentido.

5. Considerações Finais

Em síntese, os elementos apresentados evidenciam que:

a) a estratégia de preços da Pepsi-Baesa foi fator determinante de seu desempenho no período de queda de sua participação de mercado;
b) a atuação das tubaínas mediante política agressiva de preços (que resultou em elevação de seu *market share*) é significativa para explicar o mau desempenho da Pepsi-Baesa no período;
c) os produtos ofertados pela Pepsi-Baesa não possuíam vantagens em seus atributos, relativamente aos seus competidores, que garantissem à empresa a manutenção de suas vendas diante do acirramento da concorrência e da redução dos preços das tubaínas (seguidas pela Brahma);
d) a evolução dos preços da Coca-Cola no período de ingresso da Baesa acompanhou estritamente o comportamento do mercado;

e) a Pepsi dispôs de condições normais de exposição de seus produtos, que foi até mesmo superior à sua participação de mercado.

Em decorrência, constata-se, como já afirmado, que o insucesso da Pepsi-Baesa no mercado brasileiro não decorreu de qualquer prática anticompetitiva adotada pela Coca-Cola ou demais concorrentes, mas sim de alterações conjunturais e estruturais que frustraram as expectativas da Baesa e de suas próprias ações estratégicas equivocadas.

ANEXO I

Análise Preliminar – Estacionaridade

Como já sobejamente conhecido na literatura de econometria, a presença de variáveis não estacionárias abre grande espaço para a possibilidade de obtenção de relações espúrias, ou seja, mesmo que aparentemente uma equação esteja bem ajustada aos dados, o que pode ser verificado por um R2 elevado, esse ajuste pode ser resultado de um terceiro fator comum a todas as variáveis, como por exemplo uma tendência determinística que afete todas as variáveis envolvidas, cuja influência deve então ser removida[18].

A fim de determinar se as séries utilizadas são estacionárias, o que se não confirmado pode determinar preocupações adicionais, realizou-se testes de Dickey-Fuller (DF) para verificação de existência de raízes unitárias nas séries utillizadas. O procedimento geral consiste em estimar a seguinte equação:

$$\Delta y_t = a + bt + \gamma y_{t-1} + \varepsilon_t \qquad (1)$$

e testar a hipótese nula de que o parâmetro **g** seja igual a zero, através da comparação da razão entre sua estimativa e o desvio padrão dessa estimativa, também referida como estatística ADF, e os valores críticos calculados por MacKinon (1991). O parâmetro **g** será igual a zero no caso em que houver raiz unitária, o que significa que a variável em questão não é estacionária, e negativo se não houver presença de raiz unitária. Caso o valor

[18] Para uma discussão desse ponto ver Johnston & DiNardo (1997), *Econometric Methods*, New York, McGraw – Hill (4th edition), pp. 9-10.

de ADF obtido seja menor que o valor crítico, rejeita-se a hipótese de que **g** seja zero[19]. A equação 1 testa a presença de raiz unitária em processos onde há uma tendência linear e uma constante. Caso não haja a presença de tendência, podemos estimar a equação sem o termo em *t* e referirmos ao valor crítico correspondente a essa nova especificação. Os resultados obtidos para as séries utilizadas estão resumidos na tabela abaixo.

Tabela 1. Testes de raiz unitária para as variáveis utilizadas

Variável	*ADF*	*Valores Críticos*	
PCC	-3.5 67 605	1%	-4.5743
		5%	-3.6920
		10%	-3.2856
PPC	-2.552810	1%	-4.5743
		5%	-3.6920
		10%	-3.2856
POUT	-1.620872	1%	-4.6193
		5%	-3.7119
		10%	-3.2964
SHCC	-2.965035	1%	-4.5743
		5%	-3.6920
		10%	-3.2856
SHPC	-3.282567	1%	-3.8572
		5%	-3.0400
		10%	-2.6608
SHOUT	-2.466346	1%	-4.5743
		5%	-3.6920
		10%	-3.2856

Como pode ser observado, foi detectada presença de raíz unitária em todas as variáveis utilizadas. A fim de testar a ordem de integração das variáveis não estacionárias, realizou-se o mesmo teste com as primeiras diferenças de cada uma delas. Os resultados encontram-se resumidos na tabela a seguir.

[19] Ver Johnston & Dinardo *Op. Cit*, pp. 223-226.

Tabela 2. Testes para a ordem de integração das variáveis não estacionárias

Variável	*ADF*	*Valores Críticos*	
DPCC	-5.936420	1%	-3.8877
		5%	-3.0521
		10%	-2.6672
DPPC	-4.461544	1%	-3.8877
		5%	-3.0521
		10%	-2.6672
DPOUT	-5.249565	1%	-3.8877
		5%	-3.0521
		10%	-2.6672
DSHCC	-4.950789	1%	-3.8877
		5%	-3.0521
		10%	-2.6672
DSHPC	-3.114457	1%	-2.7158
		5%	-1.9627
		10%	-1.6262
DSHOUT	-4.788206	1%	-3.8877
		5%	-3.0521
		10%	-2.6672

Os resultados obtidos indicam que, para todas as primeiras diferenças, a hipótese de raiz unitária é rejeitada ao nível de significância de 1%. Dessa maneira, pode-se concluir que as variáveis são integradas de primeira ordem. Esses resultados indicam que deve-se verificar se as equações estimadas na próxima seção correspondem a relações de longo prazo legítimas ou apenas a relações espúrias devido à não estacionaridade das séries.

Determinantes da Participação de Mercado da Pepsi-Cola

A fim de precisar os determinantes da participação de mercado da Pepsi-Cola no período Dez./Jan.-95 a Dez./Jan.-98, foi estimada, inicialmente, a seguinte equação:

$$SHPC = c + \alpha_1 SHCC + \alpha_2 SHOUT + \alpha_3 PCC + \alpha_4 POUT + \varepsilon_\tau \quad (2)$$

onde:

- SHPC = *Market Share* da Pepsi-Cola
- SHCC = *Market share* da Coca-Cola
- SHOUT = *Market share* das Tubaínas
- PPC = Preço da Pepsi-Cola
- PCC = Preço da Coca-Cola
- POUT = Preço das Tubaínas

Os resultados obtidos encontram-se na tabela 3 a seguir.

Tabela 3

Dependent Variable: SHPC
Method: Least Squares
Sample: 1 – 19
Included observations: 19

Variable	*Coefficient*	*Std. Error*	*t-Statistic*	*Prob.*
C	0.174415	0.247614	0.704380	0.4936
SHCC	-0.140488	0.293266	-0.479047	0.6399
SHOUT	-0.226144	0.170153	-1.329057	0.2067
PPC	-0.048103	0.025140	-1.913408	0.0780
PCC	-0.008618	0.029151	-0.295624	0.7722
POUT	0.089637	0.016900	5.303812	0.0001

R2	0.898705	Mean dependent var	0.058727
Adjusted R2	0.859745	S.D. dependent var	0.030568
S.E. of regression	0.011448	A kaike info criterion	-8.687817
Sum squared resid	0.001704	Schwarz criterion	-8.389573
Log likelihood	61.57443	F -statistic	23.06759
Durbin-Watson start	2.132857	Prob(F -statistic)	0.000005

O R^2 encontrado indica que 89,87% do comportamento da participação de mercado da Pepsi-Baesa é explicado pelo modelo. Dentre as variáveis escolhidas, apenas o preço da Pepsi (PPC) e o preço das tubaínas (POUT) são significativas. De fato, conforme o modelo o *market share* de Coca-Cola e das tubaínas, assim como o preço da Coca-Cola, não têm efeito sobre o market share da Pepsi-Baesa, uma vez que o teste *t* não rejeita a hipótese de que os coeficientes dessas variáveis sejam iguais a zero.

O *market share* da Pepsi, no entanto, é afetado pelo preço da própria Pepsi e pelo preço das tubaínas, uma vez que a hipótese de que esses coeficientes são iguais a zero é rejeitada a um nível de significância de 7,8% e 1% respectivamente. Os sinais obtidos para os coeficientes de preço PPC e POUT também corresponderam ao esperado, uma vez que: a) o sinal negativo obtido para a variável PPC indica que elevações no preço da Pepsi levariam a uma redução no share da empresa (SHPC); e b) o sinal positivo do coeficiente POUT indica que um aumento no preço das tubaínas implicaria uma elevação na participação de mercado da Pepsi (SHPC).

O modelo apresenta bom ajuste, uma vez que o R^2 e o R^2 ajustado são elevados. A estatística de *Durbin-Watson* encontra-se suficientemente próxima de dois, o que indica que não existe autocorrelação de primeira ordem nos resíduos. Adicionalmente, utilizou-se o teste de *Breush-Godfrey* que consiste em estimar a seguinte equação:

$$u_t = \sum_{i=1}^{p} \rho_i u_{t-i} + \varepsilon_t \qquad (3)$$

onde u_t representa o resíduo da equação estimada, para testar a hipótese nula de que todos os coeficientes **ri** são iguais a zero, ou seja, de que não há autocorrelação[20]. No presente trabalho foram utilizadas duas defasagens. A tabela abaixo informa que a hipótese de não autocorrelação não é rejeitada aos níveis de significância usuais.

Tabela 4. Teste para autocorrelação dos resíduos

Breusch-Godfrey Serial Correlation LM Test			
F-statistic	1.470935	Probability	0.271578
Obs*R-squared	4.009184	Probability	0.134715

O histograma dos resíduos, bem como o teste Jarque-Bera (JB) para normalidade são apresentados abaixo. A estatística JB calculada não rejeita a hipótese nula de que os resíduos estão normalmente distribuídos aos níveis de significância usuais.

[20] Para mais detalhes ver Gujarati (1995), *Basic Econometrics*, New York, McGraw –Hill (3rd edition), pp. 425-426.

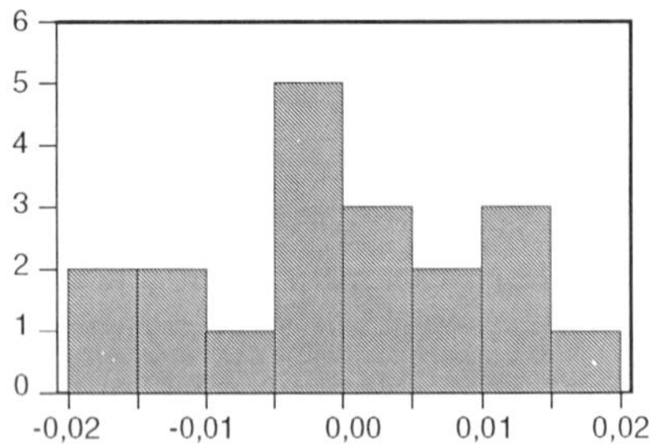

Séries: Residuals	
Sample 1 19	
Observatios 19	
Mean	-1.80E-17
Median	-0.000320
Maximum	0.015164
Minimun	-0.017897
Std. Dev.	0.009729
Skewness	-0.307789
Kurtosis	2.180234
Jarque-Bera	0.832004
Probability	0.659679

Para testar a hipótese de que os resíduos são homocedásticos utilizou-se o teste *White*, que consiste em regredir os quadrados dos resíduos obtidos na equação estimada contra as variáveis explanatórias da equação e seus produtos cruzados, testando a hipótese nula de que todos os coeficientes obtidos são iguais a zero, ou seja, os resíduos são homocedásticos[21]. O resultado na tabela abaixo informa que a hipótese de homocedasticidade não deve ser rejeitada aos níveis de significância usuais.

Tabela 5. Teste White para heterocedasticidade dos resíduos

White Heteroskedasticity Test			
F-statistic	1.418143	Probability	0.316731
Obs*R-squared	12.14742	Probability	0.275311

Para verificar se a relação estimada pode ser considerada legítima ou espúria, devido à presença de séries não estacionárias, realizou-se testes de raiz unitária sobre os resíduos identificando se ainda existe alguma estrutura que os explica, ou se representam distúrbios aleatórios puros. Utilizando o mesmo procedimento descrito na seção anterior, foi obtida uma estatística ADF de -4.459949, que é menor que o valor crítico a 1% de -2.7057.

Refazendo-se o modelo de modo a incorporar apenas as variáveis explicativas (PPC e POUT) obtém-se os seguintes resultados:

[21] Para mais detalhes ver Gujarati, *Op. Cit.*, pp. 379-380. Devido à escassez de observações, não utilizamos os produtos cruzados das variáveis.

Tabela 6

Dependent Variable: SHPC — Sample: 1 – 19
Method: Least Squares — Included observations: 19

Variable	*Coefficient*	*Std. Error*	*t-Statistic*	*Prob.*
C	-0.038588	0.026411	-1.461019	0.1634
PPC	-0.040722	0.014291	-2.849488	0.0116
POUT	0.096579	0.014960	6.456040	0.0000

R^2	0.880048	Mean dependent var	0.058727
Adjusted R^2	0.865054	S.D. dependent var	0.030568
S.E. of regression	0.011229	Akaike info criterion	-8.834551
Sum squared resid	0.002017	Schwarz criterion	-8.685429
Log likelihood	59.96840	F-statistic	58.69327
Durbin-Watson stat	1.916812	Prob(F-statistic)	0.000000

Novamente, o modelo apresenta bom ajuste, uma vez que o R^2 e o R^2 ajustado são elevados. A estatística de *Durbin-Watson* encontra-se suficientemente próxima de dois, o que indica que não existe autocorrelação de primeira ordem nos resíduos. Adicionalmente, utilizou-se o teste de *Breush-Godfrey* já descrito anteriormente. Os resultados obtidos encontram-se na tabela 7 a seguir.

Tabela 7. Teste para autocorrelação dos resíduos

Breusch-Godfrey Serial Correlation LM Test			
F-statistic	1.237832	Probability	0.319886
Obs*R-squared	2.854976	Probability	0.239911

Como pode ser observado, a hipótese de não autocorrelação não é rejeitada aos níveis de significância usuais.

O histograma dos resíduos bem como o teste Jarque-Bera (JB) para normalidade são apresentados abaixo. A estatística JB calculada não rejeita a hipótese nula de que os resíduos estão normalmente distribuídos aos níveis de significância usuais.

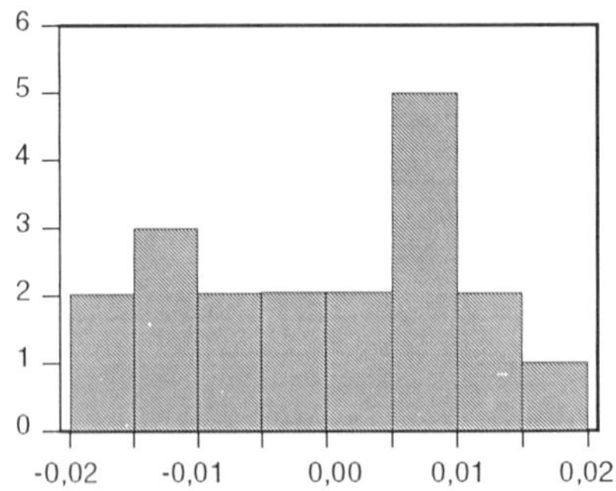

Séries: Residuals	
Sample 1 19	
Observatios 19	
Mean	-5,05E-17
Median	0.003975
Maximum	0.015924
Minimun	-0.015812
Std. Dev.	0.010587
Skewness	-0.239101
Kurtosis	1,640748
Jarque-Bera	1,643692
Probability	0.439619

Para testar a hipótese de que os resíduos são homocedásticos utilizou-se o teste *White*, também descrito anteriormente. O resultado na tabela 8 a seguir demonstra que a hipótese de homocedasticidade não deve ser rejeitada aos níveis de significância usuais.

Tabela 8. Teste White para heterocedasticidade dos resíduos

White Heteroskedasticity Test			
F-statistic	1.460874	Probability	0.268025
Obs*R-squared	6.835130	Probability	0.233194

Para verificar se a relação estimada pode ser considerada legítima ou espúria, devido à presença de séries não estacionárias, realizou-se testes de raiz unitária sobre os resíduos para indicar se ainda existe alguma estrutura que os explica, ou se representam distúrbios aleatórios puros. Utilizando o mesmo procedimento descrito na seção anterior, obteve-se uma estatística ADF de -4.042607, que é menor que o valor crítico a 1% de -2.7057.

Finalmente, para identificar possíveis problemas de erros de especificação, realizou-se o teste de *Ramsey*, que consiste em estimar o modelo original, incluindo em suas variáveis independentes os valores estimados da variável dependente elevados a um máximo de três potências[22]. Caso o valor da estatística F seja significante, não se rejeita a hipótese de

[22] Para uma discussão ver Gujarati, *Op. Cit.*, pp. 464-466.

que o modelo esteja mal especificado. A tabela 9 a seguir traz os resultados do teste, indicando que a hipótese de má especificação pode ser rejeitada aos níveis de significância usuais.

Tabela 9. Teste de Ramsey para erro de especificação

Ramsey RESET Test			
F-statistic	0.338004	Probability	0.718854
Log likelihood ratio	0.895977	Probability	0.638912

Março de 2002.

CONTRATOS DE EXCLUSIVIDADE EM *SHOPPING CENTERS*

Paulo Furquim de Azevedo

1. Introdução

A investigação dos efeitos econômicos da adoção de contratos de exclusividade por parte de shoppings centers é o tema central do Parecer juntado aos autos do Processo Administrativo n° 08012.009991/98-82, de autoria do Dr. Ruy Santacruz (fls. 1.228-1.299). Nesse Parecer, há várias questões importantes para a caracterização da ilicitude da prática de exclusividade presente no contrato de locação entre o Shopping Iguatemi e lojistas selecionados (locatários). Essas questões são aqui analisadas em duas seções, que descrevem, respectivamente, o padrão de concorrência no mercado relevante afetado pela prática de restrição vertical e a relação contratual que é objeto de cláusula de exclusividade. Esta divisão justifica-se para identificar as duas condições necessárias para que o contrato de exclusividade seja nocivo à concorrência, quais sejam: a) existência de posição dominante por parte daquele beneficiário da restrição vertical, e b) existência de efeitos danosos à concorrência, e não de eficiência, para a adoção da prática restritiva.

A primeira seção inicia-se com a delimitação do mercado relevante, descrevendo, em seguida, o padrão de concorrência no mercado de shoppings centers. Ao final, esta seção aborda especificamente a posição do Shopping Iguatemi, com ênfase na identificação de seu poder de mercado. A segunda seção, por sua vez, descreve a relação contratual entre as partes, destacando a cláusula de exclusividade que restringe a possibilidade de alguns lojistas operarem em shoppings concorrentes. Particularmente, essa seção avalia se esse tipo de arranjo possibilita ganhos de eficiência, ao reduzir os custos de transação entre as partes, ou se sua motivação é estratégica, ao impor obstáculos à concorrência.

2. Mercado Relevante e Concorrência entre *Shoppings Centers*

2.1. Mercado Relevante

O serviço prestado por *shopping centers* é o de locação de área para o comércio varejista, em conjunto com atividades de provimento de bens coletivos, tais como estacionamento, segurança e gestão da área comum. A configuração dos serviços prestados pode variar conforme o posicionamento estratégico de cada shopping center, mas todos guardam essa característica comum, que os distingue da locação de área para o chamado comércio de rua. Por esse motivo, o mercado em que atuam os *shoppings centers* não se confunde com o mercado para locação comercial em geral.

Da configuração dos serviços prestados e do conjunto de lojas, surgem os principais instrumentos de diferenciação entre *shopping centers*. Entre os serviços coletivos prestados, destaca-se um conjunto de atividades que tem a função de atrair clientes – consumidores finais – para os lojistas. Portanto, o negócio de um *shopping center* é indissociável de sua capacidade de cativar um grupo de consumidores finais, cuja renda reverte-se em compras para os lojistas e, indiretamente, para o próprio *shopping*.

O mercado de atuação de um determinado *shopping center* depende, como conseqüência, da definição desse grupo de consumidores finais que os lojistas podem vir a explorar. Decorre imediatamente deste fato que a delimitação do mercado relevante em que opera um *shopping center* depende das opções de compra que esse grupo de consumidores dispõe. Uma vez que o Shopping Iguatemi posiciona-se no segmento de alto padrão, entende-se que o seu mercado relevante envolva este tipo de comércio varejista, que é diferenciado e, portanto, pouco substituível.

Como há custos de locomoção por parte do grupo de consumidores, manifestos na forma de tempo e custo de transporte, o mercado é geograficamente definido. No caso das compras de varejo, esses custos de locomoção são relativamente mais relevantes porque as compras são freqüentes e de valor inferior às negociações em atacado, o que torna mais reduzido o espaço geográfico que define o mercado relevante.

Há, portanto, fortes fundamentos para a definição de mercado relevante como o de "espaços para locação comercial em *shopping centers* de alto padrão estabelecidos na zona oeste, norte da zona sul e oeste da zona central da cidade de São Paulo" (Nota Técnica do DPDE, fl. 967). Trata-se de um mercado geograficamente delimitado e restrito ao escopo de serviços coletivos que o diferencia das demais atividades de comércio varejista.

A atividade de coordenação desse negócio cabe à administração do *shopping center*, que define uma determinada combinação de serviços e de lojas. Portanto, o lojista, ao mesmo tempo em que opta por um *shopping center* que lhe proporcione mais clientes, é pelo *shopping* escolhido, pelo seu efeito na composição do conjunto de lojas.

Como lojistas e *shopping center* realizam atividades econômicas complementares, necessárias à produção de um mesmo serviço final, pode-se empregar o termo vertical para caracterizar a relação entre ambos (Azevedo, 1998). Desse modo, o contrato de exclusividade estabelecido entre o Shopping Iguatemi e lojistas selecionados é um caso de restrição vertical.

Uma restrição vertical consiste na relação entre duas firmas que realizam atividades complementares, em que uma transfere à outra o controle de alguns (mas não todos) elementos do processo produtivo. Os problemas concorrenciais eventualmente associados a essa prática decorrem da transferência desse controle, sendo, portanto, similares àqueles associados a uma integração vertical. Neste caso, é evidente que o mercado afetado pela operação não se restringe ao mercado original de operação da empresa, mas inclui o grupo de produtos ou serviços que foram integrados verticalmente.

A delimitação do mercado relevante não é uma tarefa trivial na análise de restrições verticais. A regra do monopolista hipotético, que já firmou jurisprudência, faz referência ao efeito de uma perfeita coordenação oligopolista sobre os preços praticados diretamente nesse mercado. Entretanto, o efeito anticompetitivo de uma restrição vertical não se restringe ao mercado da empresa beneficiária da restrição, mas também incide sobre o mercado da empresa objeto desta prática. Assim, uma restrição vertical entre um *shopping center* e lojistas tem efeitos potencialmente adversos não somente sobre o mercado de locação de espaço comercial, mas também sobre o mercado de venda de produtos diversos pelos lojistas. Em outras palavras, uma restrição vertical pode permitir a um *shopping center* extrair renda de monopólio dos consumidores finais de lojistas que são dele locatários.

No caso em pauta, os mercados potencialmente afetados são 1) o de locação comercial em *shopping centers* de alto padrão estabelecidos na zona oeste, norte da zona sul e oeste da zona central da cidade de São Paulo; e 2) o mercado de consumo final dos lojistas situados nesses espaços. Assim, um potencial fechamento de mercado (*market foreclosure*) pode provocar a elevação de preços para o consumo final, sendo essa renda de monopólio apropriada pelo *shopping center*, por meio do mecanismo contratual que mantém com os lojistas. Em síntese, este é um meio de estender o poder de mercado para além das relações comerciais diretas da empresa.

2.2. Padrão de Concorrência

Mais do que locar espaços comerciais, o negócio dos *shopping centers* é organizar a atividade de comércio varejista. A concorrência entre os diversos *shoppings* assenta-se na capacidade de diferenciar-se nesta atividade, particularmente no que se refere à localização, composição do conjunto de lojas e provisão de bens coletivos, como serviços de apoio, propaganda e coordenação de atividades de promoção. Em resumo, esses itens de diferenciação são aqueles que determinam a capacidade de o empreendimento atrair os consumidores finais. A esse respeito, estudo do BNDES sobre o setor[1] afirma que "*Shopping centers* são considerados, por vezes, um investimento imobiliário, porém isto encobre a natureza e finalidade do negócio, que é o comércio varejista".

A receita dos *shopping centers* é obtida, predominantemente, do aluguel cobrado junto aos lojistas, que normalmente apresenta um componente fixo e outro variável, em função das vendas do locatário. Seria equivocado, entretanto, supor que o objetivo dos *shopping centers* seja apenas atrair lojistas. De um lado, parte de sua receita está vinculada ao volume de vendas de cada locatário, de tal modo que a atração de consumidores é de seu interesse direto. De outro, o principal instrumento de conquista de lojistas, que define o preço do componente fixo da locação, é a capacidade de atração de consumidores finais. Em outras palavras, a atração de lojistas e a de consumidores são mutuamente determinadas, ou seja, são parte do mesmo negócio.

Entre os elementos que podem explicar a atração do consumidor final – localização, serviços agregados (segurança, estacionamento etc.) e o conjunto de lojas – este último é o que assume a maior importância na determinação das possibilidades de diferenciação entre *shopping centers*[2]. Como muito apropriadamente consta nas Alegações Finais dos Representados:

"é de grande relevância a proteção ao *tennant mix*, ou seja, a fórmula de organização através da qual o empreendedor determina não somente a

[1] BNDES, O crescimento dos Shopping Centers no Brasil, 1998. (www.bndes.gov.br)

[2] A localização do shopping center é um elemento importante, em relação ao qual os empreendedores devem decidir-se no momento da construção do estabelecimento. Uma vez decidida a localização, esse fator de competição converte-se em um dado e deixa de fazer parte, logicamente, dos esforços estratégicos de diferenciação e atração dos consumidores finais.

distribuição interna das lojas a se instalarem no *shopping*, mas também quais as lojas e grifes que devem estar presentes, a fim de que seja assegurado ao cliente um conjunto racional e atrativo de tipos de comércio, pois é essa "fórmula", esse "*mix*", que diferencia um *shopping* dos demais e que é a principal causa de sucesso ou fracasso do empreendimento, sendo, conseqüentemente, o principal fator de concorrência entre os *shoppings*" (P.A., fl 1007).

O conjunto de lojas é o elemento distintivo de um *shopping* em relação aos demais concorrentes, constituindo o principal instrumento de diferenciação vertical[3]. Neste caso a diferenciação permite a prática de preços mais altos, sendo a composição do produto (composição do conjunto de lojas e serviços de apoio) voltada ao público de maior poder aquisitivo, cuja demanda é menos sensível à variação de preços. A diferenciação horizontal é definida, sobretudo, pela localização, de tal modo que alguns *shoppings* são preferidos apenas por sua proximidade em relação a um grupo de consumidores geograficamente definido (Tirole, 1988).

Uma vez estabelecido que o padrão de concorrência neste mercado é baseado na diferenciação, uma mera comparação da participação de mercado dos diversos *shoppings*, que atuam em diferentes e insubstituíveis segmentos, pouco informa sobre a existência de posição dominante. Um caminho mais frutífero é investigar se o padrão de diferenciação existente traduz-se em preços distintos, que possam revelar o exercício de poder de mercado. Por meio dessa análise, é possível identificar os segmentos de mercado existentes e se há posição dominante nítida em cada segmento. Para tanto, reproduz-se a seguir os dados de faturamento, área bruta locável (ABL) e valor médio do m^2 dos principais *shopping centers* da região de São Paulo em que atua o Shopping Iguatemi, constantes no Processo Administrativo (fl. 941).

A distribuição dos valores de faturamento por ABL e valor médio do m^2 revela a existência de três segmentos de preço, que indicam

[3] A estratégia de diferenciação vertical refere-se à oferta de um produto ou serviço genericamente preferido pelos consumidores em relação aos produtos concorrentes. Sua manifestação no mercado dá-se, via de regra, por diferenciais de preço sustentáveis. Por sua vez, a estratégia de diferenciação horizontal – também denominada por segmentação de mercado – refere-se à oferta de um produto ou serviço preferido apenas por um grupo de consumidores (segmento de mercado), e eventualmente preterido pelos demais (Tirole, 1988).

Tabela 1. Faturamento por área bruta locável de shopping centers da cidade de São Paulo

Shopping	*Ano de inauguração*	*ABL mil m²*	*Faturamento (R$ milhões)*	*Fat/ABL (R$)*	*Valor médio do m² (R$)*
Iguatemi	1966	34	527	15.576	190,00
Pátio Higienópolis	1999	28	294	10.500	110,00
Morumbi	1982	45	365	8.053	120,00
Jardim Sul	1990	18	117	6.700	70,00
Eldorado	1981	61	336	5.500	70,00
Villa Lobos	2000	26	143	5.500	70,00

Fonte: Processo Administrativo (fl. 941 e 980) e Revista ALSHOP, Informativo de mercado, Central de Shoppings.

diferentes níveis de diferenciação vertical. O grupo de *shopping centers* não diferenciados é aquele de custo médio de R$ 70,00/m². Não há nesses *shopping centers* uma capacidade superior de atração de consumidores, particularmente os de elevada renda. Há também uma faixa intermediária, que compreende *shoppings* com algum grau de diferenciação vertical, que competem em uma mesma faixa de preço.

Finalmente, o Shopping Iguatemi goza de uma posição privilegiada, apresentando um valor médio do m² cerca de 50% superior ao do segundo colocado. Os diferenciais de valor médio do m² demonstram como o mercado avalia a diferenciação vertical entre os diversos *shoppings*. No caso em pauta, não há dúvidas, o Shopping Iguatemi é o mais diferenciado verticalmente, o que lhe permite cobrar mais caro pelo aluguel. Seu padrão de diferenciação é comparável apenas com espaços comerciais situados fora do Brasil, que obviamente fazem parte de diferentes mercados relevantes. Segundo a pesquisa *Main Streets Across the World*[4], feita anualmente pela empresa americana de consultoria imobiliária *Cushman & Wakefield*, o Shopping Iguatemi ocupa a 15ª colocação entre os pontos de venda mais valorizados do mundo, não havendo no Brasil nenhum que o supere.

As tendências de mercado afetam distintamente os diversos segmentos de mercado, tendo impacto sobre as estratégias dos principais grupos, especialmente no que se refere à entrada em segmentos de maior valor agregado. Em uma análise agregada, a participação dos *shopping centers*

[4] Veiculada na imprensa brasileira em dezembro de 2001.

no comércio varejista é crescente, tendo sido este crescimento amparado não somente pela ampliação de capacidade dos *shoppings* existentes e instalação de novas plantas dos grupos estabelecidos, mas também pelo lançamento de novos grupos. Entretanto, o segmento mais dinâmico é o de maior valor agregado, o que aumenta o interesse pela entrada no segmento de elevada diferenciação, em que atua o Shopping Iguatemi.

O maior dinamismo do segmento de maior valor agregado pode ser depreendido dos dados presentes na Tabela 2, a seguir[5], sobre as tendências de faturamento, número de lojas e número de *shoppings* no Brasil. Pode-se notar que o crescimento do faturamento do setor vem sendo superior ao crescimento do número de *shoppings*, o que implica que cresce também o faturamento médio obtido por cada empreendimento. O mesmo, entretanto, não ocorre com os lojistas, cuja taxa de crescimento é superior ao crescimento do faturamento. Portanto, no período considerado, o faturamento médio por loja reduziu-se.

Tabela 2. Principais indicadores do setor de *Shopping Centers*

	1996	*1997*	*1998*	*Variação 97/96*	*Variação 98/97*
Faturamento (US$ bilhões)	12	13	14	8%	8%
Nº *shopping centers*	136	145	153	6%	5%
Nº de lojas	22.264	24.136	26.571	9%	10%

Fonte: Abrasce apud BNDES (1999)

O crescimento do faturamento por empreendimento, no período compreendido nos dados do BNDES, não decorreu de uma mera intensificação do comércio nos *shopping centers*. Se assim fosse, o crescimento do faturamento seria proporcional ao crescimento do tráfego de pessoas, com a manutenção do gasto médio de cada consumidor. A Figura 1, baseada na mesma fonte de dados, mostra que, ao contrário, o crescimento do faturamento foi superior ao aumento do tráfego de pessoas, o que significa que houve aumento médio do

[5] ***Shopping Centers* – Situação Atual**. Área de Operações Industriais 2 – Gerência Setorial de Comércio e Serviços, BNDES. Nº 24, Junho de 1999.

gasto por consumidor. Em outras palavras, o perfil do consumo modificou-se na segunda metade dos anos 90, com tendência de maior dinamismo nos segmentos de maior valor agregado. Portanto, o segmento de mercado em que atua o Shopping Iguatemi passa a ser mais atraente para os demais *shoppings*, o que, na ausência de barreiras à entrada (ou estratégias de bloqueio à entrada), deveria conduzí-los a esforços de diferenciação vertical.

Figura 1. *Shopping centers* no Brasil – faturamento e tráfego de pessoas

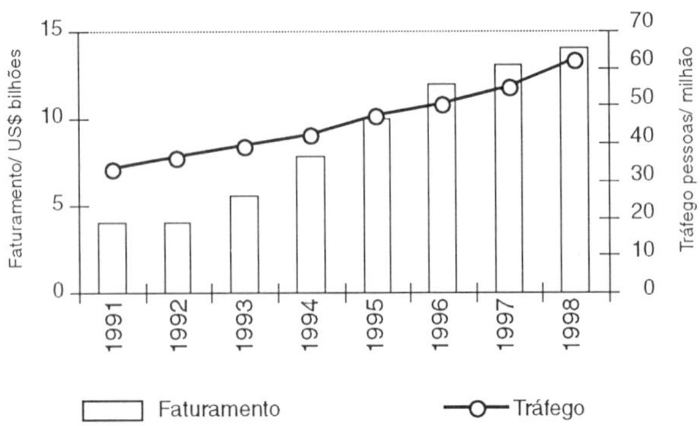

Fonte: Abrasce apud BNDES (1999

Resta perguntar se a diferenciação vertical, de que goza o Shopping Iguatemi no segmento mais dinâmico do mercado, é sustentável. Em outras palavras, há barreiras à entrada no setor de *shopping centers*, e, particularmente, no segmento de alto padrão, que permitam a sustentação dos diferenciais de preços identificados?

Os dados setoriais mostram que há entrada no mercado de *shopping centers* em geral, motivada especialmente pelo forte crescimento da demanda, que, por sua vez, decorre das mudanças de hábitos de consumo e crescente importância da conveniência e conforto na atividade de compra.

Entretanto, como os mercados são geograficamente delimitados e a diferenciação vertical muito pronunciada, o aumento de número de *shopping centers* não configura necessariamente entrada de novas firmas no mercado relevante em que atua o Shopping Iguatemi. Para que isso ocorra, é necessário que haja entrada dentro do limite geográfico do mercado relevante e, principalmente, no segmento de alto padrão. A primeira condição é facilmente satisfeita, sendo os casos dos *shoppings* Higienópolis e Villa

Lobos, inaugurados em 1999 e 2000, respectivamente, os mais importantes exemplos. Contudo, esses *shoppings*, embora gozem de reputação de espaços comerciais de alto padrão, operam em uma faixa de preços significativamente distinta (Tabela 1), não concorrendo diretamente com o Shopping Iguatemi.

Para que haja, de fato, entrada no segmento de elevada diferenciação vertical, é necessário que o produto oferecido pelo *shopping center* – isto é, a combinação de localização, serviços de apoio e o conjunto de lojas – seja compatível com o que é demandado pelo segmento de maior poder aquisitivo. Para que a entrada seja efetiva, portanto, é necessário ter acesso a um conjunto de lojas de alto padrão, não necessariamente idêntico ao do Shopping Iguatemi, mas certamente comparável a este.

Mesmo não ocorrendo entrada de *shopping centers* com níveis de diferenciação comparáveis ao do Shopping Iguatemi, essa tendência afeta diretamente as suas estratégias. Isto porque o número de potenciais entrantes – *shoppings* localizados na mesma região e com possibilidade de penetrar o segmento altamente diferenciado – cresceu fortemente.

A existência de um maior número de concorrentes potenciais, juntamente com o maior dinamismo no mercado de alto padrão, indica que a possibilidade de entrada neste segmento tende a crescer. Em uma situação em que a empresa que ainda detém uma posição dominante vê crescer a ameaça à sua posição, as estratégias de bloqueio à entrada assumem grande relevância. Uma dessas estratégias é a utilização de contratos de exclusividade com lojistas selecionados, que dificultam a entrada por parte de concorrentes potenciais. São essas as duas principais condições para justificar uma estratégia de bloqueio à entrada. De um lado, é necessário algum poder de mercado para que essa estratégia seja viável. De outro, na ausência de ameaça à entrada, a estratégia de bloqueio é inócua ou, simplesmente, desnecessária.

Como conseqüência, o padrão de concorrência no mercado de *shopping centers* de alto padrão atende a todas as condições para a ocorrência de estratégias de bloqueio à entrada. A próxima seção tem por objetivo avaliar se a cláusula de exclusividade empregada pelo Shopping Iguatemi junto a alguns lojistas desempenha esse papel.

A questão que se coloca neste momento é: quais são as fontes de sustentação da posição dominante do Shopping Iguatemi? Os principais diferenciais competitivos do Shopping Iguatemi decorrem de um elemento histórico. Foi o primeiro *shopping* a se estabelecer no Brasil, no ano de 1966, tendo gozado dessa posição privilegiada – de shopping absolutamente único – por diversos anos.

A literatura de organização industrial, sobretudo nos anos 90, registra a importância de vantagens competitivas originadas dinamicamente, ou seja, que são ampliadas conforme uma empresa se dedica ao exercício de uma atividade (Teece, Pisano & Shuen, 1997). Na base dessas vantagens está o que pode ser genericamente denominado por 'vantagem de se agir primeiro' (*first mover advantage*) (Besanko et alii, 2000), que decorre de ganhos de aprendizado ou da ocupação de uma posição estratégica, o que se aplica ao caso do Iguatemi. Há condições bem definidas para que agir primeiro seja uma fonte de poder de mercado. Necessariamente deve haver algum mecanismo que reafirme uma posição dominante, o que a literatura econômica denomina por *self reinforcing mechanism* (Arthur, 1994). Em outras palavras, para caracterizar a posição dominante do Shopping Iguatemi, decorrente do fato de ter sido o *shopping center* pioneiro, é necessário identificar se há, de fato, mecanismos que reafirmem a sua posição dominante. Como o padrão de concorrência é fundado na diferenciação vertical, o Shopping Iguatemi desfruta de uma posição dominante sustentável se sua posição dominante anterior facilitar, no presente, suas estratégias de diferenciação e dificultar a de seus concorrentes potenciais.

Conforme já argumentado, o principal elemento de diferenciação vertical nesse mercado é a composição do conjunto de lojas, que deve ser compatível com a exploração do segmento de maior poder aquisitivo. Lojas de grife – ou demais voltadas a esse segmento – pautam sua estratégia de localização em função do acesso a seus potenciais consumidores. Para isso, é relevante a localização do espaço comercial em áreas de alta renda *per capita*, reduzindo o tempo de deslocamento do consumidor potencial. Contudo, isso não é suficiente. Uma localização desejada por uma loja de grife é aquela que seus potenciais consumidores já freqüentam ou virão certamente a freqüentar.

Segundo dados da PopaiBrasil[6], agência de pesquisa de mercado, 73% dos consumidores decide as compras e marcas nos pontos de venda, ou seja, para três quartos dos consumidores a decisão do local de compra antecede a decisão de compra. Como conseqüência, é condição de sucesso

[6] Point of Purchase Advertising International.

para uma loja de grife localizar-se em um ambiente onde seus potenciais consumidores já freqüentem. Aqui está o mecanismo de reafirmação da posição dominante (a vantagem de se agir primeiro): como o principal elemento de atração dos consumidores de alta renda é a existência de lojas de grife, estas tendem a optar por espaços já consolidados, o que dificulta a entrada de novos *shoppings* neste segmento de mercado.

Ser o primeiro *shopping center* de alto padrão é, portanto, uma vantagem sustentável, porque está fundada em um mecanismo que reafirma constantemente sua posição dominante. Um *shopping center* não diferenciado, ao contrário, vive a situação oposta. Suas tentativas de diferenciação vertical – ou seja, de buscar segmentos de mercado de maior poder aquisitivo – são mais difíceis (custosas), uma vez que os lojistas adequados para atrair esse perfil de consumo darão preferência àqueles shoppings já estabelecidos neste segmento[7].

Esta posição dominante do Shopping Iguatemi é legítima e incontestável, resultado do mérito da inovação no passado, quando este empreendimento trouxe para o Brasil o conceito de 'centro de compras', já difundido na América do Norte. Contudo, o problema relevante para a análise de defesa da concorrência é o uso dessa posição dominante para bloquear concorrentes potenciais em seu segmento de mercado. A esse tema se dedica a próxima seção.

3. Caracterização da Relação Contratual entre o Shopping Iguatemi e Lojistas: Implicações para a Análise de Defesa da Concorrência

O ponto em discussão no Processo Administrativo em pauta é a utilização de restrição vertical, mais especificamente uma cláusula de exclusividade, na relação entre o Shopping Iguatemi e lojistas selecionados. É este o foco desta seção, tendo por objetivo investigar se essa prática é

[7] A vantagem de agir primeiro nesse mercado traduz-se em maior faturamento por ABL nos *shopping centers* mais antigos. apresentados. Nos dados apresentados à fl 941, do Processo Administrativo, observa-se uma correlação entre essas variáveis positivas (0,393) e significante ao nível de 3,2%. Mesmo incluindo *shoppings* não diferenciados na amostra, que não são beneficiados por mecanismos de reafirmação de posição dominante, o tempo de existência de um shopping tem efeito positivo sobre o preço praticado por m².

motivada por ganhos de eficiência (redução de custos de transação) ou por motivos exclusivamente estratégicos, neste caso o estrangulamento das possibilidades de diferenciação vertical por parte dos concorrentes mais próximos. Para tanto, a seção se inicia com uma caracterização da relação contratual entre lojistas e *shopping centers* em geral, com ênfase na complementaridade de ações e esquemas de pagamento. Na seqüência, são investigadas especificamente a cláusula de exclusividade e a hipótese levantada pela Representada de que esta característica da relação contratual decorreria de elevados ativos específicos envolvidos na transação. Finalmente, a seção conclui com uma análise dos efeitos anticompetitivos decorrentes deste contrato.

3.1. Da Relação entre Shopping Centers e Lojistas

A seção anterior já adiantou alguns pontos necessários para a descrição da relação contratual entre *shopping centers* e lojistas. Conforme exposto, trata-se de uma relação vertical, no sentido de comporem atividades complementares, necessárias para a exploração de uma mesma atividade fim: o comércio varejista.

A convivência de conflito e interesse comum é uma característica marcante das relações verticais. Conflito porque as partes, freqüentemente cliente e fornecedor, discutem preços que assumem o significado de receita para um e custos para outro. Nesse sentido, o conflito é evidente. Há, por outro lado, interesse comum na relação entre as partes. Todos os elos de uma cadeia produtiva têm como última razão de existência o produto final, o qual permite a captação da renda do consumidor, que alimenta todas as atividades necessárias para gerar aquele produto. É este o elemento que justifica o esforço e ações desenvolvidas por cada componente de uma cadeia produtiva. Pode-se dizer, portanto, que o conjunto de atividades complementares que constitui um sistema produtivo tem como responsabilidade comum o oferecimento de um dado produto final. Por conseguinte, a relação entre cliente e fornecedor não é somente uma relação de conflito, mas também uma relação de interesse comum.

Desse modo, não é inteiramente apropriada a idéia de que "os objetivos entre lojistas e administradores [de *shopping centers*] são comuns", o que justificaria "a realização de acompanhamento mensal dos lojistas" (fl. 1.238). Os objetivos são, ao contrário, freqüentemente conflitantes, sendo essa a justificativa para os "acompanhamentos mensais", ou seja, para o monitoramento que o *shopping center* exerce sobre os lojistas. Como já consagrado na literatura econômica, na ausência de conflito de interesses, não há necessidade de monitoramento de contratos (Salanié, 1997).

Por se tratar de uma relação de interesse comum e conflito, há motivações divergentes para se desejar o controle vertical da cadeia produtiva. Pode-se desejá-lo para implementar uma solução de redução de custos, em especial custos de transação (interesse comum), ou para permitir uma maior apropriação da renda (conflito). Embora haja diversos arranjos verticais cuja motivação seja a redução dos custos de transação – como contratos de franquia e o desenvolvimento de redes de empresas –, esta não é a única motivação para o exercício de controle vertical. Como argumenta o próprio Oliver Williamson, a principal referência da Economia dos Custos de Transação, as "estratégias de redução de custos e de apropriação de renda não são mutuamente exclusivas" (Williamson, 1991, p.76)[8]. Arranjos verticais podem tanto implicar ganhos de eficiência como danos à concorrência.

3.2. Exclusividade e Eficiência

Há condições bem estabelecidas na literatura – particularmente na Economia dos Custos de Transação – para que o controle vertical seja um arranjo eficiente. É necessário caracterizar um nível de interdependência entre as partes – fundamentada no conceito de especificidade de ativos – que indique a necessidade de restrições verticais. Além disso, é necessário fundamentar quais são as restrições verticais pertinentes, dadas as características da transação.

Do mesmo modo, a literatura de organização industrial estabelece as condições para que uma restrição vertical seja nociva à concorrência[9]. Os principais danos possíveis podem ser divididos em dois grupos a) extensão do poder de mercado existente para os mercados das firmas que sofrem a restrição vertical; e b) prejuízos aos concorrentes efetivos ou potenciais. Em ambos os casos, os danos são sofridos pelos concorrentes efetivos e potenciais. Numa restrição vertical, que assume freqüentemente

[8] No original: "*economizing and strategizing are not mutually exclusive*".

[9] Para um painel mais aprofundado da literatura, veja-se Perry (1989), Tirole (1988), Viscusi et *alii* (1995) e Waterson (1996). Azevedo (1998) faz uma revisão dos principais argumentos.

a forma de um contrato negociado entre as partes, ao abdicar de um aspecto do controle vertical – por exemplo, o direito de estabelecer acordos com outrem – a parte que sofre essa restrição recebe compensações, como descontos no preço do produto ou serviço prestado. Portanto, o problema relevante não é a utilização de um contrato abusivo, mas os prejuízos à concorrência decorrentes de tal acordo. Para que esses prejuízos ocorram, basta que uma das partes detenha posição dominante, sendo capaz de impor restrições verticais ao contrato que impliquem danos aos concorrentes, diretos ou potenciais, e aos consumidores finais.

A esse respeito, afirmou-se, com propriedade, que a cláusula de exclusividade não constitui abuso na relação com os lojistas, "uma vez que o contrato é assinado por livre e espontânea vontade" (grifo no original, fl. 1.253). De fato, não são os lojistas do Shopping Iguatemi que são os eventuais prejudicados por uma cláusula de exclusividade. Quem é lesado são os concorrentes diretos ou potenciais deste shopping e, secundariamente, os consumidores finais.

Além do interesse comum no sucesso da atividade varejista da qual fazem parte, a relação entre *shopping centers* e lojistas é marcada pela interdependência de ações. O desempenho de um shopping center depende das ações de seus lojistas e vice-versa, caracterizando uma situação que a literatura econômica denomina por Agente-Principal[10]. Os serviços coletivos prestados pelo *shopping* – como o provimento de segurança, estacionamento e coordenação de promoção de vendas –, além, é claro, do gerenciamento do *mix* de lojas, têm efeitos sobre o número de consumidores que é atraído para este espaço e, portanto, é decisivo para o desempenho dos lojistas, individual ou coletivamente considerados. Por sua vez, a ação de cada lojista – particularmente seu esforço individual para atração de consumidores – afeta o desempenho dos demais lojistas e, portanto, a rentabilidade associada ao espaço para locação comercial, de interesse direto do *shopping center*.

Em casos desse tipo, é comum a ocorrência de tarifas em duas partes, ou seja, pagamentos em que há uma parte fixa e outra variável (Dnes,

[10] Essa situação é definida por três condições: a) a ação de uma parte afeta o resultado da outra, b) há conflito de interesses e c) há informação assimétrica (uma parte conhece algum aspecto relevante não observado pela contraparte). Se essas três condições são observadas simultaneamente, há um caso de 'risco moral' (*moral hazard*), ou seja, de ações que resultam em prejuízo à contraparte. (Salanié, 1997).

1995). Para incentivar o *shopping* a oferecer adequadamente os serviços coletivos, uma parte de seu rendimento varia em função do desempenho do faturamento das lojas. A parte fixa desempenha o papel de prover incentivo para que o lojista esforce-se ao limite para ampliar o faturamento, sob pena de seu rendimento ser insuficiente para cobrir sua despesa fixa para com o *shopping*. A parte variável, por sua vez, é um incentivo para que o *shopping center* realize os esforços de *marketing* e de provimento de bens coletivos, que afetam o faturamento de cada lojista individualmente. Não há, a princípio, nada de nocivo à concorrência nessa prática de fixação de preços, mas tampouco nada que isente outros elementos do contrato de o serem.

Para a análise dos eventuais ganhos de eficiência resultantes do desenho contratual, foi proposta, com absoluta correção, a utilização da Economia dos Custos de Transação. Nos termos do Parecer, "cláusulas contratuais e práticas comerciais aparentemente restritivas da concorrência em mercados que contam com ativos específicos e possibilidade de comportamento oportunista constituem-se freqüentemente em mecanismos que garantem um funcionamento mais eficiente desses mercados" (fl. 1.255). Como conseqüência, para proceder essa análise, é necessário identificar os ativos específicos presentes na relação e mostrar de que modo a cláusula contratual em questão atenua os custos de transação associados à presença desses ativos.

É nesses dois passos que o argumento desenvolvido, amparado em Botelho (2001), perde sustentação. A seguinte passagem do Parecer contém a justificativa para a identificação de ativos específicos na relação entre *shopping centers* e lojistas.

"Tanto empreendedor como os lojistas fazem elevados investimentos em ativos altamente relacionados ao tipo de negócio considerado (como imóvel, marca, equipamentos e instalações). Ocorrendo uma mudança de negócio perderão, ao menos, parte do valor. A arquitetura e a estrutura de um *shopping* dificilmente poderá ser aproveitada para outra finalidade, sem que se façam consideráveis investimentos adicionais para a adaptação" (grifei) (PA, fl. 1251).

Nesta passagem não há referência a ativos específicos, mas a ativos especializados, os quais, por si só, não têm quaisquer conseqüências sobre os custos de transação e, portanto, sobre a opção contratual (Masten,

1994). A especificidade é a característica de um ativo cujo valor é dependente da continuidade da transação à qual ele é específico. Quanto maior a especificidade, maiores serão os riscos e problemas de adaptação e, portanto, maiores os custos de transação. Um ativo específico não se confunde, portanto, com um ativo especializado, cujo retorno depende de um determinado uso (ao qual ele é especializado), mas não necessariamente de uma mesma transação.

Como exemplo, as instalações de um moinho de trigo constituem ativos especializados para a produção de farinha, pois não servem para qualquer outra finalidade. Contudo, não são ativos específicos porque este produto pode ser destinado a diversos clientes alternativos. Com efeito, a farinha de trigo é normalmente comercializada sem quaisquer salvaguardas contratuais. Em contraposição, ativos de uso genérico, mas que são dedicados a uma transação – ou seja, "investimentos em plantas de uso genérico que são feitos por solicitação de um cliente em particular" (Williamson, 1996, p. 60)[11] –, são ativos específicos, demandando mecanismos contratuais que protejam as partes da perda decorrente de um rompimento contratual.

As instalações de um *shopping center*, por mais especializadas que sejam à atividade de centro de compras, certamente não são ativos específicos porque podem ser – e são – utilizadas na relação com diferentes lojistas. Esses ativos não se depreciam se houver uma substituição de lojistas, como as que ocorrem com freqüência. A marca, do mesmo modo, não constitui um ativo específico nessa relação porque não é compartilhada. Os investimentos feitos por uma loja de grife na formação de sua marca não são específicos ao Shopping Iguatemi e vice-versa, uma vez que, em caso de rompimento da relação, o valor e a propriedade da marca são preservados.

Essa situação é certamente diferente de uma relação entre um franqueador e seus franqueados, em que a marca é compartilhada. Nesse caso, o rompimento do contrato pode provocar perdas ao franqueador (mau uso da marca) e ao franqueado (perda dos esforços na promoção da marca). Essa é uma útil 'prova dos nove': se no rompimento da relação não há perdas significativas, não há ativos específicos envolvidos.

[11] No original, "investments in general purpose plant that are made at the behest of a particular customer".

Mesmo não sendo os ativos citados (marca e instalações físicas) específicos à relação, há alguma especificidade em ativos de menor monta, como os gastos de instalação do lojista (pintura, instalação elétrica etc.) e custos de negociação do contrato. Embora pouco relevantes frente aos ativos físicos do *shopping*, marca de ambos e estoque dos lojistas, esses ativos específicos são suficientes para que as partes desejem a continuidade da relação. Uma vez que a rotatividade é custosa para ambas as partes, mecanismos que possibilitem a redução dessa rotatividade de lojistas são benéficos do ponto de vista de bem-estar social.

Entretanto, não é isso que está em discussão na análise deste caso. Não há qualquer restrição a mecanismos que estimulem as partes ao estabelecimento de uma relação continuada. O problema em análise é a cláusula de exclusividade e é, portanto, esta cláusula que deve ser justificada pelos argumentos de economia de custos de transação.

A cláusula de exclusividade reduz os custos de transação quando a comercialização com terceiros impossibilitar a apropriação do retorno de ativos específicos. Esse é o caso de franquias, em que a venda de produtos estranhos ao negócio franqueado pode resultar em depreciação da marca compartilhada entre franqueador e franqueado.

No contrato entre o Shopping Iguatemi e os lojistas, a cláusula de exclusividade não é um meio de incentivar a continuidade da relação porque o que se restringe não é a interrupção das operações neste *shopping*, mas sim o estabelecimento de novas unidades em outros espaços comerciais. A expansão de um negócio – por exemplo, abertura de uma nova loja – não significa em absoluto o fechamento das antigas unidades. Portanto, impedir a expansão do negócio (contrato de exclusividade) não guarda qualquer relação com a continuidade da transação original entre *shopping center* e lojista. Decorre deste argumento que, embora a continuidade do contrato entre *shopping center* e lojistas seja desejável, não está neste ponto a motivação econômica para a adoção de uma cláusula de exclusividade.

Cabe investigar se a exclusividade poderia funcionar como uma salvaguarda para alguma assimetria nos contratos, como é o caso do direito de interrupção da relação. A esse respeito, foi defendido que a exclusividade "garante o equilíbrio nas relações entre lojistas e empreendedor, uma vez que os prazos dos contratos de aluguel são indeterminados e o lojista pode a qualquer momento romper a relação comercial, o que o administrador do shopping não pode fazer" (fl. 1.255). Portanto, uma assimetria no direito de interrupção dos contratos justificaria uma cláusula de exclusividade. A questão que deveria ser previamente investigada é se há, de fato, essa assimetria contratual.

Do ponto de vista jurídico, a resilição antes do prazo é facultada a qualquer das partes igualmente, não configurando qualquer assimetria. Além disso, no contrato entre *shopping center* e lojistas, o primeiro é o formulador das condições gerais. Há, evidentemente, possibilidade de negociação individual, mas, como já argumentado, essa negociação tende a ser assimétrica e em favor do empreendedor. Assim sendo, o risco de rompimento da relação é mais razoavelmente contornado nos próprios prazos do aluguel e não por meio de cláusulas de exclusividade, que, ademais, incidem apenas sobre um subconjunto, mesmo que relevante, de lojistas.

Finalmente, a cláusula de exclusividade poderia ser justificada para o *shopping* preservar o "conceito" desenvolvido, uma vez que "[o lojista] poderia mudar sua estratégia de 'exclusivo' para 'popular' e como tem direito ao ponto comercial, levaria o shopping a perder o 'conceito' que estabeleceu para si como meta estratégica" (PA, fl 1256). Porém a cláusula de exclusividade não faz qualquer restrição à mudança de posicionamento da loja mesmo ela permanecendo exclusiva ao Shopping Iguatemi. Portanto, a exclusividade certamente não atende a esse objetivo. Tampouco há restrições ao estabelecimento no comércio de rua, mesmo que em calçadões populares, o que certamente afetaria a imagem da marca. A restrição tem endereço certo, que é constituído pelos shoppings que pretendem se posicionar no segmento de alto padrão, ou seja, são os concorrentes do Shopping Iguatemi.

3.3. Exclusividade e Danos à Concorrência

A cláusula de exclusividade restringe as opções de transação entre cliente e fornecedor ou mais genericamente, entre duas atividades complementares. O problema de concorrência que pode advir dessa prática é conhecido como 'fechamento de mercado' (*market foreclosure*[12]), consistindo no estrangulamento do acesso de concorrentes aos fornecedores (*upstream foreclosure*), serviços de apoio (*lateral foreclosure*) ou aos clientes (*downs-*

[12] A tradução de *foreclosure* para 'estrangulamento' expressa mais precisamente o sentido econômico do problema do que a sua tradução mais usual, 'fechamento'. Esse comentário é esclarecido na argumentação que se segue.

tream foreclosure). No caso em pauta, o fechamento ocorreria no acesso de *shoppings especificados* – concorrentes do Shopping Iguatemi – às oportunidades de diferenciação vertical, que são definidas pela possibilidade de constituição de um conjunto de lojas de configuração superior.

Se essa restrição vertical implicar algum grau de controle sobre as estratégias de competição dos *shoppings* rivais, o Shopping Iguatemi poderá afetar os custos de diferenciação dos concorrentes ou, no limite, impossibilitar essa estratégia. Essa capacidade de afetar os custos dos rivais ou de impossibilitar a diferenciação constitui uma restrição à competição e um bloqueio à entrada de novos concorrentes.

Mesmo que a empresa que detenha esse controle vertical não aja deliberadamente no sentido de impossibilitar a diferenciação por parte dos concorrentes, esse efeito, nocivo ao bem-estar social, ocorre. Duas espécies de custos podem surgir: a) se houver necessidade de expansão da produção – o que se reflete em aumento da oferta de espaço para locação – deve haver maior dificuldade para a atração de lojistas, na medida em que o mercado é agora mais estreito; e b) os concorrentes se defrontarão com um número menor de lojistas que possibilitem a diferenciação desejada, o que pode sujeitá-los a condições desfavoráveis de negociação, mesmo nos contratos em andamento (Hart & Tirole, 1991).

Foram estabelecidas duas condições para que os efeitos da exclusividade no fechamento de mercado sejam nocivos (fl 1247): "1. existência de posição dominante no mercado relevante por parte da empresa investigada; 2. o efeito de fechamento do mercado e o posterior abuso de posição dominante sobre os compradores" (grifo no original). A seção anterior demonstrou que o Shopping Iguatemi goza de posição dominante no mercado, sendo aquele que mais se diferencia verticalmente, praticando preços, de modo sustentável, bastante acima do que praticam os outros *shoppings*. Resta investigar se há efeito de fechamento de mercado.

Nesse ponto, o problema foi restrito a um caso extremo, em que o fechamento de mercado somente seria observado se houvesse exclusividade com todas as lojas de alto padrão. Em suas palavras, "o Iguatemi, até mesmo devido ao limite imposto pela sua Área Bruta Locável, não pode fechar o mercado contratando com exclusividade todas as lojas disponíveis no mercado" (grifo no original) (fl. 1.270).

Se o Shopping Iguatemi realizasse acordo de exclusividade com "todas as grifes mundiais" (fl. 1.272), o que estaria em análise não seriam os efeitos de uma restrição vertical, mas um problema horizontal em seu extremo: um monopólio sobre as alternativas de transação das lojas de grife. Este não é um problema vertical, como o agora investigado. Este é um problema tipicamente horizontal e, como tal, não é relevante se quem detém o controle sobre todas as lojas é um cliente ou fornecedor.

Não há nenhum exemplo na literatura consultada – teórico ou real – de um problema de fechamento de mercado em que aquele que realiza o contrato de exclusividade controla a totalidade do mercado. Se houvesse, seria tratado como um caso de monopólio e não de fechamento de mercado. Ao contrário, Viscusi et *alii* (1995, p. 239) citam o caso da *Brown Shoe*, de 1962, em que o fechamento do mercado correspondeu a apenas 1% do total e, mesmo assim, foi considerada uma prática ilegal. Este é um caso extremo, mas tem a função de mostrar que o fechamento certamente não implica monopolização. Em uma revisão geral dos casos, os autores concluem que "a probabilidade de uma cláusula de exclusividade ser considerada ilegal depende das participações de mercado envolvidas" (Viscusi et *alii*, 1995, p. 247). No *Merger Guidelines* vigente não há qualquer especificação de qual é a parcela de mercado que seria suficiente para caracterizar um fechamento, preferindo focar a análise nos efeitos de cada caso sobre as barreiras à entrada e facilidade de conluio.

No caso em análise, a cláusula de exclusividade dificulta as possibilidades de diferenciação vertical por parte dos concorrentes do Iguatemi, ao restringir o acesso destes a um número expressivo de lojistas. Este é, conforme argumentado na seção anterior, o principal instrumento de diferenciação vertical, que, por sua vez, é o principal aspecto da concorrência entre *shopping centers*, determinando os diferenciais de preços obtidos nos contratos de locação.

A motivação para a adoção da exclusividade é explícita em dois momentos. Ao discriminar somente *shoppings* de 'alto padrão' ou que almejem atuar nesse segmento, o próprio contrato revela que sua motivação não é o risco de depreciação do "conceito", pela popularização de lojas estabelecidas no Iguatemi. A cláusula tem endereço bem definido, ou seja, <u>os *shoppings* que o Iguatemi vê como concorrentes potenciais em seu segmento de mercado altamente diferenciado</u>.

Posteriormente, a motivação da exclusividade é reforçada no próprio Parecer: "Certamente é impossível montar *mix* idênticos. Aliás, <u>é exatamente isso que a cláusula de exclusividade busca evitar</u>" (grifei) (fl. 1.278). A motivação da cláusula é proteger a diferenciação alcançada pelo Shopping Iguatemi, ou seja, é utilizada para criar barreiras à entrada no segmento de *shopping centers* altamente diferenciados. Desta forma, fica mais compreensível porque as cláusulas crescem à medida que cresce o número de novos empreendimentos (fl. 1.243). O surgimento de novos empreendimentos e a tendência de aumento do volume de gastos por consumidor implicam maior concorrência potencial ao segmento de alta diferenciação e maior interesse dos novos shoppings em explorar o segmento de maior dinamismo. As cláusulas surgem, portanto, em resposta ao aumento da concorrência potencial, com o objetivo de bloquear a entrada.

Defendeu-se, por fim, que a proteção à diferenciação previamente alcançada seria pró-competitiva e, portanto, deveria ser tolerada pelo sistema de defesa da concorrência. A cláusula de exclusividade, ao proteger a diferenciação por meio de uso de posição dominante que desfruta o Shopping Iguatemi, é um desestímulo a novos esforços de diferenciação. O bem-estar social decorre da combinação de inovação – por exemplo, um conceito superior para o varejo, que permite diferenciais de renda – com a difusão desse conceito. O desenvolvimento, criação de renda e emprego não decorrem do monopólio de um conceito superior para o varejo, mas da difusão pelo sistema econômico das novas práticas. Replicar padrões bem sucedidos, ressalvados os casos em que esteja definida a propriedade intelectual, é algo desejável, que permite um desempenho superior do sistema econômico. Além disso, a equiparação das vantagens de diferenciação, por meio de uma concorrência saudável, é o principal motor para o esforço contínuo de diferenciação.

4. Conclusão

A prática de restrição vertical é o tema central do Processo Administrativo nº 08012.009991/98-82, que trata da representação da Participações Morro Vermelho Ltda. contra o Condomínio Shopping Center Iguatemi e Shopping Center Reunidos do Brasil Ltda. A Representante – empreendedora no Shopping Jardim Sul – alega que os Representados utilizam contratos com cláusula de exclusividade com lojistas, que são nocivas à concorrência no mercado em que atuam.

Conforme aqui argumentado, o Shopping Iguatemi desfruta de posição dominante no mercado em que atua, apresentando elevada diferenciação vertical em relação aos demais *shopping centers* com que disputa o mesmo espaço geográfico. Como a prática em questão é um contrato de exclusividade, uma restrição vertical, os abusos da posição dominante não recaem sobre os lojistas com quem o contrato é firmado, mas sim sobre os concorrentes diretos e potenciais, assim como sobre os consumidores finais.

Na análise da relação contratual entre o Iguatemi e seus lojistas, foi possível identificar que, embora haja interdependência de ações e interesse na continuidade da relação, não há fundamentos na Economia dos Custos de Transação para justificar a adoção da cláusula de exclusividade com lojistas selecionados. A motivação central para a adoção dessa prática é dificultar as estratégias de diferenciação por parte dos potenciais entrantes em seu segmento de mercado, altamente diferenciado.

Maio de 2002.

5. Referências Bibliográficas

ARTHUR, W. B. *Increasing returns and path dependence in the economy*. The University of Michigan Press: Ann Arbor, 1994.

BESANKO, D.; DRANOVE, D. & SHANLEY, M. *Economics of strategy*. 2. ed. New York: John Wiley, 2000.

BOTELHO, R. *As relações contratuais nos shopping center: uma pesquisa empírica em um shopping center na cidade de Campinas*. FEA-USP, Departamento de Administração, 2001. (dissertação de mestrado)

DNES, A. W. "The economic analysis of franchise contracts". *Journal of institutional and theoretical economics*, v. 152, n. 2, june, 1996.

HART, O. & TIROLE, J. "Vertical integration and market foreclosure". *Brooking papers: microeconomics*, p. 205-286, 1990.

MACNEIL, I. R. "Contracts: adjustment of long-term economic relations under classical, neoclassical, and relational contract law". *Northwestern University law review*, n. 72, p. 854-906, 1978.

MASTEN, S. *Empirical research in transaction cost economics: challenges, progress, directions*, 1994. (mimeo)

PERRY, M. K. "Vertical integration: determinants and effects". In: SCHEMALENSEE, R. & WILLIG, R. (Coord.). *Handbook of industrial organization*. v. 1, MIT Press, p. 183-255, 1989.

SALANIÉ, B. *The economics of contracts*: a primer. Cambridge: MIT Press, 1997.

TEECE, D. J., PISANO, G. & SHUEN, A. "Dynamic capabilities and strategic management," *Strategic Management Journal*, 18, p. 509-33, 1997.

TIROLE, J. *The theory of industrial organization*. Cambridge: MIT Press, 1988.

VISCUSI, W. M., VERNON, J. M., HARRINGTON Jr., J. E. *Economics of regulation and antitrust*. Cambridge: MIT Press, 2. ed., 1995.

WATERSON, M. "Vertical intergration and vertical restraints". In: Jenkinson, T. (Ed.) *Readings in microeconomics*. New York: Oxford Univ. Press, 1996.

WILLIAMSON, O. "Comparative economic organization: the analysis of discrete structural alternatives". *Administrative Science Quarterly*, 36, june, p. 269-96, 1991a.

__________. "Strategizing, economizing and economic organization". *Strategic Management Journal*, v. 12, p. 75-94, 1991b.

__________. *Mechanisms of governance*. New York: Oxford University Press, p. 429, 1996.

LEILÕES OU REGULAÇÃO? ONDE ESTÁ O MONOPOLISTA?

Edgard Antonio Pereira
Eleni Lagroteria

1. Introdução

A privatização de empresas estatais e a concessão de exploração de serviços públicos por empresas privadas têm sido a estratégia adotada pelo governo brasileiro para desonerar financeiramente o Estado e buscar ganhos de eficiência na oferta de bens e serviços tradicionalmente supridos pelo setor público.

Parte integrante dessa estratégia é a constituição de agências regulatórias que, em última instância, "garantam" a qualidade e a oferta a preços "justos" dos bens e serviços até então públicos.

É certo que essas agências são indispensáveis, em virtude das características de monopólio natural de que se reveste a maior parte dos bens e serviços privatizados, contraposto à pulverização da sua demanda. Sem entrar em maiores detalhes, é possível assumir a necessidade de existência dessas agências entendendo-se que o mercado, por si só, em função das características da oferta e da demanda destes bens e serviços específicos, não é capaz de garantir o bem estar do consumidor.

Entretanto, não menos indispensável é redobrar os cuidados para que essas agências não se transformem em órgãos de controle, reproduzindo o malsinado histórico de órgãos dessa natureza, que se inicia com o controle, encaminha-se para o autoritarismo e finda na captura, ineficiência e *mal estar* do consumidor.

A primeira providência nessa tarefa é distinguir duas áreas do objeto da regulação, arbitrariamente definidas aqui como *técnica e econômica*. A regulação *técnica* teria por objetivo a fiscalização das condições de segurança, qualidade, regularidade e outros itens similares no fornecimento dos bens e serviços. À regulação econômica caberia a adoção de mecanismos para garantir que o consumidor recebesse os bens e serviços a preços *ótimos*, e que o governo retirasse o melhor proveito econômico da concessão à exploração privada.

Quanto à primeira não parece haver dúvidas sobre os objetivos e instrumentos de atuação. Os itens fiscalizáveis são em geral quantificáveis, passíveis de apreensão por meio de indicadores razoavelmente precisos. As punições podem ser penas pecuniárias e gradativas, culminando com a própria revisão do direito de exploração.

Já no que diz respeito à matéria econômica, os objetivos e instrumentos estão sujeitos a maior controvérsia. A literatura e a experiência internacional são vastas e sua análise permite-nos antever o intenso debate que se observará no processo de estruturação das agências brasileiras, especialmente na definição da forma e dos limites da regulação econômica.

Nosso objetivo nesse artigo é colaborar para o início de um debate mais amplo sobre o assunto, hoje basicamente restrito às autoridades do governo, antecipando temas já exaustivamente estudados em outros países, de cuja experiência e teoria podemos nos valer.

O ponto que sustentamos nesse trabalho pode ser resumido da seguinte forma: a) há que se diferenciar regulação *técnica* e regulação *econômica*; b) a melhor regulação econômica é a que se estabelece no momento da concessão ou privatização do bem ou serviço; c) o melhor mecanismo de regulação é o de leilões.

O argumento para a afirmativa contida no item b é a de que no momento da concessão ou privatização o governo está na melhor posição econômica possível para a negociação das condições da operação: ele é o monopolista e os candidatos são múltiplos. Enquanto o fornecedor do objeto a ser licitado é único, os pretendentes são vários e competem entre si, em bases não cooperativas.

Por seu turno, o leilão é o mecanismo que reúne as condições para obtenção da maior receita de venda do objeto a ser licitado, permitindo ainda que se alcance o melhor resultado tanto para o consumidor quanto para o governo.

Nessa perspectiva, o leilão deve ser o único mecanismo de controle econômico a ser utilizado. O desenho do leilão é, por conseguinte, o elemento-chave para o sucesso da privatização ou concessão. Qualquer interferência posterior na gestão econômica da empresa exploradora é ineficiente e subtrativa de bem estar. A simples possibilidade de que uma ação de controle possa vir a ocorrer no futuro interfere negativa e expressivamente no resultado daquele que é o momento econômico por excelência da transação.

Nossa tese é a de que o uso de mecanismos de leilão para a privatização de ativos dá ao governo o poder de extrair do vencedor do leilão a maior parte possível do seu excedente - aqui definido como o lucro econômico puro - com a exploração da atividade produtiva em questão.

De acordo com Riley e Samuelson:

"The auction model is a useful description of "thin markets" characterized by a fundamental asymmetry of market position. While the standard model of perfect competition posits buyers and sellers sufficiently numerous that no economic agent has any degree of market power, the bare bones of auction model involves competition on only one side of the market. In this setting a single seller of an indivisible goods faces a number (n) of potential buyers. Competition among the (possibly small number of) buyers takes place according to a well-defined set of auctions rules calling for the submission of price offers from the buyers. Most commonly, the choice of auction method employed rests with the monopolistic seller."[1]

É, portanto, de fundamental importância considerar que, de uma maneira prospectiva, os candidatos à compra de ativos estatais mediante mecanismo de leilão transferem ao vendedor parte dos lucros esperados como resultado do poder de monopólio do governo nesse ato e pela concorrência com os outros licitantes.

De fato, embora os licitantes não concorram no mercado em que pretendem operar (pois o vencedor é apenas um), competem *ex-ante* pelo objeto leiloado, o que limita o lucro econômico esperado de cada comprador potencial. Assim, os mecanismos de leilão constituem verdadeiros modelos de "concorrência virtual."[2]

---

[1] Riley J.G. and Samuleson, W.F. "Optimal Auctions", In, **The American Economic Review**, Vol. 71, nº 3, June/1982, pp. 381-392.

[2] Em alguns casos, dependendo das regras do leilão impostas pelo governo, esta "concorrência virtual" é ainda mais evidente. Veja-se por exemplo a concessão de exploração da banda B para os serviços de telefonia celular. De acordo com o estabelecido em edital de licitação, as propostas elaboradas por cada participante deveriam conter não apenas um preço para a concessão mas os descontos sobre as tarifas atualmente vigentes em cada área de concessão. O vencedor de cada área foi aquele que apresentou o maior índice calculado segundo uma média ponderada entre o desconto sobre a tarifa atual e o excedente do preço ofertado sobre o preço mínimo de reserva da área de concessão. Tudo mais constante, quanto menor a tarifa proposta pelo licitante,

Nesse artigo fazemos uma breve referência aos mecanismos clássicos de regulação econômica, sem nos deter na avaliação da sua eficácia e nas críticas a esses instrumentos.

Em seguida, especificamos a oposição essencial entre o vendedor (governo) e os compradores (empresas interessadas) no ato do leilão para, na seqüência, descrever os mecanismos básicos de leilão e suas propriedades.

2. Instrumentos Clássicos de Regulação Econômica

A literatura básica sobre regulação econômica inicia-se pela definição de monopólio natural. De forma geral, define-se como monopólio natural aquela situação de mercado na qual, em função das economias de escala e de escopo, o equilíbrio acontece com a existência de apenas um ofertante. Qualquer configuração diferente desta é menos eficiente. Ocorre, essencialmente, em setores de infra-estrutura e de serviços tradicionalmente fornecidos pelo setor público.

Face ao monopólio natural, inúmeros são os modelos de regulação que procuram por meio de mecanismos de incentivos (e eventualmente controles) obter o resultado econômico ótimo, levando o monopólio a atuar competitivamente[3].

Esses mecanismos procuram regular três variáveis básicas: preço, quantidade e número de firmas no mercado. Em alguns casos, outras variáveis também podem ser objeto de regulação, como investimentos em novos produtos, por exemplo.

Os instrumentos de regulação típicos são contratos que garantem a transferência para o governo de benefícios obtidos pelas empresas, seja sob a forma de redução de preços, seja pelo reembolso financeiro ao concessio-

---

maior a probabilidade de vencer. Pequenos descontos sobre as tarifas atuais deveriam ser compensados por ofertas (lances) maiores de pagamento pela concessão. Neste caso, eventuais lucros extraordinários esperados a partir de tarifas superiores ao custo marginal da prestação de serviços são em parte, por este mecanismo, transferidas para o governo, no ato de pagamento do lance vencedor.

[3] Para uma apresentação dos principais modelos de incentivo e regulação veja-se Train, Kenneth, **Optimal Regulation**, The MIT Press, Cambridge, Mass.,1994.

nário. As autoridades classicamente elegem como variável de controle a taxa de retorno da empresa operadora (*rate-of-return regulation*). Alternativamente, são utilizados também esquemas de regulação que focalizam outras variáveis estratégicas: produção (*return-on-output regulation*), vendas (*return-on-sales regulation*), custos (*return-on-cost regulation*) e preços (*price descrimination*). No caso de firmas multiprodutoras, a busca de Ramsey prices, que resultem na menor perda de excedente quando de uma elevação de preços, é outro modelo adotado. O método típico de regulação incluindo preços é o contrato do tipo price cap, no qual se permite à empresa reter internamente os ganhos de produtividade que obtiver dada a limitação do preço[4].

Os efeitos econômicos de todas essas formas de regulação são extensamente analisados na literatura especializada e não há espaço, nem necessidade, de reproduzir aqui esse debate acadêmico. Vale a pena apenas ressaltar a principal dificuldade de modelos de regulação dessa natureza: a restrição de informações a que está sujeita a agência reguladora. Em função da assimetria de informações entre o regulador e o operador, a eficácia da atuação do primeiro está sujeita a dois tipos de restrição: risco moral (*moral hazard*) e seleção adversa (*adverse selection*). No primeiro caso, tratam-se de ações realizadas pelo operador sem conhecimento do regulador (*hidden action*). No segundo, pelo desconhecimento de informações (*hidden knowledge*)[5]. Essas restrições tendem em muitos países a levar as agências regulatórias a demandar uma vasta e periódica quantidade de informações das empresas reguladas, analisadas diretamente pelas autoridades ou por terceiros independentes.

É desnecessário salientar o que grau de controle da atividade econômica que esses mecanismos regulatórios podem gerar. De fato, é extremamente alta a probabilidade de que, ao adotar esses instrumentos, as agências regulatórias transformem-se em órgãos de controle econômico, com todas as conseqüências sobejamente conhecidas.

O mecanismo de leilão (que pode ser inclusive repetido ao longo do tempo para incorporar novos fatos ou circunstâncias não contratuais ou

---

[4] Ver sobre o assunto Acton, J. e Vogelsang, I. *Introduction in Symposium on Price Cap Regulation*, **Rand Journal of Economics**, Vol. 20,nº 3, pp. 369-372, 1989.

[5] Em Hirshleifer, Jack e Riley, John G. **The Analytics of Uncertainty and Information**, Cambridge University Press, Cambridge, Mass., 1992, encontra-se um competente resumo do tema.

mesmo estimular a entrada de *novos players*) é, em nossa opinião, uma forma superior de regulação em relação a qualquer um dos demais modelos. O leilão, adequadamente desenhado, permite que se obtenha o melhor resultado da licitação, otimizando o retorno econômico e o bem estar buscado com a concessão ou privatização.

3. Avaliação de Ativos e Lucro Econômico Esperado

A Revista VEJA de 27 de maio de 1998 publicou as seguintes avaliações, realizadas por consultorias econômicas e bancos de investimento, dos 21% do capital da **Telebrás** a serem leiloados em julho deste mesmo ano.

Estimativas de preço dos 21% do capital estatal da Telebrás *(Em bilhões de dólares)*	
Merrill Lynch	15,0
Santander	13,4
Deutsche Morgan Grenfell	13,3
Caspian Securities	11,7
Banco Fator	11,3
Bozano, Simonsen	11,2
Icatu	10,5

Média: US$ 12,3 bilhões.
Variância: US$ 2,6 bilhões.

Vários fatos explicam as divergências entre estas avaliações.

Primeiramente, estão embutidas na diversidade de valores as informações de que dispõem cada um dos agentes avaliadores. Mais especificamente, os conjuntos de informações disponíveis para cada agente sobre o objeto a ser leiloado são essencialmente diversos, o que constitui um problema de assimetria de informações entre os compradores.

Entretanto, cada avaliador está de fato em busca do "verdadeiro valor" do ativo a ser transferido, representativo do valor presente do fluxo de rendimento líqüidos futuros esperados, calculados segundo a fórmula:

$$V = \sum_{i=1}^{n} R - C / (1 + r)^{i}$$

Onde R – C é o fluxo de receitas líqüidas, n o número de períodos de rendimentos do ativo, e "r" é o custo de oportunidade do capital.

A estimativa dos fluxos de rendimentos líqüidos futuros depende essencialmente do conhecimento dos custos de produção da atividade para a qual o capital é destinado, das expectativas sobre a evolução da demanda no mercado envolvido e do custo de oportunidade do capital. Evidentemente, tal avaliação não é simples, não apenas porque depende de estimativas sobre probabilidade de eventos que ocorrerão no futuro, mas também devido ao desconhecimento qualitativo e quantitativo de algumas variáveis que operam no presente.

Uma variável ainda desconhecida, e de fundamental importância para os licitantes, refere-se ao papel que as agências regulatórias exercerão no futuro, inclusive limitando as possibilidades de exercício de poder de atuação no mercado. Em que grau interferirão na política de preços e no volume de serviços a ser fornecido?

Os valores acima discriminados foram calculados por consultorias não diretamente envolvidas no leilão de privatização da **Telebrás**. Muito mais comprometida é a avaliação realizada pelos consórcios licitantes interessados na aquisição de participação no capital da empresa, pois é com base nestas estimativas que os consórcios realizarão seus lances (envolvendo elevadas somas de capital), sempre de acordo com o mecanismo de leilão estabelecido pelo governo.

Observe-se que a utilização de mecanismos de leilão para a venda de objetos é a melhor opção para o vendedor quando este desconhece as avaliações de cada um dos compradores potenciais. Ou seja, o estabelecimento de mecanismo de leilão para venda decorre também de uma assimetria de informação, desta vez entre o vendedor e os compradores. Muito melhor para o vendedor seria se, conhecendo todas as avaliações, pudesse estabelecer um preço próximo, pouco inferior, à maior das avaliações, e colocar o objeto à venda. Não sendo este o caso, resta ao vendedor, um monopolista por excelência, escolher o mecanismo que maximize a receita esperada do leilão e desta forma extrair o maior excedente possível do comprador. Assim, o vendedor determina as regras do jogo em que se envolverão os licitantes de maneira não cooperativa.

Dependendo do mecanismo utilizado, cada licitante se verá diante de um dilema, a saber, realizar lances mais altos, e assim aumentar sua probabilidade de ganho às custas de uma redução do seu *lucro*, ou realizar lances mais baixos, bem inferiores à sua própria avaliação, reduzindo sua probabilidade de ganho.

Para ilustrar a oposição essencial entre os interesses do vendedor e dos compradores, definam-se os *payoffs* dos participantes do leilão, depois de realizado, da seguinte forma:

Payoff do vendedor: $\pi v = p - c$

Onde "p" é o preço pago pelo objeto leiloado e "c" o preço de reserva do vendedor;

Payoff do comprador "i": $pi = v_i - p$; caso ganhe o leilão e pague "p".

$pi = 0$; caso perca o leilão.

Onde v_i é a avaliação do objeto feita pelo comprador "i".

Observe-se pela definição acima que o *payoff* do jogador "i" quando este vence o leilão é o lucro econômico que espera obter, ou seja, a diferença entre o valor presente do ativo que está adquirindo e o preço pago ao vendedor.

De fato, caso o vencedor pague o preço exato de sua avaliação, estará adquirindo ativo que lhe trará rendimentos idênticos ao custo de oportunidade do capital, segundo suas próprias expectativas. Por definição, então, não esperará usufruir de lucro econômico. Ao contrário, caso consiga obter o objeto, por meio do mecanismo de leilão estabelecido, a um preço inferior ao de sua própria avaliação, este é definido como o *payoff* (lucro econômico) obtido a partir do resultado do leilão.

O resultado do leilão será ótimo, sempre que maximizar a soma dos *payoffs* de todos os seus participantes. Fazendo do comprador "i" o ganhador, temos que a soma dos *payoffs* **"a"** é dada por :

$$\alpha = \pi_v + \sum \pi_i = \pi_v + \pi_1 + \pi_2 + \ldots\ldots + \pi_i + \ldots\ldots + \pi_m$$

$$\alpha = \pi_v + \pi_i$$

$$\alpha = (p - c) + (v_i - p) = v_i - c$$

Dado o preço de reserva "c" do vendedor, a soma dos *payoffs* dos jogadores será máxima quando o licitante com a maior avaliação arrematar o objeto. É também, portanto, uma alocação eficiente no sentido de Pareto.

Então, um mecanismo ótimo deve garantir que o objeto seja alocado para o licitante que faz a mais alta avaliação.

Esta é uma condição necessária mas não suficiente para uma solução de equilíbrio do mecanismo de competição.

O preço de equilíbrio do objeto leiloado situa-se entre a primeira e a segunda mais alta avaliação. Supondo, sem perda de generalidade, que v_1 e v_2 são respectivamente a primeira e segunda avaliações mais altas, a figura abaixo ilustra os possíveis valores de p, que garantem um resultado de equilíbrio.

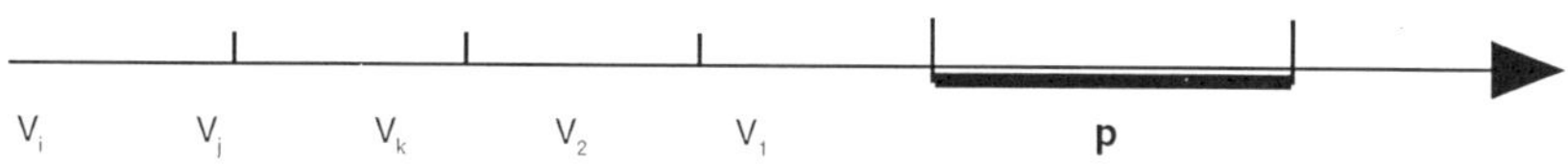

Esta condição de equilíbrio deve-se ao fato de que, caso o preço seja inferior à segunda maior avaliação, pelo menos um dos licitantes sairá insatisfeito do leilão pois poderia levar o objeto àquele preço com *payoff* positivo. Este resultado permitiria inclusive que o vencedor do leilão ainda aumentasse seu lucro revendendo o objeto no mercado a um preço superior ao preço resultante do leilão.

Desta forma, sob um mecanismo eficiente de venda e em condições de equilíbrio, o lucro econômico do vencedor tem limite máximo dado pelo valor $v_1 - v_2$.

O objetivo do vendedor ao estabelecer o mecanismo de leilão é aproximar tanto quanto possível o preço de venda da maior avaliação v_1, enquanto que para o comprador com maior avaliação, caso o mecanismo de leilão o permita, é aproximar o seu lance tanto quanto possível da segunda maior avaliação esperada.

Os mecanismos mais comuns de leilão satisfazem, sob hipóteses especiais, a propriedade de alocação ótima do objeto leiloado e são descritos na próxima seção[6].

[6] Os argumentos apresentados nesta seção são válidos também para os leilões simultâneos em que vários objetos são postos à venda, e em que os licitantes podem fazer lances para todos eles. Entretanto a exposição é muito mais complexa neste caso. Para uma apresentação formal do problema veja-se Sotomayor, Marilda e Roth, Alvin. **Two Sided Matching – A Study in Game-Theoretic Modeling and Analysis. Cambridge University Press (1990), Cap 8**.

4. Mecanismos Clássicos de Leilão

Quatro tipos básicos de leilão são os mais usados: (1) o leilão inglês (também chamado de oral, aberto ou leilão ascendente); (2) o leilão holandês (ou leilão de preços descendentes); (3) o leilão de primeiro preço com lance selado; e (4) o leilão de segundo preço com lance selado (ou leilão de Vickrey).

O leilão inglês é a forma mais comumente utilizada para a venda de objetos. Neste mecanismo, o preço do objeto é sucessivamente elevado até que apenas um comprador permaneça disposto a fazer novo lance. Pode ser feito por meio de um leiloeiro que anuncia os preços ou por meio de lances publicamente anunciados pelos licitantes ou ainda com aparato eletrônico (relógio) que anuncia o maior lance prevalescente.

A característica fundamental do leilão inglês repousa no fato de que todos os licitantes conhecem o valor corrente do maior lance. Objetos de arte e antigüidades são freqüentemente vendidos por meio do mecanismo de leilão inglês.

O leilão holandês é o inverso do leilão inglês. O leiloeiro anuncia um preço muito elevado para o objeto e então o reduz gradativamente até que um licitante aceite o preço corrente. O leilão holandês é usado, por exemplo, na venda de flores na Holanda, de peixe em Israel e de tabaco no Canadá.

No leilão de primeiro preço com lance selado, os candidatos à compra submetem lances em envelopes fechados e então o objeto é designado para o comprador que realiza o maior lance pelo preço que ele lançou. A diferença fundamental entre o leilão de primeiro preço com lance selado e o leilão inglês é que no segundo caso os licitantes podem observar os lances de seus rivais e, desta forma, revisar seus próprios lances, caso queiram. No leilão de lances selados, cada licitante submete um único lance. Leilões de primeiro preço são usados para a venda de direitos de exploração mineral por parte do governo dos Estados Unidos, por exemplo, e têm sido usados nos leilões de privatização de empresas estatais e de concessão de exploração de serviços de telefonia no Brasil.

Os leilões de primeiro preço e holandês são estrategicamente equivalentes independentemente das hipóteses do modelo sobre o tipo de avaliação do objeto e sobre atitudes em relação ao risco. Com efeito, a diferenças entre um e outro mecanismo são meramente aparentes. A única escolha real que comprador tem que fazer é selecionar o preço ao qual fará seu lance.

Sob o leilão de segundo preço, os compradores potenciais realizam lances selados sabendo que o licitante com a mais alta avaliação leva o objeto mas paga o segundo lance mais alto. Este tipo de leilão foi proposto pela primeira vez por William Vickrey, em 1961[7]. Tal mecanismo, embora conte com importantes propriedades teóricas, é pouco utilizado na prática[8].

Algumas variações destes leilões podem ser propostas por meio da introdução de algumas regras, como preço mínimo de reserva, limite de tempo para a submissão dos lances, preço pago pelo comprador com lance mais alto (por exemplo uma média entre o primeiro e o segundo preço).

Dada a variedade de mecanismos disponíveis, o que determina qual é o mecanismo ideal de venda? Esta resposta depende tanto das estratégias adotadas pelos licitantes em cada um dos mecanismos quanto das circunstâncias específicas de cada leilão.

Quanto ao comportamento dos licitantes pode-se dizer que lançar por cima da verdadeira avaliação é sempre uma estratégia dominada, independentemente do tipo de leilão. No leilão inglês, cada participante permanecerá no leilão até que o preço do objeto alcance sua avaliação. Nenhum comprador estará interessado em permanecer no leilão quando os lances superam sua avaliação já que, caso perca, terá *payoff* nulo (não diferente do *payoff* de lance zero) e se vencer com lance superior à sua avaliação obterá prejuízo (*payoff* negativo).

Entretanto, observe-se que o vencedor do leilão inglês se retirará do leilão tão logo o penúltimo comprador o tenha feito. Esta estratégia aproxima o lance vencedor do penúltimo lance que, neste caso, deve coincidir com a segunda maior avaliação caso os licitantes adotem estratégias racionais.

---

[7] Vickrey, W.(1961) "*Counterspeculation, Auctions and Competitive Sealed Tenders*" Journal of Finance. Mar. 1961, 16(1), pp 8-37.

[8] O governo da Nova Zelândia, um dos pioneiros em leilões de concessão de exploração de ondas de rádio e telefonia celular, realizou leilão segundo o mecanismo de segundo preço. Em um caso extremo, uma firma que fez lance de NZ$ 100.000 pagou pela concessão apenas NZ$ 6. Houve falha em não se estabelecer um preço mínimo de reserva. Ver McMillan, J. "*Selling Spectrum Rights*" In, Journal of Economic Perspectives Vol.8, nº 3, Summer 1994 pp 145-162.

No leilão de segundo preço (*Vickrey*), os participantes não têm nenhum incentivo a omitir sua verdadeira avaliação. Lançar por cima, como meio de ganhar o leilão, leva ao risco de pagar no mínimo a própria avaliação e obter *payoff* não positivo. Também não se ganha nada em realizar lances por baixo da verdadeira avaliação porque, quaisquer que sejam as ofertas dos oponentes, isto só diminui a probabilidade de ganhar o leilão sem alterar o preço que terá que pagar se finalmente for o vencedor.

Neste sentido, os compradores no leilão de *Vickrey* são meros tomadores de preço. O preço que o ganhador pagará é determinado pelos lances de seus competidores apenas e, independe de qualquer ação tomada pelo vencedor.

Portanto, o leilão de *Vickrey* e o leilão inglês conduzem à venda do objeto pela segunda maior avaliação. A vantagem de ambos os mecanismos reside no fato de que os licitantes têm como estratégia dominante lançar suas verdadeiras avaliações sem se preocuparem com os lances ou avaliações de seus rivais.

Para demonstrá-lo basta verificar que o único equilíbrio de Nash em estratégias dominantes em um leilão de segundo preço é aquele que faz a "função lance" b (v) = v.

Supondo que todos os jogadores extraiam suas avaliações de uma mesma função distribuição de probabilidade f (v) e fazendo o payoff do jogador "i" igual a

π (bi, vi, B*) onde:

bi é o lance do jogador "i", v_i sua avaliação do objeto e B* o lance máximo dos outros jogadores, temos que

$$\pi (b_i, v_i, B^*) = v_i \, . \, \text{Prob (“i” ganhar)} - E[B^* \backslash b^* < b_i]$$

onde o segundo termo do lado direito da equação acima é a esperança matemática do segundo maior lance, dado que este é menor do que o lance do jogador "i".

Então,

$$\pi (b_i, v_i, B^*) = v_i \, . \, \text{Prob} (B^* < b_i) - E\, [B^* \backslash b^* < bi]$$

$$\pi (b_i, v_i, B^*) = vi \, . \, F_B^* . (x) - \int_0^{bi} x \, . \, f_{B^*}(x)\, dx$$

$$\pi (b_i, v_i, B^*) = \int_0^{bi} (v_i - x)\, f_{B^*}(x)\, dx$$

O jogador "i" quer maximizar a expressão acima com relação ao lance bi. Como condição de primeira ordem tem-se que

$$\partial\pi \text{ (bi, vi, B*)} / \partial b_i = 0$$

$$\partial \int_0^{bi} (vi - x) f_{B*}(x)\, dx / \partial b_i = 0$$

$$(v_i - b_i).\ f_{B*}(b_i) - v_i\, f_{B*}(0) = 0$$

$$(v_i - b_i).\ f_{B*}(b_i) = 0$$

$$v_i - b_i = 0 \Rightarrow v_i = b_i$$

Ou seja, a condição de primeira ordem é satisfeita quando o lance do jogador "i" é igual a sua própria avaliação. Resta verificar se de fato o jogador "i" maximiza seu *payoff* quando realiza o lance igual à sua própria avaliação:

Para verificar que πi é máximo quando $b_i = v_i$ basta notar que se $b_i > v_i$ então $(v_i - b_i) < 0$ e se $b_i < v_i$ então $(v_i - b_i) > 0$.

Portanto, o jogador "i" maximiza seu *payoff* quando lança sua avaliação.

O mesmo não ocorre com os leilões de primeiro preço com lance selado e leilão holandês. Nestes dois casos, vale à pena para os compradores avaliarem os possíveis lances de seus oponentes como meio de maximizar o seu lucro.

Por definição, o <u>lucro esperado</u> pelo jogador comprador "i" é igual à diferença entre sua própria avaliação e o lance realizado "b_i" multiplicada pela probabilidade de ganhar:

$$\pi_i = (vi - b\ (v_i)) \text{ x Prob ("i" vencer o leilão)}$$

Observe-se que a equação acima expressa o *trade-off* em que se coloca o licitante "i". Para valores menores de $b(v_i)$ eleva-se a diferença (vi – b (vi)) mas reduz-se a probabilidade de ganho do comprador.

A escolha do lance b_i, é feita mediante maximização da expressão acima.

Em um leilão com "m" compradores que retiram suas avaliações da mesma função distribuição de probabilidade f(v), deve-se calcular a probabilidade de ganhar quando cada comprador tem (m – 1) rivais, ou seja, o jogador "i" deve ganhar dos (m – 1) restantes. A probabilidade de ganhar dos (m – 1) oponentes é a probabilidade de ganhar do primeiro vezes a probabilidade de ganhar do segundo, e assim sucessivamente (m – 1) vezes:

Prob (“i” ganhar contra m – 1 rivais\ “i” joga bi) =

Prob (“i” ganhar contra o 1^0 rival)$^{m-1}$

$P(b_i > b(v))^{m-1} = P(v < b^{-1}(b_i))^{m-1} = F(b^{-1}(b_i))^{m-1}$

Assim, o *payoff* esperado do jogador “i” quando ele joga b_i e tem uma avaliação v_i é:

$\pi_i = (v_i - b_i) \cdot F(b^{-1}(b_1))^{m-1}$

O jogador “i” está procurando o lance $b(v_i)$ que maximiza o seu payoff. Supondo b(v) estritamente crescente, deve-se ter como condição de primeira ordem que $\partial\pi/\partial b\ (v_i) = 0$.

Ou seja:

$[(v_i - b(v_i))\cdot(m-1)\cdot f(v_i)\cdot F(v_i)^{m-2}.\ 1/b'(v_i)] - F(v_i)^{m-1} = 0$

Observe-se que se b(v) é estritamente crescente e diferenciável, então $b^{-1}(b)$ é diferenciável.

$v_i \cdot (m-1)\cdot f(v_i)\cdot F(v_i)^{m-2} = b'(v_i)\cdot F(v_i)^{m-1} + b(v_i)\,[F(v_i)^{m-1}]' =$

$= [b(v_i)\, F(v_i)^{m-1}]'$

$b(v_i) = (1/F(v_i)^{m-1}\cdot [\int_0^{vi} (m-1)\cdot x \cdot f(x)\, F^{m-2}(x)\, dx$

$b(v_i) = (1/F(v_i)^{m-1})\cdot [\int_0^{vi} x\, d\, F^{m-1}(x)]$

(que é o valor esperado do segundo maior valor condicionado a que o jogador “i” tenha a maior avaliação)

Integrando-se por partes obtem-se:

$b(v_i) = (1/F(v_i)^{m-1}\cdot (x_0^{vi}\cdot F^{m-1}(x)] - \int_0^{vi} F^{m-1}(x)\, dx)$

$b(v_i) = v_i - (1/F^{m-1}(v_i)) \int_0^{vi} F^{m-1}(x)\, dx$

Verificando que o segundo termo do lado direito da equação acima é positivo, o lance que maximiza o *payoff* do jogador “i” é inferior à sua própria avaliação.

Note-se ainda que, quanto maior o número “m” de participantes do leilão, menor o termo $(1/F^{m-1}(v_i)) \int_0^{vi} F^{m-1}(x)dx$, o que aproxima $b(v_i)$ da avaliação v_i. Ou seja, a concorrência entre muitos compradores leva a que o lance ganhador se aproxime da maior avaliação.

Para tornar este resultado mais claro, suponha-se um caso particular em que as avaliações são distribuídas uniformemente no intervalo [0,K]. Então, a função distribuição de probabilidade é definida como

$f(v) = 1/K;$ se $v \in [0,k]$

$f(v) = 0;$ se $v<0$ e $v>K$

A função densidade de probabilidade $F(v) = \int f(v)dv$, é dada por:

$F(v) = (1/K)\, v$ se $v \in [0,K]$

$F(v) - 0$ se $v < 0$

$F(v) = 1$ se $v > K$

E retomando a expressão que define o lance maximizador do *payoff* de "i".

$$b(v_i) = v_i - (1/F^{m-1}(v_i)) \int_0^{v_i} F^{m-1}(x)\, dx$$

$$b(v_i) = v_i - (1/(v/K)^{m-1}) \cdot \int_0^{v_i} (x/K)^{m-1} dx$$

$$b(v_i) = v_i - (K/v)^{m-1} \cdot 1/K^{m-1} [(1/m)\, x^m]_0^{v_i}$$

$$b(v_i) = v_i - 1/v^{m-1} \cdot (v_i^m/m)$$

$$b(v_i) = v_i - v_i/m$$

$$b(v_i) = v_i \cdot (m-1)/m$$

O leitor pode verificar com facilidade que quando "m" tende a infinito a expressão (m – 1)/m tende à unidade. Desta forma um grande número de participantes proporciona lances próximos das avaliações individuais. De fato, quanto maior a concorrência entre os compradores, maior o poder de monopólio do vendedor.

O leilão holandês é estrategicamente equivalente ao leilão de primeiro preço em envelope fechado. Considerando-se que as estratégias utilizadas pelos compradores são idênticas nos dois casos, os resultados acima são válidos para os dois tipos de leilão.

Pode-se então voltar à questão inicialmente colocada, a saber: qual o mecanismo que maximiza a receita do vendedor? Ou, colocado de outra forma, de que maneira o vendedor pode explorar a competição entre os compradores de modo a extrair o maior excedente possível do vencedor?

Vickrey demonstrou que, desde que atendidas as hipóteses de (a) atitude neutra ao risco por parte dos compradores e de (b) valores privados independentes, as receitas esperadas em cada leilão são (paradoxalmente) as mesmas. Este resultado ficou conhecido na Teoria dos Leilões como Teorema de Equivalência de Receitas[9].

Assim, se satisfeitas as hipóteses (a) e (b) acima, o vendedor pouco ou nada tem a fazer no sentido de escolher o melhor mecanismo para si.

Entretanto, tais hipóteses são pouco observadas na prática. O relaxamento de cada uma delas traz diferentes resultados para a receita esperada do vendedor em cada um dos mecanismos básicos descritos. Senão vejamos.

Embora a hipótese de neutralidade ao risco seja teoricamente útil para a análise do comportamento dos agentes econômicos, a aversão ao risco é a atitude mais comum.

Em leilões de primeiro preço, os licitantes avessos ao risco tenderão a realizar lances superiores, de modo a aumentar sua probabilidade de ganho, em detrimento dos lucros esperados.

Suponha-se um leilão de primeiro preço com lance selado em que "m" compradores retiram de maneira independente suas avaliações de uma mesma função distribuição de probabilidade f(v). Suponha-se ainda o caso particular em que as avaliações se distribuem uniformemente entre 0 e K.

Sob a hipótese de aversão ao risco o *payoff* esperado do jogador "i" é então redefinido pela expressão:

$$\pi_i = (v_i - b_i)^a \cdot \text{Prob}\,(b_i > b\,(v))^{m-1}$$

onde o parâmetro não negativo "a" reflete o grau de aversão ao risco do comprador "i". No caso particular em que "a" é igual á unidade, o agente é neutro em relação ao risco. Quanto menores os valores de "a" maior a aversão ao risco. Para valores acima da unidade o agente em questão é amante do risco.

Então:

$$\pi_i = (v_i - b_i)^a \cdot \text{Prob}\,(v_i < b^{-1}(b_i))^{m-1}$$

$$\pi_i = (v_i - b_i)^a \cdot F(b^{-1}(b_i))^{m-1}$$

$$\pi_i = (v_i - b_i)^a \cdot [(1/K)\,(b^{-1}(b_i))]^{m-1}$$

Para maximizar a expressão acima tem-se como condição de primeira ordem que $\partial\pi_i/\partial b_i = 0$.

[9] Veja-se Vicrey, W. (1961).

Assim,

$$\partial\pi_i/\partial b_i = -\, a(v_i - b_i)^{a-1} [(1/K)\, b^{-1}(b_i)]^{m-1} +$$

$$(m-1)\, [1/K\, (b^{-1}(b_i))]^{m-2} (1/b'(v_i))\, (1/K)\, (v_i - b_i)^a = 0$$

Substituindo b – 1 (b_i) por v_i e fazendo algumas simplificações chega-se a

$$(m-1)\,(v_i - b_i) = a\, v_i\, b'(v)$$

A solução da equação diferencial de primeira ordem acima é dada por $b(v_i) = [(m-1) / (m-1+a)]\, v_i$

Observe-se que

$$\lim_{a \to 0} b(v_i) = v_i$$

o limite da expressão acima quando "a" tende a zero (ou seja quando a aversão ao risco tende ao máximo) é a própria avaliação vi.

Demonstra-se assim que, neste caso particular, quanto maior a aversão ao risco maior o lance do comprador. É possível demonstrar que este resultado é válido para o caso geral em que os licitantes retiram sua avaliações de quaisquer outras funções distribuição de probabilidade (como a normal e a exponencial).

Observe-se, ademais, que os resultados de equilíbrio não são necessariamente Pareto-ótimos quando os participantes do leilão possuem diferentes graus de aversão ao risco.

A hipótese de valores privados independentes supõe que os compradores conhecem a própria avaliação do objeto que estão dispostos a adquirir, ou seja, resulta da utilidade subjetiva que o objeto pode lhes proporcionar. Esta hipótese é a mais adequada para leilões de venda de bens de consumo não duráveis, ou, por exemplo, para a venda de objetos de arte a colecionadores que não pretendem obter lucros mediante revenda futura do objeto[10].

[10] Na verdade, os leilões de valores individuais privados independentes e de valores comuns constituem dois caso extremos. A maioria dos leilões conta com elementos dos dois tipos de avaliação. No caso das concessões de exploração de direitos, um possível elemento individual com que trabalha o licitante é a eficiência com que estará capacitado para operar a concessão.

Naturalmente esta não é a melhor hipótese para a análise dos leilões de privatização que vêm ocorrendo recentemente no País. Como já observado, os leilões de privatização são, tipicamente, leilões de valores comuns, em que os licitantes fazem uma estimativa do valor comum "V", qual seja, o valor presente das receitas líqüidas futuras esperadas do ativo leiloado, (no caso participação no capital da Telebrás ou ainda da concessão dos serviços de telefonia da banda B).

Em leilões de primeiro preço, tudo mais constante, o licitante com a maior avaliação faz a maior oferta e paga o seu lance. Consequentemente, mesmo que todos os licitantes façam estimativas não viezadas, o ganhador sempre acreditará que superestimou (na média) o valor dos direitos que adquiriu no leilão. Este fenômeno é conhecido na literatura sobre leilões como o da "maldição do vencedor" (diretamente traduzido do inglês *winner's curse*).

No leilão de segundo preço, com lance selado, o evento da "maldição do vencedor" é apenas amenizado pelo fato de que o ganhador não pagará seu próprio lance mas a segunda maior avaliação, embora possa acreditar que esta se situasse acima da média das estimativas.

Neste sentido, os leilões com lances abertos no gênero do leilão inglês trazem informações úteis para os participantes que realizam suas avaliações com base em informações assimétricas. Os participantes do leilão, ao observarem os lances de seus concorrentes têm a oportunidade de rever suas próprias avaliações.

Por esta razão o leilão inglês gera maiores receitas esperadas do que o leilão de segundo preço, quando os licitantes estão incertos sobre as estimativas que realizaram. As informações adicionais obtidas no decorrer do leilão inglês enfraquecem o temor de que o ganhador seja vítima da "maldição do vencedor" e assim levam a lances mais agressivos por parte dos compradores, o que aumenta o preço esperado de venda[11].

Por outro lado, como já mencionado, quando as estimativas de valor são estatisticamente dependentes, o leilão de segundo preço gera um preço médio mais alto do que o leilão de primeiro preço.

---

[11] Estes resultados podem ser examinados em um modelo geral de lances competitivos, de que são casos particulares os valores independentes privados e os valores comuns, desenvolvido por Milgrom, P.R. e Weber, R.J., "A Theory of Auctions and Competitive Bidding", In *Econometrica*. Vol 50, Sep/19982, nº 5.

Assim, as formas básicas de leilão podem ser classificadas de acordo com a os preços esperados que geram. O leilão inglês produz o preço esperado mais alto, seguido pelo leilão de segundo preço e, finalmente, pelos leilões de primeiro preço e holandês (sendo estes dois últimos equivalentes).

Foi com base na proposição teórica e na observação empírica sobre o advento da "maldição do vencedor" que o Federal Communications Comission (FCC) dos Estados Unidos, realizou em 1993 leilão aberto de concessão de direitos de exploração de serviços de comunicação pessoal. Este modelo foi considerado um dos mais bem sucedidos entre todas as experiências mundiais de leilão do mesmo gênero de concessão[12].

5. Conclusão

Em síntese, este trabalho procurou demonstrar que os compradores potenciais de ativos estatais realizam uma concorrência acirrada na disputa pelo objeto leiloado, o que limita os lucros econômicos esperados pelos compradores.

O governo, ao estabelecer mecanismos de leilão para a privatização de seus ativos, atua como um monopolista que extrai do vencedor do leilão o maior excedente possível, caso tenha escolhido o mecanismo que de fato maximiza sua receita.

Se este for o único objetivo do governo, os lucros econômicos puros esperados, resultantes de imperfeições de mercado são, em parte e prospectivamente, transferidos para o governo no ato da realização do leilão, sem efeitos sobre funcionamento futuro dos mercados.

Entretanto, se outros objetivos são levados em consideração na concessão ou privatização a ser efetivada, como por exemplo a regulação de monopólios naturais ou mercados imperfeitos, o desenho do leilão deve incluir dispositivos que induzam o funcionamento ideal dos mercados.

Esse mecanismo de regulação, em nossa opinião, substitui com inúmeras vantagens todos os demais métodos convencionais de regulação

[12] Veja-se McMillan, J. "Selling Spectrum Rights" In, *Journal of Economic Perspectives* Vol.8, nº 3, Summer 1994. Pp145-162.

que, cedo ou tarde, levam as agências regulatórias a se transformarem em órgãos de controle, pólos geradores de ineficiências e discriminação.

Julho de 2002.

6. Referências Bibliográficas

ACTON, J. & VOGELSANG. I. "Introduction in symposium on price cap regulation". *Rand Journal of Economics*, v. 20, n. 3, p. 369-372, 1989.

MILGROM, P. R. & WEBER, R. J. "A theory of auctions and competitive bidding". In: *Econometrica*. v. 50, sep, n. 5, 1982.

HIRSHLEIFER, J. & RILEY, J. G. *The analytics of uncertainty and information*. Cambridge: Cambridge University Press, 1992.

MCMILLAN, J. "Selling spectrum rights". In: *Journal of Economic Perspectives*. v. 8, n. 3, p.145-162, 1994.

RILEY J. G. & SAMULESON, W. F. "Optimal auctions". In: *The American Economic Review*, v. 71, n. 3, p. 381-392, 198.

ROTH, A. & SOTOMAYOR, M. *Two sided matching. A study in game-theoretic modeling and analysis*. Cambridge University Press, cap. 8, 1998.

TRAIN, K. *Optimal regulation*. The MIT Press, Cambridge, 1994.

VICKREY, W. "Counterspeculation, auctions and competitive sealed tenders". *Journal of Finance*. mar., 16(1), p. 8-37, 1961.

COMENTÁRIOS À RESOLUÇÃO PROPOSTA PELA ANEEL SOBRE LIMITES E CONDIÇÕES PARA PARTICIPAÇÃO SOCIETÁRIA DOS AGENTES ECONÔMICOS COM ATIVIDADES NO SETOR DE ENERGIA ELÉTRICA

Edgard Antonio Pereira
Juliana Munhoz Hilal

1. Introdução

A Resolução proposta pela ANEEL, que estabelece limites e condições para participação societária no capital social dos agentes econômicos com atividades no setor de energia elétrica, baseia-se no Art. 3º da Lei 9.427, de 26 de dezembro de 1996, com redação dada pelo Art. 4º da Lei nº 9.648, de 27 de maio de 1998. Neste último lê-se que compete à ANEEL, inclusive:

a) "estabelecer, com vistas a propiciar concorrência efetiva entre os agentes e a impedir a concentração econômica nos serviços e atividades de energia elétrica, restrições, limites ou condições para empresas, grupos empresariais e acionistas, quanto à obtenção e transferência de concessões, permissões e autorização, à concentração societária e à realização de negócios entre si" (inciso VIII);

b) "zelar pelo cumprimento da legislação de defesa da concorrência, monitorando e acompanhando as práticas de mercado dos agentes do setor de energia elétrica" (inciso IX).

Para tanto, nos termos do parágrafo único do referido artigo, a "ANEEL deverá articular-se com a Secretaria de Direito Econômico do Ministério da Justiça".

A Resolução proposta, bem como a Resolução nº 94, de 30 de março de 1998, nos termos da análise adiante, mostra-se, no entanto, inadequada como meio de se alcançar os objetivos propostos na Lei n.º 9.427 e na Lei nº 9.648 e pode vir a ensejar o arrefecimento da concorrência no setor em questão.

2. Referência Jurídico-Econômica

Como se depreende da própria referência feita à articulação com a Secretaria de Direito Econômico do Ministério da Justiça, o arcabouço regulatório do setor de energia elétrica, cuja execução cabe à ANEEL, não pode ser concebido isoladamente, alheio ao tratamento dado aos demais setores da economia. Respeitada a especificidade do setor elétrico, deve prevalecer a norma geral, o entendimento mais amplo das relações Estado-Economia, Administrador-Administrado ou, no caso, Regulador-Regulado, estabelecidas desde logo na Constituição Federal e, mais propriamente, na legislação geral de defesa da concorrência.

A Lei 8.884, de 11 de junho de 1994, especialmente em seu Art. 54, que trata do exame e do controle preventivo das estruturas de mercado, estabelece claramente que não existem condições *a priori* para se determinar se certo grau de concentração é ou não prejudicial à concorrência e, em última instância, ao bem-estar dos consumidores. De acordo com o *caput* do Art. 54:

"Os atos, sob qualquer forma manifestados, que possam limitar ou de qualquer forma prejudicar a livre concorrência, ou resultar na dominação de mercados relevantes de bens ou serviços, deverão ser submetidos à apreciação do CADE".

Em outros termos, havendo potencial de dano à livre concorrência ou possibilidade de dominação de mercado relevante, somente a análise detalhada das condições estruturais do mercado e das especificidades do ato de concentração, entre outros fatores, pode vir a sedimentar a formação de um juízo de valor.

Não é por outra razão que, mesmo diante da verificação de potencial de dano à concorrência, a legislação prevê o exame detalhado dos eventuais benefícios gerados para o conjunto da sociedade em decorrência de determinada operação, conforme o § 1º do Art. 54:

"O CADE poderá autorizar os atos a que se refere o *caput*, desde que atenda as seguintes condições:
I – tenham por objetivo, cumulada ou alternativamente:
a) aumentar a produtividade;
b) melhorar a qualidade de bens ou serviços;
c) propiciar a eficiência e o desenvolvimento tecnológico ou econômico;'

II – os benefícios decorrentes sejam distribuídos eqüitativamente entre os seus participantes, de um lado, e os consumidores ou usuários finais, de outro;
III – não impliquem eliminação da concorrência de parte substancial de mercado relevante de bens e serviços.
IV – sejam observados os limites estritamente necessários para atingir os objetivos visados".

A análise detalhada das características dos mercados envolvidos e da especificidade de determinada operação em si também é prevista no Guia para Análise Econômica de Atos de Concentração da Secretaria de Acompanhamento Econômica (SEAE) do Ministério da Fazenda (Portaria SEAE/MF nº 39, de 29 de junho de 1999)[1].

Resumidamente, estabelece o referido guia que "atos de concentração entre agentes econômicos ensejam, potencialmente, efeitos positivos e negativos sobre o bem-estar econômico [...] não é possível definir, a princípio, se concentrações econômicas afetam positiva ou negativamente o bem-estar. Para saber qual o efeito de um ato de concentração sobre o bem-estar econômico, é necessária a análise específica dos efeitos do ato em questão" (§§ 24 e 25, sublinhou-se). A análise específica compreende, em primeiro lugar, a determinação caso a caso dos mercados relevantes envolvidos e das respectivas participações.

Todavia, o "controle pela empresa concentrada de uma parcela de mercado suficientemente alta é uma condição necessária mas não é uma condição suficiente para que a empresa decida exercer o poder de mercado de que desfruta. Uma condição complementar é que existam condições no mercado que tornem a adoção de uma conduta anticompetitiva lucrativa" (§ 30, sublinhou-se). Essas condições, de acordo com o referido Guia, envolvem o exame da condição de entrada no mercado relevante, a efetividade da rivalidade entre concorrentes já estabelecidos, a existência de fatores que favoreçam a coordenação de decisões, entre outros (§ 31 e seguintes). E ainda, para determinar o efeito líquido sobre a economia resultante da concentração, o Guia estabelece a necessidade de se cotejar o potencial de risco à concorrência e os benefícios gerados para a sociedade em decorrência da concentração (§ 37).

[1] Vide também: *Department of Justice & Federal Trade Commision. Horizontal Merger Guidelines*. 1992.

Em síntese, não existem critérios apriorísticos para formação de juízo de valor sobre atos de concentração econômica.

O controle *per se* da estrutura, mediante o impedimento de concentração acima de parâmetros pré-estabelecidos pressupõe a abordagem econômica baseada no *atomismo* econômico. Essa abordagem defendia o vigor competitivo como diretamente relacionado com o número de concorrentes existentes, sendo inversamente proporcional ao grau de concentração no mercado. Dessa forma, a defesa da concorrência envolveria a adoção de medidas que garantissem condições para que qualquer traço de monopólio ou posição dominante fosse impedido ou eliminado o mais rápido possível.

A evolução da teoria econômica e dos mercados levou a entendimento distinto, segundo o qual a concentração não apenas deixou de ser provedora de dano como passou a ser considerada potencial geradora de eficiências e da elevação do bem estar em geral. Dessa forma, a adoção de impedimentos *per se* para operações que envolvessem elevação da concentração não se constitui em opção para as ações voltadas à defesa da concorrência, uma vez que implicaria o banimento invariável de todas as eficiências potenciais. Em outras palavras, a idéia do *atomismo* como garantidor da melhor alocação de recursos deu lugar ao entendimento de que estruturas de mercado mais concentradas, por ganhos estáticos e dinâmicos de eficiência, são configurações econômicas geradoras de bem estar.

Adotou-se dessa forma a *regra da razão* como critério para a avaliação de atos de concentração, segundo a qual as operações são avaliadas caso a caso. Os danos e eficiências estimados são analisados e comparados, possibilitando decisão informada e consciente, levando-se em conta as particularidades inerentes ao ato e, em especial, as eficiências potenciais e os prováveis ganhos para a concorrência e o consumidor.

3. Regulação no Setor de Energia Elétrica

Com a reformulação do modelo do setor de energia elétrica (SEE) e a progressiva saída do Estado como agente de geração, comercialização, transmissão e distribuição de energia – as duas últimas atividades englobadas sob a designação de "monopólio natural" – erigiu-se, inclusive sob os auspícios da ANEEL, detalhada regulamentação do setor[2], cujos principais pontos são descritos a seguir.

Área de comercialização

Em 1998 foi criado pela Lei 9.648/98 e regulamentado pelo Decreto 2.655/98, o Mercado Atacadista de Eletricidade (MAE). O MAE é o ambiente onde serão processadas a compra e venda de energia entre os agentes do sistema interligado e constitui parte fundamental do novo modelo implementado para o setor.

Segundo esse novo modelo, as transações de energia dos geradores e comercializadores podem ocorrer por meio de contratos bilaterais ou no mercado spot. Os contratos bilaterais têm preços e duração pré-fixados e estima-se que representarão entre 85% e 90% do total da energia transacionada no MAE. No mercado *spot* serão realizados os ajustes de curto prazo entre oferta e demanda, onde serão vendidas e compradas as diferenças entre montantes realizados e contratados.

Os preços praticados no mercado *spot* deverão apresentar oscilações significativas, conforme as alterações nas condições de oferta e demanda da energia derivadas, entre outros fatores, das condições hidrológicas no período (que afetam diretamente o montante de energia gerada) e do aquecimento ou desaceleração da demanda. Os contratos bilaterais, por outro lado, apresentarão preços pré-definidos.

Visando diluir os impactos da liberação da competição no setor elétrico nacional, instituiu-se um período de transição com duração de oito anos, no qual estão sendo constituídos "contratos iniciais" que basicamente reproduzem as cláusulas dos atuais contratos de suprimento existentes. Segundo o modelo implementado, a competição no setor até o final de 2002 estará restrita à energia gerada por novos investimentos, sendo o restante sujeito às regras dos contratos iniciais. A partir dessa data, a cada ano 25% da energia comercializada pelos contratos iniciais passará a ser vendida livremente.

[2] Ver PIRES, J. C. L. O Processo de Reformas do Setor Elétrico Brasileiro. *Revista do BNDES* nº 12, 1999 e FERREIRA, C. K. L. Privatização do Setor Elétrico no Brasil In: BNDES. *A Privatização no Brasil. O caso dos Serviços de Utilidade Pública.* Rio de Janeiro, 2000.

Em se tratando dos consumidores cativos, ou seja, aqueles que, de acordo com a legislação não podem escolher seu fornecedor de energia, a ANEEL estabeleceu, por meio da Resolução 233/99, valores normativos, que limitam o repasse dos preços (livremente negociados) da energia adquirida pelas distribuidoras para as tarifas de fornecimento. Dessa forma, se os contratos firmados envolverem valores superiores aos definidos pela Agência, a diferença não poderá ser aplicada aos preços cobrados ao consumidor final, devendo ser absorvida pela distribuidora.

Além da mediação, da energia livremente comercializada e definição dos contratos iniciais, a ANEEL, em contratos de concessão de geradoras privatizadas impôs da obrigatoriedade de acréscimos em sua atual capacidade instalada.

Áreas de transmissão e distribuição

O Operador Nacional do Sistema Elétrico (ONS) é o órgão responsável pela coordenação e controle da operação dos sistemas interligados. Segundo o novo modelo, o ONS, a partir de informações acerca da disponibilidade de energia dos geradores e do sistema de transmissão, buscará a otimização da operação do sistema, dentro de condições de suprimento confiáveis.

O livre acesso às redes de transporte é assegurado pela Lei 9.648/98 que estabelece a obrigatoriedade de permissão de passagem da energia pelas linhas mediante a cobrança dos encargos devidos. Esses encargos, ou seja, as tarifas de uso das instalações de transmissão e distribuição são também determinadas pela ANEEL, de modo a garantir o livre acesso à rede de forma não discriminatória, impedindo a adoção de eventuais práticas abusivas.

A partir de 1996 os contratos de concessão de distribuição de energia passaram a adotar o sistema de preço-teto (*price cap*). Segundo esse modelo, a Agência estipula um preço máximo inicial a ser cobrado pelas concessionárias, corrigido a cada revisão tarifária pelo Índice Geral de Preços (IGP) deduzido de um fator de produtividade que pode ser positivo ou negativo. Dessa forma, os preços não são apenas determinados pelo órgão regulador como também impõe-se, mediante a determinação desse fator, o repasse de parte dos ganhos de produtividade obtidos para o consumidor.

O que se observa, em síntese, é que com maior ou menor ênfase conforme o segmento específico do SEE a regulamentação do setor abrange as variáveis fundamentais de atuação das empresas concessionárias de energia elétrica, dotando a ANEEL dos instrumentos necessários e suficientes para a prevenção de abusos de poder de mercado e, consequentemente, para a efetiva garantia do bem-estar dos consumidores de energia elétrica. Dessa forma, o controle da estrutura do mercado proposto pela ANEEL configura instrumento de hiper regulação, uma vez que os elementos de conduta já se mostram regulamentados. Vale lembrar que o objetivo último do controle da estrutura de mercado é exatamente o impedimento da adoção por parte dos agentes de condutas anticoncorrenciais. Uma vez que tais condutas já sejam suficientemente controladas, a regulação da estrutura existente se mostra essencialmente desnecessária.

A Resolução proposta pela ANEEL configura-se, nesse sentido, não só como desnecessária, mas principalmente equivocada. De uma perspectiva geral, analisada adiante, equivoca-se a propor critério apriorístico de controle da estrutura de propriedade de empresas atuantes no setor. Em seguida, analisa-se sob uma perspectiva mais específica aspectos metodológicos da Resolução proposta.

4. A Resolução Proposta

4.1. Aspecto Geral

Como já mencionado, a defesa da concorrência, sobretudo em matéria de controle da concentração econômica, não pode prescindir da análise das características objetivas dos mercados envolvidos – que informam os elementos estruturais que podem vir a ensejar o exercício abusivo de posição dominante – e das características especificas das operações sob exame, que podem contemplar a geração de eficiências compensatórias para o conjunto dos consumidores.

A Resolução, como proposta, não contempla a possibilidade de geração de eficiências por esta ou aquela empresa participante do capital social de determinada concessionária. Mais propriamente, a Resolução não considera a existência de contribuições específicas, maiores ou menores, de empresas atuantes no setor.

O aporte de capital em determinando agente do setor (de geração, distribuição etc.), não importa a forma específica em que ele ocorre (aquisição de participação societária ou aumento de capital), poderia levar, nos termos da Resolução, a uma excessiva concentração de capital. Porém, esse aporte de capital faz-se acompanhar usualmente de contribuições específicas do acionista (incorporação de tecnologia de produção, de métodos de gestão, de fontes de financiamento, de economias de aglomeração, de técnicas de controle de qualidade mais desenvolvidos ou melhor adaptados), que resultam em ganhos de produtividade e de qualidade em benefício da concorrência e do mercado consumidor.

Mais especificamente, não se pode estabelecer a priori que seja indiferente para o agente do setor, em termos de sua produtividade e da qualidade dos produtos e serviços comercializados, sua estrutura de propriedade, isto é, ter entre seus acionistas uma ou outra empresa. As evidências mais gerais apresentam-se em sentido contrário. Verificando-se por parte de uma empresa uma situação incompatível com os índices previstos, não apresenta relevância se a mesma retira-se da sociedade ou vende parte de suas ações a outra empresa (qualquer que seja ela).

4.2. A Resolução Proposta: Aspectos Específicos

Controle de Estrutura de Propriedade Versus Estrutura de Mercado

Em matéria de defesa da concorrência, supõe-se preliminarmente e sempre sujeitando-se a análise específica que quanto maior a concentração de mercado, maiores são os riscos à concorrência e ao bem-estar dos consumidores.

Os critérios previstos na Resolução, no entanto, exercem de fato controle sobre a estrutura de propriedade das empresas do SEE, quando contraditoriamente buscam controlar a estrutura ou a concentração de mercado do setor.

A Resolução, especialmente no inciso IV do Art. 1°, estabelece que, para um agente que possua 10% ou mais de ações ordinárias e integre o grupo de controle de empresa do SEE, o fator de ponderação seja considerado igual a 1,0 (um). Pressupõe, portanto, que 10% ou mais de participação no capital ordinário e no grupo de controle resulta em alguma forma de ingerência ou controle sobre o total da produção. Caso esse agente, considerando o conjunto de suas participações societárias, supere os limites de participação de mercado (capacidade instalada ou vendas) previstos nos Artigos 3° a 5°, deverá ajustar-se ao critério estabelecido.

Suponha-se, então, que esse ajustamento seja obtido vendendo 5% de participação no capital de determinada empresa do SEE e que a adquirente seja empresa também pertencente ao grupo de controle, porém com participação conjunta inferior ao critério estabelecido pela Resolução. Nesse caso, alterou-se a estrutura de propriedade, porém o controle de fato da empresa pode permanecer inalterado no interior do grupo de controle. A realidade do mercado, sua estrutura de oferta não sofreu nenhuma alteração substantiva em decorrência desse ajustamento.

A pulverização da estrutura de propriedade do capital não guarda relação direta e inequívoca com a estrutura de controle de uma empresa e muito menos com o grau de concentração do mercado (participação de mercado). Não se pode, portanto, estabelecer critérios uniformes e apriorísticos para tratar com realidades tão complexas.

Essa exemplificação não é feita ironicamente ou tendo por referência um caso isolado. Seu propósito, unicamente, é observar que a atribuição de controle de uma empresa ou de sua produção (na totalidade ou em parte) com base em participação minoritária (no sentido matemático) no capital é equivocada ou ao menos pode não refletir as situações de fato e de direito encontradas no mercado. Dito de outra forma, a defesa da concorrência é feita mediante análise específica, caso a caso e não pode se valer de critérios uniformes e apriorísticos como os propostos pela Resolução em tela.

Concentração de Mercado

Como visto, a metodologia de cálculo das participações de mercado proposta pela Resolução associa indevidamente participação societária e poder de mercado. Mesmo que se relevasse essa questão, ainda assim os parâmetros fixados na Resolução mostram-se sujeitos a críticas importantes.

Primeiro, a Resolução pré estabelece os mercados relevantes geográficos do SEE. A dimensão geográfica de um mercado relevante é estabelecida, como no Guia da SEAE e no *Horizontal Merger Guidelines*, já referidos, e também na Resolução CADE nº 15, de 19 de agosto de 1998, considerando as condições de oferta que possibilitem a substituição pelo consumidor do produto oferecido por determinada empresa pelo produto substituto oferecido por empresa localizada em outra região.

Nos termos da metodologia usualmente utilizada para delimitação de mercados relevantes, trata-se de definir se, diante de um pequeno mas significativo e não transitório aumento de preços (por parte do chamado monopolista hipotético), a oferta proveniente de empresa localizada em outra região consiste em alternativa economicamente viável para a decisão de compra do consumidor. Em caso afirmativo, a referida empresa ou região integra o mercado relevante geográfico sob investigação.

Assim sendo, é conceitualmente questionável definir no caso do SEE dimensões geográficas que se superpõem – mercado relevante geográfico nacional e ao mesmo tempo regional (Sul/Sudeste/Centro-Oeste e Norte/Nordeste), como faz a Resolução nos incisos I a III dos Artigos 3º e 4º.

Ademais, independentemente dessa superposição de mercados, avaliação preliminar do setor elétrico nacional evidencia a existência de mercados relevantes distintos de qualquer das opções adotadas pela citada Resolução. De fato, as características vigentes no país, derivadas das condições desiguais de infra-estrutura de transmissão, geração e demanda indicam a existência de quatro mercados relevantes: Sul, Sudeste/Centro-Oeste, Norte e Nordeste. Isso porque, no interior que cada uma dessas regiões os preços da energia gerada são únicos, não havendo restrições à transmissão dentro de suas fronteiras. O mesmo não ocorre entre dois mercados distintos, devido ao limite imposto aos intercâmbios pelos gargalos de transmissão, impedindo o nivelamento dos preços existentes. Dessa forma, a definição geográfica de mercado proposta pela Resolução não apenas conflita com a prática adotada para fins de análise concorrencial, como também se opõe ao próprio modelo de organização do setor.

De qualquer modo, mesmo que se sanasse essa impropriedade, ainda assim persiste equívoco igualmente grave, que consiste em fixar 20% (25%, 35% ou qualquer outro percentual) como parâmetro imutável, uniforme e independente de qualquer outro fator de análise como limite para participação de mercado de determinado agente econômico do SEE.

Como já mencionado, participação de mercado (referida da Lei 8.884/94 em 20%) ou o HHI são apenas indicadores ou parâmetros para a análise da concentração e, como tal, não podem substituir a análise propriamente dita.

<u>Exceções ou Ressalvas Previstas na Resolução</u>

Consideradas as críticas feitas anteriormente, a própria Resolução contém exceções ou ressalvas que expõem suas limitações. Tome-se o caso do § 2º do Art. 3º, que admite participação de um agente econômico superior aos limites estabelecidos no Artigo, quando essa participação decorrer de potência instalada em uma única usina de geração de energia elétrica.

Nos termos da Resolução "é certo" que qualquer participação superior a 20% (ou 25%, ou 35%, conforme o caso) é danosa à concorrência, obrigando o agente econômico a ajustar-se aos limites previstos. Porém, se titular da concessão de uma única usina, o limite é então relaxado.

Conceitualmente, o potencial de exercício abusivo de poder de mercado guarda relação direta com participação no mercado (embora seja mediado por outros fatores já mencionados) e não com o número de fábricas ou usinas detidas por determinada empresa.

O mesmo se observa com relação ao parágrafo único do Art. 4º, que admite o relaxamento do percentual-limite quando percentual superior decorrer de crescimento do montante de energia distribuída a taxas superiores às médias nacional ou regional. A Resolução condena, em geral, como um "mal em si" participações superiores aos percentuais limites, mas excetua o agente econômico que elevar sua participação por fatores de mercado, como maior eficiência relativa.

Em síntese, tanto no primeiro quanto no segundo exemplo, o que se identifica como falho não é a exceção em si. Ao contrário, as exceções, ou melhor, as especificidades constituem a regra em matéria de defesa da concorrência. Justamente é esse o ponto que não foi contemplado na Resolução, com a adoção de critérios apriorísticos e uniformes e a ausência de análise de cada situação concreta em particular.

5. Considerações Finais

A realidade concorrencial é extremamente rica e complexa. A defesa da concorrência por órgão geral ou específico deve, portanto, captar essa complexidade. A Resolução, como proposta, se afasta desse princípio, negando a possibilidade de que um ato de concentração não seja um mal em si e, inclusive, possa resultar em benefícios ao mercado consumidor em decorrência de ganhos de eficiência e de competitividade provocados pelas transformações das estruturas de mercado.

Ao contrário, de uma perspectiva geral, a Resolução propõe a cristalização de uma estrutura de propriedade (que, como demonstrado, sequer representa controle da concentração de mercado). Paradoxalmente, a Resolução tende a arrefecer desse modo o impulso competitivo fundamental das empresas, responsável pela geração de eficiência e bem-estar econômico.

Junho de 2000.

CONTRATOS DE FORNECIMENTO DE LONGO PRAZO EM AMBIENTE DE INCERTEZA: UMA ANÁLISE DO MODELO DE TRANSIÇÃO PARA O LIVRE MERCADO DE ENERGIA ELÉTRICA

Edgard Antonio Pereira
Eleni Lagroteria

1. Introdução

O atual modelo de funcionamento do setor elétrico brasileiro apresenta uma variedade problemas que culminou com a iminente crise de abastecimento entre 2000 e 2001 e a necessidade de um período formal de racionamento do consumo de energia elétrica findo apenas em fevereiro do ano corrente.

As soluções implementadas são evidentemente transitórias, sendo que se identificou a urgente necessidade de um projeto de reestruturação do setor com vistas a "corrigir as disfuncionalidades correntes e propor aperfeiçoamentos para o referido modelo"[1]. Para isto foi criada a *Câmara de Gestão da Crise de Energia Elétrica* (**GCE**) mediante Medida Provisória nº 2.198-5,de 24 de agosto de 2001 que por sua vez, através da Resolução nº 18, de 22 de junho de 2001, criou o *Comitê de Revitalização do Modelo do Setor Elétrico.*

O trabalho de reestruturação certamente reúne um conjunto de especialistas nas matérias envolvidas, desde os aspectos estritamente técnicos do sistema elétrico nacional, até as questões econômicas e regulatórias pertinentes. O esforço conjunto para a solução de problemas vem a conhecimento público por meio das freqüentes matérias veiculadas pela imprensa. Além disto, uma pesquisa meramente superficial de trabalhos publicados nos âmbitos acadêmico e governamental já demonstra a multiplicidade de temas a serem discutidos e as dificuldades que rondam o estabelecimento de uma estrutura eficiente de funcionamento das atividades de geração, transmissão, distribuição e comercialização da energia elétrica no Brasil.

Tendo em vista o excepcional número de variáveis relacionadas à estruturação do setor e as contribuições específicas já realizadas, preten-

[1] Comitê de Revitalização do Modelo do Setor Elétrico, Relatório de Progresso nº 2. Documento disponível no *site* www.energiabrasil.gov.br.

de-se com o presente estudo a análise de um aspecto pontual, embora de extrema relevância, do modelo brasileiro de transição para o livre mercado de energia elétrica e para o qual pouca atenção vem sendo dada.

Trata-se averiguar a eficácia dos *contratos iniciais* entre geradoras e distribuidoras no sentido de proteger o equilíbrio econômico financeiro das usinas hidroelétricas, quando consideradas as condições de incerteza que afetam a oferta de energia predominantemente hídrica.

Em linhas gerais, pretende-se avaliar os efeitos do desenho contratual estabelecido pela autoridade reguladora, a ANEEL[2] ao determinar tarifas fixas de suprimento para os contratos iniciais. O parâmetro de análise é o modelo teórico desenvolvido por Mitchell Polinsky sobre compartilhamento de riscos entre vendedora e compradora, vinculadas por um contrato comercial de longo prazo[3].

O modelo visa determinar, num ambiente de incerteza, as condições que deveriam prevalecer para a celebração de contratos (i) com preço fixo ou (ii) com preços variáveis praticados no mercado *spot* (preços vigentes no spot no momento da entrega firmada contratualmente) ou ainda (iii) uma combinação dos dois desenhos, por exemplo, contratos de longo prazo com preços *spot*, quando estes superassem um determinado limite mínimo (*spot price contracts with floor prices*). Define-se o desenho contratual ótimo como aquele que minimiza a soma ponderada das variâncias dos lucros do comprador e do vendedor e, portanto, minimiza o risco das partes no seu conjunto. Com base no mencionado modelo teórico, identificam-se as possíveis falhas do desenho contratual determinado pela autoridade reguladora para o período de transição (contratos iniciais), consideradas as particularidades do setor relativas à incerteza quanto ao comportamento futuro da oferta e da demanda e ao comportamento dos agentes (geradoras e distribuidoras) frente ao risco.

Tendo em vista que entre os desenhos contratuais contemplados pela teoria encontram-se cláusulas de preços *spot*, faz-se necessária ainda,

---

[2] As tarifas dos contratos iniciais de compra e venda de energia entre concessionárias de energia elétrica foram estabelecidas pela Resolução nº 143, da ANEEL, de 09 de junho de 1999.

[3] Polinsky, M. (1987) "*Fixed Prices versus Spot Prices Contracts: A Study in Risk Allocation*", In, **Journal of Law, Economics, and Organization**, vol.3, nº 1, Spring 1987.

breve descrição do modelo centralizado de formação de preços no mercado *spot*, no Brasil.

Um segundo tema abordado é o do estímulo à contratação bilateral apoiada em mecanismos de mercado a substituir gradativamente os contratos iniciais, por meio de leilões no MAE e livre negociação, sendo esta última alternativa disponível futuramente apenas aos produtores independentes. Paralelamente, analisa-se o impacto dos seguintes fatores sobre os desenhos ótimos de contratos de longo prazo:

1. a substituição do modelo de oferta de custo mínimo (atualmente operacionalizado pelo ONS) pelo modelo de oferta de preços no mercado *spot*; e

2. a desverticalização das atividades de distribuição e comercialização hoje simultaneamente exercidas pelas distribuidoras de energia.

O objetivo da análise é identificar a posição competitiva e o poder de mercado dos produtores independentes (empresas privadas) no futuro sistema de livre mercado, tal como planejado pelas autoridades brasileiras. A análise deverá prover os elementos necessários ao delineamento de contratos bilaterais ótimos entre produtores independentes e comercializadoras.

O estudo que segue é de natureza qualitativa concentrando-se predominantemente nas relações comerciais de longo prazo entre geradoras e distribuidoras/comercializadores de energia elétrica e nos mecanismos de formação de preços *spot* estabelecidos pelo sistema regulatório brasileiro. Deve-se salientar que muitas das premissas levantadas ao longo do trabalho baseiam-se em instrumentos analíticos abstratos, desenvolvidos pela Teoria Econômica. Particularmente, apoiam-se em modelos de formação de preços e da teoria dos contratos.

Foge ao escopo deste estudo avaliar a viabilidade da elaboração de testes quantitativos. Em princípio, entende-se que os principais obstáculos se encontram na ausência de dados que permitam conhecer aquelas que seriam as reais escolhas dos agentes envolvidos, visto que o modelo de regulação determina os preços praticados nos mercados de curto e longo prazo e as quantidades ofertadas no mercado *spot*. Vale dizer, os preços e quantidades de equilíbrio são variáveis, com efeito, desconhecidas. Conforme se afirma no Relatório de Progresso nº 3.

(...) o atual procedimento de aplicação do Valor Normativo – VN apresenta uma série de limitações devido ao fato de não existir uma referência externa de preços de energia elétrica no sistema brasileiro. Sem esta referência externa, é necessário usar como VN uma estimativa do preço marginal de longo prazo. Esta estimativa pode não refletir adequadamente o preço real da energia e torna a tarefa de determinação do VN muito ingrata: um VN com valor alto leva à penalização do consumidor, enquanto um VN de valor mais baixo inviabiliza novos investimentos.

Todavia, as hipóteses levantadas podem ser passíveis de algum tipo de teste quantitativo com vistas a confirmar o pré-entendimento aqui exposto, desde que disponíveis alguns dados não abertos ao público[4].

Para efeito de clareza na exposição dos temas subdivide-se então o presente estudo em dois blocos quanto às etapas de reestruturação do setor elétrico e os desenhos contratuais ótimos correspondentes. O primeiro deles, chamado de bloco da *fase de curto prazo* para a contratação bilateral, segundo o Relatório de Progresso nº 3[5].

a) *curto prazo* – corresponde à transição pós-racionamento, no qual (...) os novos instrumentos regulatórios ainda estão em consolidação; (...).

Para o curto prazo a principal medida é a exigência de 95% de contratação por parte de todos os agentes de consumo. O objetivo desta medida transitória é evitar que estratégias agressivas de compra de energia no mercado de curto prazo, sem o respectivo respaldo de geração, resultem em riscos substanciais para os geradores hidrelétricos antes que estejam consolidados os instrumentos de gerência destes riscos – em particular a oferta de preços descrita no capítulo 2 – e as ações de monitoramento/intervenção governamental. (grifou-se)

b) *médio prazo* – corresponde ao amadurecimento do mercado e dos instrumentos que asseguram uma expansão econômica e confiável da oferta. (...).

[4] Ao longo do processo de análise, por exemplo, foram feitas várias tentativas de coletas de informações (evolução de preços no mercado spot) junto ao Mercado Atacadista de Energia (MAE), Agência Nacional de Energia Elétrica e (ANEEL) e Operador Nacional do Sistema (ONS). Constatou-se que os dados são tratados como confidenciais de acesso privativo dos agentes.

[5] Comitê de Revitalização do Modelo do Setor Elétrico, Relatório de Progresso nº 3. Documento disponível no site www.energiabrasil.gov.br.

Para o médio prazo, são propostas as seguintes as seguintes medidas de caráter estrutural:

a) As distribuidoras passarão a adquirir energia para seus consumidores cativos através de licitação de PPAs de longo prazo. Este mecanismo é transparente, eficiente – pois leva à contratação de mínimo custo em decorrência da competição de diversas fontes de energia e alternativas de investimento – e permite criar uma referência de mercado para o Valor Normativo (...).

b) Por sua vez, os consumidores livres e comercializadores estarão plenamente expostos aos preços e riscos do mercado, com liberdade para realizar contratos bilaterais no montante desejado. Como mencionado anteriormente, a liberação do mercado será condicionada à consolidação tanto dos instrumentos de gerência de risco por parte dos agentes como dos instrumentos de monitoração de confiabilidade/intervenção por parte do governo. (grifou-se)

Vale dizer, os desenhos contratuais ótimos para geradoras independentes não necessariamente serão os mesmos anteriormente e após o estabelecimento do sistema de oferta de preços no mercado *spot* e da livre negociação para contratação de longo prazo entre geradoras independentes e comercializadores.

O primeiro bloco de análise – atinente ao período de transição para o modelo de livre mercado – contempla os itens 2 a 5 do presente trabalho.

O item 2 descreve brevemente as características do setor e os atuais critérios centralmente planejados de formação de preços no mercado *spot*. Nesta seção descrevem-se também os desenhos dos contratos iniciais tais como definidos pela ANEEL para o período de transição ao livre mercado de energia. No item 3, elabora-se a exposição do modelo teórico, sempre com referências paralelas à realidade do setor elétrico nacional, de modo a demonstrar a aderência do instrumento analítico ao setor analisado.

Ao final da seção 3, apresenta-se o resultado que permite avaliar o tipo de contrato que minimiza riscos, para a fase de transição do modelo regulatório, antes da instalação de um sistema de oferta de preços no *spot*, dependendo das condições de incerteza e de comportamento dos agentes quanto ao risco. A seção 4 faz a interpretação dos resultados do modelo de transição à luz do instrumental teórico desenvolvido por Polinsky. Na Seção 5, faz-se a crítica ao atual modelo de regulação do sistema bem como proposições imediatas para o redesenho dos contratos iniciais.

O segundo bloco de análise corresponde ao entendimento sobre os melhores desenhos contratuais de longo prazo em um sistema de livre mercado, ou seja após a planejada instalação de um sistema de oferta de preço no *spot* e contratação com comercializadores e consumidores livres (ou seja, posteriormente à desverticalização das atividades de distribuição e comercialização). Este bloco de análise restringe-se à seção 6.

À parte 7, finalmente, cabem algumas considerações finais.

2. A Matriz Energética Brasileira e o Modelo de Formação de Preços de Geração de Energia

O potencial brasileiro de geração de energia elétrica depende em mais de 90% de fonte hidroelétrica. Em que pesem os reconhecidos benefícios da riqueza natural de recursos hídricos – esta é uma estrutura que oferece consideráveis incertezas quanto à oferta futura de energia, visto depender esta de contingências climáticas.

É recorrente a afirmação de que o País necessita de uma urgente diversificação da matriz energética de modo a minimizar riscos de desabastecimento[6]. É também de amplo conhecimento a intenção governamental de incentivar a instalação de uma estrutura de oferta de geração termelétrica, visando a disponibilização de alternativas nos momentos de crise causada por contingências climáticas[7].

Esta não é uma questão trivial. Os custos operacionais de geração termelétrica são, em média, consideravelmente mais elevados que os custos de geração hídrica, de modo que em condições hidrológicas regulares fica comprometido o interesse econômico em investir na alternativa energética.

---

[6] Sabemos que esta questão é polêmica havendo quem defenda a possibilidade de convivência com essa concentração da geração em fontes hidroelétricas. Há um ponto relevante, não pertencente ao escopo deste trabalho, quanto à viabilidade de investimentos em mais potência hidráulica de reserva bem como à sua efetiva disponibilidade.

[7] Vide item 6 do Relatório de Progresso nº 3, – *Incentivo à Geração Térmica à Gás* (Tema 15).

Matéria publicada pelo *Valor Econômico*, em 8 de março de 2002, "*Os obstáculos para o plano das termelétricas*", descreve claramente esta condição:

"A recuperação do nível dos reservatórios das usinas hidrelétricas autorizou o país a retomar o uso da capacidade elétrica instalada. O afastamento do problema imediato, porém, está dificultando a viabilidade econômica das usinas térmicas, idealizadas para funcionar como uma espécie de estepe em caso de crises como a enfrentada pelo país ao longo do ano passado e, num prazo mais longo, contribuir para a diversificação da matriz energética brasileira.

Na medida em que os reservatórios foram ganhando boa distância dos níveis críticos, os investimentos em usinas termelétricas foram esmorecendo. Nas últimas duas semanas, a Petrobrás – a maior investidora na geração térmica – e a Eletrobrás anunciaram a decisão de cancelar projetos de investimentos. E o mesmo estado de espírito tem tomado os investidores privados.

Do ponto de vista negocial, a deliberação é absolutamente compreensível. Afinal, os últimos dados disponibilizados pelo Operador Nacional de Energia (ONS), indicam a possibilidade de o mercado vir a contar com excesso de energia elétrica graças aos índices de armazenamento dos reservatórios, do atual patamar de consumo e da capacidade de nova geração. As perspectivas traçadas por esse cenário praticamente inviabilizam economicamente as usinas térmicas, cuja energia é muito mais cara do que a elétrica."

Esta é a condição de incerteza que caracteriza ao setor elétrico nacional. Com efeito, seca semelhante à ocorrida nos últimos anos foi observada apenas na década de 50. Possivelmente os agentes que hoje participam do setor, não presenciem evento idêntico em vida. É uma possibilidade considerar que a matriz energética brasileira mantenha o atual perfil por tempo indeterminado, sendo a incerteza um elemento intrínseco a geração de energia hidrelétrica.

A estes elementos somam-se ainda outros de fundo econômico, exógenos – se consideradas as limitações financeiras dos agentes investidores na expansão do sistema – como endógenos – se considerada a paralisia a que podem estar sujeitos os investimentos em expansão da geração, decorrentes dos riscos inerentes ao sistema e dos riscos regulatórios. Estas possibilidades são mencionadas em matéria publicada no dia 22 de maio de 2002, pelo jornal "O Estado de São Paulo", "*Estrangeiros deverão investir pouco em energia*".

"No que depender das empresas estrangeiras, os investimentos necessários para impedir uma nova crise de energia em 2006 dificilmente se realizarão. Anteontem, o presidente do Operador Nacional do Sistema (ONS), Mario Santos, previu uma nova crise energética em 2006 caso não sejam feitos novos empreendimentos ou o nível de chuvas cair a um patamar semelhante ao do período do racionamento."

Por ora, importa constatar que a oferta de energia elétrica no Brasil é de natureza imprevisível mesmo pelos agentes ofertantes, instalando um ambiente de incerteza sobre as condições futuras de disponibilidade de energia elétrica. Isto suscita uma série de considerações acerca da formação de preços *spot* no mercado brasileiro de geração.

2.1. Formação de Preços no Mercado de Curto Prazo (Preços Spot)

No mercado de *spot*, as quantidades a serem produzidas por cada geradora e os preços de mercado são determinados por um modelo computacional probabilístico operado por um agente central que coleta, entre as geradoras, informações sobre os custos de operação do sistema e, entre os agentes demandantes, previsões de consumo, de modo a atender a demanda ao menor custo possível. É importante salientar que os volumes comercializados no mercado de curto prazo são residuais, sendo que há um volume de geração (aproximadamente 95% da geração total) já comprometido pelos contratos que apresentam preços e quantidades pré-definidos e estes são respeitados. Variações nas disponibilidades e nas exigibilidades são inicialmente resolvidos pelo MRE (Mecanismo de Realocação de Energia) o que resulta, posteriormente, na energia secundária para venda no mercado *spot*. Neste segmento, o modelo de despacho é gerido pelo ONS que opera com uma sistemática de mérito econômico para a formação de preços.

Nesta etapa da análise é essencial considerar que o modelo de despacho por custo mínimo simula as forças de um mercado em competição perfeita, visto que busca determinar o preço que iguala o custo marginal de produção do sistema de geração.

Ocorre que os custos das geradoras incorporam um componente não desprezível de custos de oportunidade associados à escolha intertemporal entre produzir energia hoje e no futuro. Com base nas expectativas quanto ao comportamento futuro dos preços da energia no mercado *spot*, a hidrelétrica escolheria, caso lhe fosse permitido, o volume de energia a ser entregue hoje ao ONS para comercialização no MAE, e que volume de água reservaria para vendas futuras de energia, com vistas a maximizar a receita esperada. Evidentemente, se as expectativas para um agente ofertante qualquer são de elevação futura dos preços, a hidrelétrica poderia optar por conservar o nível do reservatório para vender a um preço superior mais à frente.

Os preços determinados por planejamento central são muito sensíveis às previsões também centralizadas de demanda e oferta constantes do modelo computacional e dificilmente exprimiriam a interação entre as reais expectativas dos agentes do mercado. Se o modelo probabilístico prevê abundância futura nos reservatórios de água, contrariando as expectativas de pelo menos parte dos agentes, o ONS determina um despacho superior ao que seria desejado pelos agentes. De fato, o sistema centralizado de despachos cria distorções normalmente ausentes no sistema de livre mercado onde os preços sinalizam as diversidades de expectativas entre agentes. Isto inclusive tenderia a suavizar a volatilidade de preços em ambiente de incerteza se prevalecente uma estrutura pulverizada que configurasse oferta de concorrência perfeita.

Ademais, o comportamento da oferta, na hipótese de liberdade de escolha das ofertantes de energia hidrelétrica (a chamada sistemática de oferta de preços) não estaria apenas atrelado a expectativas dos agentes geradores, mas também aos diversos graus de aversão ao risco destes agentes.

O Relatório de Progresso nº 2 do *Comitê de Revitalização* bem exemplifica este ponto.

(...) as usinas hidrelétricas têm um custo de oportunidade, associado à melhor utilização de sua energia hoje ou no futuro. A Figura (quadro) abaixo apresenta um caso hipotético muito simples, onde a usina hidrelétrica deve decidir entre utilizar a água "hoje" ou "amanhã".

Figura 4.2. Custo de oportunidade das usinas hidrelétricas

<table>
<tr><th>Preço hoje</th><th>Preço amanhã</th><th>Probabilidade</th><th>Preço esperado</th></tr>
<tr><td rowspan="2">20 $/MWh</td><td>40 $/MWh</td><td>com 50%
de chance</td><td rowspan="2">40x50%) + (10x50%) =
25 $/MWh</td></tr>
<tr><td>10 $/MWh</td><td>com 50%
de chance</td></tr>
</table>

Como se observa no exemplo da Figura, o preço de hoje é conhecido, 20 $/MWh. Já os preços de amanhã são incertos, podendo com igual probabilidade subir para 40 $/MWh ou baixar para 10 $/MWh. Se o critério de decisão for o de maximizar o valor esperado da renda, a decisão será de armazenar água pois este benefício esperado futuro será de 25 $/MWh, contra os 20 $/MWh obtidos com a geração de hoje. Se, por outro lado, o agente hidrelétrico for avesso ao risco, a decisão pode ser a de produzir hoje, pois os 20 $/MWh são "seguros", enquanto amanhã há um risco de 50% da renda de cair para a metade.

Os custos de oportunidade tenderiam a levar as hidrelétricas a adiar o uso de suas reservas enquanto a aversão ao risco age no sentido de antecipar o uso da água nos reservatórios. Qual destas forças viria a prevalecer sobre a outra depende da interação das expectativas, do grau de aversão ao risco e da capacidade de reserva dos agentes individuais.

Entendemos que os problemas do custo de oportunidade e de aversão ao risco por parte das geradoras estão na base de uma forte distorção dos preços no mercado spot. Com efeito, o modelo centralizado de formação de preços da energia de curto prazo não dispunha de um parâmetro que captasse estes aspectos das preferências intertemporais dos ofertantes de energia. De fato, o modelo computacional pressupunha neutralidade dos agentes com respeito ao risco de flutuação dos preços, e com isto certamente terminou por fixar preços distorcidos em relação o "verdadeiro" preço de equilíbrio de mercado. O Comitê de Revitalização observou com muita propriedade este ponto, que será explorado mais à frente sob outra perspectiva.

2.2. Os Preços no Mercado de Longo Prazo: o Desenho dos Contratos Iniciais

Por ocasião da reestruturação institucional do setor, iniciada entre meados e o fim da década de 90, entendeu-se que a imediata instauração de um sistema de livre negociação para os contratos de fornecimento de energia provocaria um choque nos preços da eletricidade no Brasil. Com efeito, o antigo modelo estatal de geração, transporte e distribuição de energia manteve por longo período preços não aderentes ao custo marginal de expansão para o consumidor brasileiro. Além disto, após o início da planejada privatização dos sistemas de geração e a efetiva privatização da distribuição, o temor principal era de que, caso não se estipulasse um período de transição gradativa, atingir-se-ia rapidamente o nível dos custos marginais de expansão do sistema. Entendeu-se que o repasse imediato desses custos ao preço para consumidor final pelas distribuidoras monopolistas seria insuportável para o sistema econômico brasileiro.

A partir do atual marco regulatório, estabeleceu-se no mercado de longo prazo então a celebração de contratos iniciais entre geradoras e distribuidores, a prevalecer durante um período de transição até a completa liberalização das relações comerciais na geração e comercialização de energia elétrica. Coube à ANEEL fixar os preços da energia a constarem dos contratos, estabelecendo preços diferenciados para os vários pares geradora-distribuidora incluindo as regras de reajuste de preços com periodicidade anual segundo um índice de preços pré-determinado. Os preços estabelecidos se restringiram a manter a relatividade de custos de energia comprada verificada com a tarifa de suprimento anterior a dos contratos iniciais. A tabela inicial de preços foi fixada por meio da Resolução n° 143 de 19 de junho de 1999 da ANEEL. Como ocorreu simultaneamente a segregação das tarifas de transmissão, havia expectativas iniciais de que os preços estabelecidos aumentariam a rentabilidade dos ativos de geração, se não na transição, imediatamente após.

Os contratos iniciais, como mecanismo de transição gradual, prevêem a redução a partir de 2003 de 25% dos compromissos iniciais de entrega anual de energia, segundo as cláusulas instituídas pela autoridade reguladora, até o ano de 2005, após o que se pretende atingir 100% da oferta abrangida pela livre negociação no mercado de longo prazo de geração de energia elétrica.

Por último, estipulou-se por meio do controverso Anexo V dos contratos iniciais que o volume de energia contratualmente fixado e não entregue pela geradora deveria ser adquirido pela fornecedora no MAE, aos preços vigentes do mercado *spot*, para o suprimento da distribuidora.

Compreendemos que o Anexo V ampliou as conseqüências para as geradoras do risco de desabastecimento futuro, ou seja, de racionamento. Vale dizer, à possível dificuldade futura de cumprimento dos contratos iniciais por parte das geradoras, acrescentava-se o custo de obtenção da energia no mercado *spot*. Desta forma, entende-se que as expectativas de crescimento de preços no futuro levassem às hidrelétricas a um racionamento ainda mais intenso de água em seus reservatórios e que, de fato, o grau de aversão ao risco agia no sentido de economizar água e não o contrário, anteriormente ao programa de racionamento do governo. Pergunta-se, neste sentido, se o modelo computacional de determinação dos preços *spot* incorporava adequadamente estes fatos. A distorção de preços, provavelmente, levou a um excesso de geração com preços aquém aos que seriam de equilíbrio naquelas condições. Mais precisamente, os preços não sinalizaram adequadamente ao agente central e aos agentes do sistema o fato de que uma crise de abastecimento se aproximava.

O Anexo V dos contratos iniciais foi motivo de disputas entre geradoras e distribuidoras por ocasião do racionamento de energia, visto que as distribuidoras entendiam que os diferenciais entre o volume de energia acordado por contrato e volume efetivamente entregue (20% a menos, de acordo com as regras de racionamento), deveriam ser ressarcidos às distribuidoras em valor equivalente ao diferencial de entrega multiplicado pelo preço vigente no mercado *spot*.

Todavia, ressalvas quanto à validade das cláusulas contratuais em períodos de racionamento e o estabelecimento da ANEEL como árbitro de controvérsias entre as partes vinculadas pelos contratos iniciais deram origem ao acordo geral do setor. A Resolução nº 91, de 21 de dezembro de 2001, implementou recomposição tarifária extraordinária para os consumidores finais com vistas a preservar as receitas das distribuidoras, reduzidas em função do racionamento.

3. Contratos Ótimos em Ambientes de Incerteza

A seção anterior apresentou uma descrição muito breve de como vêm sendo formados os preços nos mercados *spot* e de contratos de longo prazo no Brasil, omitindo vários detalhes que não serão objeto de análise no escopo deste trabalho, embora mereçam atenção na tarefa de reestruturação do setor.

O modelo que será apresentado a seguir tem por objetivo avaliar quais os desenhos ótimos de contratos de fornecimento no longo prazo sob ambiente de incerteza. Observe-se que a hipótese do modelo é de que se trata de mercado livre e competitivo, sem qualquer intervenção governamental, de modo que ao longo da apresentação do modelo pode-se fazer uma série de considerações acerca de como a intervenção na determinação dos preços *spot* afetaria os resultados da análise.

Basicamente, como antecipado, discutem-se dois tipos de contrato de longo prazo: um que mantém preços fixos ao longo do período de vi gência do instrumento contratual e outro que estabelece preços praticados no mercado *spot* no momento das entregas periódicas contratadas. Pretende-se avaliar os efeitos destas formas de contrato sobre a alocação de risco entre as partes, quando pelo menos uma delas é avessa ao risco.

Em um mercado onde se observa grande incerteza com respeito à oferta – e este é precisamente o caso da geração hidrelétrica – questiona-se que tipo de contrato seria preferido pelas partes contratantes. Iniciemos a exposição com um exemplo simples.

3.1. Sistema Hipotético de Geração de Energia: um Exemplo Simplificado

Tome-se inicialmente um sistema muito simplificado de oferta de geração de energia hidroelétrica. Suponha-se um mercado competitivo com curva de oferta perfeitamente elástica (a expansão da produção tanto individual como agregada se dá com custos marginais constantes).

Como os custos das firmas são incertos, a posição da curva de oferta também será incerta. No mercado de geração, em particular, incerto é o nível futuro de água nos reservatórios das hidrelétricas, sendo que quanto maiores as expectativas de escassez futura de água, tanto maior será o custo de oportunidade de vender energia hoje e deixar de vender energia no futuro, quando os preços esperados são mais elevados que os atuais.

Suponham-se todas as hidrelétricas com função custo idênticas, e cada uma com pequena participação na capacidade total instalada. Isto significa que todas as hidrelétricas estão sujeitas a idênticos regimes hidrológicos e que nenhuma delas tem capacidade (instalada e ociosa) suficiente para isoladamente influenciar de forma perceptível os preços de mercado *spot*, quando alteram a oferta. Por fim, entenda-se que todas as geradoras são neutras ao risco. Parte destas hipóteses será relaxada mais à frente, para uma visão mais realista do sistema elétrico nacional.

As curvas de oferta e demanda no mercado *spot* de energia são as seguintes.

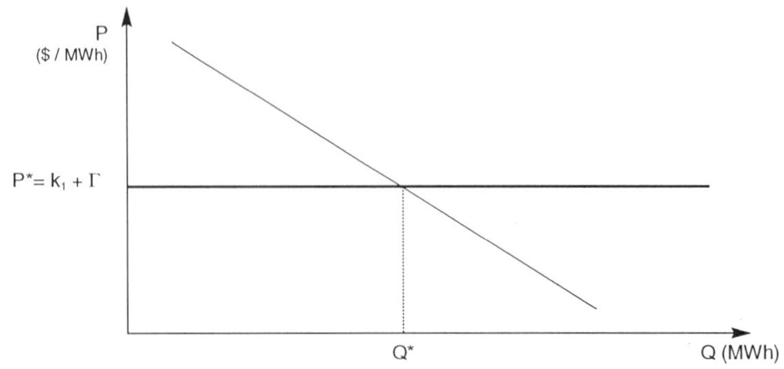

Sendo **P** o preço de venda da energia, **Q** a quantidade, **P*** e **Q*** os preços e quantidades de equilíbrio, $\mathbf{k_1}$ os custos marginais constantes de produção (que definem os custos marginais da operação integrada das usinas hidrelétricas) e Γ uma variável aleatória, associada a três possíveis cenários hidrológicos, configurando o custo de oportunidade da venda de energia hoje em relação à venda em um momento futuro qualquer. A variável Γ é estocástica, pois depende, como dito, do volume incerto de chuvas no futuro. A curva negativamente inclinada é a curva de demanda futura tida, para efeito do modelo simplificado, como conhecida. Isto é, supõe-se inicialmente, apenas para simplificar a exposição, que não há incerteza quanto ao comportamento futuro da função demanda. Mais à frente introduz-se esta hipótese de incerteza, para uma tentativa de análise mais condizente com a contratação direta por consumidores livres e comercializadoras independentes, constante do programa de reestruturação do setor.

Suponham-se agora três eventos hidrológicos possíveis[8]. O "Cenário 0" com volume de chuvas regular e probabilidade de ocorrência, μ_0 "Cenário 1" com volume de chuvas escasso e probabilidade μ_1 e o "Cenário 2" com volume de chuvas abundante e probabilidade μ_2, sendo $(\mu_0 + \mu_1 + \mu_2) = 1$.

[8] O modelo atualmente utilizado para determinação de preço no mercado *spot*, utiliza implicitamente uma complexa árvore de cenários. O documento de apoio A do *Relatório de Progresso nº 2*, descreve com detalhes o procedimento de cálculo computacional, conhecido como programação dinâmica estocástica dual. O exemplo simples utilizado tem por finalidade apenas esclarecer o argumento quanto à formação de preços em mercados livres e ambientes de incerteza, e a superioridade de contratos com preço *spot* ao vendedor quando o comportamento da oferta apresenta um componente aleatório.

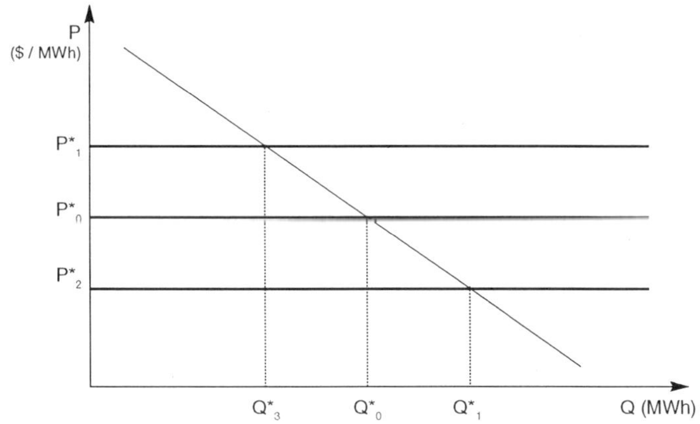

Onde o preço esperado, em momento futuro, é dado por

$E(P^*) = \mu_0 P_0^* + \mu_1 P_1^* + \mu_2 P_2^*$, conforme ilustra o exemplo do Relatório de Progresso nº 2, transcrito no item 2.

O diagrama acima ilustra três possíveis preços de equilíbrio de mercado com respeito aos custos de oportunidade correspondentes a cada um dos cenários possíveis. Ou seja, a cada um dos possíveis cenários hidrológicos, por hipótese, comuns a todas as geradoras, corresponde um preço futuro.

Pode-se intuir que, satisfeitas as hipóteses iniciais do modelo (apenas para efeito de ilustração), os preços no mercado spot variam proporcionalmente com os custos de oportunidade[9]. Em outros termos, em equilíbrio, o aumento da receita derivado dos preços *spot* esperados mais elevados compensam em idêntica proporção aumento atual dos custos de oportunidade.

Assim sendo, para este modelo extremamente simplificado, os contratos de longo prazo baseados em preço *spot* seriam mais seguros para as vendedoras de energia visto que estas ficam protegidas contra riscos hidrológicos. Situação inversa ocorre se as geradoras celebram contratos com preços fixos, tais como os contratos iniciais celebrados entre gerado-

[9] Na verdade, a variação de preços refletiria integralmente mudanças nos custos de oportunidade caso a curva de oferta da indústria de geração elétrica fosse infinitamente elástica, ou seja, caso os custos de produção fossem constantes para cada cenário hidrelétrico.

ras e distribuidoras no Brasil. Se prevalecentes as hipóteses do exemplo acima, o contrato com preços fixos atribuiria todo o custo da incerteza ao vendedor.

Como corolários do exemplo hipotético vale mencionar que contratos de preço fixo asseguram a posição do comprador, no caso as distribuidoras, assumindo que a demanda é dada e conhecida, o contrato garantiria certo nível de lucros. O contrato de preços *spot*, ao contrário, levaria lucros incertos por parte do comprador.

3.2. As Hipóteses do Modelo Geral

Evidentemente as hipóteses acima são por demais simplificadoras. Para uma análise realista do setor e conclusões pertinentes sobre o melhor desenho de contratos de longo prazo, pode-se incorporar os seguintes complicadores:

a) os custos de geração de energia são crescentes;

Os custos de geração do sistema global integrado (pode-se pensar nos atuais subsistemas de geração no Brasil) são crescentes. Para o mercado como um todo, como as geradoras possuem capacidades de geração e armazenamento diferentes, o modelo atualmente utilizado pelo ONS aciona primeiramente as usinas de menor custo e segue acionando sucessivamente as usinas de custo mais elevado. Do ponto de vista individual das geradoras, presume-se que os custos variáveis sejam relativamente constantes e, com exceção das usinas fio d'água, se desloquem proporcionalmente ao custo de oportunidade para cada cenário hidrológico possível.

b) os custos de produção e os regimes hidrológicos a que estão sujeitas as hidrelétricas são heterogêneos;

Pelas razões apontadas acima, supõe-se heterogeneidade quanto às funções custo individuais e respectivos regimes hidrológicos. A razão é clara. Os aproveitamentos hidrelétricos, ainda que de uma mesma bacia hidrográfica, possuem características específicas quanto à capacidade de reservas, distribuição das chuvas etc. Além disto, se o sistema como um todo experimenta uma seca severa, não necessariamente todas as geradoras sejam igualmente afetadas. O subsistema Sul-Sudeste-Centro-Oeste, por exemplo, experimentou situações diversificadas de disponibilidade de água, sendo que o sul, privilegiado por contingências climáticas favoráveis, sequer participou do regime de racionamento. Todavia o estrangulamento da capacidade de transmissão de energia impediu que a capacidade de geração no sul compensasse o déficit de oferta no sudeste, de modo que, dependendo do critério de delimitação dos sistemas, pode-se dizer a área sul não esteja plenamente integrada ao restante do sistema S-SE-CO.

c) os custos de cada geradora são positivamente, embora imperfeitamente, correlacionados com a curva de oferta da indústria como um todo (sub-sistema de geração).

Embora as várias hidrelétricas não sejam igualmente afetadas pelas contingências climáticas, apresentam alguma correlação positiva com os efeitos sobre os custo de geração da indústria como um todo. Assim, por exemplo, uma hidrelétrica com capacidade de reserva acima da média da indústria geradora seria, em tese, menos afetada por eventual seca. Os custos individuais seriam então diferenciados em relação ao custo médio da indústria, embora os custos de oportunidade também cresçam com a escassez de chuvas. Esta hipótese é razoável se considerado o sistema sudeste de maneira isolada, onde todas as hidrelétricas sofreram de maneira mais ou menos intensa os efeitos da recente seca.

d) a posição futura da curva de demanda é incerta;

O comportamento futuro de qualquer variável é incerto, visto que não é possível prever todas as contingências com probabilidade de ocorrência maior que zero. De fato, qualquer previsão quanto ao futuro tem uma probabilidade de erro. A demanda por energia elétrica, por exemplo, varia positivamente com o nível de atividade econômica do país. A demanda das distribuidoras é derivada da demanda de seus clientes cativos – consumidores residenciais, comerciais e industriais – que por sua vez deriva do volume de renda e da produção, também não plenamente previsíveis. Contudo, presume-se que no médio e longo-prazos, estas variáveis tem menor incerteza em *relação* às incertezas que afetam a oferta. Como se verá, o que realmente importa é a relação entre riscos de flutuação da oferta e da demanda. Ou seja, se os riscos de flutuação da oferta são maiores que os de flutuação da demanda pode-se, sem perda de generalidade, considerar como certa a demanda futura, para efeito de simplificação da análise. Isto em nada alteraria os resultados qualitativos da análise.

e) a avaliação das compradoras (distribuidoras) é positivamente, embora imperfeitamente, correlacionada com a curva de demanda da indústria geradora;

Pode-se introduzir no modelo, a diversificação das demandas individuais, por distribuidora. Em um contexto de expansão acelerada da atividade econômica, por exemplo, algumas distribuidoras podem ser mais afetadas que outras, dependendo do perfil de seus clientes cativos. Se o aquecimento da atividade concentra-se em setores eletro-intensivos, como o de produção de aço, então os efeitos da expansão recaem mais fortemente sobre distribuidoras que atendem estes setores. Desta forma, pode-se dizer que as demandas individuais das distribuidoras não sejam perfeitamente correlacionadas com a demanda global por geração. Esta hipótese assume pouca relevância caso se mantenha a suposição de que a demanda não apresenta um comportamento aleatório, conforme sugerido acima.

f) as geradoras de energia elétrica são avessas ao risco;

Esta hipótese foi brevemente discutida no item 2 acima e bastante explorada no Relatório de Progresso nº 2, do Comitê de Revitalização do Modelo do Setor Elétrico. Levar-se-á em consideração que as geradoras de energia são avessas ao risco.

g) grau de aversão ao risco das distribuidoras;

O modelo geral que será apresentado admite que os compradores apresentem comportamento não neutro em relação ao risco. Entendemos, entretanto, que as distribuidoras são plenamente protegidas com relação ao equilíbrio econômico financeiro de suas atividades, equilíbrio este garantido pela regulação do setor. As regras de determinação das tarifas ao consumidor final pela ANEEL contemplam o repasse integral dos custos de aquisição de energia elétrica ao consumidor final, de modo que se pode afirmar com segurança que as distribuidoras estão menos expostas ao risco de flutuação de oferta e demanda do que aos riscos regulatórios propriamente ditos.

A hipótese de aversão ao risco pelos compradores poderia em tese ser incorporada à análise, quando introduzida a livre negociação entre geradora de energia e o consumidor livre e/ou comercializadora. Todavia, prejudica a análise a ausência de informações seguras que confirmem hipóteses sobre comportamento dos futuros compradores diretos de energia das geradoras.

3.3. Ambientes Possíveis

O relaxamento das hipóteses restritivas contempladas no exemplo simplificado dá ao modelo teórico generalidade suficiente para analisar todos os ambientes possíveis quanto à incerteza e comportamento dos agentes frente ao risco.

A árvore de possibilidades abaixo descreve os panoramas passíveis de exame.

Árvore de possibilidades quanto ao comportamento dos agentes frente ao risco e incerteza relativa à oferta e demanda

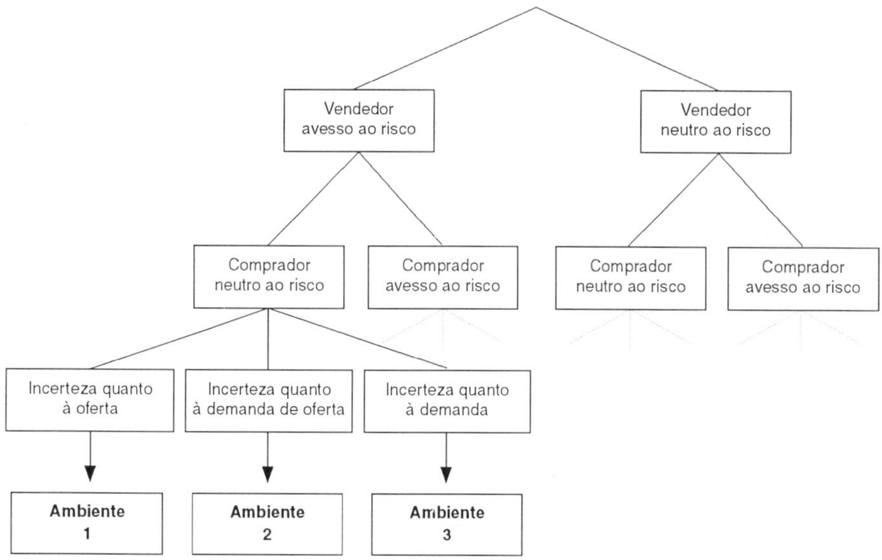

Concentrar-nos-emos no Ambiente 1 acima, entendido como o relevante ao modelo de regulação atualmente vigente. Outros possíveis ambientes serão muito brevemente examinados no item 6 tendo em vista o modelo que se pretende instalar futuramente com a liberação das relações entre participantes do mercado de geração de energia.

3.4. Descrição do Modelo Geral

Acompanhando a lógica do modelo desenvolvido por Polinsky (1987), curvas de oferta positivamente inclinadas e incerteza quanto ao posicionamento futuro da função demanda levam a um preço de equilíbrio no mercado spot que dependerá tanto das flutuações da curva de oferta quanto da curva de demanda. Com efeito, no exemplo simplificado acima, se a função oferta revela custos constantes de geração de energia, os deslocamentos da curva de demanda não alterariam os preços de equilíbrio para cada um dos três cenários contemplados.

Neste modelo mais geral, um contrato do tipo preço *spot* tenderá *ainda* a assegurar as geradoras contra incertezas relativas à oferta. A razão é semelhante à discutida no exemplo simples acima. Em que pesem (i) a inclinação positiva da curva de oferta e (ii) as correlações positivas (mas imperfeitas) entre os custos individuais das usinas e os custos do sistema integrado, os contratos do tipo *spot* têm seu valor reduzido como seguro contra incerteza nos custos de produção (em que se incluem os custos de oportunidade).

Considere-se a seguinte função oferta da indústria de geração de energia elétrica.

$$P = k_1 + k_2 Q + \Gamma \qquad (1)$$

Onde P é o preço da energia elétrica, Q é a produção da indústria de geração, $k_1 > 0$ e $k_2 \geq 0$ são parâmetros constantes. Γ é uma variável aleatória de média zero e variância $\sigma^2(\Gamma)$.

Similarmente, a curva de demanda da indústria de geração assume a forma:

$$P = k_3 - k_4 Q + \qquad (2)$$

onde $k_3 > 0$ e $k_4 > 0$ são constantes e Ω é uma variável aleatória com média zero e variância $\sigma^2(\Omega)$.

As variáveis Γ e Ω são por hipótese estatisticamente independentes. De fato, esta hipótese parece-nos apropriada, pois conforme exposto acima, os fatores responsáveis pela flutuação da demanda não apresentam correlação com os fatores que respondem por as flutuações da oferta.

Fazendo a oferta igual à demanda e resolvendo o sistema de equações para o preço de equilíbrio no mercado spot, temos que

$$P^* = \overline{P} + \lambda_1 \Gamma + \lambda_2 \Omega \qquad (3)$$

onde

$$P = \frac{k_1 k_4 + k_2 k_3}{k_2 + k_4}, \quad \lambda_1 = \frac{k_4}{k_2 + k_4}, \quad \lambda_2 = \frac{k_2}{k_2 + k_4} \qquad (4)$$

O equilíbrio de mercado é ilustrado na figura que segue.

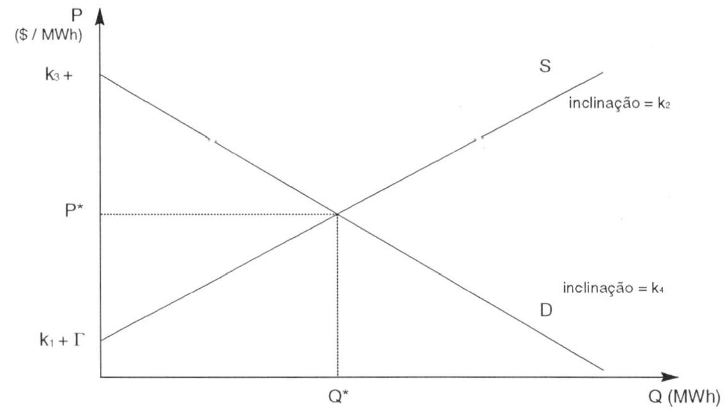

Agora, considere-se uma usina em particular e uma distribuidora específica que estejam interessadas em celebrar contrato comercial para entrega futura de energia, mas que desconhecem seus respectivos custos e valor de compra. O custo de produção da geradora é

$$C = c + \gamma \qquad (5)$$

onde $c > 0$ é uma constante e γ é uma variável aleatória de média zero e variância $\sigma^2(\gamma)$. A variável aleatória representa a incerteza da usina geradora, por hipótese, positivamente correlacionada com a variável aleatória representante da incerteza quanto à curva de oferta do sistema como um todo:

onde ρ (.) é o coeficiente de correlação, *Cov (.)* é a covariância e σ é o desvio padrão, dos respectivos argumentos.

Da mesma forma, a avaliação das distribuidoras pela aquisição da energia é

$$V = v + \omega \qquad (7)$$

onde $v > 0$ é uma constante e ω é uma variável aleatória com média zero e variância $\sigma^2(\omega)$, sendo a variável aleatória representante da incerteza com respeito à avaliação da distribuidora, por hipótese, positivamente correlacionada com a variável aleatória correspondente à incerteza quanto à posição da curva da demanda da indústria de geração:

$$\rho\ (\ \omega) > 0 \qquad (8)$$

sendo o custo da geradora e a avaliação da distribuidora variáveis estatisticamente independentes.

As funções utilidade das partes envolvidas no contrato assumem as seguintes formas:

Geradora: $U = E(\pi) - sVar(\pi)$, (9)

Distribuidora: $V = E(\pi) - bVar(\pi)$, (10)

onde π é o lucro de cada uma das partes contratantes, $s \geq 0$ e $b \geq 0$, são constantes que mensuram o grau de aversão ao risco da geradora e da distribuidora.

O lucro da geradora sob contrato do tipo preço *spot* é:

$\pi = P^* - [\, c + \gamma \,]$. (11)

Usando-se (3), (11) pode ser assim reescrita:

$\pi = (P - c) + (\lambda_1 \Gamma + \lambda_2 - \gamma)$ (12)

Assim, sob contrato do tipo preço *spot*, o lucro esperado da geradora e a variância do seu lucro é $\sigma^2(\lambda_1 \Gamma + \lambda_2 - \gamma)$. Do mesmo modo, o lucro do vendedor sob contrato de preço fixo com preço co contrato igual a p é

$\pi = P - [\, c + \gamma \,]$. (13)

Este resultado nos dá um lucro esperado para a geradora igual a e uma variância do lucro igual a $\sigma^2(\gamma)$.

O lucro da distribuidora sob contrato do tipo preço *spot* é

$\pi = v + \omega - P^*$ (14)

ou usando (3),

$\pi = (v - P) + (\omega - \lambda_1 \Gamma + \lambda_2)$ (15)

O lucro esperado da distribuidora resultante é $v - P$ e a variância dos lucros resultante é $\sigma^2(\omega - \lambda_1 \Gamma + \lambda_{22})$. Analogamente o lucro da distribuidora sob contrato com preço fixo igual a p é

$\pi = v + \omega - P$ (16)

levando a um lucro esperado de $v - P$ e a uma variância do lucro igual a $\sigma^2(\omega)$. Os resultados dos casos em exame são sumariados no quadro a seguir.

	Vendedor (Geradora)	*Comprador (Distribuidora)*
Contrato tipo preço *spot*		
Lucro esperado	$P - c$	$v - P$
Variância do lucro	$\sigma^2 (\lambda_1 \Gamma + \lambda_2 - \gamma)$	$\sigma^2 (\omega - \lambda_1 \Gamma + \lambda_2)$
Contrato tipo preço *spot*		
Lucro esperado	$P - c$	$v - P$
Variância do lucro	$\sigma^2 (\gamma)$	$\sigma^2 (\omega)$

Polinsky demonstra em apêndice do citado artigo que, com funções utilidade do tipo "média-variância", *os contratos ótimos, por definição, minimizam a soma ponderada da variância dos lucros das partes contratantes.*

O resultado geral do modelo teórico pode ser resumido da seguinte forma. Os contratos com preços do mercado *spot* são preferidos aos contratos de preço fixo se e somente se:

$$s\sigma^2 (\lambda_1 \Gamma + \lambda_2 - \gamma) + b\sigma^2 (\omega - \lambda_1 \Gamma + \lambda_2) < s\sigma^2(\gamma) + b\sigma^2 (\omega) \qquad (17)$$

O lado esquerdo da equação (17) pode ser interpretado como a "desutilidade" das partes contratantes quanto à tomada de risco sob contratos do tipo preço *spot*, enquanto o lado direito é a desutilidade correspondente, sob contratos com preços fixos.

4. Interpretação Econômica dos resultados

Como mencionado na descrição das hipóteses do modelo geral, entende-se conveniente a análise de um ambiente configurado pelas seguintes premissas para efeito de análise do setor elétrico brasileiro:

(i) Ofertas global e individual (custos variáveis) incertas e positivamente correlacionadas, tendo em vista riscos hidrológicos;

(ii) Geradoras avessas ao risco;

(iii) Demanda futura global e individual conhecidas, consideradas as incertezas diminutas quando comparadas ao comportamento da oferta; e

(iv) Distribuidoras neutras ao risco.

Este ambiente corresponde ao *Ambiente 1* da árvore de possibilidades passíveis de análise pelo modelo teórico.

A condição (i) implica ajustar o modelo de formação de preços do *Spot* para uma condição tal que permita a correlação citada, como é o caso da oferta de preço discutida a partir do Relatório de Progresso 2. Dependerá das geradoras, uma vez implantada essa alteração, assegurar para que a condição (i) se dê.

As condições (ii) e (iv) decorrem de comportamentos que se assumiu para esses agentes, considerando: a) a condição de exposição ao risco das geradoras, própria do modelo até agora implantado, e a considerável proteção a risco que as distribuidoras desfrutam com a regulação econômica do pass-through.

Para que a condição (iii) se confirme será necessário uma regulação restritiva com relação a liberdades das distribuidoras de se valerem de fontes alternativas de energia, seja via *self-dealing*, seja via alternativa de contratação.

Neste caso a condição expressa pela equação (17) pode ser reescrita fazendo-se b=0 (distribuidoras neutras ao risco); σ^2 (Ω) = 0 (demanda da indústria certa e conhecida); e σ^2 (ω) (demanda individual da distribuidora certa e conhecida) temos que

$$\sigma^2 (\lambda_1 \Gamma - \gamma) + < \sigma^2 (\gamma) \qquad (18)$$

após alguma manipulação dos termos constantes de (18) pode-se chegar a seguinte expressão

$$\rho (\Gamma, \gamma) > \frac{k_4}{2(k_2 + k_4)} \frac{\sigma (\Gamma)}{\sigma (\gamma)} \qquad (19)$$

Esta condição pode ou não ser satisfeita dependendo dos valores atribuídos aos termos da equação. Pergunta-se em que condição os contratos de preço fixo tais como os atualmente determinados pela ANEEL seriam eficientes.

Claramente, quanto maior a correlação positiva entre os custos de produção da geradora individual e os custos globais da indústria de geração elétrica, ρ (Γ, γ) > 0, a tendência ao aumento de custos da geradora individual será acompanhada da tendência de elevação da curva de oferta da indústria. Assim, provavelmente um contrato de preços *spot* seria preferido ao contrato de preços fixos. A razão é bastante semelhante àquela já apresentada no exemplo simplificado do início do texto.

A elevação de custos para o gerador ocorre em função de cenários prováveis de escassez de água em seu reservatório. Se todo o sistema está sujeito a regimes hidrológicos semelhantes, então a curva de oferta futura também tenderá a se deslocar para cima.

Assim, se prevalecentes as hipóteses de incerteza quanto à oferta, mas não quanto à demanda, um contrato do tipo preço spot pode ser entendido como um seguro para geradora contra incertezas relativas aos custos de produção de energia. Observe-se que nestas condições a aversão ao risco do ofertante de energia é irrelevante, como demonstra a equação (18).

Polinsky chama atenção para a seguinte possibilidade implícita na condição expressa por (19). *Caso a razão entre os desvios padrão da função oferta da indústria e dos custos do vendedor* $\sigma(\Gamma) / \sigma(\gamma)$ *seja suficientemente elevada , então um contrato de preço fixo será preferido ao contrato de preços spot.* Isto porque a excessiva variância da função oferta da indústria "super assegura" o vendedor, levando a uma variância também excessiva dos lucros da geradora.

Resta indagar se os desvios padrão dos custos individuais das hidrelétricas são superiores aos desvios padrão da oferta do sistema global de geração. Entende-se que no momento esta relação é pouco provável. De fato, sendo a variância da oferta uma função agregada das variâncias dos custos individuais das usinas hidrelétricas, dificilmente a oferta global seria mais incerta que cada uma das ofertas individuais. Esta situação pode prevalecer para alguns casos isolados e menos representativos, mas não para o sistema como um todo. Isto se deve a diversificação maior ou menor, mas sempre presente, dos regimes hidrológicos a que estão sujeitas as hidrelétricas.

Sendo assim, no ambiente descrito de incerteza relativa à oferta global e certeza quanto à demanda global, parece-nos mais adequada à celebração de contratos do tipo preço *spot.*

Por fim, vale examinar dentro do ambiente descrito, a extensão em que as inclinações das curvas de oferta e demanda interferem nas variações dos preços no mercado *spot.* Isto pode ser observado pela relação expressa em (19) pelo termo $k_4/2\ (k_2 + k_4)$. Quanto mais elástica a curva de demanda, isto é, quanto menor k_4, menor será o impacto de um deslocamento da curva de oferta sobre os preços *spot.* Conseqüentemente, contratos do tipo *spot* seriam mais eficientes, tornando o problema do "sobre seguro", menos provável. Evidentemente, qualquer conclusão a este respeito exigiria a pesquisa quantitativa das inclinações da oferta e demanda do sistema analisado.

Um segundo ambiente a ser examinado incluiria a incerteza quanto ao comportamento futuro da demanda. Manteremos, por ora, a neutralidade ao risco das distribuidoras. Esta hipótese se deve ao modelo de regulação das tarifas ao consumidor final que assegura os lucros das concessionárias, com vista a garantir a remuneração "justa" dos investimentos em capital destinado a manutenção e expansão do sistema de distribuição.

Retomando a equação geral (17) de condição de superioridade dos contratos do tipo preço *spot*, temos que a hipótese de neutralidade ao risco das distribuidoras (b=0) cancela o segundo termo dos lados esquerdo e direito da equação (17) levando à seguinte expressão.

$$\sigma^2(\lambda_1 \Gamma + \lambda_2 - \gamma) < \sigma^2(\gamma) \qquad (20)$$

ou

$$\sigma^2(\lambda_1 \Gamma - \gamma) + \sigma^2(\lambda_2) < \sigma^2(\gamma) \qquad (21)$$

pois as variáveis aleatórias de deslocamento de oferta e demanda são independentes.

A equação (20) difere de (18), de onde se exclui a possibilidade de comportamento aleatório da demanda, apenas pela omissão do termo de variância da demanda. Para simplificar, verifica-se que a variância dos custos individuais deva superar a variância do diferencial entre custo individual e oferta agregada somada à variância da demanda. As inclinações da oferta e demanda da indústria embutidas nos parâmetros λ_1 e λ_2 são também determinantes da condição de superioridade do contrato do tipo preços *spot*. Sem disponibilidade de dados derivados de estudos quantitativos pouco há a acrescentar relativamente às conclusões quanto ao ambiente anterior.

Mantendo a suposição de que as variações da demanda são inexpressivas em relação às incertezas quanto à oferta, as conclusões são análogas àquelas do ambiente hipotético examinado, sem incertezas quanto à demanda.

Uma característica do sistema hidrelétrico que contribui para a volatilidade dos preços *spot* mas ainda não discutida deve ser considerada para efeito de desenhos contratuais.

Este ponto foi explorado no Relatório de Progresso nº 3:

"A razão para a volatilidade de médio prazo se deve ao fato dos sistemas hidroelétricos na maioria das vezes serem projetados para assegurar suprimento de carga sob condições hidrológicas adversas, que ocorrem com muito pouca freqüência. Como conseqüência na maior parte do tempo há surplus temporário de energia, que implica num preço spot muito baixo. Entretanto, ocorrendo um longo período de estiagem, o preço spot pode crescer acentuadamente, e até alcançar o custo de racionamento do sistema. Devido à capacidade de armazenamento dos reservatórios, esses períodos de baixo custo não apenas ocorrem freqüentemente mas também podem durar por um longo tempo, separados por períodos de altos preços, causados por secas. Como conseqüência, a distribuição dos preços spot em cada mês é muito assimétrica. Simulações com o sistema brasileiro indicam que tipicamente há uma probabilidade de 70% de que os preços num dado mês estejam abaixo da média e há uma probabilidade de 40% de que eles sejam zero. Em contrapartida, há poucos cenários simulados onde os preços spot ultrapassam $300/MWh.
A fim de resguardar da alta volatilidade dos preços em sistemas hidrotérmicos, as geradoras têm o incentivo de assinar contratos bilaterais."

Verifique-se que as geradoras, ao assinarem contratos com preço spot, em especial aquelas recentemente construídas ainda em fase de recuperação de investimentos, correm riscos desta natureza ao estabelecer contratos com preço spot. Para este tipo de mercado recomendam-se contratos com preço spot e um limite mínimo abaixo do qual prevalece preço fixo, igual ao preço mínimo de contrato, de entrega da energia. Visto que o preço mínimo de contrato pode ser arbitrariamente baixo, esta forma de contrato se aproxima do desenho contratual do tipo preço spot puro.

5. Os Efeitos dos Cotratos Iniciais Sobre a Alocação de Risco Entre as Partes

O modelo utilizado para a identificação de contratos ótimos em ambiente de incerteza obviamente pressupõe a existência de um mercado *spot* livre, cujos preços de equilíbrio reflitam a diversidade de expectativas com relação aos preços futuros e comportamentos diferenciados dos agentes frente ao risco.

No Brasil, os preços do mercado *spot* e as quantidades despachadas são centralmente determinados por um modelo que incorpora expectativas unificadas quanto aos possíveis cenários hidrológicos futuros e a neutralidade ao risco dos ofertantes.

A proposta de desenhos ótimos de contratos de longo prazo, em particular, se válidas as hipóteses que no nosso entender melhor se ajustam ao sistema brasileiro de geração de energia, seriam compatíveis com um mercado *spot* centralmente planejado?

Entende-se que, provavelmente, mesmo com as distorções introduzidas pelo modelo computacional probabilístico, os contratos de longo prazo com preços spot fossem preferíveis, visto que o modelo "constrói" a curva de demanda dos subsistemas com base nas informações provindas das usinas sobre custos individuais das geradoras. Assim, é certo que as ofertas individuais estão, de uma forma ou de outra, correlacionadas com a oferta global. Além disto os cenários hidrológicos previstos são, pelo que se sabe, cenário comum a todas as geradoras de um mesmo subsistema. Como visto, se os deslocamentos da oferta global se assemelham ao aumento de custos por geradora, os contratos com preço *spot* parecem ser os adequados mesmo neste caso.

O problema maior concentra-se na imposição de certo despacho por geradora, a um determinado preço, sem conhecimento do volume que cada hidrelétrica estaria disposta a entregar.

Na medida em que se vislumbrava uma crise de abastecimento, os preços *spot* cresciam. Contratos de preço *spot* assegurariam as hidrelétricas contra riscos futuros, pois estas receberiam pela energia contratada seu real valor de mercado.

Os custos de oportunidade de entrega presente cresciam velozmente em função não apenas do esgotamento das reservas das hidrelétricas, mas também em razão de um outro ponto fundamental, a saber, o Anexo V, constante dos contratos iniciais entre hidrelétricas e distribuidoras. O Anexo V, como antecipado, dispunha sobre situações em que a energia alocada à geradora em seu submercado pelo ONS fosse menor que o montante de energia negociada segundo os contratos inicias. A geradora deficitária estava obrigada a adquirir energia no mercado *spot*, sob preços substancialmente elevados em relação (i) à média de mercado e (ii) ao preço fixo dos contratos, para cumprimento de seus compromissos contratuais.

O Anexo V dos contratos iniciais acrescentou riscos a uma posição já muito arriscada das hidrelétricas. Vale dizer – além de não contarem com o seguro implícito de contratos ancorados em preços *spot* – nos momentos de maior dificuldade e de contingências fora de controle, as geradoras se apresentavam de maneira obrigatória como *demandantes* no mercado *spot* em condição de crise de oferta e preços muito elevados. Por fim, vale chamar atenção para o risco complementar introduzido pelas distorções de preço no mercado *spot* que não sinalizaram adequada e antecipadamente a inevitabilidade de racionamento em algum momento.

Por ocasião da decisão por um regime de racionamento visando a redução da demanda de energia em 20%, frente à iminente crise de abastecimento, as distribuidoras entenderam que redução de receitas decorrente deveria ser compensada pelas geradoras com base nos preços do mercado *spot*. Apenas nesta circunstância extrema entendeu-se conveniente um acordo geral do setor para o aumento de tarifas de geração e distribuição.

A transição para uma estrutura mais robusta e de livre de mercado implicaria obviamente tanto a instalação de um mercado atacadista livre como a liberdade para as geradoras negociarem o melhor desenho de contratos individuais de longo prazo com seus clientes.

Todavia, consideradas as dificuldades e tempo demandados para o desfecho satisfatório da reestruturação do setor, (entre outras medidas, a privatização dos serviços de geração de energia elétrica) *compreende-se que o modelo contratual estabelecido para o período de transição é inadequado e ineficiente visto que concentra todos os riscos inerentes ao sistema sobre as geradoras.*

Desta forma, antes que se defina a nova estrutura para o sistema, é imprescindível a revisão das cláusulas dos contratos iniciais, com vigência até 2005, ainda no período de transição.

6. Contratos Ótimos Após o Estabelecimento de Despacho por Oferta de Preço no Mercado *Spot* e Desverticalização das Atividades de Distribuição e Comercialização

O estabelecimento de um sistema de despacho por oferta de preço no mercado *spot* em substituição esquema de despacho por custo mínimo introduz o problema do poder de mercado na geração de energia elétrica, considerando-se que as hidrelétricas apresentam capacidades de geração e de armazenamento heterogêneas. Esta questão não foi analisada até o momento nesse trabalho tendo em vista que o esquema de despacho por custo mínimo operado pelo ONS simula um mercado perfeitamente competitivo, em que, por construção, o preço de mercado se iguala ao custo marginal de produção do sistema, tal como tratado nos itens anteriores.

A questão do poder de mercado das grandes geradoras é explicitado no capítulo sobre vantagens e desvantagens do esquema por oferta de preço do Relatório de Progresso nº 2.

(...) o esquema por oferta também apresenta dificuldades importantes, principalmente no que se refere à vulnerabilidade ao exercício de poder de mercado por parte de agentes que controlem parcelas significativas do segmento de geração, de forma a que uma eventual retração force um aumento no preço de equilíbrio do sistema. O exercício do poder de mercado tem se revelado um problema sério em muitos sistemas, sendo o caso da Califórnia o mais divulgado.

Embora o esquema de oferta por preço mostre-se mais robusto em vários aspectos, em particular na diversidade de expectativas quanto ao futuro, as possibilidades de exercício de poder de mercado pelas geradoras com participação expressiva na oferta são motivo de grande apreensão pelas autoridades quanto à prática de preços supracompetitivos no mercado *spot* de geração.

Do ponto de vista das pequenas geradoras independentes, o esquema por oferta de preço traz, neste sentido, boas perspectivas. De fato, o pequeno ofertante tem pequenas chances de reduzir o preço de mercado ao aumentar sua oferta. Se as grandes geradoras atuam estrategicamente no sentido de manter altos os preços no mercado *spot*, os pequenos ofertantes se favoreceriam com a celebração de contratos do tipo preços *spot*.

À luz do modelo de Polinsky, embora os custos de produção do pequeno gerador apresentem menor correlação com a oferta da indústria, tudo mais constante, é possível que os preços *spot* se mantenham permanentemente acima dos custos individuais dos pequenos geradores.

Isto pode ser observado no relatório de Progresso nº 3 onde se encontram simulações de comportamento de preços *spot* com esquemas despacho por custo mínimo e esquemas de despacho por oferta de preço.

Para o esquema de despachos por oferta de preços pressupôs-se no Relatório um modelo de oligopólio de Cournot, com um grupo pequeno de grandes geradoras com poder de mercado e outro grupo de pequenas geradoras. O diagrama exibido no Relatório de Progresso nº 3 com os resultados comparados das duas simulações é apresentado na página 69 do Relatório.

Observa-se um aumento da variância de preços *spot* decorrente da introdução do despacho por oferta de preço. Mas a série de preços *spot* no esquema de oferta de preços é permanentemente superior aos praticados sob esquemas de despacho por custo mínimo. Se válidas as premissas adotadas no mencionado Relatório, as pequenas geradoras pouco devem temer quanto à possibilidade de exercício de poder de mercado dos ofertantes de grande porte.

Neste sentido, contratos com preços *spot* apenas favoreceriam as pequenas geradoras de energia. O problema aqui situa-se muito mais do lado da demanda.

Com o ingresso de comercializadoras e consumidores livres de energia em substituição às distribuidoras nos mercados livres de energia, espera-se o surgimento de agentes demandantes não protegidos pela regulação de mercado, como era o caso das distribuidoras e possivelmente avessos ao risco.

Muito provavelmente, neste caso, as comercializadoras e os consumidores livres se mostrariam resistentes a assinar contratos com preço *spot*. Se, na outra ponta, estes agentes se encontram comprometidos com contratos de preços fixos, seja para entrega de energia ao consumidor final (pelos comercializadores) seja para os produtores de bens eletro-intensivos (pelos consumidores livres), o estabelecimento de preços fixos ou preços máximos em contratos do tipo preço *spot* seriam mais atraentes para os agentes compradores de energia.

Vale ainda considerar a possibilidade de situações em que as grandes geradoras (também as mais antigas cujos ativos já foram amortizados) com expectativas de queda de preços no futuro tendam a expandir a oferta pressionando os preços para baixo. Esta condição de preços excessivamente baixos no mercado *spot* devido a dimensionamento do sistema para situações de crise é uma situação provável. Conseqüentemente, verifica-se que a celebração de contratos bilaterais de longo prazo, a preços *spot*, com limites mínimos e máximos, com vistas da eliminar riscos, tanto para pequenos geradores como para consumidores livres e comercializadores, pode ser o melhor desenho contratual, enquanto houver alguma correlação entre oferta da indústria e custos individuais dos pequenos geradores.

No longo prazo, a expansão do número de ofertantes do mercado através da integração dos subsistemas e outras medidas mitigadoras do exercício de poder de mercado de grandes hidrelétricas pode eventualmente estabilizar o comportamento de preços no *spot*, permitindo o uso de contratos de preço fixo como melhor instrumento de compartilhamento de risco.

7. Considerações Finais

A maior integração prevista entre os subsistemas nacionais de geração via expansão da capacidade de transmissão de geração de energia elétrica incorporaria ao sistema, assim interligados, hidrelétricas com regimes hidrológicos bastante diversificados. Nesta condição, possivelmente alguns participantes teriam seus custos pouco correlacionados com deslocamentos da função oferta da indústria, que por sua vez apresentaria menor flutuação. Isto se deve ao fato de que a escassez de água em alguns subsistemas poderia ser parcialmente compensada pela abundância em outros. A mobilidade de transporte intersubsistemas da energia produzida pode configurar ambientes bastante diversos dos aqui tomados como preponderantes na atual estrutura de oferta nacional.

Ou seja, quanto mais diversificado o sistema, menor será a variância da oferta global, e menos correlacionados os custos individuais com a oferta agregada. É possível, portanto, que no futuro, desenhos contratuais de preço fixo sejam economicamente superiores. Além disso, também é possível que a introdução de agentes demandantes avessos ao risco (consumidores livres e comercializadoras independentes) alterasse o quadro atual, em direção a uma preferência por contratos com preço fixo.

Ocorre que atualmente o relativo isolamento dos subsistemas implica que as hidrelétricas participantes do mercado atacadista de cada um dos subsistemas permanecem em condições semelhantes de risco hidrológico. Além disso, o comportamento mais previsível da demanda e a provável neutralidade ao risco por parte das distribuidoras reduzam sensivelmente os problemas de aversão ao risco das geradoras, conforme demonstram as análises dos ambientes hipotéticos acima examinados.

Todas estas são questões a serem analisadas no longo prazo.

Para efeito de correções mais imediatas de disfunções no sistema, a necessidade urgente de revisão dos desenhos contratuais constitui a principal conclusão deste texto.

A herança de um sistema de preços da geração que manteve a oferta subsidiada dos serviços de geração de energia elétrica está na base dos problemas que hoje se apresentam. Do ponto de vista da distribuição, a atribuição dessa atividade à iniciativa privada é acompanhada da regulação desse segmento, dentro da lógica de se regular setores monopolizados, o que implica a determinação governamental das tarifas cobradas ao consumidor final. Uma vez que os custos de aquisição de energia estão fora do poder de gerenciamento das distribuidoras (os chamados custos não gerenciáveis), e que o equilíbrio econômico financeiro das concessionárias de distribuição é garantido pelo Estado por meio das revisões tarifárias, a proteção do consumidor final contra os riscos de elevações definitivas do patamar das tarifas de energia e permanentes flutuações dos preços recai sobre a atividade de geração.

A perversidade do modelo regulatório atual está particularmente presente na ausência de incentivos a investimentos, manifestada no evidente desinteresse da iniciativa privada em investimentos no segmento de geração. À permanente incerteza que caracteriza o setor, acrescentaram-se consideráveis riscos de natureza regulatória, o que obriga o país a conviver com a possibilidade de racionamentos severos até que se instale um modelo que compartilhe com o consumidor os riscos e os custos dos recursos necessários à manutenção da regularidade da atividade econômica.

Junho de 2002.

6. Referências Bibliográficas

Comitê de Revitalização do Modelo do Setor Elétrico. *Relatório de Progresso N° 2.* Documento obtido no *site* www.energiabrasil.gov.br/docs/rel_progresso_2.pdf

Comitê de Revitalização do Modelo do Setor Elétrico. *Relatório de Progresso Nº 3*. Documento obtido no *site* www.energiabrasil.gov.br/docs/rel_progresso_3.pdf

POLINSKY, M. "Fixed prices versus spot prices contracts: a study in risk allocation". In: *Journal of Law, Economics, and Organization*. v. 3, n. 1, 1987.

PIRES, J. C. L. *Desafios da Reestruturação do Setor Elétrico Brasileiro*. Rio de Janeiro, BNDES, 2000. (Texto para Discussão, 76)

REGULAÇÃO POR INCENTIVOS. COMENTÁRIOS SOBRE A DETERMINAÇÃO DO "FATOR X" PELA ANEEL NA SEGUNDA REVISÃO TARIFÁRIA PERIÓDICA DA ESCELSA

Edgard Antonio Pereira
Eleni Lagroteria

1. Introdução

As motivações sociais que justificam a *regulação de mercados* são apresentadas sob várias formas na literatura sobre o tema. Há quem afirme que a o objetivo da regulação é sobretudo a redistribuição de renda, entre estes, alguns economistas e advogados consumeiristas. De outra parte, a maioria dos economistas entende que a regulação deve visar simplesmente a eficiência econômica[1].

No nosso entender, a primeira visão apresenta problemas de ordem normativa e de justiça distributiva que deveriam, em princípio, se restringir às políticas sociais do governo – seara bastante diversa daquela em que se inserem mercados cujas características tecnológicas e/ou institucionais levam a situaçòes de monopólio – ou falhas de mercado.

A segunda visão é a que parece prevalecer, não apenas em teoria, mas nas políticas de regulação de mercados atualmente adotada na maioria dos países. As agências governamentais encarregadas de regular setores com menor concorrência vêm atuando no sentido de induzir a utilização eficiente de recursos disponíveis nas respectivas sociedades.

Em geral, a visão de que a regulação tem como finalidade a distribuição de renda deriva da leitura equivocada de que a intervenção governamental nas ações de empresas monopolistas visam, precipuamente, lucros extraordinários nulos. Ocorre que, a ausência de lucros puros decorre, em tese, da dinâmica concorrencial perfeita[2] mas não poderia ser

[1] Para um *survey* de artigos sobre regulação leia-se, Carlton, D.W. e Perloff J.M., **Modern Industrial Organization**, Harper Collins, Second Edition, 1994, Chap 21.

[2] Na verdade os modelos de concorrência perfeita admitem, sim, lucros extraordinários positivos (e prejuízos) no curto prazo. O resultado de lucro zero é posterior ao período de ajuste em que todas as empresas atingem o tamanho ótimo da planta produtiva e, como conseqüência, a proporção ótima de utilização dos insumos. Ocorre que

socialmente interpretada como um elemento que de fato promove a justiça distributiva.

É fato bastante conhecido, e amplamente demonstrado na teoria econômica, que economias nas quais todos os mercados funcionam com perfeição (evidentemente em um plano estritamente abstrato) promovem a utilização eficiente dos recursos, mas não garantem a distribuição igualitária da renda. Desta forma, se o objetivo da regulação econômica é simular um ambiente competitivo em setores monopolizados, disto não decorre que a política será a de promover a justiça distributiva. Vale dizer, nossa perspectiva de análise se limita a regulação governamental como política de promoção da melhor utilização possível de recursos, em especial, dos insumos capital e trabalho, nas atividades regulamentadas.

Esta introdução à análise que se segue descreve, em parte, a perspectiva sob a qual será analisada a metodologia utilizada pela ANEEL na *Segunda Revisão Tarifária Periódica da Espírito Santo Centrais Elétricas S/A – ESCELSA*, de acordo com **Nota Técnica nº 097/2001/SER/ ANEEL**.

Acompanhando a tendência mundial de privatização e regulação das atividades de prestação serviços de utilidade pública – como o fornecimento de energia elétrica – a ANEEL optou pelo que se convencionou chamar de regulação *por incentivos*.

A regulação por incentivos busca, segundo a mencionada Nota Técnica, motivar investidores brasileiros e internacionais a aplicar recursos financeiros na atividade de distribuição de energia elétrica, ou seja, apresentar oportunidades lucrativas de investimento no setor e, simultaneamente, incentivar a ação dos administradores das empresas reguladas a reduzir custos e portanto a utilizar eficientemente os insumos necessários ao exercício da atividade.

Reconheça-se, de início, que não se trata de tarefa trivial, sobretudo porque envolve expectativas quanto a evolução futura de variáveis que interfeririam diretamente nas atividades e mercados em conside-

---

este equilíbrio de mercado pode jamais ocorrer, ou apenas ocorrer em períodos limitados de tempo, tendo em vista as constantes inovações tecnológicas e aperfeiçoamento de técnicas gerenciais que produzem flutuação permanente dos preços relativos dos insumos. Assim sendo, no longo prazo, a proporção ótima de utilização dos insumos é também uma variável e não necessariamente um parâmetro fixo ou estático.

ração caso vigorasse a dinâmica competitiva desejada. Essa projeção de variáveis certamente implica elevado grau de incerteza e, ao mesmo tempo, possui grande importância aos formuladores das políticas de revisão tarifária, posição esta pouco confortável.

O objetivo da presente análise é identificar, em caráter preliminar e não conclusivo, em que medida o método de revisão tarifária proposto pela ANEEL atinge os objetivos de promoção da eficiência econômica, tendo em mente os riscos de desestímulo ao investimento de capital, e em que medida poderia ser melhorado a partir de contribuições teóricas e empíricas e de modernas técnicas de projeção das variáveis pertinentes.

2. O Conteúdo Incentivador da Política da Aneel, Segundo Nota Técnica nº 097

O modelo utilizado pela ANEEL na Revisão Tarifária Periódica da ESCELSA é uma combinação de dois modelos clássicos de regulação por incentivos, a saber: Rate-of-Return Regulation e Price Cap Regulation, definidos a seguir.

Rate-of-Return Regulation: "Under rate-of-return regulation, the regulated firm is allowed to earn a ´fair´ return on its investments in capital, but is not allowed to make profits in excess of this fair rate of return. The firm can freely choose its levels of inputs, its output level, and its price as long as the chosen levels do not result in profits in excess of the fair return[3]."

Verifique-se que o método de revisão tarifária da ANEEL contempla a questão da remuneração adequada do capital, como forma de incentivar investimentos na atividade de distribuição de energia, mas foge da definição clássica de regulação por taxa de retorno pois não permite a livre escolha da tarifa por parte da empresa regulada. As razões para isso provavelmente estejam vinculadas ao reconhecido efeito perverso da pura regulação por taxa de retorno sobre o capital.

[3] Train, K. *Optimal Regulation*, MIT Press, First Edition, 1991. p.33

A literatura econômica neste campo é tradicional, tanto que o efeito perverso da regulação por taxa de retorno é já convencionalmente chamado de *Averch-Johnson Effect (A-J Effect)*, efeito este descrito pelos autores Averch, H. e Johnson, L. no texto "*Behavior of the Firm Under Regulatory Constraint*", publicado pela ***American Economic Review***, na edição de Dezembro de 1962[4].

Viscusi sumaria em breves linhas o significado intuitivo do chamado *A-J Effect*.

"Their work (dos citados autores Averche e Johnson) led to a large outpouring of both theoretical and empirical research. Using what some today regard as very strong assumptions about how regulatuion constrains the firm, Averch and Johnson found that firms would choose too much capital relative to other inputs. As a result, the output would be produced at an inefficiently high cost . The key idea is that because allowed profit varies directly with the rate base (capital), the firm will tend to substitute too much capital for other imputs."[5]

Há, todavia, uma possível crítica a ser feita ao *A-J Effect* por sua visão restritiva quanto ao modelo de funcionamento de mercados. Com efeito, tendo em vista que muitas inovações tecnológicas motivam a substituição de insumos (matérias-primas e trabalho) por capital[6], a regulação por taxa de retorno incentivaria, neste sentido, o desenvolvimento e uso de novas tecnologias. De qualquer forma, há outros meios pelos quais incentivar a introdução e uso de novas tecnologias, inclusive a própria regulação por limite superior de preço.

Com vistas a incentivar o emprego do capital e outros insumos em proporção ótima para o fornecimento de energia elétrica é que, muito provavelmente, a ANEEL conjugue a regulação por taxa de re-

---

[4] *Apud Viscusi, W.K. e outros* In, Economics of Regulation and Antitrust, Third Edition, 2001. Cap. 12, p. 371.

[5] Para uma formulação matemática do A-J Effect, veja-se Viscusi, W.K. e outros (2000), Op. Cit, p. 371.

[6] Viscusi cita como exemplo a telefonia fixa de longa distância que substituiu grande número de operadores de telecomunicações por equipamentos de conexão automática.

torno do capital à regulação por limite máximo de tarifa, ou *price cap regulation*.

Price Cap Regulation: "Price cap regulation typically specifies a rate at with the prices that regulated firm charges for its services must decline, on average, after adjusting for inflation. (...) By severing the link between authorized price and realized costs – a link that is a defining features of rate-of-return regulation – price cap regulation can provide the related firm with stronger incentives to reduce production costs and improve its operating efficiency than does rate-of-return regulation."[7]

A regulação por limite superior de preço, portanto, neutralizaria, os vieses eventualmente causados pela pura regulação por taxa de retorno, posto que esta não incentivaria adequadamente, ou mesmo desincentivaria, a utilização eficiente de recursos. Sobre a regulação por limite superior de preços há ainda uma variedade de considerações a serem feitas, sobretudo de ordem metodológica.

A parcela do método da ANEEL destinado a incentivar investimentos na área de distribuição de energia, é a menos complexa, primeiramente porque se dispõe de amplo registro de dados históricos e de projeções para o comportamento futuro de variáveis relevantes para o mercado financeiro. Além disto, o mercado financeiro é certamente o que mais se aproxima do modelo concorrencial perfeito, de modo que há um sem número de alternativas para aplicação de capital, cuja atual remuneração de equilíbrio (preço do capital) é mais facilmente observável.

Por esta razão, restringimos o escopo da presente análise ao elemento do modelo da revisão tarifária da ANEEL que busca induzir escolhas eficientes por parte das empresas reguladas (em particular como desenvolvido para a ESCELSA). Por ser esta parte do método a que demanda maiores esforços – tanto na sua formulação quanto na escolha de indicadores de permitam prever o comportamento prospectivo das variáveis relevantes – concentramo-nos no exame no modelo de cálculo do *Fator X*.

[7] Bernstein, J.I. and Sappington, D.E.M. "*Setting the X Factor in Price Cap Regulation Plans*". NBER Working Paper Series, Working Paper 6622, National Bureau of Economic Research, June, 1998.

3. O Fator X – Definição Básica

Formalmente, o *Fator X* é um instrumento através do qual a agência reguladora simularia ação da concorrência sobre a empresa regulada, da seguinte forma:

$$P' = P'_E - X$$

Onde:

P é o preço requerido, ou preço que viabiliza economicamente a atividade da empresa regulada[8];

$\mathbf{P_E}$ é o preço dos bens comercializados no setor competitivo da economia (o chamado *benchmark*);

O sobrescrito (') significa que a variável é medida em termos de taxa de variação no tempo (por exemplo em %/ano).

X é o *Fator X* que é subtraído da taxa de variação dos preços do setor competitivo da economia.

A taxa de desconto representada pelo *Fator X* baseia-se no fato de que, devido à inexistente ou reduzida concorrência, o setor regulado operaria de maneira ineficiente em relação ao uso ótimo de recursos com que operaria o setor competitivo da economia ou o chamado *benchmark*.

De acordo com Bernstein e Sappington o *Fator X*, tal como geralmente definido, reflete a extensão em que: (1) a taxa de crescimento da produtividade global dos fatores de produção (capital e trabalho) na indústria regulada excede a taxa de crescimento correspondente no resto da economia; e (2) os preços dos insumos empregados pelas firmas na indústria regulada crescem mais lentamente em relação aos preços dos insumos empregados por outras firmas na economia.

Assim sendo, o *Fator X* é em geral determinado pela seguinte relação:

$$X = [T' - T'_E] + [W'_E - W']$$

Onde:

[8] Todas as variáveis são consideradas em termos reais, isto é, são variáveis nominais corrigidas monetariamente, de acordo com a taxa de inflação esperada no período pelo qual vigorará a nova tarifa.

$[T' - T'_E]$ é o diferencial entre as taxas de crescimento da produtividade global[9] no setor regulado e no setor competitivo da economia; e

$[W'_E - W']$ é o diferencial entre as taxas de crescimento dos preços dos insumos no setor competitivo e no setor regulado da economia.

Portanto, os preços do setor regulado devem acompanhar o seguinte comportamento.

$$P' = P'_E - \{ [T' - T'_E] + [W'_E - W'] \}$$

As fórmulas acima podem ser intuitivamente interpretadas. Com efeito, os preços dos produtos/serviços do setor regulado, segundo os princípios da teoria microeconômica, devem se aproximar continuamente dos preços do setor concorrencial, acompanhando as tendências de ganho de produtividade e redução de custos dos fatores promovidos pela pressão competitiva presente nos mercados concorrenciais.

Em linhas gerais, esta é a definição teórica do *Fator X*, e a mais utilizada na prática. As implicações são as seguintes: (1) Quanto maior o aumento esperado da produtividade no setor regulado em relação ao do setor competitivo, maior o redutor (*Fator X*) da revisão tarifária; e (2) quanto maior a elevação esperada dos preços dos insumos do setor competitivo em relação à variação de preço dos insumos do setor regulado menor será o redutor (*Fator X*) aplicado à revisão de tarifas.

A metodologia de revisão tarifária da ANEEL para a ESCELSA, acompanha, apenas em parte, este modelo de determinação do *Fator X*, como veremos mais à frente.

O texto de Bernstein e Sappington critica o modelo amplamente utilizado na regulação por limite superior de preço. Mais precisamente, os autores questionam o critério cálculo do *Fator X* para determinação da tarifa de setores regulados, tendo em vista duas hipóteses consideradas pouco aderentes à realidade, e que interferem sensivelmente no resultado da regulação.

Primeiramente, o modelo supõe que a inflação é determinada exogenamente, e que portanto, basta corrigir monetariamente as variáveis utilizadas para determinação do *Fator X*, para um bom resultado de cál-

[9] Produtividade física medida em termos de unidades de produto/serviço por unidade de insumo utilizada.

culo de reajuste de tarifas. Todavia, os autores argumentam acertadamente que a política de reajuste de tarifas públicas no setor regulado tem forte influência sobre o nível geral de preços, pois praticamente todas as atividades econômicas utilizam-se de serviços públicos como insumos. Assim, o aumento de preços no setor regulado representa também aumento de custos, tanto para setores regulados como competitivos. Sem dúvidas, este é precisamente o caso do setor de distribuição de energia elétrica.

Em segundo lugar, nem todo o setor não competitivo é regulado. Vale dizer, há monopólios e oligopólios concentrados não sujeitos à regulação governamental e, portanto, as expectativas de evolução de preços e ganhos de produtividade no setor não regulado, não necessariamente envolve apenas mercados em que vigora um padrão de elevada competição[10].

Os autores propõem um modelo alternativo, cujas implicações serão apenas passageiramente discutidas, sobretudo devido à complexidade matemática do método e ao grande número de variáveis utilizadas, que fogem ao escopo deste trabalho inicial. Entende-se, contudo, que as implicações da proposta mereçam apurada investigação futura.

Bernstein e Sappington entendem que quando os preços dos serviços não sujeitos ao *price cap regulation* (por eles nomeados *uncapped services*) crescem mais lentamente que o necessário para assegurar à empresa regulada lucro zero, então deve-se permitir que os preços da empresa regulada cresçam mais rapidamente do que seria suposto pelo modelo tradicional acima apresentado. Vale dizer, há situações em que o modelo básico potencialmente desincentivaria a empresa regulada quando utilizado para revisão de tarifas[11].

De outra parte, da hipótese de inflação endógena da alternativa Bernstein Sapington resulta a redução da sensibilidade do comportamento de preços regulados **P'** em relação aos preços no resto da economia $\mathbf{P'}_E$, Embora isto não altere o cálculo do *Fator X* em si, o método proposto le-

[10] Diga-se de passagem, são de fato raros os mercados em que se observa competição perfeita, tal como definida nos livros-texto de Microeconomia.

[11] Os autores apresentam ainda exemplo numérico para descrever uma situação possível em que o modelo básico levaria a um reajuste de tarifas de apenas 2% quando o modelo alternativo proposto permitiria o aumento de tarifas da ordem de 4%, daí porque a necessidade de um exame rigoroso da proposta destes economistas.

varia a um aumento menos que proporcional dos preços do setor regulado **P'** em relação ao do setor competitivo **P'**$_E$.

Em síntese, o relaxamento das duas hipóteses tradicionalmente adotadas para efeito de regulação por limite superior de tarifas proposto na alternativa Bernstein Sappington cria duas tendências de sentido contrário sobre o método de reajuste de preços, uma que favorece o aumento de tarifas da firma regulada e outra que limita o reajuste. A avaliação de qual dos efeitos viria a predominar em uma eventual adoção do critério alternativo seria questão a ser examinada.

4. A Metodologia da Aneel para a Determinação do Fator X na Segunda Revisão Tarifária da Escelsa.

Segundo Nota Técnica nº 97 da ANEEL, a Agência determina que o *Fator X* deve incorporar (1) a evolução esperada da produtividade técnica (medida em termos de unidades físicas de produto/serviços por unidade física de insumo empregada); e (2) a evolução da produtividade econômica (associada ao comportamento esperado de preços relativos dos insumos e do produto e portanto à eficiência alocativa).

De fato, a evolução da produtividade técnica deve ser levada em conta, posto que a busca de maiores rendimentos em ambiente competitivo estimula tais ganhos de produtividade física. A elevação da produtividade dos fatores implica economia de recursos a ser permanentemente procurada pela empresa regulada, tal como ocorre nos mercados concorrenciais.

Quanto à produtividade econômica sabe-se que os preços dos insumos (preço das matérias-primas, custo do capital e salários) flutuam continuamente, a depender de uma série de condicionantes, inclusive macroeconômicos, que afetam o mercado de capitais, o mercado de matérias-primas e o mercado de trabalho. Assim, a proporção ótima de utilização dos insumos, em especial a relação capital/trabalho, depende dos preços relativos destes fatores. Em linhas gerais, sempre que houver um barateamento, digamos, da mão-de-obra em relação ao custo do capital, a empresa deverá buscar o uso mais intensivo do trabalho em relação ao capital. Nos mercados competitivos, esta é obviamente uma regra de sobrevivência que gera economia de recursos. Daí porque, o cálculo do *Fator X*, deveria incorporar a produtividade econômica.

Este seria, no nosso entender, o elemento que procuraria neutralizar o viés acima mencionado da regulação exclusiva por taxa de retorno sobre o capital, pois penaliza a empresa que utilizasse o fator capital em excesso relativamente ao fator trabalho e, portanto, de maneira ineficiente.

A ANEEL entende que o *Fator X* deve ser aplicado exclusivamente sobre os custos operacionais ditos gerenciáveis.

Os custos considerados gerenciáveis excluem (1) a remuneração do capital (2) custos operacionais não gerenciáveis como a gastos com energia elétrica adquirida das geradoras e (3) encargos tributários como PIS, COFINS e PASEP. Todas estas despesas (esperadas) são integralmente repassadas à nova tarifa. Deduz-se disto que os custos gerenciáveis recaem, segundo a ANEEL, basicamente sobre os custos de remuneração do trabalho, isto é, os salários.

A nosso ver, é acertado o critério de exclusão dos custos não gerenciáveis, visto que a empresa regulada tem poder de decisão sobre um conjunto limitado de variáveis que envolvem custos. Entretanto valem algumas considerações.

Primeiramente, ao excluir a incidência do *Fator X* sobre os custos de capital, não há incentivos, por meio do *Fator X*, a alterar o volume de recursos financeiros investido na empresa. Este incentivo cabe à parcela do modelo de revisão tarifária voltada para a remuneração do capital. Assim, como a remuneração do capital está garantida pelo critério de base de remuneração e custos de mercado estimados, o uso mais ou menos intensivo deste fator está muito mais relacionado ao risco do retorno – caso não se confirmem as expectativas consideradas no momento da revisão – do que sobre o custo do capital propriamente dito.

Ainda mais. Com este critério, o preço relativo salário/custo do capital, quando alterado, determinará que o ajuste para a proporção eficiente entre capital e trabalho utilizada recaia predominantemente sobre o volume de mão-de-obra empregada.

A metodologia da ANEEL reflete o fato de que é o capital o recurso escasso no país, e que, mesmo assim, possivelmente seja o excesso de mão-de-obra empregada nas atividades reguladas o grande gerador de ineficiências na economia.

Em suma, estima-se a primeira vista que o modelo estimule incrementos na relação capital-trabalho.

Quanto a não incidência do *Fator X* sobre a compra de energia das geradoras, e encargos tributários, entende-se que de fato, estes não representem custos gerenciáveis.

4.1. Formulação Matemática e Indicadores para Projeção das Variáveis Relevantes

A determinação do *Fator X* na segunda revisão tarifária da ESCELSA segue a seguinte formulação matemática.

$$\mathbf{X = X^p \cdot \partial + X^e}$$

Onde:

X é a produtividade total estimada (*Fator X*);
$\mathbf{X^p}$ é a produtividade técnica;
$\mathbf{X^e}$ é produtividade econômica; e
∂ é o prêmio por eficiência técnica e qualitativa ($\partial < 1$).

Todas as variáveis são expressas em termos de taxas de variação ao ano.

4.1.(a) Cálculo da Evolução da Produtividade Econômica Esperada X^e

A evolução da produtividade econômica $\mathbf{X^e}$ é projetada segundo a fórmula:

$$\mathbf{X^e = \{([V] - INR) \cdot VPBc\} / VPB}$$

Onde:

[V] = Índice de preços do mercado regulado projetado segundo o comportamento esperado do IGP – M (ESCELSA = 8,35%);

INR = Preços no mercado não regulado (varejo). Nota técnica não expõe fonte (ESCELSA = 5,70%) – possivelmente o dado seja projetado segundo o Índice de Preços ao Consumidor.

VPBc = Custos operacionais gerenciáveis (ESCELSA = 100.026) Supõe-se que fornecida pela empresa com acompanhamento da ANEEL;

VPB = Total dos custos gerenciáveis, (ESCELSA = 375.291) incluindo (1) custo de capital calculado pela ANEEL segundo metodologia exposta no texto; (2) encargos fornecidos pela empresa; e (3) custos operacionais gerenciáveis. Supõe-se que fornecidos pela empresa com acompanhamento da ANEEL.

Para a ESCELSA, a taxa calculada para os ganhos de produtividade econômica é

$$\mathbf{X^e = (8.35 - 5.70) \times 100.026 / 375.291 = 0,71\%}$$

4.1.(b) Comentário ao Cálculo da Evolução Projetada da Eficiência Econômica X^e

Não é possível compreender, de início, a razão pela qual a ANEEL adota como indicador da evolução dos preços do setor regulado o IGP-M. Faz-se necessário buscar medidas ou indicadores existentes alternativos para estimação da evolução de preços do setor regulado. De qualquer forma, parece-nos que qualquer medida da evolução de preços no setor regulado supere a evolução do Índice Geral de Preços. Isto porque, em geral os impactos dos reajustes de tarifas de serviços públicos sobre o nível geral de preços são inferiores às próprias taxas de reajustes de tarifas. Assim sendo, parece-nos que o uso do IGP-M como indicador dos preços no setor regulado favorece as empresas objeto de revisão tarifária na medida em trás efeitos redutores sobre o *Fator X*. Ainda assim, trata-se de uma questão a ser examinada.

Não está esclarecido na Nota técnica da ANEEL qual o indicador utilizado para observação da evolução dos preços no setor não regulado. A agência apenas esclarece que se trata de evolução de preços no varejo. Possivelmente o indicador para isto seja o índice de preços ao consumidor final. Sem o conhecimento de qual o indicador utilizado seria precitada qualquer observação sobre isto.

4.2.(a) Cálculo da Evolução da Produtividade Técnica Esperada Xp

A evolução da produtividade técnica $\mathbf{X^p}$ é definida pela produtividade da mão-de-obra apenas de que se deduz a evolução do Produto Interno Bruto.

$$\mathbf{X^p = (X^m - PIB^d)}$$

Onde:

$\mathbf{X^p}$ = Meta de evolução da produtividade técnica a ser alcançada pela concessionária;

$\mathbf{X^m}$ = Taxa média de crescimento da produtividade técnica (da mão-de-obra) da empresa;

$\mathbf{PIB^d}$ = Taxa real de crescimento (médio?) do Produto Interno Bruto.

Cálculo do X^m

A relação entre volume de serviços e uso do fator trabalho é calculada pela razão,

$$\mathbf{X^t (y, c) = M_i/H_i}$$

Onde:

$\mathbf{X^t}$ é a relação produto/trabalho como medida de produtividade, determinado pela função de produção;

Onde os índices **t** e **i** referem-se ao período específico em que prevaleceu aquela relação;

M é medido em termos de Mwh (volume de produto/serviço);

H é medido em termos de homem/hora;

Para a ESCELSA, as produtividades técnicas da mão-de-obra, ano a ano, são dadas por:

$$\mathbf{X_1^t = 6.927.595 / 5.150.349 = 1,35}$$

$$\mathbf{X_2^t = 7.219.870 / 5.150.349 = 1,40}$$

$$\mathbf{X_3^t = 7.436.986 / 5.150.349 = 1,44}$$

Então a evolução projetada da produtividade da mão-de-obra da empresa é uma média da evolução da produtividade passada. Onde;

$$\mathbf{X^m = \{\{(X^t_{n-1}/X^t_{n-2} + X^t_{n-2}/X^t_{n-3} + ... + X^t_2/X^t_1) \times 1 / n - 1\} - 1\} \times 100}$$

Onde:

Xm = Taxa média de crescimento da produtividade do trabalho. Supõe-se que fornecida pela ESCELSA com acompanhamento da ANEEL.

$\mathbf{X_i^t (y, c)}$ = Produtividade do trabalho no período "i" como função da quantidade física de produto y e da quantidade de insumos c, expressa pela relação **M/H**. Suponho que fornecida pela ESCELSA com acompanhamento da ANEEL.

i = índice referente ao período do tempo. (ESCELSA = 1998, 1999 e 2000?)

n = número de períodos (ESCELSA = 3 anos)

Para a ESCELSA a taxa média de crescimento da produtividade anual é a seguinte

$$X^m = \{[(1,40/1,35 + 1,44/1,40) \cdot ½] - 1\} \; 100 = 3,61\%$$

De posse das taxas X^m e de crescimento médio do **PIB** chega-se à produtividade técnica projetada para a ESCELSA de

$$Xp = (3,61 - 2,05) = 1,56\% \text{ a.a.}$$

4.2.(b) Comentário ao Cálculo da Evolução Projetada da Eficiência Econômica X^p

Questiona-se de início a razão pela qual a ANEEL teria utilizado apenas a produtividade técnica da mão-de-obra em sua metodologia de cálculo do *Fator X*, sem considerar os ganhos de produtividade do capital. Como mencionado, o incentivo para investimentos no setor desvinculado do incentivo para o ganho de produtividade, pode ser a razão primária para excluir o incentivo ao aumento da produtividade do capital.

Uma segunda razão para isto estaria associada ao fato de que – conforme nos ensina a teoria microeconômica – no curto prazo, apenas parte dos fatores de produção são variáveis. Neste sentido, é possível que, para o prazo em que vigorará a nova tarifa, somente o fator trabalho possa ser ajustado como resultado imediato de uma variação nos preços relativos dos fatores. Não parece ser este o caso, sobretudo se, como se depreende da Nota Técnica os reajustes periódicos ocorrem a cada três anos.

Também não está claro porque o ganho de produtividade no resto da economia é aproximado pela evolução esperada do Produto Interno Bruto. Como se sabe, este indicador está remotamente ligado ao aumento de produtividade agregada da economia. Entretanto, não se pode dizer que não haja indicadores para esta variável.

Trabalho recentemente elaborado no Banco Central do Brasil[12] estima as produtividades global e parciais, segundo função de produção agregada. O Instituto de Pesquisa Econômica Aplicada – IPEA – também estima produtividade total dos fatores para a Indústria brasileira de Transformação e para o setor agropecuário[13]. Além disto o estudo apre-

[12] Silva Filho, Tito N.T. "*Estimando o Produto Potencial Brasileiro: Uma Abordagem de Função de Produção*". Trabalhos para Discussão, Banco Central do Brasil, Abril/ 2001. Texto encontrado no *site* www.bcb.gov.br

[13] Bonelli, R. e Fonseca, R. "Ganhos de Produtividade e de Eficiência: Novos Resultados para a Economia Brasileira." Texto para discussão nº 557, IPEA, Abril de 1998. Encontrado no *site* www.ipea.gov.br.

senta item específico sobre a evolução da produtividade da mão-de-obra no Brasil.

O ponto a ser destacado, entretanto, é que sabidamente o desempenho da atividade econômica no Brasil vem sendo medíocre, em razão da prioridade concedida à estabilidade de preços pela política econômica. Assim, é possível que a "taxa esperada de crescimento produtividade econômica" seja subestimada pela *proxy* utilizada, a saber, taxa de crescimento do PIB, elevando o *Fator X*.

É possível estimar ainda que, sendo historicamente a produtividade da mão-de-obra a que cresce mais aceleradamente, o uso de dados relativos à produtividade dos demais fatores provavelmente resultaria em um *Fator X* de menor magnitude.

Assim, o indicador utilizado pela ANEEL, além de metodologicamente equivocado, pode, em tese, penalizar e desincentivar indevidamente a empresa regulada, ao ampliar potencialmente a magnitude do Fator X.

4.3.(a) Cálculo do Prêmio α por Eficiência Técnica Qualitativa

O coeficiente "α" é uma função (inversa) da nota "**Q**" atribuída pela ANEEL à concessionária pelo seu desempenho em relação às metas estabelecidas pela agência. Que envolvem a qualidade de atendimento ao consumidor (Ac), a qualidade do fornecimento do serviço (Qf) e a expansão do número de consumidores ligados ao sistema, isto é, a universalização dos serviços (Us).

Pesos:

1/3 – qualidade de atendimento ao consumidor (Ac);
1/3 – qualidade do fornecimento do serviço (Qf);
1/3 – universalização dos serviços (Us).

$$Q = Ac\ 0{,}33 + Qf \cdot 0{,}34 + Us\ 0{,}33$$

$$\alpha = 1 - 0{,}005^{Q}$$

Para a ESCELSA, não foi considerada a nota referente à expansão do número de usuários tendo em vista a ainda incipiente fase de implementação dos serviços, de modo que a fórmula válida para a nota Q foi adaptada para

$$Q = Ac\ 0{,}5 + Qf \cdot 0{,}5$$

No caso, a nota atribuída à ESCELSA pelo atendimento ao consumidor foi 0,0 (zero) devido ao elevado índice relativo de reclamações (25,46 para cada grupo de 10.000 usuários) estando entre as três empresas com pior índice no ano de 2001.

Pela qualidade do fornecimento, a nota concedida foi de 0,95.

Assim, o valor do coeficiente α para a ESCELSA, foi o seguinte.

α = **0,76**

4.3.(b) Comentário ao Cálculo do Prêmio por Eficiência Técnica Qualitativa α

Evidentemente o prêmio por eficiência técnica qualitativa incentiva a empresa regulada a preservar e desenvolver a qualidade dos serviços e do atendimento ao consumidor, mas não pode deixar de conter importante elemento de arbitrariedade.

Assim sendo, não há modelo que avalie um "prêmio ótimo", já que se trata de uma recompensa dada pela sociedade, sob arbítrio da agência reguladora, pelos bons serviços prestados. Por esta razão, o cálculo do α deve ser avaliado caso a caso, sendo ainda, valioso objeto de negociação da empresa reguladora junto à ANEEL.

4.4. O Fator X da ESCELSA

Os valores das variáveis relacionadas à eficiência técnica, à eficiência econômica e ao prêmio pela qualidade do serviço e do atendimento, permitiram chegar ao Fator X atribuído à ESCELSA.

$$\mathbf{X = X^p \cdot \alpha + X^e}$$

$$\mathbf{X = 1{,}56 \cdot (0{,}76) + 0{,}71 = 1{,}89\%}$$

5. Conclusão

Como mencionado, este trabalho inicial visa uma primeira avaliação do método de cálculo do *Fator X*, segundo descrito pela Nota Técnica nº 0097 da ANEEL, para revisão tarifária periódica da ESCELSA, sob o entendimento de que modelos semelhantes deverão ser aplicados à revisão tarifária de outras distribuidoras de energia elétrica.

Reconhece-se que a tarefa é complexa devido a dificuldades nos planos teórico e empírico. Como se não bastasse o problema intrínseco aos modelos que envolvem previsão de comportamento futuro de variáveis, muitas vezes os dados que subsidiam tais projeções são metodologicamente falhos, incompletos ou simplesmente inexistentes.

Soluções que contornem a ausência de informações sobre evolução passada de variáveis, como por exemplo a produtividade dos fatores nos setores competitivos da economia, podem apresentar distorções tão significativas que a agência reguladora, ao contrário de incentivar ganhos de eficiências e investimentos destinados ao aumento de produtividade, promoveria, na verdade, o desinteresse dos agentes investidores em atividade econômica estratégica para todos os setores da sociedade.

A literatura aplicada não apenas aponta as falhas dos modelos atualmente utilizados na regulação da atividade econômica, como propõe alternativas de forma a solucionar vieses próprios dos modelos clássicos de regulação. Além disto, estudos empíricos de boa qualidade técnica permitem projeções mais apuradas da evolução das variáveis relevantes para os casos.

É fato que o modelo básico apresenta limitações. A alternativa apresentada por Bernstein e Sappington, embora resulte de críticas pertinentes ao modelo básico, exigiria para sua aplicação uma base de dados ampla e de qualidade, o que não corresponde à nossa realidade. Tal base deveria ser submetida a tratamento econométrico sofisticado com estimativas que não se pode garantir, a priori, sejam aceitas, com base em rígidos critérios econométricos. Assim, os resultados, mesmo na hipótese de condições ideais para aplicação do modelo, são incertos, não se permitindo antecipar as tendências resultantes para o cálculo do reajuste tarifário.

Por estas razões, entendemos ser necessário um aprofundamento da discussão sobre elementos a serem considerados na definição do *Fator X* que busque colocar em primeiro plano, as características técnicas e econômicas do setor. A utilização de variáveis mais facilmente especificáveis (indicadores de produtividade de referência de setores escolhidos, produtividade média do setor, produtividade dos vários fatores de produção da empresa etc) certamente gerariam resultados mais confiáveis e previsíveis.

Em suma, entendemos que o trabalho de regulação de serviços públicos no Brasil é ainda incipiente e apresenta um manancial de questões a serem discutidas e resolvidas pela busca da experiência internacional e da contribuição acadêmica ao tema.

Fevereiro de 2002.

6. Referências Bibliográficas

CARLTON, D. W. & PERLOFF, J. M. *Modern industrial organization,* Harper Collins, 2. ed., cap. 21, 1994.

TRAIN, K. *Optimal regulation.* MIT Press, 1. ed., p. 33, 1991.

VISCUSI, W. K. e outros. In: *Economics of regulation and antitrust.* MIT Press, 3. ed., 2001.

BERNSTEIN, J. I. & SAPPINGTON, D. E. M. "Setting the x factor in price cap regulation plans". *NBER Working Paper Series*, Working Paper 6622. National Bureau of Economic Research, june, 1998.

SILVA FILHO, Tito N.T. "Estimando o produto potencial brasileiro: uma abordagem de função de produção". *Trabalhos para Discussão.* Banco Central do Brasil, abril, 2001.

BONELLI, R. & FONSECA, R. "Ganhos de produtividade e de eficiência: novos resultados para a economia brasileira." *Texto para Discussão nº 557,* IPEA, abril, 1998.

A ORGANIZAÇÃO MUNDIAL DO COMÉRCIO

João Paulo G.Leal

1. Introdução

A Rodada Uruguai do GATT (*General Agreement on Tariffs and Trade*) teve inicio em 20 de setembro de 1996, com a Declaração de Punta del Este (oficialmente denominada *Ministerial Declaration on the Uruguay Round*), e foi concluída em 15 de abril de 1994, durante o *Ministerial Meeting of the Trade Negotiations Committee, em Marraqueche*, com a assinatura da Ata Final da Rodada Uruguai (*Final Act Embodying the Results of the Uruguay Round of the Multilateral Trade Negotiations*).

As principais questões ou desafios colocados durante as negociações da Rodada Uruguai são sintetizados, por exemplo, por Schott (1990), refletindo as opiniões de vários analistas (Hathaway, Cline, Hufbauer, Messerlin, Krugman, Maskus, Hudec, Jackson, entre outros[1]).

Para o autor, o primeiro desafio era dotar o sistema internacional de comércio de regras e instrumentos que levassem à observância mais estrita dos princípios multilaterais de comércio, por oposição ao unilateralismo ou ao regionalismo que vinha dando a tônica às relações comerciais e, por conseguinte, minando a confiança nas práticas multilaterais[2]. Alguns dos principais países desenvolvidos, com destaque para os Estados Unidos (ver, por exemplo, Bhagwati, 1991 e Bello & Holmer, 1991), vinham protestando contra um suposto desequilíbrio, na prática das relações comerciais, entre os direitos e deveres de um conjunto grande e, sobretudo, importante de países em desenvolvimento (*free-riders*).

Em outros termos, havia um descontentamento crescente por parte daqueles países decorrente de práticas consideradas desleais ou injustas (unreasonable), adotadas pelos países em desenvolvimento e, especialmente, pelo Japão, e da incapacidade de, dentro dos princípios multilaterais de

[1] Schott (ed.) (1990).

[2] "The first challenge is to renew confidence in the efficacy of the multilateral disciplines of the GATT and to provide viable alternative to unilateral actions and to bilateral and regional trading arrangements (primarily by the United States and the European Community)" (Schott, 1990:4).

comércio, coibir e buscar a cessação de tais práticas. A adoção de medidas unilaterais visando lidar com a questão estariam, portanto, justificada *a priori*.

No entanto, ao mesmo tempo havia uma queixa semelhante por parte dos países em desenvolvimento contra a exclusão, de fato, de certos setores das disciplinas do GATT, vale dizer, o comércio de produtos agrícolas e de têxteis, além do próprio exercício de força representado pelas medidas unilaterais relacionadas ao comércio.

Por outro lado, havia grande expectativa, mais uma vez, sobretudo, por parte dos Estados Unidos, quanto à necessidade do GATT de incorporar ou disciplinar novas áreas. De acordo com Schott (1990), o problema residia na progressiva irrelevância do GATT, à medida que mudanças ocorridas no comércio internacional tendiam a magnificar a importância dos serviços e dos investimentos em suas relações com o comércio[3].

Mais detalhadamente, Schott (1990) apresenta uma lista dos principais pontos críticos das negociações da Rodada Uruguai. Com relação ao *enforcement* dos princípios multilaterais, destacam-se:

a) a incorporação do comércio de produtos agrícolas à disciplina do GATT, com a redução dos subsídios às exportações e domésticos ao setor, a eliminação de barreiras não-tarifárias e a progressiva liberalização das importações (*market access*);

b) o fim do MFA (Multi-Fibre Arrangement) e a incorporação do setor ao GATT;

c) a regulamentação mais rígida e extensiva das compras governamentais, com a ampliação do número de setores e atividades sujeitas *Government Procurement Code* negociado durante a Rodada Tóquio e sua extensão a todos os países signatários e a todas esferas de governo;

d) o disciplinamento das ações de salvaguarda, com base em alegações de problemas no balanço de pagamentos (exclusivo dos países em desenvolvimento) ou em alegações de dano à indústria, por meio da exigência de

[3] "The second challenge for the Uruguay Round is to make the GATT system more relevant and responsive to the changing nature and scope of international commerce [...] especially the problems of sunrise industries (such as microeletronics and telecomunications) and the barriers confronted by firms engaged in trade and investment in goods and services on a world scale" (Schott, 1990:5).

medidas de reestruturação industrial e do banimento de acordos voluntários de restrição às exportações (*voluntary export restraints*), compensados pelo relaxamento do conceito de dano;

e) o disciplinamento dos códigos *antidumping* e antisubsídios, com a ampliação do escopo de subsídios proibidos, a definição de critérios mais rígidos para o cálculo da margem de *dumping*, a limitação dos acordos de preços mínimos e outros termos de compromisso e o reforço das disciplinas contra *circumventions*.

Quanto aos novos temas, são enfatizados os seguintes pontos:

a) na área de serviços, o estabelecimento de direitos e obrigações assegurando acesso ao mercado e tratamento nacional;

b) na área de investimentos, o fim de exigências quanto ao conteúdo local, ao desempenho exportador, ao saldo comercial etc. e o tratamento dos incentivos ao investimento direto externo de acordo com as regras sobre subsídios;

c) na área de propriedade intelectual, a provisão de proteção contra o comércio de bens falsificados (*counterfeiting*) e a apropriação indevida de tecnologias protegidas por patentes e *copyrights*, além da subordinação de fármacos e de novas áreas, como biotecnologia, às regras de propriedade intelectual e da limitação das condições para o licenciamento compulsório de direitos estabelecidos.

Com relação às três novas áreas, o autor sugere a que as regras deveriam ser aplicadas como *conditional most favored nation* (isto é, aplicáveis em bases multilaterais somente aos países signatários), porque esta seria a fórmula que permitiria a implementação de regras mais rígidas. Também afetando as três novas áreas, além do comércio de bens, o autor sugere que seja permitida a vinculação entre direitos e deveres de todas as áreas cobertas pelo GATT, ou seja, seria permitida a exigência de compensação ou a suspensão de um direito referente a certa(s) área(s) pelo não cumprimento de deveres estabelecidos em outra área.

Em síntese, propunha-se a ampliação do escopo do GATT, seja pela incorporação de fato de vários setores e práticas às regras do Acordo, seja pelo estabelecimento de novas áreas a serem cobertas pelo Acordo, e a adoção de regras mais rígidas envolvendo todo o GATT.

A UNCTAD (1994a:124-125), refletindo *a posteriori* sobre os resultados da Rodada Uruguai, conclui que: "developing countries, in particular, will be faced with a dramatic increase in the level of their obligations as most have emerged from the Round with a much higher level – in some case across-the-board – of tariff bindings, particularly in agriculture; they have also accepted new obligations flowing from the revisited Tokyo Round Codes which previously had been accepted by a minority of developing countries only, as well as new obligations with respect to the broad scope of measures covered by the General Agreement on Trade in Services and particularly stringent obligations in the area of intellectual property rights. The Agreement will substantially reduce the flexibility which developing countries have enjoyed under the multilateral trading system with respect to their trade policies and in certain areas previously considered to fall in the domestic policy sphere. These obligations are somewhat mitigated, however, by the provisions on differential and more favorable treatment, which offer a more substantial degree of flexibility to the least developed countries in particular".

A análise, feita a seguir, dos vários Acordos, Entendimentos e Declarações e Decisões Ministeriais, incorporadas à Ata Final da Rodada Uruguai, procura refletir sobre os principais pontos críticos envolvidos, mencionados anteriormente, que colocavam sob risco as negociações e, conseqüentemente, as perspectivas do sistema internacional de comércio herdado do II Pós-Guerra e, ao mesmo tempo, sobre os impactos dos resultados alcançados sobre o Brasil (suas políticas industriais e de comércio exterior).

Tem-se uma percepção muito difundida a cerca das ameaças que o fracasso da Rodada Uruguai traria para o Brasil, sintetizadas pelo Embaixador Rubens Ricupero (1994:18-19) nos seguintes termos: "O Brasil é um dos países que mais teriam a perder com um eventual fracasso, que não esteve longe de materializar-se, da Rodada Uruguai. Nosso comércio internacional é diversificado. Nossas exportações são compostas por uma pauta extensa de produtos e distribuem-se de forma equilibrada, sem concentração específica, entre nossos principais parceiros comerciais (EUA, Europa, América Latina e Ásia), cada um representando pouco mais ou pouco menos do que 20% do total. Dependemos da existência e do fortalecimento de um conjunto estável de regras de comércio internacional. Não temos qualquer interesse na substituição do sistema multilateral por blocos regionais excludentes, nem pelo chamado 'comércio administrado', tentação sempre presente nas conversações entre líderes do mundo desenvolvido e que tem como princípio balizador do comércio não regras como as do GATT, mas antes metas quantitativas a serem cumpridas".

Porém, antes de iniciar a análise proposta, faz-se em seguida uma breve exposição do conteúdo da Ata Final da Rodada Uruguai, visando facilitar a discussão posterior.

A OMC (Organização Mundial de Comércio) foi constituída pelo Acordo Constitutivo da Organização Mundial de Comércio (*Agreement Establishing the World Trade Organization*), pelas Declarações e Decisões Ministeriais e pelo Entendimento sobre os Compromissos em Serviços Financeiros, todos anexos à Ata Final (os Acordos firmados são apresentados no Quadro 1 deste estudo). As Declarações e Decisões Ministeriais totalizam 12 textos legais.

O Acordo Constitutivo da OMC (denominado aqui apenas Acordo OMC) é composto por 15 Artigos e 4 Anexos. O Anexo 1 é subdividido em outros 3 Anexos. O Anexo 1A contém os Acordos Multilaterais de Comércio de Bens (*Multilateral Agreements on Trade in Goods*). O Anexo 1B estabelece o Acordo Geral sobre Comércio de Serviços (General Agreement on Trade in Services). O Anexo 1C contém o Acordo sobre Aspectos dos Direitos de Propriedade Intelectual Relacionados ao Comércio (*Agreement on Trade-Related Aspects of Intellectual Property Rights*). Os Anexos 2 e 3 referem-se, respectivamente, ao Entendimento Relativo às Normas e Procedimentos sobre Soluções de Controvérsias (*Understanding on Rules and Procedures Governing the Settlement of Disputes)* e ao Mecanismo de Exame de Políticas Comerciais (*Trade Policy Review Mechanism*). Finalmente, o Anexo 4 contém os 4 Acordos de Comércio Plurilaterais (*Plurilateral Trade Agreements*).

Exceção feita aos Acordos Plurilaterais, todos os demais Acordos, Entendimentos, Declarações e Decisões Ministeriais fazem parte de um todo que deve ser aceito e implementado pelos países signatários da OMC[4]. Dos 125 países que participaram formalmente da Rodada Uruguai, 111 assinaram a Ata Final e 104 aderiram à OMC. Os sete países que não aderiram naquele momento à OMC, incluindo Estados Unidos e Japão, não o fizeram por estarem impedidos por suas respectivas legislações nacionais.

---

[4] "... the participants, in signing the Final Act, made a commitment to place the entire package of the Uruguay Round results before their competent national authorities, which, according to their respective domestic constitutional procedures, would act with the aim of approving or ratifying it" (UNCTAD, 1994b:7).

Quadro 1. Acordos da Rodada Uruguai

Acordo Constitutivo da Organização Mundial de Comércio
- Anexos
  - Anexo 1A – Acordos Multilaterais de Comércio de Bens
    - Acordo Geral sobre Tarifas e Comércio 1994
    - Acordo sobre Agricultura
    - Acordo sobre Aplicação de Medidas Sanitárias e Fitossanitárias
    - Acordo sobre Têxteis e Vestuário
    - Acordo sobre Barreiras Técnicas ao Comércio
    - Acordo sobre Medidas de Investimento Relacionadas ao Comércio
    - Acordo sobre a Implementação do Artigo VI do GATT 1994
    - Acordo sobre a Implementação do Artigo VII do GATT 1994
    - Acordo sobre Inspeção Pré-Embarque
    - Acordo sobre Regras de Origem
    - Acordo sobre Procedimentos para o Licenciamento de Importações
    - Acordo sobre Subsídios e Medidas Compensatórias
    - Acordo sobre Salvaguardas
  - Anexo 1B – Acordo Geral sobre Comércio de Serviços
  - Anexo 1C – Acordo sobre Aspectos dos Direitos de Propriedade Intelectual Relacionados ao Comércio
  - Anexo 2 – Entendimento Relativo às Normas e Procedimentos sobre Soluções de Controvérsias
  - Anexo 3 – Mecanismo de Exame de Políticas Comerciais
  - Anexo 4 – Acordos de Comércio Plurilaterais

Fonte: Decreto nº 1.355, de 30/12/94.

2. A Organização Mundial de Comércio

O Acordo Constitutivo da OMC (denominado aqui apenas Acordo OMC) é, como mencionado, composto por 15 Artigos e 4 Anexos. Neste capítulo, faz-se referência aos Artigos que dão propriamente forma à OMC. Adicionalmente, discute-se aqui o Entendimento Relativo às Normas e Procedimentos sobre Soluções de Controvérsias (Anexo 2 do Acordo OMC), uma vez que ele complementa, ainda que sujeito a disposições específicas dos demais Acordos, o arcabouço institucional da OMC.

2.1. Aspectos Institucionais da OMC

As principais funções da OMC[5] são as seguintes (Artigo 3):

a) zelar pela aplicação, administração e funcionamento dos Acordos Multilaterais firmados (Anexos 1, 2 e 3) e servir de quadro jurídico para a aplicação, administração e funcionamento dos Acordos Plurilaterais (Anexo 4);

b) administrar o Entendimento sobre Solução de Controvérsias (Anexo 2) e o Mecanismo de Exame das Políticas Comerciais (Anexo 3);

c) cooperar com o Fundo Monetário Internacional e com o Banco Internacional de Reconstrução e Desenvolvimento visando alcançar maior coerência a formulação de políticas econômicas em escala mundial.

Os Acordos firmados no âmbito da OMC, exceto os Acordos Plurilaterais (Anexo 4), como já mencionado, fazem parte de um todo indissolúvel. As partes signatárias devem, portanto, aceitá-los e implementá-los integralmente (Artigo 2)[6].

A estrutura organizacional da OMC é apresentada no **Quadro 2**. A Conferência Ministerial é composta por representantes de todos os mem-

[5] No preâmbulo do Acordo OMC as partes signatárias do Acordo reconhecem como objetivos fundamentais deste Acordo são elevar os níveis de vida, dos níveis de renda e de demanda efetiva, a obtenção do pleno emprego, o aumento da produção e do comércio de bens e *serviços*, permitindo ao mesmo tempo a utilização ótima dos recursos mundiais, mas respeitado o objetivo de um *desenvolvimento sustentável e buscando proteger e preservar o meio ambiente e incrementar os meios para fazê-lo*, de maneira compatível com suas respectivas necessidades e interesses segundo os *diferentes níveis de desenvolvimento econômico*. Ademais, é necessário realizar esforços positivos para que os *países em desenvolvimento*, especialmente os de menor desenvolvimento relativo, obtenham uma parte do incremento do comércio internacional que corresponda às necessidades de seu desenvolvimento econômico. Como enfatiza a UNCTAD (1994b: 9), questões substantivas como estas são tratadas unicamente no preâmbulo do Acordo. Além da introdução dos serviços no texto, o preâmbulo inova ao mencionar a necessidade do desenvolvimento sustentável e da preservação do meio ambiente.

[6] O Acordo OMC e os Acordos Multilaterais podem, conforme o Artigo 13 do Acordo OMC, não se aplicar a dois membros quaisquer, se um deles no momento em que se torna membro não aceitar sua aplicação. Esta prerrogativa só pode ser invocada pelos membros originários da OMC (a definição de membro originário é dada adiante) que tenham feito uso do Artigo XXXV do GATT 1947 (partes contratantes do GATT 1947 têm o direito de não aplicar integral ou parcialmente direitos estabelecidos a novos membros daquele Acordo). A Conferência Ministerial pode rever a aplicação do Artigo 13 a pedido de qualquer membro.

bros (em nível ministerial) e deve reunir-se ao menos a cada dois anos. Cabe à Conferência Ministerial desempenhar as funções da OMC. A Conferência Ministerial deve estabelecer, além de outros Comitês que julgar necessário, o Comitê de Comércio e Desenvolvimento (responsável especificamente pelo exame das disposições em favor dos países de menor desenvolvimento), o Comitê de Restrições por Motivo de Balanço de Pagamentos e o Comitê de Assuntos Orçamentários, Financeiros e Administrativos. Poderão participar destes Comitês representantes de todos os membros.

O Conselho Geral é composto por representantes de todos os membros e deve reunir-se sempre que se fizer necessário (nos intervalos entre as Conferências Ministeriais o Conselho Geral deve cumprir as funções deste). O Conselho Geral deve orientar a constituição dos Conselhos para o Comércio de Bens, para o Comércio de Serviços e para os Aspectos dos Direitos de Propriedade Intelectual relacionados ao Comércio, formados por representantes nomeados por quaisquer membros. Cada Conselho reunir-se-á quando necessário. Os órgãos estabelecidos por força dos Acordos Plurilaterais devem informar sobre suas atividades ao Conselho Geral. O Conselho Geral é responsável ainda pela atribuição de funções adicionais aos Comitês criados pela Conferência Ministerial.

A Secretaria da OMC é estabelecida pela Conferência Ministerial, que indica seu Diretor-Geral e suas atribuições.

O processo decisório adotado pela OMC mantém a prática das decisões por consenso (na verdade, o consenso não pressupõe a aprovação de todas as partes envolvidas, mas a inexistência qualquer manifestação formal em contrário). Não havendo o consenso, as decisões são tomadas por votação (cada membro da OMC responde por um voto e, no caso das Comunidades Européias, pelo número de estados-membros). As regras de decisão variam muito conforme a matéria ou a atribuição da OMC em questão.

Interpretações sobre o Acordo OMC ou sobre os Acordos Multilaterais são de competência exclusiva da Conferência Ministerial ou do Conselho Geral e a aprovação da matéria depende da aprovação de ¾ dos membros.

A derrogação de uma obrigação (*waiver*) de um membro só pode ser decida pela Conferência Ministerial, com a aprovação de ¾ dos membros.

Quadro 2. Estrutura da OMC

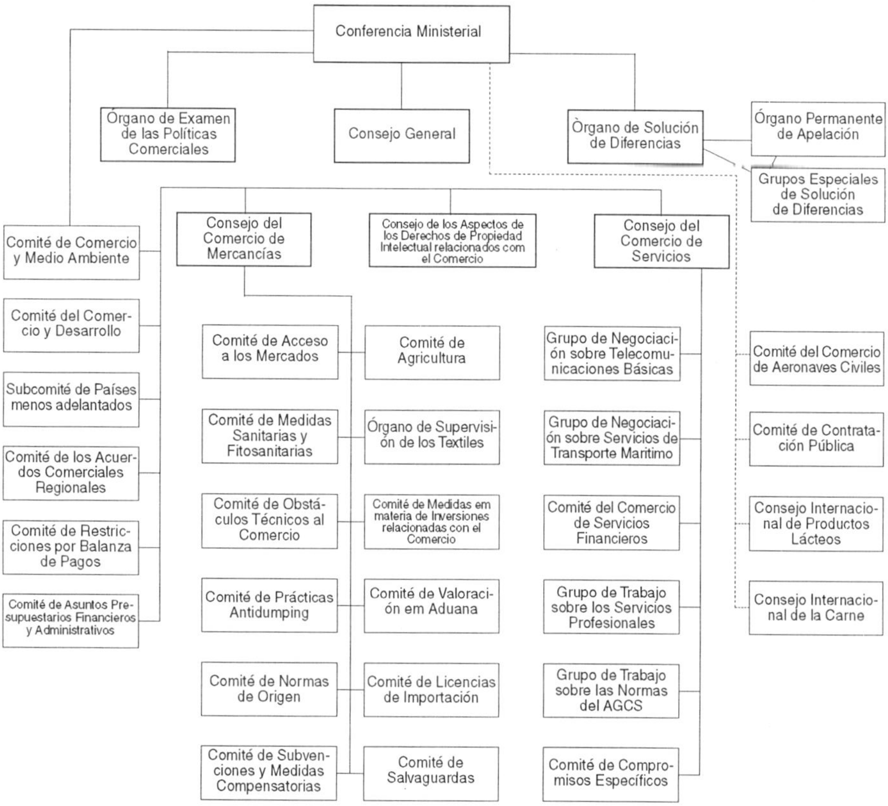

Fonte: Home Page da OMC.

Alterações ao Acordo OMC e aos Acordos Multilaterais de Comércio (Anexo 1) podem ser propostas por qualquer membro ou pelo respectivo Comitê Conferência Ministerial. A decisão, quando não obtido o consenso, pode ser aprovada por 2/3 dos votos[7].

[7] No entanto, há exceções. Alterações no próprio processo decisório (Artigo 9) só são aprovadas pela aceitação de todos os membros. A mesma regra aplica-se a alterações nos Artigos 1 e 2 do Anexo 1A, no Artigo 2:1 do Anexo 1B e no Artigo 4 do Anexo 1C que tratam do *MFN principle*. Outras alterações no Acordo OMC e nos Anexos 1A e 1C, que promovam a modificação de direitos e obrigações dos membros, são aplicáveis inicialmente apenas aos membros que as aceitaram (2/3 dos votos). A Conferência Ministerial deve decidir por ¾ dos votos se os demais membros, que não acataram a decisão no prazo estipulado pela Conferência, podem ou não permanecer como membro da OMC. O mesmo se aplica a alterações referentes à partes I, II e III do Anexo 2.

Alterações aos Anexos 2 e 3 (Entendimento sobre Solução de Controvérsias e Mecanismo de Exame de Políticas Comerciais) podem ser propostas por qualquer membro à Conferência Ministerial. A decisão relativa a alterações ao Anexo 2 é tomada por consenso e aplica-se a todos os membros da OMC.

Alterações em Acordos Plurilaterais são regidas pelas respectivas disposições. A Conferência Ministerial, decidindo por consenso e a pedido dos membros de um Acordo, pode decidir transformá-lo em Acordo Plurilateral ou Multilateral, conforme o caso.

Decisões sobre o acesso de novos membros ao Acordo OMC e Acordos Multilaterais são tomadas pela Conferência Ministerial, por 2/3 dos votos, que estabelece os termos de acesso. O acesso a um Acordo Plurilateral é decidido pelas regras específicas do Acordo. São considerados membros originários da OMC as partes contratantes do GATT 1947 e as Comunidades Européias signatárias da Ata Final.

2.2. O Entendimento sobre Solução de Controvérsias

O ESC (Entendimento Relativo às Normas e Procedimentos sobre Soluções de Controvérsias) – *Understanding on Rules and Procedures Governing the Settlement of Disputes* – é de fundamental importância para a OMC, porque abrange os procedimentos de solução de controvérsias de todos os Acordos firmados, exceto por disposições específicas dos respectivos Acordos (discutidas no capítulo ou itens respectivos), e principalmente, porque tem a atribuição de tornar mais efetiva a aplicação das regras estabelecidas pela OMC.

Para tanto, segundo Hudec (1990), duas questões principais deveriam ser equacionadas: os procedimentos para formação dos painéis de solução de controvérsias e o tratamento dado aos casos de não-violação de direitos.

Sobre a segunda questão, o Artigo XXIII do GATT 1947 autoriza a investigação para determinar se uma medida, embora não infrinja obrigações legais de um Acordo, anula (*nullify*) ou prejudica (*impair*) os benefícios decorrentes dele ou impede a obtenção de qualquer objetivo do Acordo. Em caso positivo, nem o GATT 1947, nem o Artigo 26 do ESC, estabelecem mecanismos, exceto o próprio peso e o constrangimento políticos da decisão da OMC, que obriguem a modificação da medida em questão ou autorizem a exigência de compensação ou a suspensão de concessões por parte da parte prejudicada. Como colocado pela UNCTAD (1994b:219), "in cases of non-violation, the party applying the measure objected to may continue to keep it in force even if it is under considerable pressure to withdraw it or to offer compensation"[8].

Com relação à primeira questão levantada por Hudec, procedimentos para formação de painéis, estes, ou melhor, os procedimentos para a solução controvérsias são iniciados com um pedido formal de consulta de um membro (requerente) a respeito de uma medida qualquer adotada por outro membro que seja considerada lesiva a seus direitos[9]. O pedido deve ser respondido pelo membro que teve a medida contestada num prazo máximo de 10 e os entendimentos propriamente devem iniciar-se dentro de 30 dias (ambos os prazos são contados a partir do recebimento da solicitação).

Se estes prazos forem respeitados ou se não se chegar à solução da controvérsia após, no máximo, 60 dias do recebimento da solicitação, o requerente pode pedir ao OSC (Órgão de Solução de Controvérsias) – *Dispute Settlement Body* – o estabelecimento de um Painel (*Panel*) de solução de controvérsias[10].

Antes do ESC, a formação de um Painel dependia da aprovação consensual dos membros (inclusive das partes envolvidas). Assim, a parte contestada detinha o poder de veto sobre a continuidade ou não dos procedimentos. Ademais, a composição do Painel, suas regras de funcionamento e a própria aplicação dos resultados do Painel dependiam da aprovação da

---

[8] Hudec (1990:196) afirma que: "[i]f the GATT did not offer a way of adjudicating these situations in a multilateral forum, including the power to alter GATT legal relationships in response to them, the stronger governments would simply impose their own adjustment unilaterally". A recíproca também é ainda mais verdadeira. Os países mais poderosos podem adotar tais medidas sem que as partes afetadas, e mais fracas, tenham sequer as ações de caráter unilateral como forma de remediar a situação.

[9] A rigor, estes procedimentos dizem respeito aos casos de violação ou não de direitos. Todavia, faz-se referência no texto somente ao primeiro tipo de caso pelas razões já discutidas. Todos os pedidos de consulta devem ser notificados ao Órgão de Solução de Controvérsias (OSC), cujas funções são exercidas pelo Conselho Geral da OMC. O OSC, por sua vez, deve informar ao(s) Conselho(s) e Comitê(s) pertinente(s) sobre as consultas em curso.

[10] Os prazos são mais exíguos em se tratando de produtos perecíveis ou casos de urgência: 10 dias para início das consultas e 20 dias para a formação do Painel, ambos contados a partir do recebimento da solicitação.

parte contestada. Se a formação do Painel não fosse bloqueada, no mínimo os procedimentos protelatórios poderiam estender-se quase indefinidamente. Como coloca Hudec (1990:181), "[i]n short, de defendant has the power to block the dispute settlement process at any point"[11].

Os novos procedimentos estabelecidos pelo ESC tornaram a formação do Painel automática e deram maior agilidade e menor poder à parte contestada nas demais etapas do processo de solução de controvérsias. Embora as decisões por consenso tenham sido mantidas, tem-se agora a inversão da regra, ou seja, o Painel é formado por solicitação da parte interessada automaticamente, exceto se o OSC decidir por consenso não o fazer. A própria manifestação do requerente garante a formação do Painel (num prazo mínimo de 15 dias após a solicitação de estabelecimento do Painel).

Os Painéis são compostos por três indivíduos, escolhidos pelo Secretariado da OMC entre representantes de um membro, representantes noS Conselhos ou Comitês, entre outros. Não havendo concordância entre as partes quanto à composição do Painel, o Diretor-Geral determina-la-á dentro de 20 dias a contar de seu estabelecimento. O Artigo 12:8 do ESC recomenda que seja respeitado o prazo de 6 meses, ou 3 meses em se tratando de casos especiais, como produtos perecíveis, entre a constituição do Painel e a divulgação de seu relatório final. Não sendo possível cumprir os prazos referidos, os integrantes do Painel devem justificar-se por escrito ao OSC e, sob nenhuma hipótese, o prazo final pode ultrapassar 9 meses.

---

[11] Hudec (1990:182-183) acrescenta que os Estados Unidos devem receber provavelmente as piores notas com relação à procrastinação das soluções de controvérsias. "For example, in a case challenging the US tax device called domestic international sales corporations (DISC), which lasted from 1972 to 1984, the United States refused to proceed unless companion cases involving other countries were tried at the same time, and unless the panel included tax experts. In Nicaragua's 1985 complaint against a politically inspired US trade embargo, the United States would not accept panel until Nicaragua agreed in advance that the GATT could not examine national security claims. The United States did the same thing in three 1988 complaints: in an EC complaint about certain US sugar restrictions, the United States would not agree to a panel because of alleged EC foot-dragging in another case; in a Brazilian complaint about US Section 301 retaliation, the United States insisted on agreement that Section 301 itself could not be examined by the panel; finally, in an EC complaint about Section 301 retaliation, the United States refused to accept creation of a panel unless the European Community agreed to adjudicate the scientific basis of the EC antihormones regulation at issue, in the code forum chosen by the United States".

"The automatic nature of the panel report approval process is enshrined in Article 16:4 [...] Within 60 days after the circulation of a panel report to the members, the report will be adopted at a DSB meting unless one of two things happens: either a party to the dispute formally notifies the DSB of its decision to appeal, or the DSB decides by consensus not to adopt the report" (UNCTAD, 1994b:212).

O Órgão Permanente de Apelação foi criado pelo ESC como contrapartida dos prazos mais exíguos e do maior automatismo conferido aos procedimentos de solução de controvérsias. Ele é composto por 9 indivíduos, mas apenas 3 deles são designados pelo OSC para cada caso de apelação. Seus procedimentos, até a conclusão de seus trabalhos, não devem ultrapassar 60 dias a contar da data da apelação e no máximo entender-se-ão até 90 dias. O relatório do Órgão de Apelação deve ser acatado pelo OSC, exceto por decisão consensual, e as partes interessadas não podem recorrer.

Caso os resultados do Painel ou do Órgão de Apelação concluam sobre a incompatibilidade de uma medida, suas recomendações devem ser acatadas pela parte afetada. O OSC pode conceder um prazo razoável (*reasonable*)[12] para que as referidas recomendações sejam implementadas.

O descumprimento das recomendações permite que a OSC conceda a autorização para exigências de compensação ou da suspensão de concessões por parte da parte prejudicada. A compensação é, em princípio, voluntária, isto é, com a impossibilidade de cumprir as recomendações seriam estabelecidas voluntariamente compensações ao requerente. Mas a compensação pode ser requerida por este e envolver qualquer área coberta pelo ESC[13] (*cross retaliation procedures*). Ademais, segundo a UNCTAD (1994b:214), "[i]f no satisfactory compensation has been agreed within

[12] Por prazo razoável entende-se: a) o prazo proposto pelo membro afetado, desde que aprovado pelo OSC; ou b) um prazo mutuamente acordado entre as partes em controvérsia dentro de 45 dias da data de adoção das recomendações; ou c) um prazo arbitrado compulsoriamente dentro de 90 dias da data de adoção das recomendações.

[13] O ESC (Apêndice 1) abrange os seguintes acordos: Acordos Multilaterais sobre o Comércio de Mercadorias (Anexo 1A); Acordo Geral sobre o Comércio de Serviços (Anexo 1B); Acordo sobre Aspectos de Direito de Propriedade Intelectual Relacionados ao Comércio (Anexo 1C); Acordos Comerciais Plurilaterais (Anexo 4).

20 days after the expire of the reasonable period of time, any party that has invoked the dispute settlement procedures may request the DSB for authorization to suspend the application to the member concerned of concessions or other obligations under the covered agreements [...] There are three successive stages in determining the suspension. The complaining party should first seek to apply it with respect to the same sector or sectors in which a violation or nullification or impairment has been found. If the complainant feels that it is not practicable or effective to do so, it may seek to apply the suspension in other sectors under the same agreement. Thirdly, if this also is not practicable or effective, and the circumstances are serious enough, the suspension may be sought under another covered agreement".

A suspensão é automática – concedida pelo OSC em no máximo 30 dias após o pedido de suspensão. A parte prejudicada pode, no entanto, pedir uma "revisão" (*arbitration*). "This procedure is a further check on any danger of abusive use of the faculty to suspend concessions [...] The arbitration will be carried out by the original panel if the members are available, or by an arbitrator (either an individual or a group) appointed by the Director-General of the WTO" (UNCTAD, 1994b:217).

Deve-se notar que todos os procedimentos adotados para a solução de controvérsias, desde o início das consultas até a autorização para a suspensão de obrigações, são realizados em bases multilaterais, isto é, apenas mediante o conhecimento e a aprovação do OSC. Indo além o Artigo 23:2 do ESC estabelece explicitamente que os signatários do Acordo não deverão determinar unilateralmente sobre a natureza de qualquer medida (em caso de violação ou não-violação) ao mesmo tempo em que deverão acatar o prazo razoável, estipulado conforme as regras mencionadas, para que o membro implemente as recomendações e observar os procedimentos estipulados pelo OSC quanto à adoção de medidas compensatórias.

O disposto sobre controvérsias envolvendo não-violações de direitos e a permissão para suspensão de direitos envolvendo outros setores que não apenas o objeto da controvérsia devem ser encarados de forma dúplice por parte dos países em desenvolvimento, aí incluído o caso particular do Brasil. Em princípio quaisquer dispositivos ou omissões que dêem melhores condições para adoção de medidas unilaterais ou discricionárias, em que o poder de barganha do Brasil é menor que o de países desenvolvidos, não são bons segundo a perspectiva brasileira.

No primeiro caso, ao mesmo tempo em que os Estados Unidos, por exemplo, podem ser alvo de "não-violações" de seus direitos e agir unilateralmente contra isso, eles podem ser sujeitos de "não-violações". Quanto à *cross-retaliation*, de acordo com avaliação da UNCTAD (1994a: 164), "[t]he concept of cross-sectoral retaliation was strongly opposed by many developing countries at earlier stages of the negotiations [...] It appear to some, however, that cross-retaliation could actually strengthen the position of developing countries, in that retaliation in the area of intellectual property rights or in certain services sectors would be taken seriously by the major trading countries".

Não obstante estas ressalvas, é inegável o aprimoramento dos procedimentos envolvendo soluções de controvérsias. O disposto no Artigo 23 do ESC[14] e os prazos mais exíguos e o maior automatismo das aprovações cerceiam a liberdade para a adoção de medidas unilaterais e de exercícios de poder. Sob esse aspecto, os resultados alcançados são favoráveis ao Brasil, ou aos países em desenvolvimento em geral. Porém, não há dúvidas que eventuais infrações cometidas pelo Governo brasileiro podem vir a ser motivos de controvérsia (sem entrar no mérito da questão, o caso do regime automotivo exemplifica bem este ponto). Em outros termos, mesmo que com um alcance menor do que o ganho proporcionado pelo ESC, houve inegavelmente uma diminuição do grau de liberdade para o exercício de políticas industriais e de comércio exterior por parte de todos dos membros da OMC e, em particular, daqueles com menor poder de barganha no cenário internacional.

3. A Política de Defesa Comercial

As chamadas políticas de defesa comercial estão contidas nos Acordos sobre Dumping (Acordo sobre a Implementação do Artigo VI do Acordo Geral sobre Tarifas e Comércio), sobre Subsídios e Medidas Compensatórias e sobre Salvaguardas. Os dois primeiros Acordos referem-se a medidas contra práticas comerciais consideradas desleais, enquanto que as

[14] Segundo Goyos Jr (1994:146), "[e]ste dispositivo é um flagrante ataque à pioneira e singularmente infame legislação dos EUA denominada Super 301. Todavia, somente o futuro dirá se este dispositivo de grande alcance e de fundamental importância para o direito internacional será observados pelos EUA".

salvaguardas[15] referem-se à proteção conferida à indústria afetada negativamente pelo comércio praticado de acordo com as regras estabelecidas.

Maior ênfase será conferida aqui à discussão dessas políticas, não só porque elas constituem a parte mais visível da OMC, mas sobretudo porque parecem ser de interesse do Governo e de setores ligados ao comércio no Brasil. A abertura brasileira ao comércio, com a eliminação de grande parte das restrições não-tarifárias às importações e redução significativa das tarifas, trouxe à tona a importância e os limites quanto ao uso das medidas de proteção à atividade interna contra práticas comerciais desleais ou não.

Por outro lado, vale destacar desde já que as regras para implementação de medidas de defesa comercial (discutidas adiante) tornaram-se, em geral, muito mais complexas. Seja pela tendência à intensificação do uso de medidas de defesa comercial, em função do grau maior de exposição da produção doméstica ao comércio internacional, seja pela complexidade das regras estabelecidas, a defesa dos produtores domésticos contra práticas desleais de comércio ou prejuízos sérios causados pelo aumento imprevisto das importações requer um grau sensivelmente mais elevado de capacitação das autoridades responsáveis pela implementação das referidas medidas. Capacitação em termos de disponibilidade de recursos humanos e materiais e em termos de qualidade dos mesmos, dada a complexidade das regras estabelecidas.

Nesse sentido, a Secretaria de Comércio Exterior (SECEX) do Ministério da Indústria, Comércio e Turismo (MICT) foi reestruturada, com a criação do Departamento de Defesa Comercial (DECOM), responsável pela investigação e determinação de qualquer medida de defesa comercial. A mudança de natureza institucional revela desde logo a correta percepção da nova problemática colocada para o governo brasileiro[16].

[15] As medidas de salvaguarda têm na verdade um escopo mais abrangente, isto é, elas incluem: a) ações de salvaguarda por razões de balanço de pagamentos (Artigo XII do GATT); b) por razões de saúde pública (Artigo XX do GATT); c) por razões de segurança (Artigo XXI do GATT); d) além das medidas de salvaguarda aplicadas por razões de dano à indústria doméstica (Artigo XIX do GATT).

[16] Em artigo publicado em O Estado de São Paulo ("Abertura e Defesa Comercial", 30/06/96), o secretário da SECEX/MICT, Maurício Costa, afirma que: "se, por um lado, a maior exposição da indústria brasileira à concorrência internacional permite induzir ao aumento de qualidade e produtividade dos setores domésticos, por outro, pode deixá-la em posição relativamente mais vulnerável às práticas desleais de comércio". Os novos

3.1. O Acordo sobre Salvaguardas

O Artigo XIX do GATT 1947 estabelece que: "action can be taken 'to suspend the obligation in whole or in part or to withdraw or modify the concession' when the following criteria and conditions are met: as a result of 'unforseen' developments, the product in question is imported in such increased quantities and under such conditions as to cause or threaten 'serious injury' to domestic producers of like or directly competitive products. The suspension of an obligation or the withdrawal or modification of a concession must be limited to the extent and the time necessary to prevent or remedy the injury caused or threatened" (UNCTAD, 1994b:41). Qualquer ação de salvaguarda deve obrigatoriamente ser tomada em bases multilaterais (isto é, de acordo com o princípio de nação mais favorecida) e oferecer compensação a qualquer membro que o desejar.

O parágrafo anterior encerra grande parte das contradições das regras sobre salvaguardas. Além de problemas bastante objetivos quanto à definição de dano grave (*serious injury*) aos produtores domésticos, a aplicação de medidas de salvaguarda em bases multilaterais e com o oferecimento de compensação às partes prejudicadas tornavam o referido instrumento pouco funcional. Muitas vezes, o dano não é causado pelo conjunto das importações, mas especificamente pelas importações de um único país (ou de um grupo reduzido de países). A generalização de uma ação de salvaguardas criava, portanto, uma área de conflito envolvendo um número de países maior que o necessário (e com a exigência de compensação).

Mesmo quando o dano ou a ameaça de dano é causado pelo conjunto das importações, a compensação coloca um grave problema interno. Ao proteger determinado setor, as autoridades governamentais devem eleger o setor ou os setores que serão objeto da compensação, isto é, que serão desprotegidos.

---

instrumentos de defesa comercial "prevêem procedimentos antidumping, de medidas compensatórias e de salvaguardas cujo rigor e especificidade passaram a requerer análises mais complexas que em 1995, com a utilização de metodologias e procedimentos mais transparentes". A adequação por parte do governo à nova realidade vem sendo realizada por meio da capacitação do quadro técnico do DECOM, após a reestruturação da SECEX mencionada.

A insatisfação[17] com as regras existentes, por outro lado, fez prosperar os acordos voluntários de restrição às exportações, ilegais de acordo com as regras do GATT (ou eufemisticamente denominados "extra-GATT") porque negociados bilateralmente ou entre um conjunto restrito de países[18], em que uso da força política e do peso econômico dos países envolvidos é preponderante na determinação dos resultados alcançados.

O Artigo 2 do Acordo sobre Salvaguardas (*Agreement on Safeguards*) – constituído por um preâmbulo, 14 artigos e 1 anexo – reitera as condições necessárias para a aplicação de medidas de salvaguardas contidas no Artigo XIX do GATT 1947, bem como a exigência de não-discriminação. O Artigo XI proíbe quaisquer medidas de natureza "voluntária". A eliminação progressiva das medidas existentes[19] (o que exclui o Acordo Multifibras, cuja eliminação segue regras próprias) dar-se-á num prazo não superior a quatro anos a contar da entrada em vigor do Acordo Constitutivo da OMC. Permite-se, no entanto, que uma única medida, livremente escolhida, seja mantida até o final de 1999.

Mais detalhadamente, o Artigo 2 inova, no entanto, ao mencionar o aumento das importações *em termos absolutos ou como proporção da*

---

[17] "According to GATT sources, in the period 1980-1987, 35 Article XIX actions were resorted to in all (19 involving tariff increases and 16 non-tariff measures). By contrast, as of April 1988, 191 restraint arrangements were in force covering such sectors as automobiles and transport equipment, steel and steel products, electronics, temperate-zone agricultural products, textiles (outside MFA), footwear, and machine tools. Nearly 80 per cent of those actions were taken by the EC, the United States and Canada" (UNCTAD, 1994b:42, nota 33).

[18] Não obstante, em 1960, foi legalmente instituído no GATT o conceito de market disruption, "to deal with the problems of imports of textiles from the so-called 'low cost' suppliers other than dumped or subsidized imports [...] Since then, this concept has been one of the basic premises of the MFA" (Multi-Fibre Arrangement) (UNCTAD, 1994b: 43, nota 40). O conceito é definido pela combinação dos seguintes fatores: a) aumento rápido e substancial das importações de determinado produto proveniente de um número reduzido de países; b) o preço do produto importado é bastante inferior ao preço do produto similar produzido localmente (mas não como resultado de dumping ou subsídios); c) há sério dano ou ameaça de dano como decorrência destas importações.

[19] A UNCTAD sustenta que o referido Artigo tem uma "brecha". Trata-se do rodapé do Artigo que estabelece que uma quota de importação aplicada como medida de salvaguarda pode, por acordo mútuo, ser administrada pelo país exportador. Para a UNCTAD (1994b:48), um "import quota administered by an exporting-member government, however, has many of the characteristics of a VER" (voluntary export restraint).

produção nacional como condição necessária à aplicação de medidas de salvaguarda. Além de conferir maior precisão ao texto legal, tem-se também o amparo para a adoção de medidas de salvaguardas para setores "decadentes", isto é, setores que por terem diminuída a produção doméstica vêem o crescimento relativo da participação das importações, embora as mesmas não tenham crescido ou até tenham diminuído em termos absolutos.

O Artigo 4 estabelece claramente a necessidade de se demonstrar a relação de causalidade entre o aumento das importações (em termos absolutos ou relativos) e o prejuízo grave, ou ameaça de, à indústria doméstica. Em outros termos, para a aplicação de medidas de salvaguardas não basta o crescimento das importações, é necessário que exista dano à indústria doméstica e que este seja de fato causado pelas importações[20].

As medidas que venham a ser adotadas devem ser estritamente as necessárias para remediar o dano causado pelo aumento das importações, não ultrapassando o prazo de quatro anos, prorrogáveis se justificado por mais 4 anos (Artigo 7). Podem ser adotadas restrições quantitativas[21], tarifárias ou uma combinação de ambas. Como regra geral, restrições quantitativas devem ser não-discriminatórias. Ou seja, as quotas de importação devem ser estabelecidas de forma negociada ou, quando isso não for possível, com base nas importações realizadas no passado recente[22].

Mas o Artigo 5:2b do Acordo criou a figura intermediária entre a discriminação e a não-discriminação, a chamada quota modulation. O estabelecimento de quotas de importação por outros critérios que não os já mencionados pode ocorrer somente nos casos de dano (e não ameaça de dano) se:

---

[20] É admitida a aplicação provisória de medidas de salvaguardas (Artigo 6), apenas a partir de fortes indícios de dano e de causalidade entre o dano e o aumento das importações. Medidas provisórias só podem ser de natureza tarifária e não ultrapassar 200 dias de vigência.

[21] No caso de restrições quantitativas, estas não podem implicar a redução da importações a um nível inferior à média das importações efetuadas nos últimos 3 anos, a menos que se demonstre claramente a necessidade de se estabelecer um nível diferente para remediar ou prevenir a ameaça de dano.

[22] Sob nenhuma condição países em desenvolvimento poderão ser objeto de uma ação de salvaguarda se as importações provenientes dele forem inferiores a 3% do total importado, desde que os países em desenvolvimento com participação individual inferior a 3% tenham coletivamente menos de 9% das importações totais. Os países em desenvolvimento gozam ainda da prerrogativa de poder prorrogar a duração de uma medida de salvaguarda além do limite máximo já mencionado.

a) as importações provenientes de certos membros aumentarem desproporcionalmente em relação às importações totais do produto em questão;

b) as razões para o afastamento dos critérios gerais são justificadas; e

c) as condições para tal afastamento são eqüitativas para todos os exportadores do produto em questão[23].

Sobre outro ponto importante e motivo de insatisfação com as regras antes vigentes, a exigência de compensação a todos os membros que se sentirem prejudicados pela adoção de uma medida de salvaguarda, o Artigo 8 reitera tal exigência. Se não houver a compensação, o país exportador tem o direito de suspender concessões equivalentes, respeitados os prazos previstos no Artigo. Todavia, o direito à suspensão não poderá ser exercido nos 3 primeiros anos de vigência da medida de salvaguarda.

Por fim, destaca-se que foi criado o Comitê de Salvaguardas, subordinado ao Conselho para o Comércio de Bens, com a atribuição de zelar pela observância das regras estabelecidas (toda ação de salvaguarda deve, desde o início das investigações, ser comunicada ao Comitê). As regras para solução de controvérsias seguem as normas gerais do ESC.

Em síntese, a aplicação de medidas de salvaguarda foi "facilitada", porque os requisitos de compensação deixaram de ser exigidos nos três anos iniciais de vigência de uma ação qualquer, mas manteve-se como regra geral o princípio de não-discriminação (caso contrário, os acordos de restrição voluntária seriam legitimados). Mais precisamente, foi introduzido o conceito de *quota modulation*, que permite sob condições mais estritas a adoção de medidas de salvaguarda seletivas. Foram estabelecidas definições mais precisas sobre prejuízo sério e ameaça de prejuízo sério e prazos mais rígidos de investigação e de vigência de medidas de salvaguarda. Por outro lado, foram proibidos programas de restrição às exportações de caráter voluntário e estabelecido um prazo máximo, de 4 anos, para a extinção dos programas em vigor (com a exceção mencionada).

---

[23] As importações de certos produtos têxteis provenientes da China, Coréia do Sul, Taiwan, Hong-Kong e Panamá estão desde junho de 1996 (até maio de 1999, portanto por um período de 3 anos no qual os parceiros comerciais afetados não poderão exigir compensação – ver próximo parágrafo) sujeitas a quotas de importação para salvaguardar os produtores domésticos.

Os aperfeiçoamentos mencionados devem reverter o quadro de relativo desuso das medidas de salvaguarda, ao passo que ações anti*dumping* e antisubsídios, que vinham sendo preferidas por não envolverem requerimentos de compensação e por serem discricionárias, tendem a estar sob uma disciplina mais rígida, como discutido adiante.

O governo brasileiro adotou recentemente, entre outras medidas de salvaguarda afetando outros setores, a elevação da alíquota de importação incidente sobre brinquedos (de 20% para 70%) como forma de salvaguardar a produção doméstica. A medida aplica-se a todos os parceiros comerciais, excetuando-se as importações provenientes de países do Mercosul. Todavia, o prazo de vigência da nova alíquota de importação (de julho até o final de 1996) tem especificamente suscitado severas críticas, tanto internas, quanto externas.

No âmbito externo, a União Européia, com o apoio dos Estados Unidos e de Hong-Kong, fez uma solicitação formal de explicações por intermédio da OMC (O Estado de São Paulo, "País terá de justificar à OMC restrições a brinquedos importados". 19/07/96). Internamente, as críticas centram-se no suposto protecionismo da referida medida. Sueli Caldas, em artigo publicado em O Estado de São Paulo ("Um Natal Espertamente Protegido", 13/07/96) afirma: "O que mais intriga na polêmica elevação da alíquota de importação para brinquedos é a sensação que ficou que o pedido da indústria foi fundamentado menos em argumentos de violação das regras do comércio internacional e mais em dificuldades econômicas conjunturais (não exclusivas desse setor industrial) e na esperteza de livrar-se da concorrência estrangeira em duas datas em que há expansão na venda de brinquedos: o Dia da Criança e o Natal. Essa sensação é fortalecida pelo precedente de igual pedido ter sido negado, há pouco menos de um ano, pelo mesmo comitê Consultivo de Defesa Comercial que agora o aprovou"

Cumpre esclarecer que o instrumento de salvaguarda não trata de casos de "violação das regras do comércio internacional" e que não é injustificado por basear-se em "dificuldades econômicas" do setor. Possivelmente, a crítica mais contundente refira-se à exigüidade do prazo concedido para que a indústria doméstica reestruture-se. Todavia, a crítica de Caldas é estranhamente corroborada pelo Ministro Francisco Dornelles, segundo o qual a "abertura continua, mas não vamos permitir práticas desleais de comércio" (O Estado de São Paulo, "Brinquedo importado vai pagar 70% de imposto". 03/07/96).

3.2. O Acordo sobre Antidumping

O *dumping*, assim como certos tipos de subsídios, são condenados como práticas desleais de comércio. Por essa razão, as regras anteriores ao Acordo Anti*dumping* (*Agreement on Implementation of Article VI of the GATT 1994*) resultante da Rodada Uruguai continham certa dose de liberalidade. Vale destacar que por permitirem a seleção das empresas/países e por não demandarem medidas de compensação à(s) parte(s) afetada(s), as ações antidumping eram preferidas em relação, por exemplo, às medidas de salvaguarda. Muitos países acusam os principais usuários das medidas anti*dumping* de usarem-nas como elemento de pressão, buscando desde acordos de preços até acordos de restrição voluntária das exportações[24].

O sentido geral do Acordo firmado foi o de precisar melhor os termos, definições e procedimentos existentes, tornando-os mais rígidos. Por certo a consecução dos objetivos almejados foi em muito facilitada pela modificações introduzidas no Acordo sobre Salvaguardas, incluindo a proibição e a eliminação progressiva dos acordos "voluntários" de restrição às exportações. Em outros termos, medidas que efetivamente eram de salvaguardas eram conduzidas com ações anti*dumping*, seja pelas falhas daquelas, seja pelas omissões destas.

Por *dumping* entende-se vender um produto no mercado de terceiros a um preço menor que aqueles usualmente praticados no mercado do país exportador. Para a aplicação de um direito anti*dumping* faz-se necessário não só a comprovação do *dumping*, como também a determinação do dano ou da ameaça de dano aos produtores do país importador causado pelas importações a preços de *dumping*.

Uma investigação com vistas à aplicação de um direito anti*dumping* só pode ser iniciada por meio de uma petição[25] por escrito da indústria

[24] Segundo Messerlin (1990:108-109), "[t]wo-thirds of the voluntary export restraints imposed by the European Community and the United States between 1980 and 1987 have been negotiated in the context of antidumping actions". Trebilcock & Howse (1995:99-100) apontam que as "main changes [introduzidas no Acordo] reflect a growing tension between developed countries, especially the USA and the EU, which bring a substantial percentage of all antidumping actions, and NICs and developing nations who are typically defenders rather than complainants".

[25] A petição deve conter a demonstração bem fundamentada do dumping, do dano e da relação causal entre as importações a preços de dumping e o dano alegado, bem

doméstica ou em nome dela (Artigo 5)[26]. Por indústria doméstica entende-se a totalidade ou um subconjunto representativo dos produtores nacionais do produto similar, isto é, o produto idêntico ou substituto próximo do produto importado a preços de *dumping*[27]. A representatividade dos peticionários é assim definida: a) quando os peticionários responderem por 50% da produção somada dos produtores do produto similar que manifestarem formalmente seu apoio ou sua rejeição à petição (exclui-se, portanto, do universo de cálculo os produtores que não manifestarem sua posição); e b) quando os peticionários responderem por no mínimo 25% da produção total do produto similar.

Deverá ser rejeitada a petição ou encerrada a investigação que determinar que a margem de *dumping* (ver adiante) é inferior a 2% do preço de exportação (margem de *minimis*). O mesmo deve ocorrer caso o volume das importações a preços de *dumping* provenientes de um único país for inferior a 3% das importações totais do produto similar. Caso mais de um país esteja arrolado na petição, deve-se encerrar as investigações se as importações agregadas totalizarem menos de 7% das importações totais.

A determinação da existência do *dumping* é feita pela comparação dos preços praticados comumente no mercado do país exportador (*valor normal*) e dos preços de exportação para o país em questão. A diferença entre os dois é denominada margem de dumping e sobre esta diferença, como porcentagem do preço de exportação, aplica-se o critério de *minimis*.

---

como todas as informações necessárias para que as autoridades competentes formem seu juízo sobre a petição em tela, como preços de venda do produto no mercado do país exportador; preços e volumes de exportação a preços de dumping e provenientes de outros países/produtores; informações sobre o(s) peticionário(s) como evolução da capacidade produtiva instalada e ociosa, evolução das vendas físicas e preços de venda para os mercados interno e externo, evolução dos estoques e do nível de emprego etc.. Cabe às autoridades competentes examinar a correção das informações fornecidas.

[26] Havendo comprovação suficiente do dumping, do dano e da causalidade as autoridades competentes podem iniciar uma investigação por iniciativa própria.

[27] O território nacional pode ser subdividido ou regionalizado se: a) os produtores venderem toda ou quase toda produção na região; e b) se a demanda da região for suprida em proporção substancial pelos produtores localizados na região. Neste caso, as investigações e eventualmente a aplicação de direitos antidumping ficam circunscritos aos produtos destinados àquela região. Por outro lado, quando dois ou mais países tiverem atingido certo nível elevado de integração a indústria doméstica será considerada o conjunto das indústrias nacionais.

O valor normal é calculado por uma das três formas apresentadas a seguir (com base na Circular SECEX nº 21 de 02/04/96).

a) Em se tratando de um país com economia predominantemente de mercado, considera-se para a determinação do valor normal os preços praticados nas vendas internas do país exportador. O uso deste critério está condicionado também a que tais vendas constituam ao menos 5% das exportações para o país em questão (não se esclarece se o percentual é calculado considerando-se as vendas físicas ou em valor – UNCTAD, 1994b:74).

b) Em se tratando de um país com economia predominantemente de mercado, mas com vendas internas inferiores a 5%, o valor normal pode ser calculado com base nos preços de exportação para um terceiro país ou com base num valor construído, isto é, o custo de produção acrescido das despesas administrativas e de distribuição e dos lucros auferidos. Preferencialmente, os itens utilizados para o cálculo do valor construído devem referir-se a dados reais do exportador.

c) Em se tratando de um país cuja economia não seja predominantemente de mercado, pode-se adotar um dos procedimentos descritos acima tendo-se por referência um terceiro país de economia de mercado

Para efeito de comparação do valor normal com o preço de exportação deve-se adotar todos os procedimentos que confiram maior justiça à comparação. Por exemplo, os respectivos preços devem referir-se ao mesmo nível de comércio, preferencialmente *ex fabrica*, com indicação da metodologia e das fontes de dados para obtenção do preço *ex fabrica*. Deve-se utilizar as médias ponderadas dos valores normais e dos preços de exportação ou a comparação deve-se ser feita com base nos valores apurados em cada transação. A conversão dos preços para uma mesma moeda deve ser feita preferencialmente pela taxa de câmbio vigente no momento da transação.

Sobre o dano (ou ameaça de dano) e sua relação causal, há procedimentos igualmente minuciosos. De modo geral, a análise baseia-se na evolução das importações (crescimento absoluto e relativo) a preços de *dumping*, no comportamento dos preços do produto similar no mercado doméstico (comparação com os preços das importações a preços de dumping e evolução temporal) e na situação econômico-financeira dos produtores domésticos (evolução do volume de vendas, dos lucros, da ocupação da capacidade instalada etc.). Nenhum dos fatores mencionados pode ser, isolada ou mesmo conjuntamente, considerados como suficientes para a determinação do dano (ou ameaça do dano) e da relação de causalidade. Deve-se considerar, *inter alia*, a evolução das importações provenientes de outros países, as mudanças no padrão de consumo, a existência de práticas restritivas ao comércio e à concorrência por parte dos produtores nacionais, o progresso tecnológico que venha ocorrendo e a eficiência da indústria nacional[28].

Para a determinação de ameaça de dano, ademais, a análise deve basear-se em fatos e não em meras conjecturas. Mais precisamente, é necessário verificar-se: a) significativa taxa de crescimento da disponibilidade de produtos importados, como indicativo do provável aumento substancial nas importações; b) elevada capacidade ou o potencial de exportação dos países exportadores; c) elevados estoques do produto sob investigação; d) preços de exportação suficientemente baixos a ponto de deprimir os preços domésticos e aumentar a demanda por novas importações.

Ao longo de todo o processo de instrução da investigação, que deve ser concluído em 12 meses e não superar sob qualquer hipótese 18 meses (Artigo 5), deve-se garantir amplo acesso às informações e direito de defesa a todas as partes interessadas (Artigo 6:14). Para que não haja a contestação (sobre a solução de controvérsias ver adiante) das determinações realizadas, as autoridades competentes, além de zelar pelo acesso às informações e pelo direito de defesa, devem fazer publicar de forma circunstanciada todas suas determinações[29].

---

[28] Quando as importações a preços de *dumping* de mais de um país estiverem em consideração, a análise do dano não pode ser feita cumulativamente (ou seja, em princípio, deve-se determinar a existência ou não de dano provocado pelas importações de cada país individualmente), a menos que: a) as margens de *dumping* e os volumes de importações de cada país respeitem os critérios de *minimis*; e b) haja concorrência entre os diferentes exportadores entre si e entre eles e a produção doméstica do produto similar.

[29] O Artigo 12:3 do Acordo estabelece que: "Cada um de tais avisos informará, ou dele constará por meio de informe em separado, com suficiente pormenor, as determinações e conclusões estabelecidas sobre cada matéria de fato e de direito que se tenha considerado como relevante pelas autoridades investigadoras. Todos esses avisos e informes serão encaminhados ao Membro ou Membros cujos produtos tenham sido objeto de determinação ou compromisso e também às outras partes interessadas de cujo interesse se tenha conhecimento" (Decreto nº 1355). O Artigo 13 estabelece que: "Todo Membro cuja legislação nacional contenha disposições sobre medidas anti-*dumping* deverá manter tribunais arbitrais, administrativos ou ligados ao judiciário, ou, ainda, prever procedimentos com vista a, *inter alia*, realizar pronta revisão das medidas administrativas relativas às determinações finais e às revisões das determinações" (Decreto nº 1355).

A qualquer momento pode-se suspender o processo se o exportador assumir voluntariamente compromisso satisfatório de rever os preços praticados. Apesar da ressalva (Artigo 8) de que os exportadores não deverão buscar ou aceitar compromissos de preços que impliquem numa elevação injusta de preços (superior à margem de *dumping* presumida e/ou superior ao necessário para cessar o dano à indústria doméstica), esse instrumento é um precedente perigoso no sentido da realização de acordos "voluntários".

Direitos provisórios anti*dumping* poderão ser estabelecidos se no curso da investigação as autoridades competentes considerarem que os direitos provisórios são necessários para impedir que ocorra ou que se agrave o dano existente, isto é, pressupõe-se a determinação preliminar do *dumping*, do dano e da causalidade. Ademais, deve-se garantir às interessadas oportunidade adequada de defesa ou, mais precisamente, não se pode aplicar direitos provisórios antes de transcorridos 60 dias do início das investigações. Os direitos provisórios devem preferencialmente ser impostos na forma de garantia – depósito em dinheiro ou certificado em montante igual ao direito arbitrado – e não podem ultrapassar quatro meses.

Os direitos definitivos não devem ultrapassar o período necessário para fazer cessar o dano à indústria doméstica. A revisão dos direitos aplicados pode ser feita por iniciativa própria das autoridades competentes ou por pedido de qualquer uma das partes interessadas. Ademais, a aplicação de um direito anti*dumping* não pode ultrapassar o prazo de cinco anos (*sunset clause*), a menos que em revisão circunstanciada iniciada em data anterior ao término daquele prazo haja a determinação de que a extinção do direito deve levar à reincidência do dumping, do dano e de sua causalidade.

Além dos direitos de consulta e revisão das determinações no âmbito das autoridades competentes do país que está aplicando o direito anti-*dumping*, o Acordo, com a criação do Comitê sobre Prática Anti*dumping* , prevê que todas as medidas provisórias ou definitivas sejam comunicadas ao referido Comitê. Eventuais controvérsias sobre a aplicação de direitos anti*dumping* são regidas pelo disposto no ESC.

Da análise feita aqui parece ficar claro que o novo acordo sobre *dumping* estabeleceu procedimentos, em geral, muito rígidos. Desde a determinação do *dumping*, do dano (ou ameaça de) e da causalidade até os mecanismos de revisão criados, passando por todo o processo de instrução das investigações, definiu-se práticas e regras mais rígidas de atuação. O sentido geral das mudanças observadas pode ser resumido como uma tentativa de coibir abusos que vinham sendo verificados na aplicação de direitos anti*dumping*, que assim deixavam de referir-se à compensação contra práticas desleais, passando a ser um instrumento, unilateral e seletivo, de proteção à produção doméstica.

As restrições introduzidas a possíveis arbitrariedades são, em geral, positivas para os países com menor poder no cenário internacional, como é o caso do Brasil. Permanecem, todavia, alguns pontos "em aberto", por onde podem ser reintroduzidos os mecanismos de pressão ou de força.

O primeiro, que a rigor não diz respeito ao Acordo em questão, refere-se ao mecanismo de solução de controvérsias. A imposição de um direito (provisório ou definitivo) antidumping, ou mesmo a mera investigação de dumping, tende a reduzir significativamente o volume de importações (o prazo estimado de investigação é segundo o próprio Acordo, de 1 ano). A contestação do processo no âmbito do OSC toma no mínimo 6 meses e não mais que 9 meses (como já mencionado). Assim, tem-se um período de 18 a 21 meses em que as exportações podem ser severamente restringidas.

Segundo, como destacado anteriormente, o compromisso de preços pode induzir a aceitação de um "mau acordo" pelo país exportador, especialmente se este for a parte fraca da negociação.

Outro ponto importante, que não foi regulamentado pelo Acordo, refere-se às chamadas *circumventions*. Trata-se de práticas que podem vir a ser adotadas pelos países exportadores sujeitos a direitos anti*dumping* visando burlá-los. De acordo com Goyos Jr. (1994:79-80), os "direitos anti-*dumping* são normalmente aplicados a um produto específico claramente definido e produzido por uma determinada empresa em um país específico. Conseqüentemente, a prática tem registrado casos em que o produtor trata de burlar os critérios supra explicitados de tal forma que as características do produto, produtor e/ou país de produção sejam diversos daqueles indicados na ordem anti-*dumping*".

Por outro lado, os países em desenvolvimento que estão há pouco abrindo suas economias ao comércio internacional, como o Brasil, têm, principalmente como demandantes de investigações anti*dumping* (mas também como objeto destas investigações), que se preparar para enfrentar um emaranhado de procedimentos bastante minuciosos e rígidos, a partir de um aparato institucional inexperiente e, provavelmente, com escassez de recursos humanos e materiais frente ao número crescente de investigações que se antevê. Assim, é fundamental a rápida capacitação dos recursos humanos e adequação das instituições brasileiras para que se possa usufruir integralmente do direito de defesa contra práticas comerciais desleais.

3.3. O Acordo sobre Subsídios e Medidas Compensatórias

O Artigo XVI do GATT 1947 estabelece que os membros que mantenham qualquer forma de subsídios, que tenham por efeito aumentar as exportações ou reduzir as importações de determinado produto, "shall notify the CONTRACTING PARTIES in writing of the extent and nature of the subsidization, of the estimated effect of the subsidization on the quantity of the affected product or products imported into or exported from its territory and of the circumstances making the subsidization necessary". As partes afetadas, isto é, que tenham seus interesses seriamente prejudicados ou ameaçados de, em decorrência de tais subsídios, podem requerer consultas com o intuito de limitar ou eliminar o dano ou a ameaça de dano.

Especificamente sobre os subsídios a produtos agrícolas, o referido Artigo estabelece que "contracting parties should seek to avoid the use of subsidies on the export of primary products. If, however, a contracting party grants directly or indirectly any form of subsidy which operates to increase the export of any primary product from its territory, such subsidy shall not be applied in a manner which results in that contracting party having more than an equitable share of world export trade in that product, account being taken of the shares of the contracting parties in such trade in the product during a previous representative period, and any special factors which may have affected or may be affecting such trade in the product"[30].

Em síntese, percebe-se que as disciplinas erigidas ainda sob os auspícios do GATT 1947 eram bastante tênues. Os resultados da Rodada Tóquio não modificaram substancialmente esse quadro. Primeiro, porque o código antisubsídios restringia-se aos países signatários. Segundo, porque várias áreas e/ou setores não foram disciplinados – por exemplo, o setor agrícola ou os subsídios mantidos por esferas governamentais subfederais.

---

[30] Segundo a UNCTAD (1994b:90), em 1958, os países desenvolvidos assumiram o compromisso de não manter quaisquer subsídios à exportação de produtos industrializados.

O Acordo sobre Subsídios e Medidas Compensatórias, resultante da Rodada Uruguai, doravante designado por Acordo, buscou em linhas gerais dirimir as limitações mencionadas. Desde logo, vale lembrar que as regras estabelecidas pelo Acordo são aplicáveis a todos os países signatários da OMC. Esse passo, sem dúvida importante para o estabelecimento de disciplinas verdadeiramente multilaterais, não foi, todavia, acompanhado por melhorias substantivas em questões mais específicas, como discutido adiante. Para esta discussão deve-se ter presente que grande parte dos subsídios existentes referem-se ao setor agrícola, aplicados sobretudo por países da União Européia e pelos Estados Unidos, cujas disciplinas foram estabelecidas em Acordo próprio, analisado no item 3.1 deste estudo.

A definição de subsídio (Artigo 1) envolve um duplo critério: há um subsídio desde que haja alguma contribuição financeira[31] por parte do governo ou órgão público e desde que essa contribuição acarrete algum tipo de vantagem a seu beneficiário.

Todavia, a existência de um subsídio, conforme a definição do Artigo 1, não significa a priori a infração das regras estabelecidas. Os subsídios são classificados como *proibidos*, *recorríveis* e *irrecorríveis*.

São proibidos todos os subsídios que:

a) estejam vinculados, de fato ou de direito, ao desempenho exportador, quer individualmente, quer como parte de um conjunto de condições (o Anexo I ao Acordo fornece uma lista ilustrativa dos subsídios à exportação – ver **Quadro 3**); e

b) estejam vinculados, de fato ou de direito, ao uso preferencial de produtos nacionais em detrimento de produtos importados, quer individualmente, quer como parte de um conjunto de condições.

Os subsídios recorríveis são aqueles que causam dano à indústria, a anulação ou prejuízo de vantagens existentes ou grave dano[32] aos interes-

---

[31] Entendida como: a) a transferência direta de fundos ou potenciais transferências de fundos ou obrigações; b) a renúncia a receitas públicas (excetuando-se as isenções de impostos ou taxas em favor de produtos destinados à exportação e que seriam recolhidos obrigatoriamente nas vendas internas); c) o fornecimento de bens ou serviços públicos além daqueles destinados à infra-estrutura geral; e d) qualquer forma de sustentação de preço ou de receita.

[32] O dano grave é caracterizado pela existência de um subsídio cujo montante total excede 5% do valor das vendas do beneficiário (não se esclarece se o valor da

ses referentes a outro membro. Adicionalmente, estes subsídios recorríveis só o são se forem *específicos* (todos os subsídios proibidos são específicos por definição).

Sobre a especificidade do subsídio o Artigo 2 prevê que:

a) o subsídio é considerado específico se o acesso a ele for, de direito ou de fato, limitado a apenas determinadas empresas ou produtos;

b) a especificidade é garantida pela inexistência de critérios objetivos sobre o acesso ao ou o montante do subsídio, isto é, critérios não automáticos, que favoreçam determinadas empresas;

c) são específicos os subsídios circunscritos a empresas localizadas em determinada região geográfica

Os subsídios irrecorríveis[33] são os não-específicos ou, mesmo sendo específicos, aqueles destinados a:

a) assistência às atividades de pesquisa, desde que limitados a 75% dos custos de pesquisa industrial ou a 50% os custos de atividades pré-competitivas de desenvolvimento;

b) assistência a uma região economicamente desfavorecida, desde que não-específicos no âmbito da região[34];

---

vendas inclui ou não impostos e taxas incidentes) ou os subsídios são destinados a cobrir prejuízos operacionais (exceto se não recorrentes) ou dívidas para com o governo. Adicionalmente, o dano grave é caracterizado sempre que, por força do subsídio concedido, a importação é limitada ou impedida; a produto doméstico exportado limite ou impeça a exportação de um membro para um terceiro país; haja a significativa redução do preço, a contenção do aumento de preços ou a perda de participação no mercado do produto similar produzido por um membro; ou haja um aumento sustentado da participação no mercado mundial de determinado produto primário ou de base comparado com a participação média nos últimos 3 anos (Artigo 6:2).

[33] Conforme o Artigo 31, a definição de subsídios irrecorríveis será reexaminada após 5 anos da data de entrada em vigor do Acordo OMC.

[34] Pretende-se que a política de incentivos à indústria automobilística a se instalar nas regiões Norte, Nordeste e Centro Oeste estaria justificada no princípio de assistência a regiões economicamente desfavorecidas (O Estado de São Paulo, "MP de carros dispensará índice de nacionalização". 08/08/96). Todavia, parece que esta pretensão não é justificada, uma vez que subsídios para o desenvolvimento regional só são irrecorríveis se não-específicos em termos setoriais.

c) assistência à adaptação às novas exigências ambientais, desde que a referida assistência seja não recorrente, limitada a 20% do custo total de adaptação, não cubra custos de reposição do investimento e não-específicos do ponto de vista das empresas sujeitas às novas regras.

Os subsídios irrecorríveis que venham a ser mantidos por um membro devem ser notificados antecipadamente ao Comitê para Subsídios e Medidas Compensatórias, criado pelo Acordo (Artigo 24).

Quando da suspeita da existência de um subsídio, qualquer que seja ele[35], o membro que se julga afetado pode iniciar procedimentos visando remediar tal situação. Esses procedimentos dividem-se em dois: consultas no âmbito da OMC com o membro que se alega estar concedendo o subsídio ou as investigações pelas autoridades nacionais competentes (que também envolvem consultas) para a determinação de medidas compensatórias.

Os procedimentos de consulta são estabelecidos pelos Artigos 4, 7 e 9 do Acordo, que tratam respectivamente dos subsídios proibidos, recorríveis e irrecorríveis. Nos três casos os pedidos de consultas devem explicitamente conter alegações sobre o subsídio suposto e o dano causado à indústria doméstica.

Mesmo em tratando de um subsídio irrecorrível, se este for considerado pelo Comitê, após as consultas entre as partes, como responsável por sérios efeitos danosos à indústria de um membro e de difícil reparação, o Comitê pode recomendar ao outorgante do subsídio sua modificação. Não sendo seguida a recomendação em até 6 meses, o Comitê deve autorizar o requerente a adotar as contramedidas consideradas necessárias e suficientes.

Nos casos envolvendo a alegação de subsídios proibidos ou irrecorríveis, as consultas entre as partes interessadas devem chegar a um resultado satisfatório após 30 ou 60 dias do início das consultas, respectivamente. Ultrapassados esses prazos, a parte que se julga prejudicada pode requerer ao OSC o estabelecimento de um Painel de solução de controvérsias. O Painel deve, a menos que o OSC determine por consenso não o fazer, ser imediatamente constituído no caso dos subsídios proibidos ou ser constituído dentro de 15 dias no caso dos recorríveis.

[35] Excetuando-se os subsídios vigentes antes da entrada em vigor do Acordo, que têm um período de 3 anos para serem trazidos de acordo com as regras estabelecidas e que dentro deste prazo não podem ser questionados

Quadro 3. Lista ilustrativa de subsídios à exportação

a) Subsídios diretos à empresa ou à produção condicionados ao desempenho exportador.

b) Esquemas de retenção de divisas ou quaisquer práticas similares que envolvam bônus às exportações

c) Custos de transporte interno e externo, oferecidos pelo ou por imposição do governo, mais favoráveis para as exportações.

d) Produtos e serviços, oferecidos pelo ou por imposição do governo, com preços ou condições de pagamento mais favoráveis para as exportações.

e) Isenção, remissão ou diferimento, total ou parcial, de impostos diretos (impostos sobre lucros, salários) ou sociais incidentes sobre as exportações (ver nota 29).

f) A concessão de deduções para o cálculo da base de incidência dos impostos diretos relacionada à exportação ou ao desempenho exportador.

g) A isenção ou a remissão de impostos indiretos sobre a produção e a distribuição de produtos exportados, além daqueles praticados sobre a produção e a distribuição de produto similar vendido para o consumo interno (ver nota 29).

h) A isenção, remissão ou diferimento de impostos indiretos sobre etapas anteriores de bens ou serviços utilizados na fabricação de produtos para exportação além da isenção, remissão ou diferimento dos impostos indiretos equivalentes quando destinados à venda no mercado interno (ver nota 29).

i) A remissão ou a devolução de direitos de importação (impostos e taxas incidentes sobre importações) além daquelas praticadas sobre insumos importados que sejam consumidos no fabrico do produto a ser exportado.

j) Programas governamentais de garantia de crédito ou de seguro à exportação cujos prêmios sejam insuficientes para cobrir os custos de longo prazo e as perdas dos programas.

k) A concessão pelo governo de créditos à exportação a taxas inferiores às taxas de captação dos respectivos recursos ou o pagamento da totalidade ou de parte dos custos creditícios dos exportadores.

l) Qualquer outra despesa para o orçamento público que constitua subsídio no sentido do Artigo XVI do GATT 1994.

Fonte: Síntese do Anexo I do Acordo sobre Subsídios e Medidas Compensatórias.

O Painel, com o auxílio por solicitação do Grupo Permanente de Especialistas (Artigo 24), deve determinar sobre a existência ou não do subsídio (dentro de 90 dias, se o Painel foi formado para discussão de um subsídio proibido, ou 120 dias, em se tratando de um subsídios recorrível) e, em caso afirmativo, fazer suas recomendações. O relatório do Painel será acatado pelo OSC num prazo máximo de 30 dias, a não ser que o OSC decida por consenso não o fazer ou que a parte interessada decida recorrer ao Órgão de Apelação. Este deve pronunciar-se em 30 ou 60 dias, em se tratando de casos de subsídios proibidos ou recorríveis, e somente o OSC pode decidir por consenso não acatar sua decisão.

As recomendações estabelecidas pelo OSC devem ser cumpridas no prazo estabelecido pelo Painel ou pelo Órgão de Apelação (no caso de subsídios proibidos, enquanto que o prazo máximo é de 6 meses no caso dos recorríveis) e não o sendo o OSC deve autorizar a adoção das contra-medidas apropriadas.

As investigações sobre a existência de certo subsídio, de dano à produção doméstica e da causalidade do dano podem ser iniciadas por petição escrita apresentada pela indústria nacional ou em seu nome (cuja definição segue as regras relativas ao Acordo sobre Anti*dumping*). Para fins de investigação e, posteriormente, de aplicação de medidas compensatórias, as autoridades competentes devem considerar a existência de subsídio (sujeito ao critério de *minimis* de 1% e à exigência de que as importações subsidiadas não sejam desprezíveis); a comprovação do dano grave ou ameaça de dano grave à indústria nacional, bem como a causalidade entre as importações subsidiadas e o dano, ou a ameaça de, causado à indústria doméstica[36].

O exame do dano[37] deve basear-se em provas positivas de que: a) o volume de importações subsidiadas aumentou significativamente em

[36] Todas as partes interessadas devem ser notificadas do início das investigações. Ademais, qualquer determinação, preliminar ou final, deve ser tornada pública. A legislação nacional deve conter disposições no sentido de assegurar a existência de tribunais ou procedimentos judiciais para a pronta revisão dos atos administrativos que venham a ser adotados.

[37] A determinação de ameaça de grave dano será feita com base em fatos e não apenas em alegações ou possibilidades remotas. A ameaça de dano deve ser eminente, determinada a partir, entre outras considerações: da evolução das importações do produto subsidiado, da capacidade ociosa existente entre os exportadores e dos estoques existentes do produto investigado. Nos casos de ameaça de dano, a aplicação de medidas provisórias deve ser decidida com especial cuidado.

termos absolutos ou relativos; b) no decorrente efeito depressivo sobre os preços do produto similar no mercado doméstico; c) além do efeito sobre os preços, as importações subsidiadas tiveram outros efeitos sobre os produtores domésticos, entre os quais, a redução dos níveis de produção, de vendas, de *market share*, de rentabilidade e do grau de utilização da capacidade produtiva instalada.

As investigações podem ser terminadas a qualquer momento, se, mediante aprovação das autoridades competentes, o governo do membro exportador assumir compromisso voluntário de fazer cessar o dano causado à indústria doméstica do membro importador, por meio da: a) eliminação ou da redução do subsídio existente; ou b) da elevação do preço de exportação, com a concordância do exportador.

Se houver a determinação preliminar do subsídio, do dano e da relação de causalidade, as autoridades competentes podem estabelecer (não antes de 60 dias do início das investigações) medidas compensatórias em caráter provisório (4 meses), de forma que estas (depósitos em espécie no montante do subsídio estimado provisoriamente) não ultrapassem o necessário à cessação do dano causado. O mesmo se aplica aos direitos definitivos: não serão maiores que o valor dos subsídios comprovados. O período de vigência, limitado em princípio à existência do subsídio e do dano, não deve ultrapassar 5 anos, a menos que as autoridades competentes determinem o contrário.

O avanço mais substantivo do Acordo sobre Subsídios e Medidas Compensatórias, extensivo conjunto dos Acordos multilaterais, foi estabelecer regras às quais se subordinam todos os participantes da OMC. Adicionalmente, o Acordo ampliou significativamente o escopo dos subsídios sujeitos à disciplina da OMC. Além de reafirmar a proibição dos subsídios relativos ao comércio, estabeleceu-se regras mais restritivas ao uso de subsídios específicos (irrecorríveis se restritos a poucas atividades e recorríveis se causarem dano ou ameaça de dano à indústria, a anulação ou prejuízo de vantagens existentes ou grave dano aos interesses de outro membro). O Acordo estabeleceu também procedimentos mais ágeis envolvendo a solução de controvérsias e regras mais rígidas para a aplicação de medidas compensatórias[38].

---

[38] A UNCTAD (1994b:105) sintetiza os resultados do Acordo da forma que segue: "In the final analysis, the successful implementation of the Agreement will depend on collective will of its members".

Algumas omissões importantes envolvem as *circumventions*, já discutidas quando da análise do Acordo Anti*dumping*, e os subsídios eventualmente concedidos pelos governos (ou agências) municipais ou estaduais. A rigor, o Artigo 1 do Acordo não é omisso, a definição de subsídio não traz nenhuma diferenciação quanto à esfera de governo. Ou seja, tem-se na verdade uma dificuldade muito grande em determinar sobre a existência de subsídios concedidos nestes níveis, o que penaliza fundamentalmente países com piores condições de acesso às informações.

Mas a principal resultante do Acordo, no que diz respeito aos impactos sobre a política industrial e de comércio exterior do Brasil, refere-se à virtual condenação de qualquer política de natureza vertical, que envolva, como em geral envolve, alguma espécie de subsídio explícito ou implícito por parte do governo.

4. Outros Acordos Multilaterais sobre o Comércio de Bens

O Anexo 1A do Acordo OMC, que trata do comércio de bens, além dos Acordos relacionados à defesa comercial, discutidos anteriormente, engloba vários outros Acordos. A seguir são discutidos mais detalhadamente o Acordo sobre a Agricultura (item III.1) e o Acordo sobre Têxteis e Vestuário (item III.2). O item III.3 analisa de forma muito geral os demais Acordos: Medidas Sanitárias e Fitossanitárias, Barreiras Técnicas ao Comércio, Valoração Aduaneira, Inspeção Pré-Embarque, Regras de Origem e Procedimentos para o Licenciamento de Importações. O Acordo sobre Medidas de Investimento Relacionadas ao Comércio, embora faça parte do Anexo 1A, é discutido adiante, no capítulo IV, dedicado aos chamados "novos temas".

4.1. O Acordo sobre Agricultura

O Acordo sobre Agricultura alcançado durante as negociações da Rodada Uruguai representa um passo importante no sentido da aplicação ao setor das regras gerais válidas para as demais mercadorias. Trata-se, todavia, de um primeiro passo ou de um processo, como reconhece o Artigo 20 do Acordo: "os Membros concordam que as negociações para a continuidade de tal processo [de redução progressiva e substancial dos subsídios e da proteção ao setor] serão iniciadas um ano antes do término do período de implementação" (Decreto 1.355 de 30/12/94).

As principais iniciativas do Acordo são a redução progressiva do apoio interno ao e dos subsídios às exportações do setor e a "tarifação" (a conversão em equivalente tarifário) das medidas não-tarifárias de proteção ao setor. Por outro lado, o Acordo estabelece durante seu período de implementação um instrumento especial de salvaguardas e a suspensão das regras do Acordo sobre Subsídios e Medidas Compensatórias no que se refere ao comércio de produtos agrícolas.

O Acordo tem como um dos seus pontos fundamentais a exigência de que quaisquer formas de proteção ao setor agrícola sejam convertidas em um equivalente tarifário, ficando proibida daí em diante a manutenção ou o restabelecimento daquelas formas de proteção (Artigo 4: 2)[39]. De acordo com a UNCTAD (1994a:133), "[t]hese tariff rates [...] are to be reduced by 24 per cent over a 10-year period by developing countries and by 36 per cent over a six-year period by developed countries. These reductions are calculated on a simple average basis, with a minimum rate of reduction of 10 per cent for each tariff line for developing countries and of 15 per cent for developed countries".

Ainda segundo a UNCTAD (1994a:133), a tarifação resultará para muitos produtos em muitos países desenvolvidos em alíquotas entre 200 e 500%, de forma que, apesar dos compromissos de redução assumidos, a tarifa resultante ainda seria muito elevada ou mesmo proibitiva. Como forma de contornar tal limitação, adotou-se compromissos de acesso mínimo (*minimum access*), isto é, os membros devem manter quotas tarifárias, de início, equivalentes a 3% do consumo doméstico de cada produto (evoluindo até 5% do consumo doméstico, no sexto ano de implementação do Acordo), sujeitas a impostos de importação substancialmente menores ("These tariff quotas will not necessarily provide duty-free access but should be at substantially reduced rates" – UNCTAD, 1994a:134).

O segundo ponto fundamental do Acordo consiste nos compromissos de redução do apoio interno concedido aos produtores agrícolas de produtos específicos ou aos produtores agrícolas em geral (Artigo 6). Por apoio interno entende-se todas as medidas em favor de produtores agríco-

---

[39] Trata-se de "restrições quantitativas à importação, taxas variáveis, preços mínimos, licenças discricionárias de importação, medidas não-tarifárias mantidas por empresas de comércio estatal, restrições voluntárias de exportação, e medidas de fronteira similares que não sejam direitos alfandegários propriamente ditos" (nota do Artigo 4:2).

las, expressas em termos de uma "Medida Agregada de Apoio Total" (MAA Total). Esta é o resultado da soma da Medida Agregada de Apoio (MAA) e da Medida Equivalente de Apoio (MEA). A primeira é uma mensuração em termos monetários de toda forma de apoio à produção agrícola, seja o apoio concedido em função de um produto agrícola em favor dos produtores do produto agrícola básico[40], seja o apoio não específico em termos do produto beneficiado fornecido aos produtores agrícolas em geral (cálculo especificado no Anexo 3 do Acordo). A MEA é a medida monetária do apoio concedido aos produtos agrícolas (específico ou não em termos de produto) que não pode ser calculada em conformidade com a metodologia da MAA (cálculo especificado no Anexo 4 do Acordo).

Ao longo do período de implementação do Acordo (seis anos para países desenvolvidos e dez anos para os em desenvolvimento), considerar-se-á cumprido os compromissos assumidos se, em cada ano, o MAA Total não ultrapassar o correspondente nível de compromisso anual ou final consolidado, conforme especificado na Parte IV da Lista de compromissos de cada membro. Segundo a UNCTAD (1994b:99), os membros comprometeram-se a reduzir o apoio interno ao longo dos respectivos períodos de implementação do Acordo em 20%, no caso de países desenvolvidos, e 13,3%, no caso de países em desenvolvimento (os países menos desenvolvidos não assumiram compromissos sobre essa matéria). Em ambos os casos, os compromissos de redução tomam por base (período-base) a média do apoio total concedido entre 1986 e 1988.

Deve-se notar que os compromissos de redução do apoio interno não são aplicados a cada produto, mas referido à média do apoio concedido a todo o setor. Ademais, há exceções importantes no que se refere aos compromissos de redução do apoio interno.

Primeiro, não se considera para efeito do cálculo do MAA Total: a) o apoio por produto específico que não ultrapassar 5% do valor total da produção; b) o apoio não especificado por produto que não ultrapassar 5% do valor da produção agrícola total. Estes critérios de *minimis*, quando referidos a países em desenvolvimento, são de 10%.

Segundo, os pagamentos diretos vinculados à limitação da produção não estão sujeitos aos compromissos de redução se: a) estiverem

[40] Por produto agrícola básico entende-se o produto no estágio mais próximo possível ao da primeira venda.

baseados em área e produção fixas; b) realizados em relação a 85% ou menos do nível de produção de base; c) no caso de pagamentos relativos a rebanhos, vinculados a um número fixo de cabeças.

Terceiro, os países em desenvolvimento contam com a prerrogativa de considerar as medidas governamentais de estímulo ao desenvolvimento agrícola ou rural, os subsídios ao investimento no setor, os subsídios aos insumos agrícolas disponíveis aos produtores de baixa renda e os incentivos à diversificação da produção com vistas à substituição de culturas narcóticas ilícitas isentos do cálculo do MAA Total.

Por fim, são passíveis de isenção do cálculo do MAA Total as medidas que: a) não causam efeitos distorcivos sobre o comércio, nem efeitos na produção ou, se causam, tais efeitos são mínimos; b) são concedidas por intermédio de programa governamental financiado de forma a não implicar transferências dos consumidores; c) não implicam na sustentação de preços aos produtores (o Anexo 2 do Acordo traz condições mais específicas e detalhadas sobre serviços gerais mantidos ou financiados pelo governo, estoques públicos, ajuda alimentar, pagamentos diretos a produtores, apoio desvinculado da renda, participação financeira do governo em programas de seguro de renda, pagamentos a título de auxílio em caso de desastres naturais, assistência para ajuste estrutural, pagamentos relativos a programas ambientais e pagamentos relativos à assistência regional.

A terceira disciplina erigida pelo Acordo refere-se aos subsídios à exportação de produtos agrícolas (Artigo 9). Ao contrário do enfoque dado pelo Acordo sobre Subsídios, que simplesmente proibiu os subsídios à exportação, o Acordo em questão classificou-os como sujeitos ou não aos compromissos de redução. Estão sujeitos:

a) os subsídios diretos subordinados ao desempenho exportador;

b) a comercialização de estoques públicos não comerciais para exportação a preço inferior ao do produto similar destinado ao mercado doméstico;

c) os pagamentos para exportação financiados por medidas governamentais;

d) os subsídios para redução dos custos de comercialização;

e) as tarifas de transporte interno ou embarque para exportação estabelecidas ou impostas pelo governo a preços inferiores daqueles referentes às vendas para o mercado doméstico;

f) os subsídios a produtos agrícolas subordinados à incorporação destes a produtos exportados.

Estas formas de subsídio à exportação devem ser reduzidas, ao longo dos dez anos desde o início de vigência do Acordo, em 24% em valor e 14% em termos de volume no caso de países em desenvolvimento. Os mesmos percentuais são, respectivamente, 36% e 21% num período de seis anos no caso de países desenvolvidos. "Unlike the commitments on domestic subsidies, these commitments are laid out in detailed schedules, indicating the budget outlay and quantity commitment for each year of the implementation period on a sectoral basis" (UNCTAD, 1994a:134).

Os países em desenvolvimento, durante o período de implementação do Acordo, estão desobrigados da obediência ao disposto nas letras d) e e) acima, desde que tais subsídios não sejam aplicados de maneira a eludir os compromissos de redução.

São estes os três pontos fundamentais do Acordo que implicam numa tentativa de disciplinamento do setor agrícola. A eles contrapõem-se a suspensão das regras do Acordo sobre Subsídios que seriam aplicáveis aos produtos agrícolas (exceto no caso de subsídios às exportações) e as salvaguardas especiais criadas para o setor.

O Artigo 13 do Acordo estabelece que: a) as medidas de apoio interno isentas dos compromissos de redução, conforme o disposto pelo Anexo 2 do Acordo, são consideradas durante os períodos de implementação (países desenvolvidos e em desenvolvimento) subsídios não-acionáveis, não estando sujeitas a medidas compensatórias ou a ações baseadas em anulação ou prejuízo de benefícios concedidos a outros membros; b) as medidas de apoio interno sujeitas aos compromissos de redução estão isentas da imposição de direitos compensatórios, exceto se houver uma determinação positiva de dano ou ameaça de dano, sendo utilizada a devida moderação para a abertura de investigações para a imposição de direitos compensatórios, e estão isentas de ações baseadas na anulação ou no prejuízo de benefícios concedidos a outros membros, desde que não concedam apoio a um produto específico em monto superior ao fixado para o ano de 1992; c) os subsídios às exportações, em conformidade com o disposto neste Acordo, estão sujeitos a direitos compensatórios apenas se houver a determinação de dano ou ameaça de dano baseada no volume das importações e no efeito sobre os preços domésticos, utilizando-se a devida moderação para a abertura de investigações.

A imposição de salvaguardas especiais é limitada exclusivamente às restrições de natureza tarifária. A utilização desse instrumento deve obedecer a condições e limites bastante específicos, mencionados a seguir, conforme dispõe o Artigo 5 do Acordo.

Pode-se aplicar uma medida de salvaguarda especial, na forma de uma tarifa adicional que não pode ultrapassar 1/3 da tarifa usualmente empregada, se o volume das importações for maior que o "nível de gatilho", estabelecido segundo as oportunidades de acesso ao mercado do produto específico.

O "nível de gatilho" será: a) de 125% quando as importações responderem por até 10% do consumo interno (oportunidade de acesso); b) de 110% quando as importações responderem por até 30% do consumo interno; e c) de 105% quando a oportunidade de acesso for maior que 30%. O "nível de gatilho" é alcançado quando as importações em determinado ano forem maiores que x% (nível de gatilho) das importações dos três anos precedentes, descontada a variação do consumo interno.

A condição alternativa para a aplicação de uma salvaguarda especial é que o preço da mercadoria importada seja inferior ao "preço de gatilho", sendo este o preço médio do produto específico no período 1986-1988, respeitas as seguintes condições: a) nenhuma tarifa adicional pode ser aplicada se o preço em determinado ano for apenas 10% menor que o "preço de gatilho"; b) quando a diferença entre o preço corrente e o "preço de gatilho" estiver entre 10% e 40%, pode-se aplicar uma tarifa adicional correspondente a 1/3 desta diferença; c) quando a diferença estiver entre 40% e 60%, a tarifa adicional corresponde a 50% desta diferença, mais 10% referentes ao item b; d) quando a diferença estiver entre 60% e 75%, a tarifa adicional pode corresponder a 70% desta diferença, mais 20% referentes aos itens b e c; e) quando a diferença for superior a 75%, a tarifa adicional é 90% desta diferença, mais 30,5% correspondentes aos itens b, c e d.

O Artigo 17 do Acordo cria o Comitê de Agricultura, a quem deve-se notificar, por exemplo, quaisquer medidas de salvaguarda que venham a ser aplicadas. O Comitê é responsável também (Artigo 18) pelo exame dos "progressos realizados na implementação dos compromissos negociados no âmbito do programa de reforma da Rodada Uruguai", ou seja, deve exercer um papel de vigilância em relação ao cumprimento dos compromissos assumidos. O ESC disciplina os casos de controvérsia que eventualmente ocorram.

É inequívoco o sucesso das negociações alcançadas com o Acordo sobre Agricultura, no sentido de um primeiro passo para o estabelecimento de disciplinas mais rígidas para o setor. Deve-se ter presente que os principais usuários dos subsídios à agricultura são, principalmente, os Estados Unidos e Comunidade Européia[41], de forma que os resultados alcançados devem ser vistos como basicamente positivos para os países em desenvolvimento, de modo geral, e para o Brasil, em particular. Não obstante, como destacado anteriormente, há alguns pontos no Acordo que ensejam certa preocupação quanto à efetividade, isto é, quanto ao alcance em termos estritamente quantitativos dos compromissos assumidos. Nos termos da UNCTAD (1994a:101), referindo-se especificamente às medidas de apoio doméstico, "[t]o the extent that there were no credible multilateral controls on domestic supports in the pre-Uruguay Round period, the new discipline, however modest, is a step in the direction of dismantling entrenched trade-distorting policies in the agricultural sector, while accommodating the conflicting concerns and interests of WTO members".

Vale reiterar os seguintes pontos principais:

a) o processo de tarifação e a redução das tarifas resultantes não representam a criação de oportunidades significativas de acesso ao mercado dos países desenvolvidos, não só pelos percentuais de redução previstos, mas também porque a redução deve ser feita na média dos produtos envolvidos;

b) os compromissos de redução do apoio interno também são calculados como uma média e não aplicados produto-a-produto e, adicionalmente, permitem exceções importantes, como as medidas destinadas à reduzir a produção; e

c) as condições para aplicação de salvaguardas especiais são bastante abrangentes, dado o nível reduzido de comércio que serve de base para a aplicação dos níveis de gatilho.

4.2. O Acordo sobre Têxteis e Vestuário

O setor de artigos têxteis e de vestuário foi ao longo de sucessivos acordos excluído das regras aplicadas às demais mercadorias (ver nota 17). Desde o *Short-Term Cotton Arrangement*, de 1961, passando pelo

[41] Os compromissos assumidos pelos Estados Unidos farão com que, ao longo dos seis anos de implementação, o montante de MAA Total seja reduzido de US$ 23 bilhões para US$ 19 bilhões e, no caso da Comunidade Européia, de ECU 73 bilhões para ECU 61 bilhões (UNCTAD, 1994b:99-100).

Long-Term Cotton Arrangement, de 1962, até o *Multi-Fibre Arrangement* (*Arrangement Regarding International Trade in Textiles*, denominado MFA), de 1974, houve a progressiva ampliação de escopo em termos de países e produtos envolvidos, com a aplicação de restrições quantitativas às importações dos referidos produtos.

No contexto das negociações da Rodada Uruguai, o MFA tornou-se, ao lado do setor agrícola, uma espécie de moeda de troca. Mais precisamente, em vários momentos das negociações, a aceitação, principalmente, do disciplinamento das chamadas novas áreas pelos países em desenvolvimento esteve condicionada aos resultados alcançados nas negociações sobre têxteis e vestuário.

Se havia certo consenso sobre a necessidade de aplicar ao setor as regras estabelecidas para as demais mercadorias, havia posições muito divergentes sobre a forma pela qual seria cumprido esse objetivo genérico. De acordo com a UNCTAD (1994b:114), os países em desenvolvimento propunham que certos produtos, como "children's clothing, products of vegetable fibres and silk blends, hand-woven fabrics and products made thereof", deveriam ser imediatamente liberalizados, isto é, integrados à disciplina do GATT. Ademais, propunham que as restrições existentes sobre outros produtos deveriam ser progressivamente eliminadas – em cada etapa, determinados produtos seriam integrados – em simultâneo com a ampliação das quotas de importação existentes. Os Estados Unidos, por exemplo, propunham o estabelecimento de uma quota-global. O comércio "dentro" da quota seria livre de restrições, mas o acesso seria limitado aos países que integravam o MFA em 1992. A taxa de crescimento da quota seria negociada multilateralmente, de forma que ao longo de dez anos haveria a completa liberalização do sistema. Ou seja, além do controle da velocidade de integração do setor, haveria um controle ainda maior pela alocação da quota a diferentes produtos.

Os resultados das negociações, sintetizados a seguir, mostram um avanço substantivo no sentido da integração do setor às regras da OMC. Isto é, estabeleceu-se uma data-limite, na qual as restrições mantidas sob os auspícios do MFA serão eliminadas. No entanto, o processo de transição será feito de tal maneira que resta grande possibilidade de controle, sobretudo em termos de produtos liberalizados, por parte dos países importadores.

O Acordo sobre Têxteis e Vestuário tem por escopo os produtos apresentados no Anexo ao Acordo. Segundo a UNCTAD (1994b:129), "[i] t covers the whole universe of textile and clothing products in Section XI of the HS Code (excluding fibres), including many products that have never been specifically restricted under the MFA in any importing country [...] In addition, the Annex includes items from certain other Sections of the HS Code. These products are not, strictly speaking, textile products, but have some textile components, e.g. soft luggage, footwear uppers, umbrellas, seat beats, etc.".

As regras de transição são estabelecidas no Artigo 2, segundo as quais, na data de entrada em vigor do Acordo OMC, pelo menos 16% do volume total de importações realizadas em 1990 serão incorporadas ao GATT 1994. Para cada membro, os produtos a serem incorporados referem-se àqueles sujeitos a restrições previstas em acordos bilaterais ao amparo do MFA, desde que notificadas ao Órgão de Supervisão de Têxteis – OST (estabelecido pelo Artigo 8 do Acordo) no prazo máximo de 60 dias a contar da entrada em vigor do Acordo OMC[42].

Há liberdade de escolha dos produtos a serem incorporados, desde que incluam itens dos seguintes grupos: tops e fios, tecidos, confecções e vestuário. Os produtos ainda sujeitos a restrições sujeitam-se a um período de transição, em que, ao longo de três etapas, serão progressivamente integrados ao GATT 1994. Adicionalmente, os produtos remanescentes, isto é, não integrados, devem ter suas quotas de importação ampliadas de segundo as taxas de crescimento previstas no Acordo.

A primeira etapa será concluída no 37º mês de vigência do Acordo OMC, quando pelo menos 17% do volume total de importações realizadas em 1990 serão incorporadas ao GATT 1994 (os produtos serão selecionados segundo o disposto no parágrafo anterior). A segunda e a terceira etapa serão concluídas, respectivamente, no 85º e no 121º mês de vigência do Acordo OMC, com a incorporação de 18% e do percentual restante[43].

[42] As restrições devidamente notificadas são as únicas consideradas para efeito das regras de transição, o que inclui as restrições mantidas ao largo do disposto pelo MFA. Nestes casos, desde que notificados no prazo referido, o Acordo estabelece dois procedimentos: a) as restrições devem ser incorporadas ao GATT 1994 no prazo máximo de 12 meses contados a partir da entrada em vigor do Acordo OMC; ou b) eliminadas progressivamente até, no máximo, janeiro de 2005, de acordo com um programa específico apresentado ao OST. Quaisquer restrições não-notificadas devem ser imediatamente eliminadas.

[43] O texto do Artigo 2:8 não deixa claro se esses percentuais incidem cumulativamente ou não. Não sendo cumulativo, o volume de importações restante em janeiro de 2005 seria, obviamente, 72%. A UNCTAD (1994b:129) aponta que os percentuais são cumulativos aritmeticamente, isto é, restariam 49% da importações em volume para serem liberalizadas em 2005.

Ao longo da primeira etapa, as restrições mantidas sobre os produtos remanescentes devem serão diminuídas em 16% a.a., ou seja, as quotas de importação, por exemplo, serão aumentadas anualmente em 16%, além da taxa prevista, se houver, pelos respectivos acordos bilaterais. Ou seja, em janeiro de 1998, os produtos remanescentes terão suas quotas ampliadas em não menos que 81%. Nas etapas subseqüentes, as taxas anuais de crescimento previstas são 25%, aplicada sobre as restrições vigentes ao final da primeira etapa, e 27%, aplicada sobre as restrições vigentes ao final da segunda etapa.

A progressiva liberalização do setor pode, no entanto, ser acompanhada por medidas especiais de salvaguarda, aplicáveis somente aos produtos não-integrados e durante o período de transição (além deste, vigora o disposto no Acordo sobre Salvaguardas)[44]. A aplicação dessas medidas é condicionada à determinação de que as importações aumentaram em tal proporção que estão causando ou ameaçando causar prejuízo grave à produção doméstica (é necessário estabelecer a relação de causalidade entre ambos).

Os procedimentos visando a imposição de uma salvaguarda especial ou transitória prevêem a realização de um pedido de consulta entre os membros envolvidos; se, no prazo máximo de 60 dias após o pedido de consulta, não se chegar a um entendimento mútuo, o membro interessado pode restringir as importações (a um nível não inferior ao das importações efetivas durante o período de 12 meses anteriores, contados a partir de 2 meses antes do pedido de consulta). A restrição não deve ultrapassar o período de um ano.

Não só em relação às salvaguardas transitórias, qualquer membro pode solicitar ao OST o exame de qualquer medida considerada prejudicial aos seus interesses. O OST deve pronunciar-se preferencialmente dentro de 30 dias e os membros "procurarão aceitar inteiramente toda recomendação do OST" (Artigo 8:9).

O Acordo expirará em janeiro de 2005, quando o comércio dos produtos regidos pelo Acordo estará integralmente subordinado à regras estabelecidas pela OMC.

---

[44] Mesmo os membros que não tenham mantido restrições ao amparo do Artigo 2, mas sejam participantes do MFA, têm o direito de invocar o princípio de salvaguarda transitória, desde que comunicada a intenção aos OST no prazo de 60 dias da entrada em vigor do Acordo OMC.

Fez-se menção anteriormente à ampliação do escopo de produtos cobertos pelo Acordo, em relação ao MFA, para efeito da aplicação das regras de transição. Como destaca a UNCTAD (1994b:129), "[t]he inclusion of unrestricted items inflates the volume of total imports which forms the base for the integration programme. This will enable the developed importing countries to meet the integration percentage required by the Agreement with the inflated volume of imports, and to avoid liberalizing the existing MFA restrictions during the earlier stages of the integration".

Outro ponto controverso do Acordo, no sentido de ser potencialmente prejudicial aos interesses dos países exportadores, refere-se à liberdade de definição dos produtos a serem integrados em cada etapa ao GATT 1994. Exige-se que os produtos selecionados sejam pertencentes a todos os grupos de produtos (*tops* e fios, tecidos, confecções e vestuário), mas não há nenhuma determinação quanto às proporções específicas. Assim, os países importadores retêm unilateralmente a possibilidade de liberalizar as importações de produtos poucos sensíveis ou produtos que individualmente representem pouco na pauta de importações, mas que conjuntamente atendam ao percentual mínimo exigido para cada etapa. Adicionalmente, há também a possibilidade de aplicar medidas de salvaguarda às importações de produtos não integrados ao GATT 1994.

Estes pontos ilustram a cautela que prevaleceu na elaboração das regras do período de transição, favorável aos países importadores. Os países em desenvolvimento, principais interessados na rápida liberalização das exportações, têm a certeza quanto à data de término do Acordo, mas até lá resta um grande poder de arbítrio por parte dos países exportadores.

4.3. Outros Acordos

Os Acordos discutidos sinteticamente neste item fazem parte de um conjunto de medidas de natureza técnica e/ou administrativa reguladoras do comércio internacional. O tratamento conferido a eles aqui, isto é, tratados conjuntamente como "outros acordos", embora justificado a seguir, possivelmente mascara a verdadeira importância dos mesmos. Por referirem-se ao cotidiano ou à minúcias dos procedimentos de importação e exportação, ao mesmo tempo em que, por essa razão, têm menor visibilidade, possuem um potencial restritivo do comércio muito elevado.

Cabe notar, no entanto, que estes Acordos, apesar de grau de detalhamento alcançado como resultado das negociações da Rodada Uruguai, inspiram-se nos chamados princípios gerais estabelecidos pela OMC, o que permite o tratamento sintético conferido a eles aqui. Vale destacar, a não discriminação (as regras estabelecidas são as mesmas para todos os membros); o tratamento nacional (as regras não podem ser mais restritivas em relação ao produto importado do que em relação ao produto fabricado localmente), a transparência (as regras devem ser de conhecimento geral e quaisquer mudanças devem ser prontamente comunicadas aos membros) e a harmonização (as regras devem, sempre que possível, basear-se em normas aceitas internacionalmente).

Antecipando as conclusões que são comuns a todos os Acordos em questão, cumpre enfatizar que, devido ao estabelecimento de regras, procedimentos e requerimentos de notificação mais rígidos, as obrigações dos países em desenvolvimento, como o Brasil, aumentaram sobremaneira[45], seja na observância das disciplinas adotadas, seja na vigilância da legislação de terceiros. Não obstante, reafirmando o princípio geral de que o estabelecimento de regras mais precisas beneficia justamente os países com menor poder de barganha e com menor acesso às informações, tem-se que os resultados em geral deste Acordos são amplamente positivos.

4.3.1. Medidas Sanitárias e Fitossanitárias

O Acordo sobre a Aplicação de Medidas Sanitárias e Fitossanitárias estabelece que os membros da OMC podem adotar quaisquer medidas desta natureza para a proteção da vida humana, animal e vegetal, desde que não ultrapassem os limites do necessário para a consecução dos objetivos mencionados. Em outros termos, as medidas que venham a ser implementadas não podem se constituir num obstáculo desnecessário ao comércio internacional, além do estritamente necessário para fazer valer os estritos propósitos de proteção da vida humana, animal e vegetal.

[45] É comum a todos os Acordos em questão a existência de um artigo ou cláusula estabelecendo um tratamento especial e diferenciado aos países em desenvolvimento. Tem-se, por exemplo, com relação ao Acordo sobre Medidas Sanitárias e Fitossanitárias, o preceito segundo o qual os membros considerarão as necessidades dos países em desenvolvimento na elaboração e aplicação das referidas medidas. O Acordo sobre Barreiras Técnicas ao Comércio estabelece que (Artigo 12): "embora possam existir normas, guias e recomendações internacionais, os países em desenvolvimento, face às suas condições sócio-econômicas e tecnológicas particulares, podem adotar certos regulamentos [...] destinados a preservar a tecnologia autóctone e os métodos e processos de produção compatíveis com suas necessidades de desenvolvimento".

O Acordo é regido pelo princípio da não discriminação. As medidas não podem discriminar injustificadamente entre os membros do Acordo e devem basear-se preferencialmente em princípios cientificamente comprovados[46].

Ao lado da não-discriminação, outro princípio geral válido para o Acordo é o da harmonização. Sempre que possível as medidas sanitárias e fitossanitárias devem refletir normas, guias e recomendações internacionais. Adicionalmente, o Acordo invoca o princípio da transparência, estipulando que os membros devem notificar as medidas existentes e suas alterações (o Anexo B ao Acordo detalha as regras para garantir maior transparência). O princípio de tratamento nacional está contido no Artigo 2 do Acordo, estabelecendo que qualquer norma não deve ser mais restritiva do que a congênere aplicada à produção doméstica. Por fim, há o princípio da equivalência, ou seja, os membros devem aceitar medidas de outros membros como equivalentes as suas, exceto se houver uma justificativa para não fazê-lo.

Além das regras sobre as medidas em si, o Acordo observa que os procedimentos de controle, inspeção e homologação não devem se constituir em barreiras adicionais ao comércio. O Anexo C ao Acordo menciona, *inter alia,* que "tais procedimentos sejam realizados e concluídos sem demoras indevidas e de forma não menos favoráveis aos produtos importados do que aos produtos nacionais similares".

Conforme o Artigo 5:8, qualquer membro do Acordo que entenda que determinada medida fere seus direitos (no sentido de não estar baseada em princípios científicos, de ser discriminatória ou de ser mais restritiva ao comércio do que o necessário) pode solicitar explicações ao membro que esta aplicando a referida medida e este deve fornecer as explicações necessárias. O Comitê sobre Medidas Sanitárias e Fitossanitárias, criado pelo Acordo (Artigo 12), é o foro de consultas, além de buscar o maior grau de harmonização possível pelo incentivo ao uso de normas, guias e recomendações internacionais[47]. Caso haja alguma controvérsia, esta é regida pelo ESC. Em se tratando de temas técnicos e

---

[46] Quando não houver a observância estrita de princípios científicos comumente aceitos, as medidas adotadas devem ter caráter provisório, baseadas nas informações disponíveis e revistas quando do detalhamento do conhecimento existente.

[47] O Comitê revisará a operação e a implementação do Acordo três anos após sua entrada em vigor.

sendo necessária a formação de um Painel, este deve buscar a assessoria de peritos.

4.3.2. Barreiras Técnicas ao Comércio

O Acordo sobre Barreiras Técnicas ao Comércio dispõe sobre regulamentos e normas técnicos que incidem, podendo vir a interferir, sobre o comércio internacional. Não estão incluídas as medidas de natureza sanitária ou fitossanitárias (disciplinadas em Acordo específico), tampouco as especificações ou normas estabelecidas pelo Governo ou órgãos governamentais para suas compras (cujas regras são dadas pelo Acordo de Compras Governamentais, em bases plurilaterais).

Os princípios que regem o Acordo são semelhantes aos do Acordo sobre Medidas Sanitárias e Fitossanitárias, isto é, incluem a não-discriminação, o tratamento nacional, a transparência, a equivalência e a harmonização. Sobre a equivalência, o Acordo estipula especificamente que os membros devem, sempre que possível, aceitar a certificação técnica de outros membros (emitida pelo governo central ou federal). Princípios pouco diversos regem a equivalência quando certificada por instituições públicas locais e não governamentais.

O Acordo estabelece que as normas técnicas devem basear-se em objetivos legítimos, entendendo-se por isso, *inter alia*: imperativos de segurança nacional; a prevenção de práticas enganosas; a proteção da saúde humana, animal ou vegetal; e a proteção do meio ambiente.

Foi criado pelo Acordo o Comitê de Barreiras Técnicas ao Comércio, foro legítimo para os procedimentos de consulta entre os membros. A solução de controvérsias é regida pelo ESC.

4.3.3. Valoração Aduaneira

O Acordo sobre a Implementação do Artigo VII do GATT 1994, que trata dos critérios de valoração aduaneira, dispõe que o valor aduaneiro é o valor de transação, isto é, o preço efetivamente pago ou a pagar pela mercadoria. O Artigo 8 do Acordo estabelece os ajustes que podem ser feito ao valor da transação, desde que eles estejam a cargo do comprador e não computados no valor efetivamente pago. São eles:

a) as comissões e corretagens, excluídas as comissões de compra;

b) os custos de embalagem;

c) os materiais, componentes e partes; ferramentas, matrizes e moldes; bem como projetos de engenharia, de pesquisa e desenvolvimento e planos e esboços, que tenham sido fornecidos pelo importador para serem utilizados na produção para a exportação;

d) *royalties* ou outros direitos de licença a cargo do comprador.

Ademais, o referido Artigo estabelece que deve constar da legislação de cada membro a inclusão ou não para fins de valoração aduaneira dos custos de transporte até o local de importação, dos gastos relativos ao manuseio da mercadoria importada e dos custos de seguro.

Havendo vinculação entre o exportador e importador, conforme estabelecido pelo Artigo 15, o valor de transação é em princípio aceito, mas sujeito à demonstração pelo importador, por solicitação das autoridades competentes, de que o valor da transação é muito próximo:

a) do valor de exportação, do mesmo exportador e para o mesmo país, envolvendo compradores não vinculados;

b) do valor de exportação de mercadorias idênticas ou similares exportadas por outros exportadores para o mesmo país importador (Artigo 5); ou

c) do valor de exportação computado com base nos custos de produção, caso inexistam quaisquer vendas para o país importador (Artigo 6).

O Comitê de Valoração Aduaneira, constituído ao amparo do Artigo 18 do Acordo, tem por finalidade facilitar as consultas entre os membros relacionados aos procedimentos de valoração aduaneira. As controvérsias que venham a ocorrer serão solucionadas conforme disposto pelo ESC. Caso haja a formação de um Painel, este contará com o apoio do Comitê Técnico de Valoração Aduaneira (Artigo 18 do Acordo).

4.3.4. Inspeção Pré-Embarque

O Acordo sobre Inspeção Pré-Embarque define (Artigo 1) que as atividades regulamentadas pelo Acordo são todas as relacionadas à verificação da qualidade, quantidade, preço e classificação aduaneira da mercadoria a ser exportada.

Os princípios que regem o Acordo são o de não-discriminação e o de transparência. Os procedimentos de inspeção são bastante detalhados e as regras estabelecidas visam, sobretudo, impedir que os mesmos sejam utilizados como um obstáculo desnecessário ao comércio internacional.

Tem-se, por exemplo, que, sob o princípio da transparência, as entidades encarregadas de realizar a inspeção pré-embarque (isto é, terceiros contratados pelo membro para realizar a tarefa de inspeção) devem fornecer ao exportador, quando do contato inicial entre eles, a relação de todas as informações necessárias para a inspeção. Não serão exigidas informações adicionais, exceto se o exportador for comunicado sobre as mesmas até o momento do agendamento da data de inspeção.

Garante-se o sigilo das informações fornecidas. É proibida a solicitação de informações técnicas não publicadas ou patenteadas, licenciadas ou não reveladas publicamente; sobre preços internos e custos de produção; sobre níveis de lucro, entre outras. Os procedimentos de inspeção não podem levar a atrasos indevidos no embarque das mercadorias.

A verificação de preços para fins de inspeção pré-embarque deve pautar-se pela comparação justa entre o preço de exportação e o preço de venda da mercadoria idêntica ou similar para o mercado interno. Para tanto, deve-se considerar o nível, o volume e o prazo de venda, entre outros fatores que possam influir no preço e, ao mesmo tempo, desconsiderar eventuais descontos concedidos nas vendas internas.

Os problemas que venham a ocorrer devem ser preferencialmente solucionados entre os exportadores e as entidades de inspeção pré-embarque. Não o sendo após dois dias da apresentação da queixa, a questão pode ser submetida a um exame independente levado a cabo por uma comissão de peritos nomeada por uma entidade constituída pelas organizações das entidades de inspeção e dos exportadores. O exame deve estar concluído num prazo máximo de oito dias úteis a contar da data de solicitação do exame. Os resultados encontrados devem ser obrigatoriamente acatados pelas partes em litígio. Os procedimentos de consulta e de solução de controvérsias entre membros são regidos pelo ESC.

4.3.5. Regras de Origem

As regras de origem, isto é, os procedimentos para determinação do país de origem de uma mercadoria são de fundamental importância, por exemplo, para a aplicação de direitos anti*dumping* e antisubsídios. Atuam como uma forma de evitar certas práticas de *circumvention*, embora não eliminem a totalidade dos casos possíveis.

A norma geral que rege o Acordo estabelece que uma mercadoria é originária de um país se tiver sido totalmente produzida ou se tiver passado pela última transformação substancial naquele país. A transformação é considerada substancial se, *inter alia*, dela resultar a alteração da classificação aduaneira da mercadoria em questão.

O Acordo sobre Regras de Origem está sujeito a um processo de revisão, previsto no próprio (Artigo 9), que deve buscar basicamente a harmonização das regras existentes. Até a conclusão desse processo, cujo prazo deve ser fixado pela Conferência Ministerial, o Acordo estabelece (Artigo 2) que as regras existentes não devem se constituírem nem serem utilizadas como instrumento impeditivo do comércio, seja por implicar em exigências desnecessárias, seja por ser de natureza discriminatória. Adicionalmente, as regras devem ser positivas e comunicadas amplamente a todos os membros.

4.3.6. Procedimentos para o Licenciamento de Importações

O Acordo sobre Procedimentos para o Licenciamento de Importações define tais procedimentos como medidas de natureza administrativa, excetuando-se as de aduana, que atuem como uma autorização prévia para a realização de uma importação.

Deve-se notar que o Acordo não restringe a aplicação da exigência de licenciamento no que toca aos produtos passíveis de licenciamento. Dito de outra forma, não há nenhuma regra relativa ao número ou ao tipo de produtos que restrinja a aplicação de procedimentos de licenciamento. Os princípios gerais do Acordo referem-se aos procedimentos em si: como a não discriminação (em termos de países afetados) e transparência. Também nesse nível de generalidade estabelece-se que os procedimentos de licenciamento não podem se constituir num óbice adicional ao comércio, além daquele já representado pela própria exigência do licenciamento.

O Artigo 1 do Acordo, no entanto, apresenta critérios mais específicos: por exemplo, os formulários de pedido ou renovação de licença devem ser os mais simples possíveis; as importações licenciadas não serão recusadas devido a erros desprezíveis no valor ou na quantidade designado na licença e o acesso às divisas necessárias para o pagamento de importações licenciadas deve ter as mesmas condições das importações dispensadas do licenciamento.

Os Artigos 2 e 3 diferenciam o licenciamento automático e o não-automático das importações[48]. O licenciamento é automático quando o pedido de licença for sempre aprovado (num prazo máximo de dez dias úteis); a importação puder ser realizada por qualquer pessoa física ou jurídica e o pedido de licença puder ser apresentado com antecedência de um dia em relação à liberação aduaneira da mercadoria em questão.

O licenciamento é considerado não automático quando não se verificar qualquer uma das condições supracitadas. Todavia, estará sujeito aos princípios gerais estabelecidos no Artigo 1 e às regras específicas do Artigo 3:

a) deve-se fornecer informações sobre a administração da restrição a qualquer membro que o desejar – quando for o caso, informações sobre o valor global da quota aplicada, bem como a distribuição da mesma por país fornecedor, por exemplo;

b) qualquer pessoa física ou jurídica pode solicitar o licenciamento, não havendo nenhuma discriminação além da já contida na exigência do licenciamento;

c) os pedidos de licenciamento, ressalvados os casos imprevistos, devem tramitar num prazo máximo de 30 dias, se julgados individualmente, ou de 60 dias, se julgados conjuntamente.

As consultas e a solução de controvérsias resultantes da aplicação do Acordo são regidas pelo ESC.

5. Os "Novos Temas"

A inserção dos chamados "novos temas", isto, das questões relacionadas ao investimento direto, ao comércio de serviços e aos direitos de propriedade intelectual no âmbito do GATT, como inicialmente pensado, ou da OMC reflete um conjunto de mudanças observadas no comércio internacional. A importância crescente do comércio de serviços e a expansão dos fluxos de investimento direto, com o conseqüente aumento das transações, inclusive intra-firmas, de mercadorias e serviços, foram os principais de-

[48] Note-se que, como não há nenhuma restrição quanto ao número ou ao tipo de produtos sujeitos ao licenciamento, essa diferenciação é irrelevante na prática. Exceto se se considerar a pressão internacional decorrente da aplicação extensiva a muitos produtos da exigência de licenciamento e, principalmente, do licenciamento não-automático.

terminantes da preocupação crescente com a fragilidade ou mesmo com a ausência de normas que regulamentassem essas áreas.

Ademais, as áreas cobertas pelos "novos temas" compartilham a característica comum de constituírem-se em áreas em que os países desenvolvidos e, principalmente, os Estados Unidos gozam de grandes vantagens competitivas. Daí o descontentamento em relação às regras vigentes e a pressão exercida pelos Estados Unidos no sentido do estabelecimento de normas mais rígidas[49].

Seja pelas divergências ocorridas no âmbito dos países desenvolvidos, seja pela resistência dos países em desenvolvimento quanto ao disciplinamento dos novos temas, os Acordos resultantes apresentam certa ambigüidade. Constituem-se certamente em pontos de partida fundamentais para a normatização cada vez mais rígida das áreas envolvidas, embora num horizonte temporal mais dilatado, cabendo às regras acordadas estabelecer um período de transição.

É reconhecendo ou apontando esse caráter transitório que se discute a seguir os "novos temas", procurando-se enfatizar a diminuição desde já dos graus de liberdade existentes para a formulação e a implementação de políticas de desenvolvimento industrial, particularmente em áreas associadas à fronteira tecnológica.

5.1. O Acordo sobre Medidas de Investimento Relacionadas ao Comércio

Segundo a UNCTAD (1994b:139), as negociações durante a Rodada Uruguai refletiram duas posições antagônicas: a primeira, encabeçada pelos Estados Unidos e pelo Japão, defendia a criação de um regime de investimen-

[49] Certamente o mesmo pode ser dito com relação às medidas de investimento relacionadas ao comércio (trade-related investment measures ou TRIMs). Todavia, como notam Graham e Krugman (1990:153-154), "[p]ressure for limits on TRIMs came initially from the United States", mas, ao longo do processo de negociação da Rodada Uruguai, a posição dos Estados Unidos mudou radicalmente no sentido de estabelecer regras mais rígidas contra o investimento estrangeiro. "One such measure was introduced into law, the Exon-Florio amendment to the Omnibus Trade and Competitiveness Act of 1988. This amendment gives the President limited power to block foreign acquisitions of US firms when the acquisition is judged to present a threat to national security. In 1990 there was still pressure on Congress to pass additional measures; one of these would amend the 1988 act to give the President explicit authority to impose performance requirements on foreign investors in US firms as a condition for not blocking the acquisition under Exon-Florio authority".

to, no qual o direito ao estabelecimento seria peça fundamental, e o reconhecimento de que as medidas de relacionadas ao comércio (TRIMs – *Trade-Related Investment Measures*) têm sempre efeitos adversos sobre o comércio, devendo ser por isso proibidas. A segunda, que teve os países em desenvolvimento como principais defensores, propunha que as novas regras deveriam estar limitadas pelos Artigos do GATT já existentes, isto é, estar relacionadas estritamente ao comércio; e que deveria ser reconhecida a necessidade de um tratamento diferenciado e mais favorável aos países em desenvolvimento.

Os países em desenvolvimento tiveram a seu favor, ainda segundo a UNCTAD (1994b:137–138), um importante precedente, que foi a disputa entre os Estados Unidos e o Canadá, em torno dos requerimentos impostos aos investidores estrangeiros pelo *Administration of the Foreign Investment Review Act* do Canadá, de 1982. Especificamente, as questões envolviam exigências de aquisição de produtos fabricados localmente, de produção local e de desempenho exportador.

O Painel de Solução de Controvérsias concluiu que a primeira exigência (conteúdo local) era inconsistente com o Artigo III do GATT (tratamento nacional); as outras duas (produção local e desempenho exportador), por não implicarem em restrições à importação de bens, foram aceitas (não infringiam o Artigo III e o Artigo XI sobre a proibição de restrições quantitativas às importações). Adicionalmente, mediante solicitação da Argentina, o Painel estabeleceu que suas conclusões estavam relacionadas ao fato dos países envolvidos serem ambos desenvolvidos e que qualquer disputa envolvendo países em desenvolvimento deveria levar em conta as provisões especiais do GATT para tais países.

Os resultados das negociações, discutidos adiante, refletiram os precedentes mencionados, bem como as mudanças observadas nas posições dos Estados Unidos, as divergências no interior do bloco dos países desenvolvidos e as resistências dos países em desenvolvimento e, por essas razões, limitaram-se a disciplinar as políticas de investimento cujos efeitos sobre o comércio são diretos.

O Artigo 1 do Acordo menciona explicitamente que as regras estabelecidas aplicam-se "somente a medidas de investimento relacionadas ao comércio de bens"[50]. Mais precisamente, nenhum membro aplicará

---

[50] Portanto, as medidas atinentes ao comércio de serviços e aos subsídios ao investimento estrangeiro, quando for o caso, são disciplinadas pelos respectivos Acordos.

qualquer TRIM incompatível com os Artigos III e XI do GATT 1994 (respectivamente, os Artigos sobre tratamento nacional e proibição de restrições quantitativas às importações), conforme o Artigo 2 do Acordo.

O **Quadro 4** abaixo reproduz de forma resumida a lista ilustrativa de TRIMs incompatíveis com o Acordo, segundo o Anexo ao Acordo. Considera-se as exigências de conteúdo local, conteúdo importado e de desempenho exportador (incluindo certo saldo comercial) incompatíveis com o disposto no Acordo.

Quadro 4. Lista ilustrativa de TRIMs proibidas

TRIMs incompatíveis com o Artigo III do GATT 1994:

a) utilização de produtos de origem nacional, especificados em termos de produtos individuais, volume ou valor dos produtos ou como proporção do volume ou do valor da produção local;

b) utilização de produtos importados limitada a uma proporção do volume ou do valor da produção local.

TRIMs incompatíveis com o Artigo XI do GATT 1994:

a) utilização de produtos importados restrita a uma proporção da produção local ou a uma proporção do volume ou valor da produção destinada às exportações;

b) utilização de produtos importados restrita em termos de acesso a divisas estrangeiras como uma proporção da entrada de divisas da empresa respectiva;

c) requerimentos de exportação ou venda para a exportação especificados em termos de produtos individuais, volume ou valor dos produtos ou como proporção do volume ou do valor da produção local.

Fonte: Anexo ao Acordo sobre Medidas de Investimento Relacionadas ao Comércio (Decreto1.355, de 30/12/94)

Para a aderência ao Acordo é estipulado um prazo de dois anos no caso de países desenvolvidos, de cinco anos no caso de países em desenvolvimento e de sete anos no caso de países menos desenvolvidos (nos dois últimos casos os prazos são prorrogáveis por decisão do Conselho para o Comércio de Bens).

Todas as TRIMs existentes, incompatíveis com o Acordo, devem ser notificadas ao referido Conselho dentro de 90 da entrada em vigor do

Acordo OMC[51]. Não se admite mudanças (standstill) nas TRIMs notificadas que impliquem num grau maior de incompatibilidade[52].

O Acordo instituiu (Artigo 7) o Comitê sobre Medidas de Investimento Relacionadas ao Comércio, a quem cabe oferecer as oportunidades de consultas entre os Membros, além das atribuições estipuladas pelo Conselho de Bens. Os procedimentos de consulta e solução de controvérsias são regidos pelo ESC.

O regime automotivo brasileiro e sua contestação na OMC pelo Japão, pela Coréia do Sul e pela União Européia[53] exemplificam não só os novos limites ao exercício da política industrial, como também as dificuldades encontradas pelo Governo brasileiro em adaptar-se às regras mais restritivas estipuladas pela OMC.

O regime automotivo, ao vincular as importações sujeitas ao imposto de importação reduzido ao desempenho exportador e/ou à realização de investimentos (vale dizer, produção local), pode ser contestado por infringir o Artigo XI do GATT (proibição de restrições quantitativas às importações). De fato, da lista ilustrativa de TRIMs proibidas pela OMC consta a proibição de restrições às importações como proporção da produ-

---

[51] Além deste procedimento de notificação, por conta dos objetivos de transparência (Artigo 6), os membros informarão ao Secretariado da OMC as publicações em que constam as TRIMs existentes, sejam elas aplicadas por qualquer esfera de governo. A pedido de qualquer outro membro, deve-se responder a pedidos de informação e consulta.

[52] As TRIMs estabelecidas a menos de 180 dias da entrada em vigor do Acordo não são beneficiadas pelo período de aderência mencionado antes.

[53] Os Estados Unidos, que por possuírem duas de suas três montadoras instaladas no país, sendo que a terceira já tem investimentos anunciados no país não teriam em princípio seus interesses afetados, preferiram examinar o regime automotivo de acordo com sua própria legislação interna (com base na Seção 301 de sua Lei de Comércio). Ao proceder desse modo, a rigor, os Estados Unidos criaram menos embaraços para o Governo brasileiro, ao estabelecer prazos mais largos para a tomada de qualquer decisão. "Na prática, a ação unilateral norte-americana adiou até o fim do ano, pelo menos, a apresentação na OMC de uma queixa formal dos EUA contra a política brasileira, que Washington poderia apresentar já na próxima semana, dois meses depois de ter iniciado o processo formal de consultas com o País. Nesse sentido, parece ter atendido à reivindicação de Brasília" (O Estado de São Paulo, "Ford e GM contestam posição da Casa Branca". 06/10/96). Por outro lado, a ação norte-americana mostra a manutenção dos mecanismos unilaterais de pressão e, conseqüentemente, a possibilidade de que atitudes desta natureza sejam tomadas "a sério", caso os interesses norte-americanos sejam verdadeiramente contrariados.

ção local ou como proporção do volume ou valor da produção destinada às exportações[54].

Por outro lado, o Acordo sobre Medidas de Investimento, como mencionado, estipula um prazo de carência de cinco anos para que os países em desenvolvimento coloquem qualquer medida de investimento relacionada ao comércio em conformidade com o disposto no Acordo. O prazo referido é válido para medidas existentes antes da entrada em vigor da OMC e que tenham sido comunicadas no prazo máximo de 90 dias após a entrada em vigor da OMC.

Ciente das regras acordadas no âmbito do Acordo, o Governo brasileiro poderia ter se antecipado aos fatos, estabelecendo na lei o regime automotivo antes da entrada em vigor da OMC e comunicando a existência do mesmo no prazo estipulado. Agindo desse modo, o regime automotivo tornar-se-ia inquestionável.

5.2. O Acordo Geral sobre o Comércio de Serviços

As discussões sobre a regulamentação do comércio de serviços, no âmbito do GATT, tiveram por pano de fundo, de um lado, o interesse principalmente dos Estados Unidos no sentido do estabelecimento de disciplinas rígidas. A legislação doméstica dos Estados Unidos já estabelecia medidas unilaterais contra ações consideradas desleais por negarem oportunidades de acesso equivalentes às concedidas pelos Estados Unidos. De outro lado, os países em desenvolvimento e mesmo países desenvolvidos temiam sobretudo a vinculação entre os dois mercados, de bens e de serviços, que decorreria da inclusão no GATT da área de serviços. Os países em desenvolvimento, em particular, desejavam que quaisquer regras que fossem estabelecidas deveriam reconhecer a supremacia dos objetivos de desenvolvimento nacional.

O Acordo sobre o Comércio de Serviços (referido como GATS – *General Agreement on Trade in Services*) representa um meio termo ou uma solução de compromisso entre os vários interesses existentes. Em primeiro lugar, avançou por estabelecer regras multilaterais, aplicáveis a

[54] Vale enfatizar que não se está fazendo aqui qualquer juízo quanto ao regime automotivo, seja como instrumento de política industrial, seja como medida válida ou não segundo os princípios que regem o Acordo sobre Medidas de Investimento Relacionadas ao Comércio.

todos os membros da OMC. Todavia, segmentos específicos de serviços foram excluídos do Acordo como exceções. A vinculação entre o comércio de serviços e de mercadorias foi estabelecida, como já discutido com relação ao ESC. E, por fim, reconheceu-se as necessidades e as prerrogativas específicas dos países em desenvolvimento.

5.2.1. O Escopo do Acordo e seus Princípios Gerais

O Artigo 1 do Acordo define "serviços" como "qualquer serviço em qualquer setor exceto aqueles prestados no exercício da autoridade governamental". Estes envolvem serviços que não sejam prestados em bases comerciais. Identifica-se quatro modalidades de prestação de serviços:

a) do território de um membro ao território de outro membro (*cross-border supply*);

b) no território de um membro aos consumidores de qualquer outro membro (*consumption abroad*);

c) pelo prestador de serviços de um membro, por intermédio de presença comercial, no território de outro membro (*commercial presence*);

d) pelo prestador de serviços de um membro, por intermédio da presença de pessoais naturais de um membro, no território de outro membro (*presence of natural persons suppliers of services*).

Quaisquer medidas que afetem o comércio de serviços, assim definidos, estão sujeitas a princípios gerais, discutidos adiante (disposições sobre o princípio de nação mais favorecida, os casos de integração econômica, os casos de monopólio na prestação de um serviço, as restrições ao comércio de serviços para proteger o balanço de pagamentos e as exceções gerais).

O GATS é regido pelo princípio de tratamento da nação mais favorecida (Artigo 2), ou seja, qualquer medida aplicada a um membro não pode ser menos favorável do que aquela aplicada a qualquer outro membro. Todavia, admite-se exceções conforme disposto pelo Anexo ao Artigo 2. Este Anexo não estabelece regras sobre as exceções apresentadas na implementação do Acordo, exceto que as mesmas não devem ultrapassar dez anos e que serão examinadas pelo Conselho para o Comércio de Serviços em no máximo cinco anos após a entrada em vigor do Acordo OMC. Como observa a UNCTAD (1994b:172-173), "many exemptions could be put forward mainly to gain advantages in the negotiations, which would undermine the functioning and credibility of the Agreement".

Novas exceções poderão ser solicitadas após a entrada em vigor do Acordo. Nestes casos o tratamento dispensado à solicitação é o previsto pelo parágrafo 3 do Artigo 9 do Acordo OMC, segundo o qual, em circunstâncias excepcionais, a Conferência Ministerial pode decidir por ¾ dos votos conceder a derrogação de uma obrigação de um membro.

A aplicação do princípio de nação mais favorecida também não se estende aos acordos de liberalização celebrados entre membros. Neste caso exige-se (Artigo 5)[55]:

a) que qualquer acordo tenha abrangência setorial substancial, em termos do número de setores envolvidos, do volume de comércio afetado e das modalidades de prestação de serviços incluídas;

b) que o acordo estabeleça a eliminação de qualquer discriminação entre as partes (medidas discriminatórias já existentes e/ou proibição de novas medidas desta natureza);

c) que os provedores de serviços estabelecidos como pessoas jurídicas em conformidade com a legislação de um membro parte do acordo particular, independentemente de sua origem, tenham o mesmo tratamento dos provedores de serviços originários do membro;

d) que o acordo não implique em elevação do nível global de barreiras ao comércio de serviços, com relação a outros membros que não tomem parte do acordo.

O Artigo 8 do Acordo estabelece que "[c]ada Membro velará para que todo prestador de um serviço que goze de monopólio em seu território não atue [...] de maneira incompatível com as obrigações previstas". Ademais, reconhece-se (Artigo IX) que certas práticas podem limitar ou restringir a competição, mesmo que não sejam aquelas compreendidas pelos casos de monopólio na prestação do serviço, devendo-se cuidar para a eliminação de tais práticas consideradas restritivas por qualquer membro do Acordo.

Em caso de dificuldades (ou ameaças de) no balanço de pagamentos, o Artigo 12 admite a adoção de restrições ao comércio de serviços, desde que tais restrições não sejam discriminatórias entre membros

[55] Nos casos em que os membros de um acordo particular sejam países em desenvolvimento prevê-se maior flexibilidade na aplicação do disposto adiante, principalmente em b e c.

do Acordo, não visem proteger determinado setor de serviços e não excedam o necessário para fazer frente aos problemas em questão, sendo, portanto, temporárias.

O comércio de serviços pode ser objeto de restrições que atendam aos seguintes objetivos (Artigo 14):

a) proteção à moral e à ordem pública;

b) proteção da vida e da saúde de pessoas e de animais e preservação de vegetais;

c) prevenção de práticas dolosas ou fraudulentas;

d) preservação do direito à privacidade dos indivíduos em relação à divulgação de informações;

e) preservação das condições de segurança nacional (como os serviços vinculados às forças armadas ou prestados em tempo de guerra).

5.2.2. As Disciplinas Específicas do GATS

No momento de implementação do Acordo, respeitando-se os princípios gerais mencionados anteriormente, os membros devem assumir compromissos específicos consolidados nas respectivas listas de compromissos. As listas especificam a data de entrada em vigor dos compromissos assumidos, as condições de acesso ao mercado, as qualificações relativas ao tratamento nacional, entre outros compromissos adicionais.

As condições de acesso ao mercado (a menos que explicitamente colocado na lista de compromissos do membro) não podem implicar em limitações quanto: a) ao número de prestadores de serviços; b) ao valor dos serviços prestados ou ao valor dos ativos necessários à prestação dos serviços; c) ao número de operações de serviços ou quantidade de serviços prestados; d) ao número de pessoas físicas empregadas na prestação de determinado serviço; e) à natureza jurídica necessária para que o prestador de serviços possa operar; f) à participação do capital estrangeiro (Artigo 16).

Com relação ao tratamento nacional, o Artigo 17 estabelece que não se pode impor restrições a um serviço ou à prestação de um serviço de um membro que sejam menos favoráveis do que possíveis restrições aos serviços ou aos prestadores de serviços do próprio país. Qualquer exceção a este princípio deve constar da lista de compromissos.

O GATS, seguindo o procedimento de negociações multilaterais do GATT, estabeleceu o prazo máximo de cinco anos para a realização da primeira rodada de negociações, durante as qual os compromissos assumidos serão negociados visando a progressiva liberalização do acesso ao mercado e do comércio de serviços.

Sobre as bases de negociação, dois pontos devem ser destacados. Primeiro, foi validado o princípio de "equilíbrio global de direitos e obrigações", isto é, as negociações não devem ser conduzidas de forma que na média as concessões feitas sejam equivalentes às recebidas, tendo em vista não só o conjunto de países, mas também todos os setores envolvidos.

Segundo, foi assegurado aos países em desenvolvimento o direito a liberalizar menor número de setores, de modalidades e em menor nível, aumentando progressivamente o grau de liberalização segundo seu grau de desenvolvimento. Por outro lado, as concessões feitas pelos países em desenvolvimento a prestadores de serviços estrangeiros podem estar condicionadas ao acesso à tecnologia em bases comercias ou ao acesso ao mercado do país estrangeiro, por exemplo.

A qualquer momento, os membros podem modificar os compromissos assumidos (comunicando ao Conselho para o Comércio de Serviços a modificação pretendida com três meses de antecedência no mínimo). Os membros que vierem a ter seus interesses afetados têm o direito de exigir compensação, mantendo um nível global de compromissos semelhante (quaisquer ajustes compensatórios devem ser estendidos aos demais membros). A modificação pretendida não pode ser introduzida até que os ajustes sejam implementados, caso contrário qualquer membro afetado tem o direito de suspender concessões equivalentes. Os procedimentos de consultas e de solução de controvérsias são regidos pelo ESC.

Além das observações de caráter geral feitas anteriormente sobre o GATS, uma avaliação mais detalhada requereria a análise das listas de compromissos apresentadas, o que fugiria aos objetivo deste estudo (para uma síntese ver UNCTAD (1994b:182-184). Da lista brasileira (Decreto 1.355) destaca-se as seguintes disposições referentes a todos os setores:

a) movimentação de pessoas físicas:
Técnicos especializados e profissionais altamente qualificados podem trabalhar com contrato de trabalho temporário no Brasil. A proporção de pelo

menos dois brasileiros para cada três empregados deve ser observada pelas pessoas jurídicas atuantes nas seguintes áreas: comunicações, transporte terrestre, estabelecimentos comerciais em geral, escritórios comerciais, seguros, publicidade, hotéis e restaurantes.

b) investimentos:
Qualquer investimento estrangeiro deve ser registrado no Banco Central do Brasil, que estabelece as regras relativas à remessa de lucros e expatriação do capital.

c) presença comercial:
O estabelecimento de presença comercial é regido pelas formas societárias previstas em lei.

Os compromissos setoriais assumidos são, entre outros:

a) serviços de arquitetura, de engenharia e planejamento urbano:
Empresas estrangeiras devem unir-se a empresas brasileiras, cabendo ao sócio brasileiro a direção.

b) serviços de publicidade:
O comércio transfronteiriço é limitado a 1/3 da metragem dos filmes ou superior, se utilizados recursos artísticos e estúdios brasileiros. A participação estrangeira é limitada a 49% do capital das empresas estabelecidas no Brasil, cabendo a direção aos sócios brasileiros.

c) seguros:
A presença comercial dar-se-á exclusivamente na forma de uma sociedade anônima, cabendo ao sócio estrangeiro no máximo 50% do capital social e 1/3 do capital votante.

d) bancos:
Não é permitido o estabelecimento de novas filiais e subsidiárias de instituições estrangeiras, bem como o aumento da porcentagem de participação de pessoas ou empresas estrangeiras no capital acionário das instituições brasileiras. Bancos controlados por estrangeiros podem participar em base minoritária de uma rede de caixas eletrônicos automáticos controlada por bancos brasileiros. O montante mínimo de capital investido e para o encaixe técnico é duas vezes o aplicável aos bancos brasileiros.

e) transporte rodoviário:
A participação estrangeira está limitada a 1/5 das ações com direito a voto.

5.3. O Acordo sobre Aspectos dos Direitos de Propriedade Intelectual Relacionados ao Comércio

Os chamados direitos de propriedade intelectual englobam uma série de instrumentos legais, como as patentes, o copyright, as marcas comerciais, de proteção aos responsáveis por inovações, pela produção intelectual, por desenhos industriais, entre outros resultados de atividades inovativas ou criativas. O uso destes instrumentos legais foi (e continua sendo) disciplinado por convenções internacionais, como a de Berna e a de Paris. A inclusão desta área no âmbito do GATT, e a pressão, sobretudo, dos Estados Unidos incorporação dessa área ao GATT[56], esteve associada ao fato de que o disposto naquelas convenções tinha efetivamente uma aplicação restrita, tanto em termos de países, quanto em termos de mecanismos de controle. Como colocado pela OCDE (1993:25), "[i]ntellectual property is covered by international conventions, but not all GATT members are signatories. No commom standard exists for some key elements (for example, duration of patents) and effective means are not provided for monitoring enforcement and settling disputes".

Durante as negociações da Rodada Uruguai, os países em desenvolvimento opuseram-se fortemente à inclusão dos direitos de propriedade no âmbito do GATT (os chamados Trade-Related Aspects of Intellectual Property Rights ou TRIPS). De um lado, pelo temor de que o estabelecimento de disciplinas mais rígidas, extensivas a todos os membros do GATT, limitasse a capacidade de geração endógena de tecnologia. De outro, pela possibilidade de vinculação das obrigações assumidas em outras partes do Acordo com o disposto com relação às TRIPS.

O segundo ponto, como já mencionado anteriormente, ocorreu de fato. Quanto ao primeiro ponto, há posições muito divergentes. Não cabe aqui discutir essa questão, mas, apenas para colocar os termos do deba-

[56] "The United States Trade and Tariff Act of 1984 tied the application of the generalized system of preferences (GSP) to developing countries to the willingness of those countries to provide 'adequate and effective'protection for IPRs. Section 301 of the Act allowed the President to limit trade from those countries in the case of unjustifiable or unreasonable trade practices. In 1988, the Omnibus Trade and Competitiveness Act extended this action further by authorizing the United States Trade Representative (through the so-called 'Special 301') to draw up a list of countries that had been givem deadlines for an improvement of their IPRs protection and threatened them with sanctions should such improvements not occur" (UNCTAD, 1994b:186).

te, pode-se mencionar que, enquanto alguns sustentam que a observação estrita do direito de propriedade limita a capacidade endógena de desenvolvimento de tecnologia, outros garantem que a regulamentação da área garante um grau maior de difusão tecnológica.

Além dos pontos específicos a cada instrumento de proteção intelectual, o Acordo alcançado na Rodada Uruguai tem dois outros pontos considerados fundamentais: as disposições no sentido de conferir aos países em desenvolvimento um tratamento mais favorável e as medidas de enforcement criadas pelo Acordo. Estas questões são discutidas adiante. Antes, faz-se uma breve exposição dos direitos estabelecidos ou regulamentados pelo Acordo.

5.3.1. Os Direitos de Propriedade Intelectual

As regras de patenteamento são estabelecidas na Seção 5 do Acordo. O Artigo 27 estabelece que qualquer invenção, de produto ou de processo, independentemente da área de conhecimento, será patenteável, desde que constitua um conhecimento novo e passível de aplicação industrial. Para a concessão de uma patente não se pode fazer qualquer discriminação quanto ao local da invenção ou quanto ao fato do produto resultante da patente ser importado ou produzido localmente. O período de duração de uma patente não pode ser inferior a vinte anos, contado a partir da data do depósito.

Em casos de litígio, cabe à parte acusada de desrespeitar o direito de propriedade de terceiros provar que o processo utilizado por ele é diferente do processo patenteado. Nos termos do Artigo 34 ("Ônus da Prova"), "os Membros disporão que qualquer produto idêntico, quando produzido sem o consentimento do titular, será considerado, na ausência de prova em contrário, com tendo sido obtido a partir do processo patenteado, pelo menos em uma das circunstâncias seguintes: (a) se o produto obtido pelo processo patenteado for novo; (b) se existir probabilidade significativa de o produto idêntico ter sido feito pelo processo e o titular da patente não tiver sido capaz, depois de empregar razoáveis esforços, de determinar o processo efetivamente utilizado" (Decreto 1.355).

As exceções quanto à patenteabilidade referem-se a razões de proteção da vida humana, animal ou vegetal; de moral e ordem pública; e de preservação do meio ambiente. Além desses fatores, pode-se considerar como não patenteáveis: a) métodos diagnósticos, terapêuticos e cirúrgicos; b) plantas e animais, exceto microorganismos, e processos essencialmente biológicos para a produção de plantas ou animais, exceto processos não biológicos ou microbiológicos. As variedades vegetais devem, todavia, ser objeto de proteção, seja por meio de patentes, seja por um sistema *sui generis* de proteção.

O licenciamento compulsório de uma patente esta sujeito a certas restrições (Artigo 31), como: a) o usuário proposto deve ter tentado previamente a autorização do titular da patente em bases comerciais razoáveis – o licenciamento compulsório não desobriga o pagamento dos direitos do titular da patente, calculados com base no valor econômico da patente; b) em casos de emergência nacional ou em caso de uso público não comercial da matéria patenteada; c) o licenciamento compulsório deve ser não-exclusivo e, preferencialmente, limitado à produção para o mercado interno.

Os direitos de autor ou *copyrights* são estabelecidos na Seção 1 do Acordo, seguindo a Convenção de Berna, como revista em 1971, exceto no que toca à proteção a direitos morais, não previstos no Acordo. Programas de computador, obras literárias ou cinematográficas, bancos de dados (desde que em função da seleção ou da disposição de seu conteúdo constituam uma obra intelectual) são exemplos de matérias passíveis de *copyrights*, os quais serão concedidos por um prazo não inferior a 50 anos.

Marcas comerciais ou *trademarks* (Seção 2) são compreendidas como sinais ou combinação de sinais que distinguem um produto ou um serviço de outros quaisquer. O direito à marca pode ser conferido ao produto ou ao serviço que tenha sido distinguido pelo seu uso ao longo do tempo. Aos titulares de uma marca é conferido o uso exclusivo da mesma por um prazo não inferior a sete anos, prorrogável indefinidamente. O registro de uma marca só pode ser cancelado se não utilizado por um prazo ininterrupto de três anos. Não é permitido o licenciamento compulsório de uma marca.

Designações geográficas (Seção 3) que identificam um produto como característico de um país membro ou de uma região específica, conferindo-lhe determinada qualidade ou reputação, não podem ser utilizadas quando o produto é originário de outra localização geográfica.

Desenhos industriais (Seção 4), desde que novos ou originais, constituem outra forma de propriedade intelectual, garantindo-se ao titular o direito de impedir que terceiros produzam, vendam ou importem produtos que ostentem ou incorporem o desenho industrial protegido. O prazo de proteção é de pelo menos dez anos.

O Acordo criou um instrumento de proteção aos chamados "segredos industriais" (Seção 7). Considera-se uma informação como confidencial se: a) não for conhecida em geral ou facilmente acessível a terceiros; b) tiver valor comercial pelo fato de ser confidencial; c) tiver sido tratada como tal, isto é, objeto de preocupações razoáveis no sentido da manutenção do sigilo da informação.

As informações consideradas confidenciais ou secretas não podem ser divulgadas, adquiridas ou utilizadas por terceiros sem o consentimento da pessoa física ou jurídica "proprietária" das informações em consideração

5.3.2. Os Países em Desenvolvimento e as Regras de Proteção aos Direitos de Propriedade Intelectual

O Acordo sobre TRIPS dispõe como princípios gerais o tratamento nacional e o tratamento de nação mais favorecida. No entanto, reconhecendo-se "as necessidades especiais dos países de menor desenvolvimento relativo Membros no que se refere à implementação interna de leis e regulamentos com a máxima flexibilidade, de forma a habilitá-los a criar uma base tecnológica sólida e viável", concede-se prazos especiais aos países em desenvolvimento para a aplicação destes princípios e de todas as regras específicas previstas. Como regra válida para todos os membros, os dispositivos criados pelo Acordo devem ser aplicados num prazo máximo de um ano a contar da entrada em vigor do Acordo OMC e, no caso de países em desenvolvimento, esse prazo é de cinco anos. Ademais, o Artigo 67 do Acordo roga que os países desenvolvidos cooperem técnica e financeiramente com os países em desenvolvimento.

Nos casos particulares em que a proteção patentária é conferida a setores tecnológicos não protegidos anteriormente (exceção feita aos produtos farmacêuticos e produtos químicos para a agricultura), os países em desenvolvimento podem adiar as disposições sobre patentes por um prazo adicional de cinco anos.

Em relação especificamente aos produtos farmacêuticos e produtos químicos para a agricultura (*pipeline*), o Artigo 70:8 estabelece que qualquer membro que não conferisse proteção aos referidos produtos na data de entrada em vigor do Acordo OMC deve criar de imediato um mecanismo para que os pedidos de patentes possam ser depositados, isto é, nestes casos não se aplicam os prazos especiais mencionados anteriormente.

A estes pedidos de patente serão aplicados os critérios de patenteabilidade previstos pelo Acordo como se tais produtos fossem protegidos pelo membro. "However, these patent applications will not have to be examined until after the expiration of the 10-year transitional period, as indicated above. During the total period between the filing of the application and the granting of the patent, the novelty of the application will be preserved as if the application had been examined on the date of filing of the application in that country (ie in accord with the normal provisions of patent law for testing novelty) and not when the examination actually took place (ie at the end of the transitional period). The patent so granted will last for the remainder of the patent term, calculated from the date of the filling of the application" (UNCTAD, 1994b:195)

Não obstante as disposições especiais para países em desenvolvimento, as regras de proteção aos direitos de propriedade intelectual criadas pelo Acordo tornaram-se mais rígidas, de forma que os países em desenvolvimento farão frente a um grau mais elevado de exigência ao final do período de transição previsto.

O sistema de proteção aos direitos de propriedade intelectual exige a estabelecimento em lei de procedimentos judiciais civis para proteção dos titulares de direitos de propriedade. Quanto às provas consideradas em casos de infração alegada a direitos estabelecidos, por exemplo, as autoridades judiciais têm o direito de determinar a apresentação de provas indicadas por uma das partes como necessárias à fundamentação de suas alegações, sem prejuízo da proteção às informações consideradaas sigilosas. Diante da negativa de apresentação das provas exigidas, as autoridades judiciais devem ter assegurada a competência para realizar determinações preliminares e finais, afirmativas ou negativas, com base nas informações disponíveis.

Medidas cautelares poderão ser determinadas pelas autoridades competentes para evitar de forma antecipada a violação de um direito qualquer. O Artigo 50:1 menciona, por exemplo, a adoção de medidas desta natureza para "evitar a entrada nos canais comerciais sob sua jurisdição de bens, inclusive de bens importados, imediatamente após sua liberação alfandegária".

Quaisquer leis, regulamentos, decisões judiciais e administrativas finais de aplicação geral deverão ser notificadas ao Conselho para TRIPS, criado pelo Acordo (Artigo 68). Decisões específicas devem ser comunicadas a qualquer membro que manifestar por escrito seu interesse nessa matéria em particular.

Os mecanismos de solução de controvérsias previstos pelo Acordo são aqueles estipulados pelo ESC. Adicionalmente, o Artigo 64:2 estabelece que não serão considerados para efeito de solução de controvérsias, durante um prazo de cinco anos a contar da entrada em vigor do Acordo OMC, os casos de não-violação do Acordo, isto é, os casos em que não ocorre a violação de obrigações legais, mas apenas a anulação ou prejuízo de benefícios decorrentes do Acordo ou impedimento da obtenção de qualquer objetivo do Acordo.

6. Considerações Finais

Com a conclusão da Rodada Uruguai do GATT, os diversos acordos assinados e a criação da Organização Mundial de Comércio, o sistema internacional de comércio passou a ser regido por disciplinas mais rígidas e tornou-se mais abrangente, com a inclusão de áreas que não eram tradicionalmente disciplinadas pelo GATT. As obrigações assumidas pelos países em desenvolvimento signatários da OMC tornaram-se proporcionalmente maiores, embora, seja no âmbito dos princípios gerais que regem a Organização, seja nos diversos acordos específicos, tenha sido preservado um tratamento mais favorável aos países em desenvolvimento, aos países subdesenvolvidos e aos países em transição para economias de mercado.

Cumpre enfatizar que, em geral, o tratamento mais favorável dispensado a estes países refere-se mais à derrogação dos prazos de adequação às regras acordadas do que ao estabelecimento de disciplinas específicas, propriamente mais favoráveis e flexíveis, relativas a estes países. Em poucas palavras, num horizonte de tempo relativamente curto, está delineada a necessidade de integração completa e integral dos países em desenvolvimento às novas regras estabelecidas, relativas ao comércio de bens e de serviços, ao investimento, à proteção à propriedade intelectual etc.

O Brasil aderiu às novas disciplinas estabelecidas num momento particular, de profundas transformações em sua economia. No plano macroeconômico, a estabilização econômica tem colocado inúmeros desafios e oportunidades para a economia brasileira. No âmbito setorial ou microeconômico, a economia brasileira vem, desde o início da década, buscando um grau maior de abertura comercial, financeira e produtiva com o exterior e um grau menor de intervenção do Estado na economia, seja por meio da privatização de empresas estatais, seja por meio do desmonte dos instrumentos de política industrial.

A coincidência temporal dos dois movimentos – assunção de compromissos internacionais mais restritivos e a disposição de abrir unilateralmente a economia ao exterior, com menor intervenção do Estado – demonstra, sem dúvida, a consistência dos objetivos e práticas governamentais. Ressalvada a possibilidade de mudança na orientação da política do Governo, coloca-se, então, uma questão fundamental, qual seja, a economia brasileira tem condições, macroeconômicas e setoriais, de adaptar-se – na velocidade requerida – ao grau maior de abertura ao exterior e de menor intervenção do Estado decorrentes de compromissos internacionais já assumidos?

Se a resposta for positiva, pode-se dizer que não haverá significativas restrições ou problemas relacionados aos compromissos assumidos junto à OMC e, conseqüentemente, as possibilidades de conflito com os parceiros comerciais do Brasil serão relativamente pequenas. Não obstante, tornar-se-á imperiosa a adaptação do Brasil, isto é, dos órgãos de governos afeitos ao comércio exterior e às relações internacionais, às novas regras do sistema internacional de comércio. Trata-se de capacitar-se para: a) atuar eficaz e prontamente nos casos envolvendo eventuais práticas comerciais desleais dos parceiros comerciais brasileiros; e b) atuar ativamente junto à OMC e/ou diretamente com os parceiros comerciais brasileiros no sentido de inibir e remover eventuais barreiras ou práticas protecionistas que, em desacordo com a OMC, neguem direitos do Brasil ou firam seus interesses.

Mais precisamente, neste cenário mais otimista, a ação requerida por parte do Estado poderá limitar-se a zelar por condições justas de acesso aos mercados estrangeiros para os produtos brasileiros e a inibir práticas desleais de comércio de exportadores para o Brasil em defesa da produção doméstica. No entanto, estas tarefas, consagradas no âmbito da própria OMC, estão muito longe de serem simples. A maior integração da economia brasileira com o comércio e o investimento estrangeiros e o estabelecimento de regras mais rígidas de defesa contra práticas desleais (subsídios e dumping) e condições injustas de acesso aos mercados estrangeiros (solução de controvérsias) colocam exigências elevadíssimas de capacitação técnica e de disponibilidade de recursos humanos e materiais das autoridades governamentais.

Como mencionado, as dificuldades encontradas pelo governo brasileiro na implementação de medidas relacionadas ao comércio de brinquedos e de automóveis ilustram a dimensão do problema a ser enfrentado. Ou, por outro lado, as barreiras às exportações brasileiras, de suco de laranja, de açúcar, de carne de frango, de soja e de café (Gazeta Mercantil, "Barreiras derrubam exportação à metade", 29/11/96) exemplificam as inúmeras frentes de disputa que devem ser abertas com inúmeros parceiros comerciais para que os produtores brasileiros encontrem condições justas de acesso aos mercados estrangeiros[57].

Todavia, se a resposta à dúvida colocada for negativa (o Brasil não tem condições de adaptar-se à regras estabelecidas pela OMC nos prazos previstos sem que seus interesses macroeconômicos e/ou setoriais sejam excessivamente prejudicados), os acordos assumidos podem converter-se num ônus pesado para o exercício de políticas industriais e de comércio exterior de interesse do Brasil. Quanto mais ativas forem as políticas governamentais, maiores as restrições ou, ao menos, maior o potencial de conflitos no âmbito da OMC ou especificamente com os parceiros comerciais envolvidos.

Desde logo cumpre mencionar que o poder coercitivo da OMC é ainda limitado e, muitas vezes, os prazos previstos para a tomada de decisões (nos casos envolvendo resolução de disputas) são superiores ao imediatismo dos objetivos brasileiros relacionados a aspectos macroeconômicos ou mesmo de política industrial. Desse modo, o grau de restrição que a OMC representa deve ser visto com cautela.

De qualquer forma, o texto dos diversos acordos assinados, como discutido nos capítulos anteriores, não deixa muitas dúvidas quanto à falta de liberdade para o exercício de políticas industriais ativas, de natureza vertical. Tome-se o caso dos subsídios que são proibidos, se relacionados ao comércio, ou recorríveis, se específicos setorialmente. Ou ainda o caso do acordo sobre medidas de investimento relacionadas ao comércio, que proíbe explicitamente mecanismos de incentivo à produção local (conteúdo importado) ou à exportação (desempenho exportador).

---

[57] Ademais, como colocado por Marcelo Paiva Abreu ("Prioridades da diplomacia econômica". O Estado de São Paulo, 26/06/96), [m]esmo num país, como o Brasil, dotado de serviço diplomático eficiente, o efeito conjunto das agendas de negociações econômicas bilaterais, regionais e multilaterais é quase intolerável".

Vale lembrar que o tratamento mais favorável concedido aos países em desenvolvimento refere-se principal e simplesmente à derrogação dos prazos para cumprimento dos compromissos assumidos. Cumpre enfatizar também que a pressão unilateral por parte das grandes potências econômicas, como os Estados Unidos, faz parte das relações externas, atuando como um mecanismo adicional, corroborado ou não pela OMC, de restrição à autonomia da política industrial e comercial.

Em síntese, restrições severas à política industrial e de comércio exterior estão colocadas, ao menos potencialmente, conforme a efetividade da OMC e a disposição ou a necessidade de intervenção do Estado brasileiro. Os conflitos com a OMC ou com países específicos podem limitar-se aos contenciosos "tradicionais" envolvendo condições de acesso aos respectivos mercados e defesa contra práticas desleais. Pode-se dizer que este cenário corresponde à condução da política brasileira segundo uma concepção liberal e à ausência de problemas macroeconômicos ou setoriais que tornem mandatória a intervenção do Estado. Outro cenário, de conflitos mais freqüentes e mais graves, pode ser traçado se os problemas mencionados ocorrerem e/ou se as diretrizes de política acentuarem a necessidade de uma política industrial e de comércio exterior ativa.

Dezembro de 1996.

7. Referências Bibliográficas

BELLO, J. H. & HOLMER, A. F. "The heart of the 1999 trade act: a legislative history of the amendments to Section 301". In: BHAGWATI, J. & PATRICK, H. T. (Eds.) *Aggressive unilateralism: America's 301 trade policy and the world trading system*. Hemel Hempstead, Harvester Wheatsheaf, 1991.

BHAGWATI, J. "Aggressive unilateralism: an overview". In: BHAGWATI, J. & PATRICK, H. T. (Eds.) *Aggressive unilateralism: America's 301 trade policy and the world trading system*. Hemel Hempstead, Harvester Wheatsheaf, 1991.

GOYOS Jr., D. N. *A OMC e os tratados da Rodada Uruguai*. São Paulo, Observador Legal, 1994

HUDEC. "Dispute settlement". In: SCHOTT (Ed.). *Completing the Uruguay Round.* Washington, D.C., Institute for International Economics, 1990.

MESSERLIN. "Antidumping". In: SCHOTT (Ed.). *Completing the Uruguay Round.* Washington, D.C., Institute for International Economics, 1990.

OCDE. *Assessing the effects of the Uruguay Round.* Paris, OCDE (Trade Policy Issue, 2), 1993.

RICUPERO, R. "Notas sobre a Rodada Uruguai e seu impacto sobre o Brasil". In: *Boletim de diplomacia econômica*, n. 18, ago., 1994.

SCHOTT. "The Uruguay Round: what can be achieved?". In: SCHOTT (Ed.). *Completing the Uruguay Round.* Washington, D.C., Institute for International Economics, 1990.

SCHOTT (Ed.). *Completing the Uruguay Round.* Washington, D.C., Institute for International Economics, 1990.

TREBILCOCK, M. J. & HOWSE, R. *The regulation of international trade.* Londres, Routledge, 1995.

UNCTAD – United Nations Conference on Trade and Development. *Trade and development report.* Nova Iorque, Organização das Nações Unidas, 1994a.

UNCTAD – United Nations Conference on Trade and Development. *The Outcome of the Uruguay Round: an Initial Assessment.* Nova Iorque, Organização das Nações Unidas (Supporting Papers on the Trade and Development Report, 1994b.

ANÁLISE ECONÔMICA SOBRE DANO E NEXO CAUSAL DAS IMPORTAÇÕES DE PRODUTOS OBJETO DA INVESTIGAÇÃO MICT/SAA/CGSG 52100-000001/99-89

Edgard Antonio Pereira
João Paulo G. Leal
Liz Moreira
Andrey Correa

1. Introdução

A análise desenvolvida no presente documento centra-se no exame da evolução da agroindústria leiteira, em particular da pecuária leiteira, com ênfase no período posterior à estabilização econômica. Desde o início da década, quando da liberalização dos preços do leite, passando pela desvalorização do câmbio, pela abertura ao comércio internacional e pelo crescimento do mercado doméstico, estes elementos *inter alia* ensejaram mudanças profundas em aspectos estruturais do setor, cujos desdobramentos principais encontram-se ainda longe de terem chegado a termo.

Com um retrospecto, ainda muito recente, de elevada ineficiência, a pecuária leiteira brasileira encontra-se atualmente no centro de intensas pressões internas por modernização e ganhos de produtividade. Concomitante às tendências que se vislumbram nessa direção, identificamse ainda inúmeros focos de inadaptação às mudanças em curso, caracterizando o setor por sua elevada heterogeneidade. De um lado, uma pecuária moderna, especializada em sua atividade principal e, conseqüentemente, atenta à necessidade de incorporação do progresso tecnológico já bastante difundido em outros países. De outro, os chamados "extratores" de leite, organizados de forma arcaica e avessos ao maior comprometimento de recursos para a elevação da produtividade e enfrentamento da concorrência.

A abertura às importações de derivados de leite teve impactos menos significativos para o setor, em termos de volume, do que para outros ramos da indústria brasileira. De maneira geral, as importações tiveram o efeito de acicatar a concorrência e os investimentos indispensáveis ao alcance de um nível mais elevado de eficiência nos vários setores da economia brasileira. Especificamente no caso da pecuária leiteira o impacto das importações foi essencialmente complementar à produção doméstica, dada a rigidez da oferta aos estímulos positivos da elevação do consumo.

Restringida por sua ineficiência estrutural e limitada por fatores sistêmicos, como a inadequação do sistema de financiamento à produção rural, a pecuária leiteira ainda sim tem alcançado resultados bastante positivos. Seja pela constatação destes resultados, seja pela heterogeneidade que caracteriza o setor, postular uma situação de dano ao setor, quanto mais em termos genéricos, é temerário, para se dizer o mínimo. De qualquer modo, o que resulta da análise desenvolvida adiante é que às importações não se pode imputar participação na situação atual da pecuária leiteira brasileira, relegadas como estão a um segundo plano de determinação de sua dinâmica.

Ainda no presente documento, preliminarmente à análise das transformações ocorridas na pecuária leiteira no Brasil, na qual se exporá os argumentos pelos quais se conclui pela inexistência de dano e nexo causal na presente investigação, apresenta-se as razões econômicas pelas quais se questiona a definição do similar nacional adotada na investigação, bem como a representatividade do peticionário. *Grosso modo*, postula-se na investigação a similaridade entre, de um lado, o leite em pó e o leite UHT (ou longa vida) e, de outro, o leite da vaca, cru ou *in natura*, ao mesmo tempo em que se sugere que a CNA (Confederação Nacional da Agricultura) represente a totalidade da produção doméstica do produto similar. À luz do quanto já mencionado sobre a situação da pecuária leiteira brasileira, a discussão subsidiária destes dois pontos revela que, de fato, o que se verifica na agroindústria leiteria é a ação das forças competitivas internas resultantes na modernização em curso.

2. Da Similaridade do Produto Nacional e da Representatividade do Peticionário

2.1. Da Similaridade

De acordo com a Circular nº 17 da **Secretaria de Comércio Exterior (SECEX), do Ministério do Desenvolvimento, Indústria e Comércio Exterior**, que iniciou a investigação de existência de dumping nas importações de leite UHT e leite em pó provenientes da Argentina, Austrália, Nova Zelândia, União Européia e Uruguai, o produto importado e o leite de vaca são "similares", pois:

"[a] diferença entre o produto fabricado pela indústria doméstica (**leite em seu estado natural – obtido a partir da ordenha de vacas**) e o produto importado na forma líquida é o tratamento a que este último foi submetido: processo de pasteurização e adição de alguns produtos químicos, visando a sua conservação para o transporte e posterior consumo. Na comparação entre o produto importado na forma em pó ou granulada e o produto fabricado pela indústria doméstica deve-se acrescentar a ausência de água no produto importado, resultado de processo de desidratação.

Todos os componentes, excetuando-se as vitaminas que o leite não contém naturalmente e os produtos químicos adicionados com o objetivo de conservação, seriam os mesmos, em ambos os casos. Assim, entende-se que o leite importado, seja no estado líquido ou granulado, apresenta as mesmas características de leite produzido pela indústria doméstica" (negritou-se).

No sentido econômico usualmente conferido ao termos, é evidente que os produtos em questão têm "uso" bastante distinto, do mesmo modo que são acentuadas suas diferenças químicas, físicas e de forma de apresentação. Por ambas as razões tratam-se de produtos absolutamente distintos[1].

Em primeiro lugar, o leite *in natura* tem a mesma destinação apenas de parte do leite em pó produzido, aquela parte que não é destinada ao consumo final. Esse similitude nem mesmo se verifica de todo no caso do leite longa vida. Segundo, da perspectiva estritamente técnica, tendo como insumo o leite *in natura*, o leite UHT, por exemplo, passa por um processo de transformação industrial, no qual inúmeros microorganismos nocivos à saúde humana são eliminados. Ao final do processo, o leite UHT (ou o leite em pó) resulta essencialmente distinto do leite *in natura* que lhe deu origem, tornando-se próprio para o consumo humano.

Essa diferença é de fundamental importância, tanto que o Art. 509 do Regulamento da Inspeção Industrial e Sanitária de Produtos de Origem Animal, aprovado pelo Decreto nº 30.691 já referido, limita a comercialização do leite cru apenas às localidades em que é reconhecida a **impossibilidade** de funcionamento de estabelecimentos que permitam sua

[1] Nos termos do § 1º do Art. 5º do Decreto nº 1.602/95: "O termo 'produto similar' será entendido como produto idêntico, igual sob todos os aspectos ao produto que se está examinando, ou, na ausência de tal produto, outro produto que, embora não exatamente igual sob todos os aspectos, apresente características muito próximas às do produto que se está considerando".

pasteurização. Contraditoriamente, esse mesmo dispositivo legal é invocado pela **SECEX** para legitimar a restrição da produção doméstica ao leite cru que passa pela inspeção sanitária dos órgãos oficiais, para efeito de determinação do suposto dano causado à "indústria doméstica".

Assim, se analisada a questão da similaridade dos produtos da perspectiva de suas características físico-químicas, o leite UHT e em pó são absolutamente distintos do leite da vaca. O mesmo se verifica quanto aos processos de "fabricação" destes produtos.

O leite da vaca não passa por nenhum tipo de processo de transformação industrial. É um produto natural obtido diretamente da vaca, mediante sua ordenha manual ou mecanizada. O leite UHT, também denominado longa vida, é fabricado a partir do leite cru, sendo homogeneizado e aquecido a elevadas temperaturas (130° C) por 2 a 4 segundos, e imediatamente resfriado. O resultado é a destruição de todos o microorganismos que possam desenvolver-se nesse alimento. Após o processamento é acondicionado em embalagens asssépticas. O resultado é um produto de alta qualidade e com uma vida de prateleira em temperatura ambiente, bastante longa, de até 180 dias. O leite em pó é elaborado a partir do leite cru como matéria-prima e submetido aos processos de pasteurização a 75° C, evaporação e secagem em tone com ar aquecido a 160° C. Pode ser envasado usualmente em sacos de 25 kg., latas de 350 e 400 g. e *sachets* de 120, 200 e 400 g.

Desse modo, o processo de transformação industrial pelo qual passa o leite da vaca até a fabricação do leite em pó e UHT é substantivo, dando origem a novos produtos.

As características físicas e químicas que resultam exatamente do processo de pasteurização, desidratação (leite em pó) e esterilização (leite UHT) diferenciam estes produtos do leite da vaca. Em uma palavra, enquanto os primeiros são próprios para o consumo humano, o leite da vaca não o é, exceto em condições especiais, admitidas e restringidas pela legislação em vigor.

O raciocínio que estabelece que, "afora essas diferenças", o leite em pó e o leite UHT têm todos os "componentes" do leite da vaca é extremamente simplista e leva inevitavelmente a absurdos. Tecido e roupa confeccionada seriam então produtos similares? Compostos termoplásticos e artigos de plásticos seriam produtos idênticos?

Quanto à finalidade ou destinação destes diferentes produtos, o leite da vaca é matéria-prima para a fabricação de uma infinidade de produtos lácteos (inclusive os produtos supostamente importados a preço de *dumping*); o leite em pó pode ser utilizado tanto para consumo final, como matéria-prima; e o leite UHT somente tem finalidade como produto para consumo final.

Sob este prisma, poder-se-ia argumentar que o leite em pó (em grande medida) e o leite da vaca são ambos matérias-primas e, portanto, suposta prática de *dumping* teria efeito diretamente sobre os produtores de leite cru, aqui representados pela **CNA**. Desde logo, frise-se que não há qualquer concorrência entre leite UHT e o leite da vaca, pela simples razão que um é bem de consumo final e o outro é uma matéria-prima, que apenas em condições especiais pode ser comercializado diretamente para consumo final.

Com relação ao leite em pó, admitindo-se esse tipo de raciocínio, restaria ainda a inconsistência da opção adotada pela **SECEX**, que exclui do dimensionamento da produção doméstica o leite da vaca "informal", ou seja, que não é inspecionado pelo órgão competente. Como visto na seção II, em que pese o fato de a produção de leite formal ter tido trajetória expansiva nos últimos anos, o mercado de leite informal cresce a taxas ainda mais expressivas, alcançando parcela substantiva da produção total de leite.

Não se trata pois de fração da produção destinada a localidades nas quais é reconhecida a **impossibilidade** de funcionamento de estabelecimentos que permitam sua pasteurização. Não é uma exceção, mas constitui a regra de funcionamento de um mercado onde, diante de um sistema de inspeção ineficiente, a elisão fiscal visa contrabalançar a baixa produtividade de parte da produção doméstica.

A **SECEX** está deslocando a análise para aspectos concorrenciais entre produto importado e sucedâneo doméstico – raciocínio absolutamente estranho em matéria de política de defesa comercial. Nesse sentido, não há nenhuma razão técnica para não considerar o leite informal como parte integrante e até fundamental da produção doméstica.

2.2. Da Representatividade

A **CNA** afirma na exordial, que "[o] produto nacional que tem similaridade com o importado é o <u>leite oriundo de ordenha de vacas</u>" (o grifo consta do original). Não obstante, inúmeras empresas brasileiras fabricam e comercializam leite em pó e leite UHT, estes sim similares ao produto importado, não sendo representadas pela **CNA**.

Note-se que o § 1º do Art. 5º do Decreto nº 1.602/95 é muito claro ao afirmar que o termo "produto similar" apenas não será entendido como "igual sob todos os aspectos" ao produto importado, quando na ausência deste outro produto "apresente características muito próximas" às do produto importado.

Primeiro, a **CNA** não representa a indústria doméstica, pois o leite da vaca não é similar ao produto importado. Segundo, a **CNA** sob hipótese alguma (mesmo admitindo-se uma noção de "cadeia produtiva" estranha à legislação) representaria a totalidade da indústria doméstica. Terceiro, tendo em vista que alguns dos fabricantes de leite em pó e UHT são eventualmente importadores de leite em pó, a definição de indústria doméstica deveria ater-se aos fabricantes destes produtos que não sejam importadores dos mesmos.

A investigação em tela encontra-se prejudicada pela incorreta definição do produto similar ao produto estrangeiro importado. O leite da vaca, por suas características químicas, por sua forma de apresentação e por sua finalidade na cadeia produtiva da agroindústria leiteira não é similar ao leite em pó ou ao leite UHT. Se fossem admitidos similares, ainda sim a Ainda que se admitisse tal similitude, a **CNA** não tem representatividade sobre totalidade da produção doméstica do produto similar. Fabricantes locais de leite UHT e leite em pó não estão arrolados, nem foram consultados sobre o apoio ou a rejeição à petição solicitando a abertura da investigação.

O fato é que em uma economia aberta as fontes externas de produtos e serviços são um fator de equilíbrio entre oferta e demanda domésticas, contribuindo para a obtenção de preços mais competitivos. No presente caso, a agroindústria leiteira encontra-se sob condições muito específicas, seja do ponto de vista macroeconômico (valorização do câmbio e rápido crescimento da demanda), seja da perspectiva das relações intersetoriais da agroindústria leiteira. Sob estas condições, analisadas adiante, e não sobre as importações recai a dinâmica recente do setor, não se configurando a existência de elementos essenciais à determinação positiva de direitos *antidumping*.

3. Do Dano e Nexo Causal

3.1. Cenário Macroeconômico

Com a implementação do Plano Real em julho de 1994, a política macroeconômica brasileira atribuiu prioridade à estabilidade dos preços domésticos, subordinando as políticas cambial e monetária a este objetivo de política econômica. Na política cambial seguiu-se uma estratégia deliberada de valorização do real, sendo que somente no início de 1999 houve uma guinada com abrupta e forte desvalorização do câmbio.

Apresenta-se a seguir análise das trajetórias da taxa de câmbio reais/dólares dos Estados Unidos da América e da taxa de juros básica (Over Selic) no período posterior à introdução do real, bem como das implicações do comportamento dessas variáveis sobre a pecuária leiteira.

3.1.1. Julho de 1994 a Dezembro de 1997

Entre a introdução da nova moeda em julho de 1994 e o final dezembro de 1998 o real manteve-se fortemente sobrevalorizado, conforme mostra o gráfico 1.1.

A forte valorização do câmbio ocorrida entre agosto de 1994 e março de 1995 determinou a queda, *ceteris paribus*, de -22% do preço dos produtos importados. A partir de então houve uma lenta e gradual recuperação da taxa, de forma que em dezembro de 1998 a variação mantinha-se ainda no patamar dos 10,5% em relação ao início do período analisado.

As principais conseqüências do processo de valorização do câmbio nesse período foram o aumento da competitividade dos produtos importados, a ampliação das importações, a perda da competitividade dos produtos destinados à exportação e conseqüente deterioração do saldo da balança comercial. Houve também aumento real da renda provocado pela estabilização dos níveis de preços e pelo crescimento econômico, este motivado basicamente pela expansão do consumo.

Gráfico 1.1. Taxa de câmbio real[1]

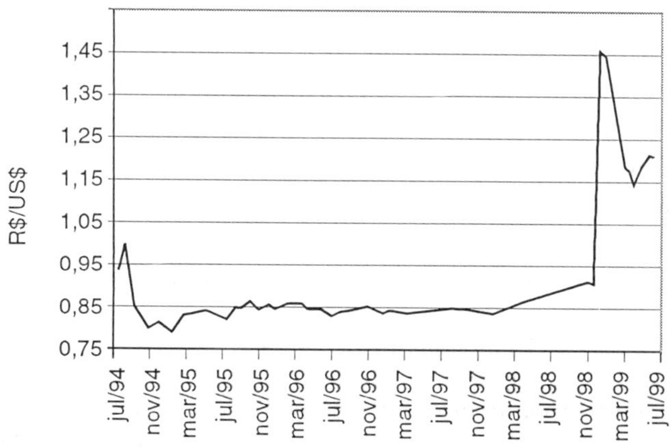

Fonte: BANCO CENTRAL, FGV

[1] Taxa de câmbio nominal deflacionada pelo IPA-DI ago/94=100

A taxa básica de juros, a seu turno, manteve trajetória gradual de queda. Nesse período registrou-se um declínio nominal da yield curve da taxa Over Selic do patamar de 5% para menos de 2% ao mês, como apresentado no gráfico 1.2.

Impactos sobre a pecuária de leite

O câmbio valorizado alterou a relação entre os preços dos laticínios importados e daqueles produzidos no País, estimulando o aumento das importações de leite e derivados e elevando o nível de concorrência interna por intermédio dos preços. Em simultâneo, observou-se o crescimento do mercado, em termos de volume de vendas, em decorrência da elevação do nível de renda, especialmente das camadas da população menos abastadas.

Gráfico 1.2. Taxa de juros over selic

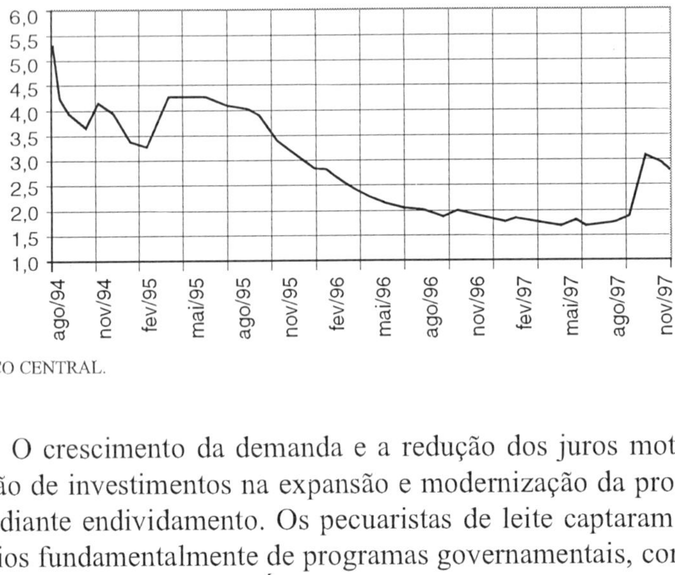

Fonte: BANCO CENTRAL.

O crescimento da demanda e a redução dos juros motivaram a realização de investimentos na expansão e modernização da produção de leite mediante endividamento. Os pecuaristas de leite captaram recursos originários fundamentalmente de programas governamentais, como PRONAF, FINOR, FINAME AGRÍCOLA, FINAM, FUNRES remunerados à taxa de juros de longo prazo (TJLP), acrescida de uma taxa de juros fixa e em alguns casos somada também a uma taxa de risco.

3.1.2. Do Final de 1997 até Meados de 1999

O cenário macroeconômico alterou-se ao final de 1997 com as crises que atingiram o mercado internacional de capital. Deflagrada na Ásia, a crise atingiu os países emergentes, com maior ou menor grau de profundidade. No plano interno a mudança na conjuntura internacional desencadeou sensíveis modificações nos rumos da política macroeconômica.

A primeira tentativa de combate à crise envolveu apenas as taxas de juros, mantendo inalterado o regime de câmbio. A tendência de queda cadenciada nos juros deu lugar a uma trajetória de alta, para que a estabilidade fosse preservada, como pode ser visto no gráfico 1.3.

Gráfico 1.3. Taxa de juros over selic

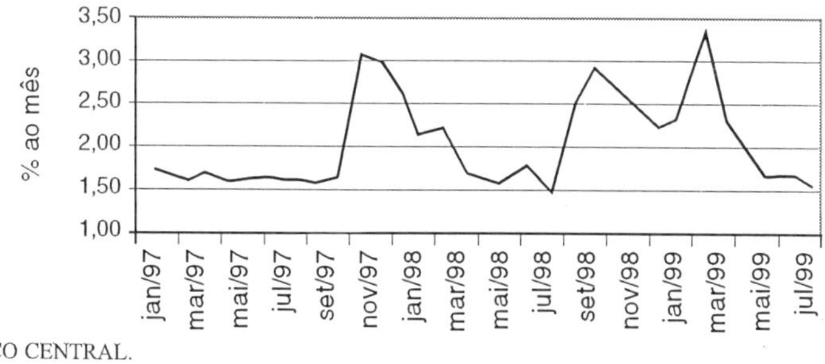

Fonte: BANCO CENTRAL.

Ocorreu uma elevação abrupta da taxa Over Selic do patamar de 1,5% para aquele próximo de 3% ao mês, ainda no final de 1997, e posterior declínio paulatino para 1,5% de janeiro a agosto de 1998. Em março de 1999 a taxa atingiu novamente o nível de 3,5 % ao mês.

O aprofundamento da crise, no entanto, levou à mudança do regime de câmbio, iniciada com a desvalorização havida em janeiro de 1999. De imediato o câmbio nominal saltou do nível de 1,22 para 2,00 reais por dólar dos Estados Unidos da América, estabilizando-se posteriormente próximo a 1,75, como é possível verificar no gráfico abaixo.

Gráfico 1.4. Taxa de câmbio nominal – R$/US$

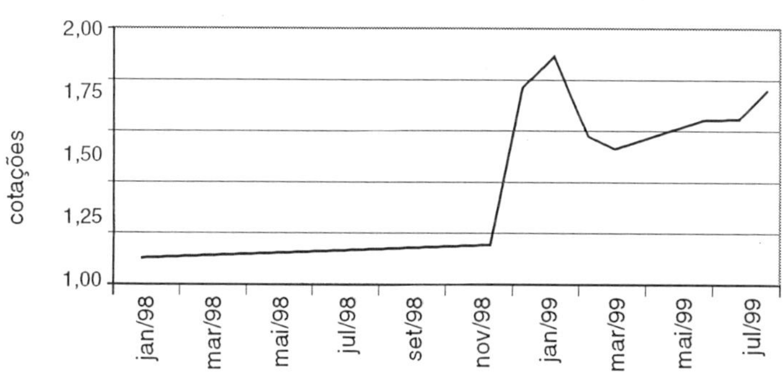

Fonte: BANCO CENTRAL.

A expectativa era de que ao encarecimento das importações seguisse a sua imediata redução. Todavia, os contratos de importação e os estoques mantiveram a trajetória das importações de grande parte dos produtos da pauta nos primeiros meses do ano. Em seguida ocorreu a estagnação das transações com o exterior em razão de incertezas associadas ao comportamento futuro da taxa de câmbio e de antecipações de contratos realizadas pelos que previam uma maxidesvalorização do real. As importações foram então retomadas, porém em ritmo mais lento, abrangendo sobretudo aqueles produtos mais importantes para o abastecimento interno e aqueles de menor competitividade doméstica.

Impactos sobre a pecuária de leite

A elevação das taxas de juros debilitou sobremaneira a situação dos produtores de leite endividados, acarretando o aumento da inadimplência no campo. Em alguns casos, houve até liquidação de parte do rebanho. Os produtores não endividados tampouco ficaram ilesos, pois muitos foram obrigados a postergar suas decisões de investimento em modernização e/ou ampliação da produção.

A conquista de melhor posição competitiva frente aos produtos importados ficou então comprometida, o que impediu a ocupação do espaço criado pela forte desvalorização do câmbio ocorrida no início de 1999.

Sendo assim, parte significativa dos problemas enfrentados pela pecuária de leite a partir de 1994 deve-se à política macroeconômica então adotada. Em sua primeira fase, ao sobrevalorizar o câmbio, resultou na forte redução do preço dos produtos importados. O acirramento da concorrência por meio dos preços reduziu a rentabilidade dos produtores nacionais, recém saídos de um longo período de forte intervenção estatal responsável pela baixa rentabilidade e pela baixa produtividade do setor, conforme analisado adiante.

Na segunda fase, ao promover a alta dos juros que os conduziu a níveis inéditos, refreou o processo de m odernização e expansão da produção doméstica de leite, iniciado após a desregulamentação do setor.

3.2. Mudanças Estruturais na Agroindústria Leiteira e Padrão de Competição

A agroindústria leiteira, segundo apontam de forma consensual seus principais analistas, vem passando por profunda transformação, com vistas à contornar uma situação de grave deficiência competitiva. São vários os determinantes deste processo. Cada um dos diferentes agentes da cadeia produtiva de laticínios, desde os fornecedores da pecuária leiteira até o consumidor final, passando pelo próprio poder público em suas diversas instâncias, tem pressionado os demais agentes, forçando a modernização de toda a cadeia.

A correlação de poder que se verifica entre eles evidencia claramente que parte importante do ônus do ajuste competitivo ainda em curso recai sobre o produtor do leite *in natura* e os pequenos laticínios. A análise desenvolvida adiante sobre as principais mudanças de comportamento que se observam entre consumidores, distribuidores e empresas de processamento de lácteos demonstra que a pecuária leiteira e os pequenos laticínios têm seu mais importante desafio nessas fontes internas de pressão competitiva.

O comércio internacional ou, mais precisamente, as importações de produtos lácteos no período recente colocam-se num segundo plano entre os determinantes do desempenho da produção doméstica de leite *in natura*. Mesmo nesse nível de determinação, como já salientado, a perda de competitividade do produto doméstico vis-à-vis o produto importado deve ser atribuída ao efeito combinado da abertura comercial e da política cambial.

A esse respeito, vale ressaltar que o câmbio valorizado e a redução das barreiras tarifárias resultaram em impactos menos significativos para o setor leiteiro do que para outros ramos da indústria brasileira, como demonstra estudo **Oliveira Jr.**[2]. O autor calculou os coeficientes de importação para diversos setores a partir dos dados da Matriz Insumo-Produto divulgada pelo IBGE, os quais são apresentados na tabela a seguir.

O exame da tabela permite constatar que todos os setores, à exceção de Exploração de petróleo e gás e Abate de animais, tiveram em 1995 coeficientes superiores àqueles referentes ao ano de 1990. O cálculo da variação desses indicadores entre 1990 e 1995 mostra que em 10 setores (Automóveis, caminhões e ônibus; Artigos do vestuário; Indústria têxtil, Madeira e mobiliário; Artigos de plástico; Fabricação de óleos vegetais;

[2] Oliveira Jr., M. A Liberação Comercial Brasileira e os Coeficientes de Importação – 1990- 995. *Textos para Discussão* nº 703. Instituto de Pesquisa Econômica Aplicada, janeiro de 2000.

Participação das importações na oferta por setor – 1990/95 (em %)

Setores	*1990*	*1991*	*1992*	*1993*	*1994*	*1995*	*1995/ 1990*
1. Agropecuária	1,87	2,89	2,88	2,66	2,88	2,84	52%
2. Extrativa mineral	6,56	6,12	6,05	5,54	6,42	6,85	4%
3. Exploração de petróleo e gás	48,98	50,20	47,07	42,12	43,93	42,86	-12%
4. Minerais não-metálicos	1,28	1,34	1,66	1,88	1,97	2,87	124%
5. Siderurgia	1,77	2,33	2,12	1,90	1,93	2,57	45%
6. Metalurgia (não-ferrosos)	4,73	7,31	7,60	7,17	7,48	9,76	106%
7. Máquinas e tratores	12,65	16,88	14,77	14,06	17,76	21,44	69%
8. Material elétrico	8,87	10,61	10,84	12,77	14,21	15,24	72%
9. Equipamentos eletrônicos	18,45	23,98	32,34	36,93	35,09	33,25	80%
10. Automóveis, caminhões e ônibus	0,53	3,15	5,92	10,14	14,22	16,82	3.074%
11. Outros veículos e peças	8,97	12,48	15,34	13,46	12,80	14,62	63%
12. Madeira e mobiliário	0,43	0,46	0,64	0,75	0,91	1,37	219%
13. Papel e gráfica	2,45	3,02	2,60	3,23	3,55	5,62	129%
14. Indústria da borracha	4,88	5,71	5,48	6,34	7,99	9,75	100%
15. Elementos químicos	14,16	14,06	11,96	11,90	14,13	17,29	22%
16. Refino do petróleo	3,74	6,06	6,51	7,70	7,10	9,61	157%
17. Químicos diversos	5,87	7,01	8,02	8,39	9,31	9,47	61%
18. Farmacêutica e perfumaria	7,09	10,48	8,79	8,44	11,96	12,69	79%
19. Artigos de plástico	2,20	2,86	3,32	4,00	4,77	6,93	215%
20. Indústria têxtil	2,41	3,62	4,11	7,66	7,75	10,05	317%
21. Artigos do vestuário	0,54	0,80	0,56	0,84	1,40	3,07	469%
22. Fabricação de calçados	3,52	4,69	4,07	4,66	5,38	6,99	99%
23. Indústria do café	0,00	0,00	0,01	0,01	0,00	0,01	–
24. Beneficiamento de produtos vegetais	2,55	4,15	3,03	3,30	3,90	3,59	41%
25. Abate de animais	2,56	1,43	1,13	0,65	1,22	1,37	-46%
26. Indústria de laticínios	2,97	3,63	0,94	2,35	4,53	6,18	108%
27. Indústria de açúcar	0,00	0,00	0,49	0,47	0,19	0,19	–
28. Fabricação de óleos vegetais	1,01	2,18	1,66	2,28	3,42	2,99	196%
29. Indústrias diversas	6,81	8,32	8,58	12,80	14,48	19,61	188%

Fonte dos dados brutos: IBGE — Matriz de Insumo-Produto, diversos anos.

Indústrias diversas; Refino do petróleo; Papel e gráfica e Minerais não-metálicos) o crescimento do coeficiente de importação foi superior àquele enfrentado pela Indústria de laticínios. Finalmente, é possível verificar que, a despeito do aumento de 108% no período, o coeficiente referente à Indústria de laticínios encontrava-se em patamar ainda inferior àqueles referentes a 18 dos 29 setores pesquisados. Ressalte-se que em 1995 as importações de leite e derivados atingiram o seu ápice, recuando a partir de 1996.

Nos anos 90 as importações tornaram-se indispensáveis ao alcance de um nível mais elevado de eficiência nos vários setores da economia brasileira. Sua expansão viabilizou a aquisição de componentes e produtos intermediários com melhor qualidade e/ou preços menores, além de estimular a concorrência e o empenho dos agentes para realização dos investimentos necessários para alcance de maior eficiência.

No que diz respeito ao ramo de laticínios, papel importante das importações foi o de complementar a produção doméstica, amenizando os desequilíbrios conjunturais ao longo da década, ao mesmo tempo em que, de um prisma estrutural, o desempenho da produção doméstica esteve marcado por sua debilidade competitiva estrutural e por transformações inter e intra-setoriais ainda em curso, induzidas pelo ambiente de livre competição erigido em período recente.

3.2.1. Relações Intersetoriais na Agroindústria Leiteira

Mudança no padrão de consumo

O padrão de consumo de leite fluido sofreu notável mudança ao longo da década dos noventa, como se pode observar no gráfico 2.1. Em 1990, foram consumidos 4.030 milhões de litros de leite pasteurizado (sendo que 91% desse montante correspondia ao leite tipo C) e, em 1999, apenas 2.500 milhões de litros (dos quais 2.000 milhões de leite tipo C). De outro lado, o mercado de leite longa vida (também denominado UHT) passou de 184 milhões de litros, em 1990, para 3.500 milhões de litros, em 1999.

Observa-se, portanto, um crescimento das vendas de leite longa vida da ordem de 1.800% ao longo do período considerado, ou de 39% a.a., ao passo que o leite pasteurizado teve suas vendas reduzidas em 38% no mesmo período ou 5,2% a.a. (no caso do leite tipo C, o decréscimo das vendas foi de 6,5% a.a.).

Gráfico 2.1. Consumo de leite fluido – Brasil

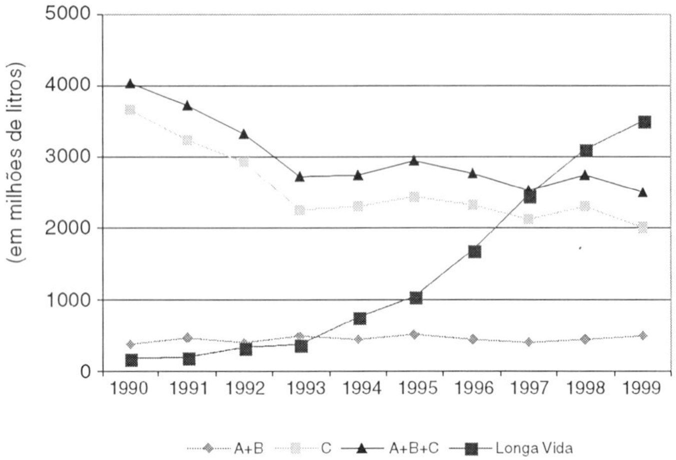

Fonte: DECEX, MAARA, SUNAB, LEITE BRASIL, ABLV e ABIQ. , apud JANK et alii. As informações para 1999 baseiam-se em estatísticas da LEITE BRASIL.
Dados básicos encontram-se na tabela anexa 1

São vários os determinantes da alteração na composição do mix de vendas de leite fluido. Tem-se, em primeiro lugar, a preferência revelada pelos consumidores em torno de um produto muito menos perecível, além de contar com maior garantia de qualidade. Não menos importante foi a recuperação do nível de renda, especialmente das camadas da população de menor poder aquisitivo, após a estabilização da inflação a partir dos meados de 1994. De fato, pode-se observar no gráfico 2.1 acima que as vendas de leite longa vida permaneceram num patamar inferior a 400 milhões de litros entre 1990 e 1993, saltando para 759 milhões de litros em 1994 e daí para 1.050 milhões em 1995, com crescimento sucessivo até 1999.

Pelo lado da oferta, houve substancial queda no preço relativo do leite longa vida, possibilitando ou mesmo induzindo a migração do consumo em detrimento do leite tipo C. O gráfico 2.2 traz a evolução do preço do leite fresco e do leite longa vida no Estado de São Paulo, desde dezembro de 1994 até março de 1998.

Quanto ao leite longa vida, em particular, o desempenho de suas vendas, bem como a evolução dos preços praticados estão relacionados com o desenvolvimento tecnológico de seu processo de fabricação e envase. O leite longa vida, depois de submetido a altas temperaturas, é envasado

Gráfico 2.2. Preços do leite – estado de São Paulo

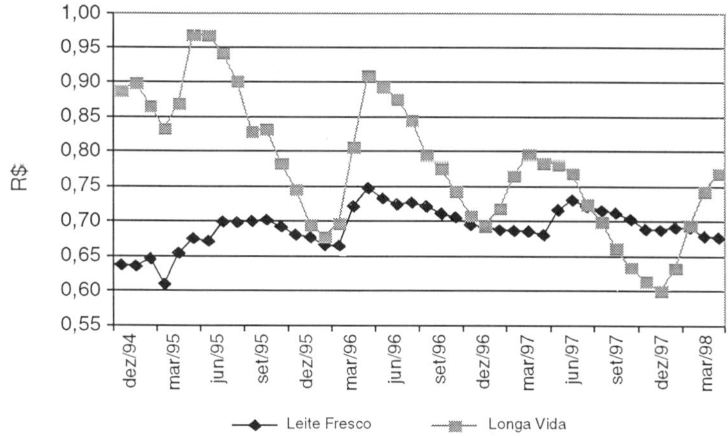

Fonte: IBOPE. Elaboração própria

em embalagem tetraédrica cartonada (*tetrapak*). Esta embalagem aumenta a resistência ao calor, à luz, à ruptura, aos vapores e aos gases. Assegura, portanto, a qualidade do leite e estende sua durabilidade para até 180 dias, tornando viável o seu transporte a longas distâncias em temperatura ambiente. O *design* tetraédrico atribui maior resistência ao empilhamento, reduzindo custos de transporte e armazenagem.

Essas inovações modificaram radicalmente a natureza do mercado de leite fluido. Os equipamentos para envase do leite longa vida tornaram-se disponíveis no país e acessíveis, já que para instalação de uma unidade de produção com capacidade entre 100 e 120 mil l/dia, são necessários investimentos da ordem de R$ 700 mil, que normalmente são financiados pela própria Tetra-Pak, fornecedora das embalagens.

Há que se considerar, por outro lado, que a ampliação do mercado consumidor permite a obtenção de economias de escala significativas, reduzindo os custos de produção. Ademais, o comportamento descendente do preço do leite longa vida deve-se ao acirramento da concorrência entre os fabricantes de laticínios, com a expansão e o ingresso de grandes empresas no mercado, que atuam com níveis médios mais elevados de eficiência e produtividade, como analisado adiante.

Já o leite pasteurizado teve seus preços majorados relativamente ao leite longa vida também em função de sua própria dinâmica e da desregulamentação do setor, ocorrida no início da década. Tradicionalmente sujeito ao controle de preços governamental, o mercado de leite pasteurizado passou em seguida por um movimento de recomposição das margens de rentabilidade[3]. Também no mesmo período ocorreu a saída do Governo Federal de programas sociais. O volume de leite C canalizado para os programas correspondia a 30% do total deste produto distribuído no País. Em conseqüência dessas medidas houve uma grande retração na demanda do leite tipo C, que aliada à progressiva recuperação do preço do produto ao consumidor, deprimido pelo longo tabelamento, determinaram a grande redução do consumo observada.

Mudança na distribuição de laticínios

A distribuição de derivados do leite, especialmente do leite fluido, dá-se grosso modo por padarias / pequeno varejo e por supermercados / hipermercados. De acordo com **JANK** ***et alii*** (1999:48), os primeiros "são estabelecimentos importantes na distribuição de determinados produtos lácteos, notadamente os leites pasteurizados de tipos B e C e os queijos fatiados sem marca. Porém, por conta do extraordinário crescimento no consumo do leite longa vida, em detrimento do leite pasteurizado, as padarias e o pequeno varejo vêm perdendo importância relativa na distribuição de leite fluido" (sublinhou-se).

Com relação aos supermercados e hipermercados, a par do crescimento relativo de sua importância na distribuição do leite fluido, duas outras observações devem ser feitas. Primeiro, a mudança na correlação de forças em relação às empresas produtoras de laticínios. À medida que padarias e pequenos estabelecimentos comerciais – caracterizados por seu grande número, pequena participação relativa individual nas vendas

[3] Conforme mostra a série abaixo (Associação dos Produtores de Leite B. Preços deflacionados pelo IPC-FIPE base: jul/96=100)

Preços do leite tipo C em São Paulo

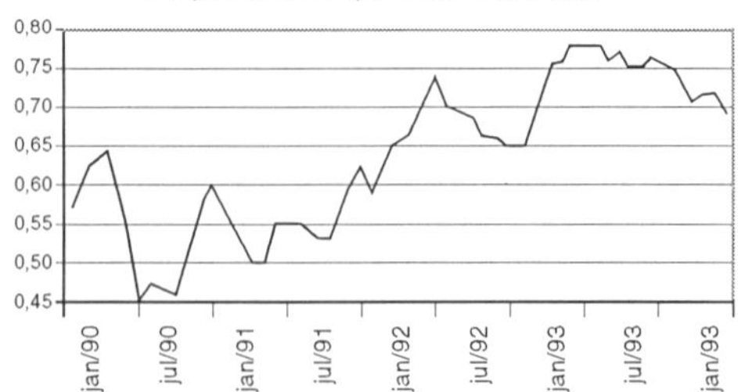

e, por conseqüência, menor poder de barganha, vêm perdendo espaço na distribuição, os super e hipermercados caracterizam-se por uma política diferenciada de suprimento. Como observado por **JANK** ***et alii*** (1999:48), "[n]ormalmente estes distribuidores pressionam fortemente as margens dos laticínios, pois operam com margens reduzidas de comercialização, elevado giro de vendas, prazos dilatados de pagamento, além de crescente exigência de entrega just-in-time".

De maneira mais explícita os autores apontam que "o perfil de concorrência do mercado final de lácteos está passando por profundas alterações em decorrência do crescimento do poder de fogo dos hiper e supermercados na distribuição de lácteos. Competição acirrada, guerra por espaço nas gôndolas e tendência de introdução de marcas próprias dos varejistas são características que levam a uma inevitável pressão sobre as margens da indústria de laticínios. Tradicionalmente a negociação com os supermercados se faz com base em altos volumes de venda e reduzidas margens de comercialização" (1999:70).

Ademais, não só os supermercados em geral, por oposição ao pequeno varejo, apresentam as características mencionadas, como também o próprio setor supermercadista vem passando por forte concentração, com a expansão e ingresso no país de grandes redes, com ampla atuação em termos geográficos. O Gráfico 2.3 apenas ilustra esse fato. A participação dos 20 maiores supermercados no faturamento do setor alcançava, em 1990, cerca de 61% do faturamento dos 300 maiores supermercados. Esse percentual, já bastante elevado, passou a 67% em 1998, segundo informações da *SuperHiper*.

Assim, a concentração do setor varejista fortalece sua posição nas negociações com a indústria e favorece a imposição de rígidos requerimentos em termos de volume e capacidade de abastecimento, que resultam em maior pressão sobre as margens de rentabilidade, entre outros, dos fabricantes de leite.

Deve-se notar que a própria alteração no *mix* de vendas de leite fluido, em detrimento da participação do leite pasteurizado, responde em grande medida aos anseios do setor supermercadista. O leite longa vida, além das vantagens já mencionadas, é mais facilmente transportado, estocado e manuseado, diminuindo os custos de armazenamento, distribuição e comercialização, inclusive dos supermercados. Ademais, implica menores investimentos (e custos de manutenção associados) em balcões refrigerados nestes estabelecimentos.

Gráfico 2.3. Composição do faturamento do setor supermercadista

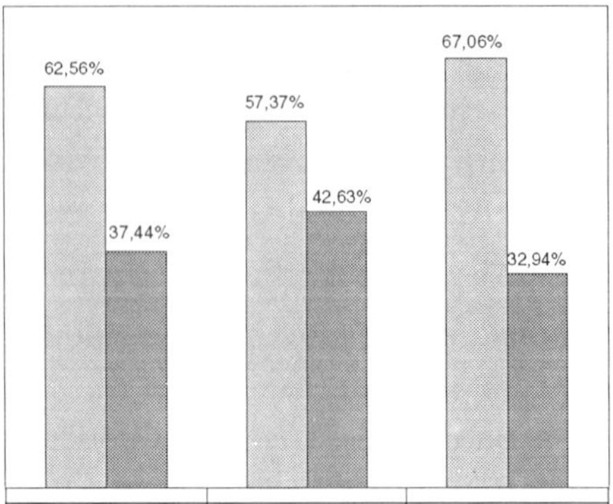

	1990	1994	1998
20 maiores	62,56%	57,37%	67,06%
21 – 300	37,44%	42,63%	32,94%

Faturamento deflacionado

Fonte: Revista SuperHiper, 25(285), maio/99.

Mudança na estrutura de produção de laticínios

A estrutura produtiva de laticínios no Brasil tem como traço fundamental a elevada heterogeneidade, ou seja, é marcada pela "convivência branca" entre empresas de grande e pequeno porte, que apresentam níveis muito diferenciados de tecnologia, de produtividade, de qualidade do produto, entre outros aspectos. Tem-se "pecuaristas que produzem leite refrigerado a partir de gado europeu puro convivem no mercado com 'extratores' de leite de baixíssima qualidade. Multinacionais exigentes em qualidade e padronização de seus derivados lácteos convivem com pequenas queijarias que sobrevivem das lacunas na fiscalização e legislação tributária". "O resultado disso são **índices medíocres de produtividade, rentabilidade e qualidade do leite na média das propriedades rurais** (Tabela 2.1), a elevada sazonalidade da oferta ao longo do ano e a predominância de relações instáveis e conflituosas entre laticínios e produtores" (**JANK** ***et alii***, 1999:55-56).

A tabela acima ilustra a imensa discrepância entre a produtividade média no Brasil e nos demais países exportadores de leite e derivados. Note-se que dos países mencionados, curiosamente todos eles sob investigação de prática de dumping, exceto os Estados Unidos, o Brasil é o que apresenta o menor índice de produtividade física na pecuária leiteira. Com a produtividade anual de 1.057 litros/vaca, coloca-se muito distante do

Tabela 2.1. Comparação da pecuária leiteira em países selecionados

	Unidade	*Brasil*	*EUA*	*Argentina*	*Uruguai*	*União Européia*	*Austrália*	*Nova Zelândia*
Produção de leite	Milhões litros/ano	19.020	70.300	8.760	1.300	120.500	9.400	11.000
No vacas leiteiras	Mil animais	18.000	9.300	2.400	401	21.600	1.900	3.300
Produtivid. Rebanho	L/vaca rebanho	1.057	7.559	3.650	3.241	5.579	4.947	3.333
No de produtores	Mil	1.182	105	22	4,6	825	14	15
Produção média	L / prod / dia	47	1.834	1.091	774	400	1.814	2.078
Preço leite produtor	US$/mês	0,22	0,30	0,21	0,18	0,39	0,20	0,16
Fatur.mês / produtor	US$/mês	315	16.738	6.968	4.179	4.747	11.033	10.115

Fonte: Australian Dairy Corporation, New Zeland Dairy Board, USDA, FAO, SAGyP, LEITE BRASIL, apud JANK et alii (1999:56)

Uruguai, com 3.241 litros/vaca, que ocupa a penúltima posição entre os países listados. Já a produtividade norte-americana é 7 vezes superior à brasileira.

Além disso, a quantidade de produtores no Brasil é expressivamente superior à dos demais países, o que mostra um baixo grau de capitalização do produtor nacional, assim como a não fruição de economias de escala e de porte empresarial presentes na pecuária leiteira. No Brasil produz-se em média 47 litros de leite por produtor ao dia, ao passo que na União Européia – que apresenta a Segunda menor produtividade – a produção chega a 400 litros por produtor ao dia e, na Nova Zelândia – país de maior produtividade – o indicador atinge a marca dos 2.078 litros por produtor.

A baixa produtividade e o reduzido grau de capitalização do produtor brasileiro evidenciam sua frágil posição competitiva frente aos principais países exportadores de leite e derivados que comercializam seus produtos no Brasil.

Os especialistas atribuem esta baixa produtividade à dualidade na produção primária do leite. Uma parte da oferta encontra-se pulverizada por inúmeros produtores não especializados que trabalham com rebanhos mistos de corte e leite. Dependendo da época do ano, o leite ou a carne bovina se alternam na posição de subprodutos da atividade. Estes produtores encaram a produção de leite como uma atividade complementar e não empresarial. Por isso, utilizam técnicas de produção bastante rudimentares o que os leva a ofertar um produto de baixa qualidade. São os chamados "extrativistas", "extratores" ou "safristas". A produção deste setor também pode ser caracterizada como extensiva e não existem grandes barreiras à entrada de novos produtores. Para se ter uma idéia da extensão da não especialização, **BORTOLETO** e **CHABARIBERY**[4] estimam que cerca de 12% do rebanho de gado sejam usados na produção de leite, sendo que apenas 5% do rebanho leiteiro sejam especializados.

Em outro extremo, estão os produtores especializados cuja atividade principal é, de fato, a produção do leite. Neste caso, o processo é intensivo, os métodos de produção são modernos e os custos fixos são altos (exigindo uma escala de produção elevada). Apesar da especialização e da maior modernização, nem todos os produtores especializados atingem elevados patamares de produtividade. A diferença é que este setor é capaz de responder aos desafios da década de 90, ao passo que o setor não especializado não sobreviveria em um ambiente de elevada exigência de qualidade.

Segundo **JANK** ***et alii*** (1999:54), uma das razões para a existência do setor "extrativista" é a legislação obsoleta que define normas e padrões de qualidade do leite[5]. Por exemplo, são mínimas as exigências sanitárias e de qualidade relativas ao leite cru usado na produção do leite pasteurizado tipo C e longa vida (mais de 90% da produção total do leite fluido). Ademais, a fiscalização é muito ineficiente, possibilitando a canalização de 44% da produção total brasileira de leite cru para o mercado (ver item 2.2).

Somente em um ambiente "permissivo" quanto ao padrão de qualidade, o setor de produtores não especializados tem condições de sobreviver. É interessante mencionar a comparação que **JANK** ***et***

---

[4] BORTOLETO, E.E. E CHABARIBERY, D. "Aspectos Estruturais, Técnicos e de Política Setorial para o Ajuste da Cadeia Produtiva de Lácteos" in *O Agronegócio Brasileiro: Desafios e Perspectivas*, 1998.

[5] Embora tenha sido alterada posteriormente, essa legislação foi elaborada na década dos 50.

alii (1999:80) fazem com o sistema agroindustrial norte-americano. Segundo os autores, o processo de concentração em curso no Brasil também teve lugar nos EUA durante os anos 60: "A mudança da legislação sanitária estadual norte-americana obrigou os produtores a investirem pesadamente em sistemas de refrigeração, equipamentos de ordenha mecânica e outros itens, o que provocou o desaparecimento de *quase metade* das fazendas norte-americanas em apenas *três anos*. É importante destacar, também, que esta mudança acabou produzindo um intenso processo de fusão das cooperativas de leite naquele país, que resultou em grandes cooperativas regionais responsáveis pela captação de enorme volume de matéria-prima, repassada a grandes empresas de capital que atuam nacionalmente e marketing de derivados lácteos" (itálicos dos autores).

Tais fatos permitem supor que a adoção de legislação sanitária mais exigente ou, simplesmente, a aplicação efetiva da legislação em vigor teria um efeito devastador sobre a produção primária de leite no Brasil. De fato, como se analisa a seguir, a ineficiência e a inadequação da legislação brasileira vêm sendo supridas por força da ação da própria indústria de derivados do leite, que passou a impor requisitos mínimos de qualidade e produtividade na pecuária leiteira.

O impacto da concentração no segmento produtor de laticínios

A desregulamentação do mercado de leite, aliada à estabilidade macroeconômica alcançada após a introdução do real e, principalmente, às dimensões do mercado consumidor e suas perspectivas de crescimento, atraíram e vêm atraindo investimentos em expansão de grandes empresas já atuantes no Brasil ou mesmo o ingresso de novas empresas de porte. Tratam-se de mudanças substantivas na estrutura de produção de laticínios, bem como nas relações entre empresas fabricantes e produtores de leite, que vêm resultando em sensível modernização da agroindústria leiteira.

A liderança assumida por grandes multinacionais do setor (tabela 2.2), em detrimento das empresas familiares e cooperativas, representa um avanço importante em termos de capacitação tecnológica, disponibilidade de capital, eficiência fabril e gerencial, além de possibilitar a obtenção de economias de escala e de escopo e, conseqüentemente, a obtenção de menores custos de produção.

Decorre desse processo o acirramento da competição na indústria de laticínios, com a aquisição de pequenos fabricantes menos eficientes e ingresso de novos concorrentes. A concentração do mercado de derivados de leite pode ser melhor aquilatada considerando-se a participação das maiores empresas na captação de leite. A tabela ao lado mostra, de acordo com **DIAS**[6], que as dez maiores empresas de laticínios no Brasil foram responsáveis em 1996 por 54% da captação de leite formal, isto é, inspecionado pelo SIF (Sistema de Inspeção Federal). As duas maiores são a Nestlé e a Parmalat, que em conjunto responderam por mais de 22% do total de leite formal produzido no país.

Tabela 2.2. Ranking das maiores empresas de laticínios do Brasil

	Faturamento em 1996	
Grupo Empresarial	*US$ milhões*	*%*
Nestlé	3.300	39,3%
Parmalat	1.537	18,3%
Fleischmann Royal – Glória	700	8,3%
Itambé (CCPR/MG)	550	6,5%
Leite Paulista (CCL-SP)	470	5,6%
BSN Gervais Danone	419	5,0%
CCGL-RS/Avipal	360	4,3%
Grupo Mansur	337	4,0%
Yakult	262	3,1%
SUDCOOP	158	1,9%
Laticínios Mococa	147	1,7%
Nutril	72	0,9%
LeiteSol	60	0,7%
Barbosa e Marques	33	0,4%
TOTAL	8.406	100,0%

Fonte: Brainstock Consultoria Empresarial S/C Ltda.; Revista Exame – Maiores e Melhores, 1997; Gazeta Mercantil – Panorama Setorial da Indústria de Laticínios (1997), apud JANK et alii (1999:72).

[6] DIAS, João Castanho. "As Dez Maiores Empresas Compram Leite". Revista Leite Brasil, n.º 2, outubro de 1997.

Tabela 2.3. Ranking das maiores empresas na captação de leite cru – 1996

Empresas	*Quantidade* (milhões de litros)	*Participação* (em porcentagem)
Nestlé	1.400	12,4
Parmalat	1.100	9,7
Paulista	1.058	9,4
Itambé	740	6,5
Elege	670	5,9
Vigor	302	2,7
Fleischmann Royal	280	2,5
Danone	172	1,5
CCPL	171	1,5
Batavo	165	1,5
Outros	5.242	46,4
Total	11.300	100,0

Fonte: Dias (1997).

À forte concentração do mercado "comprador" de leite contrapõe-se a enorme desconcentração da oferta de leite *in natura*. As dez maiores empresas acima tinham, em 1996, 207 mil fornecedores de leite, segundo **DIAS** (1997). Tem-se, então, relações no interior da cadeia produtiva da agroindústria leiteira marcadas por forte assimetria. O oligopólio formado pelas grandes empresas produtoras de derivados de leite, como parte da estratégia de melhoria dos níveis de produtividade da agroindústria leiteira, vem impondo "novas regras" de relação com seus fornecedores.

Tem-se, por exemplo, a difusão de tanques resfriadores de leite, utilizados nas propriedades rurais, para posterior coleta e transporte a granel do leite refrigerado. Os benefícios de tal prática são principalmente a melhoria da qualidade do produto, a eliminação dos postos de resfriamento e a viabilização da segunda ordenha diária.

Não obstante, tem-se como contrapartida a inevitável redução do número de fornecedores de leite. Como sustentam **JANK** ***et alii*** (1999: 68), "[r]efrigeração e [transporte a] granel representam, a médio prazo, um forte impacto sobre o produtor não especializado de leite. Isto porque a granelização força a homogeneização do leite na linha de coleta, sendo que os produtores que não se adaptarem à nova regra deverão obrigatoriamente deixar de entregar o produto, sob pena de prejudicar os demais. Indivíduos que produzem menos de 50 l/dia não conseguem sequer adquirir o menor tanque de expansão disponível no mercado (200 l), sem contar as inevitáveis reduções do custo por litro de leite que podem ser obtidas na aquisição de tanques maiores".

O sentido desta mudança é claro: as grandes empresas industriais, visando reduzir custos e melhorar a qualidade de sua matéria-prima, impõem a adoção de técnicas aos produtores rurais, ainda que para tanto precisem financiar os investimentos. O fato é que a generalização da coleta a granel de leite refrigerado provocará o desaparecimento de pelo menos 400 mil produtores de leite, ou seja, cerca de 1/3 do total.

Outra prática que vem sendo utilizada pela indústria é a da adoção de critérios mais rígidos para seleção de seus fornecedores de leite. Isto vem sendo feito mediante a introdução de sistemas de pagamento diferenciado ao produtor, de acordo com o volume individual de produção, a qualidade da matéria-prima e a regularidade da entrega[7].

E, mais importante, a indústria de laticínios vem progressivamente demandando níveis mais elevados de produtividade de seus fornecedores, mediante a prática de preços que premiam os produtores mais eficientes[8].

As mudanças no padrão de consumo do leite fluido, aqui analisadas, resultam em síntese: a) na perda de participação relativa dos pequenos fabricantes de leite pasteurizado no mercado de leite fluido; e b) na necessidade de adaptação das empresas remanescentes, mediante a realização de investimentos para produção de leite longa vida. A cadeia de produção e distribuição de leite fluido, sob os impulsos benéficos da livre

[7] Trata-se, em última instância, de forçar a especialização e a modernização do produtor rural, pois "se compararmos os dados da pecuária leiteira brasileira com os de outros países onde esta atividade também é importante, veremos que os índices médios de eficiência aqui obtidos ainda são absolutamente calamitosos" [**JANK** ***et alii*** (1999:74)].

[8] Para enfatizar que o processo de concentração não é exclusividade brasileiro, vale ainda mencionar um comentário da consulesa da Holanda para assuntos agrícolas em reportagem da Folha de São Paulo sobre a Expomilk, publicada em 26/10/99 no caderno Agrofolha: "Na Holanda, há 15 anos eram 67 mil as fazendas produtoras. Hoje, são 29 mil".

concorrência, progressivamente tem sua estrutura piramidal comprimida em sua base.

Produtores de *leite in* natura menos competitivos e com menor capacidade financeira para a realização de investimentos em modernização tendem a ser alijados do mercado, em função, primeiramente, da concorrência de produtores domésticos especializados. Do mesmo modo, a produtores de leite em geral devem fazer frente à exigência de maior eficiência vinda a jusante, da indústria fabricante de produtos lácteos e da rede de distribuição. Note-se que estes segmentos, passam também por processo vigoroso de concentração e modernização.

3.2.2. Mudanças Estruturais e Preços

Por cerca de 40 anos vigorou no Brasil o tabelamento dos preços de leite e dos laticínios ao consumidor. Os objetivos eram proteger o produtor do oligopsônio das indústrias de processamento, garantir o consumo das classes mais pobres e ainda evitar o impacto de aumentos dos preços do produto no índice de preços. Além do tabelamento, havia restrições sobre as importações, só realizadas mediante permissão especial dos órgãos do governo.

Esse aparato regulatório criou um ambiente pouco propício à concorrência e ao investimento, pois a produção leiteira nacional mantinha-se protegida das importações e o controle de preço impedia a vigência da livre competição. Não havia, portanto, estímulo à busca de produtividade e eficiência maiores.

No início da presente década um novo ambiente institucional foi estabelecido. A partir de 1989 foram eliminados os controles quantitativos e reduzidas as tarifas de importação. Em 1991 os preços do leite foram liberados e o consumidor passou a pagar cada vez mais caro pelo leite fluido, sobretudo o de tipo C, que propiciara pequena margem aos produtores.

A abertura do mercado de leite e derivados levou o produtor nacional a competir com fornecedores internacionais que, por operarem em patamar tecnológico superior, encontravam-se em condições de colocar seus produtos no mercado brasileiro a preços competitivos. As implicações dessa nova realidade foram de duas ordens. De um lado, representou estímulo ao investimento e à busca por maior eficiência. De outro, exerceu pressão para redução do preço do leite praticado que repercutiu nos demais elos da cadeia, atingindo inclusive os produtores de leite cru.

Como mostra o gráfico 2.4, o preço recebido pelos produtores de leite no Estado de São Paulo, uma *proxy* dos preços recebidos no restante do País, tem seguido uma tendência declinante desde meados de 1993, após um período de elevação, com oscilações, do preço médio do leite.

O exame do gráfico mostra que a redução dos preços ao produtor de leite é posterior à desregulamentação do mercado de leite e aprofunda-se no período subsequente à adoção do regime de âncora cambial, que manteve a taxa de câmbio sobrevalorizada até dezembro de1998.

Tal tendência, portanto, não é resultado de políticas comerciais adotadas por fornecedores em meados da década. O declínio dos preços do leite ao produtor inicia-se quando as importações, em relação ao consumo aparente doméstico, alcançavam percentuais verdadeiramente pífios, evidenciando a ausência de correlação entre ambos. A dinâmica da indústria de laticínios e, mais especificamente, da pecuária leiteira guarda relação com a Política Econômica implementada internamente nos planos macroeconômico e setorial, aliada ao atraso de um setor por longo tempo sufocado pelo aparato regulatório estatal, que visava proteger o produtor e assegurar preços baixos ao consumidor por meio de tabelamento de preços, ao invés de buscar os mesmos objetivos pela expansão da produção e da produtividade.

Gráfico 2.4. Preços médios mensais recebidos pelos produtores – São Paulo – 1990/99

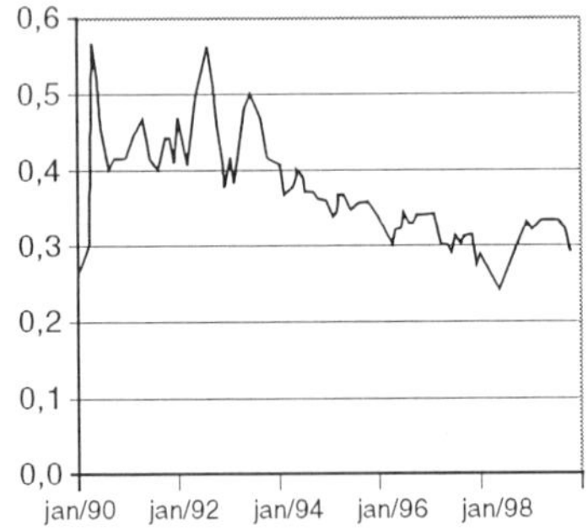

Fonte: Instituto de Economia Agrícola. (IEA/SP)
Deflacionado pelo IGP-DI (/94=100)

É resultado também de mudanças nas relações inter e intrasetoriais decorrentes do ingresso de grandes *players* no mercado e da concentração na indústria de alimentos e no varejo. Os produtores são então pressionados pelos setores à jusante que utilizam seu poder de barganha para impor níveis de eficiência e de preços mais adequados. No novo cenário pós desregulamentação, baixa produtividade não é mais "mascarada" por tabelamento de preços.

Gomes[9] em artigo recente aponta a redução do preço dos fatores de produção tais como terra, mão-de-obra, fertilizantes e concentrados como fatores que teriam também favorecido a tendência declinante dos preços recebidos pelos produtores e ressalta que: "Mesmo com a queda dos termos de troca (preço do leite/preço dos insumos e serviços), os aumentos da produtividade e do volume por produtor [na década dos 90] garantiram a renda do pecuarista".

A redução da sazonalidade nos preços

A pecuária de leite, assim como a agricultura, é uma atividade cujo desempenho depende das condições climáticas. Cada uma das bacias leiteiras do País atravessa períodos de safra e entressafra que não coincidem ao longo do ano, mas que determinam conjuntamente a safra (dezembro a março) e a entressafra (junho a setembro) nacionais.

Essa característica é responsável pela oscilação histórica dos preços do leite, delineando um comportamento sazonal que pode ser verificado no gráfico 2.4.

Nos anos que sucederam a desregulamentação do setor, a amplitude da flutuação do preço foi reforçada pela ação dos "safristas"[10]. Durante o período da safra esses produtores não especializados ingressam no mercado, gerando grandes excedentes. Na ausência de valores prefixados, acabam aceitando vender seu produto a preços baixos. Deste modo, exercem pressão para redução do preço e geram grande instabilidade, prejudi-

---

9 GOMES, S. T. Leite Enche o Balde nos Anos 90. *Folha de São Paulo*, 2 de novembro de 1999.

10 Como já explicado anteriormente, os "safristas" são os produtores não especializados que trabalham com rebanhos mistos de corte e leite. Dependendo da época do ano, o leite ou a carne bovina se alternam na posição de subprodutos da atividade. Estes produtores encaram a produção de leite como uma atividade complementar e não empresarial. Por isso, utilizam técnicas de produção bastante rudimentares e consequentemente ofertam um produto de baixa qualidade.

cando principalmente os produtores especializados que arcam com uma estrutura de custos estável ao longo do ano.

O fenômeno da introdução e consolidação do leite longa vida nos hábitos alimentares dos brasileiros descrito no item 2.1 amenizou a variação sazonal de preços e acentuou a tendência declinante no preço do leite fluido acima descrita.

A disseminação da produção e do consumo do UHT criou um meio mais adequado de "estocagem" do leite nos momentos de oferta abundante e deslocou a competição no mercado de leite fluido do plano regional para o plano nacional.

O excedente de leite convertido em "longa vida" oriundo de diversas bacias leiteiras do País e do exterior (em particular daquelas que abrangem os estados de Goiás e do Rio Grande do Sul) "inunda" periodicamente os principais centros consumidores da região Sudeste, acirrando a concorrência no mercado. Tal excedente eleva-se ano a ano, à medida que novos produtores têm acesso à tecnologia de produção desse tipo de leite e exerce uma firme pressão descendente sobre o preço do leite fluído para consumo final[11].

3.2.3. Mudanças Estruturais e Crescimento do Mercado Informal

Grande parcela da produção brasileira de leite não passa por nenhum tipo de inspeção, além de não contribuir para o erário. É o chamado mercado informal, que se encontra em plena expansão, como mostram a tabela e o gráfico ao lado.

Os dados revelam o expressivo crescimento da produção nacional de leite[12] na presente década, quando se considera não apenas o mercado for-

---

[11] Como destacam **JANK** ***et alii***: "[a]o aproximar produtores distantes de grandes varejistas, o leite esterilizado acabou quebrando o equilíbrio das bacias leiteiras tradicionais que abasteciam mercados locais pulverizados em milhares de pontos de venda. A conseqüência não podia ser outra: uma guerra de preços sem precedentes, principalmente no grande varejo, que transformou o longa vida no produto regulador do mercado de leite, substituindo o papel que era antes desempenhado pelo leite em pó rehidratado na entressafra" (pág. 57).

[12] A produção total é uma estimativa da produção nacional de leite cru obtida pelo emprego de coeficientes técnicos que permitem a conversão da produção dos diversos produtos derivados em leite equivalente. Ver tabela anexa 1.

Tabela 2.4. Produção de leite – Brasil (em milhões de litros)

Anos	*Produção Total (1)*	*Produção Formal (2)*	*Mercado Informal (3)*	*(3) / (1)*
1990	14.484	9.609	4.875	34%
1991	15.079	9.440	5.639	37%
1992	15.784	9.690	6.094	39%
1993	15.591	9.146	6.445	41%
1994	15.780	9.441	6.339	40%
1995	17.189	10.577	6.612	38%
1996	19.027	11.366	7.661	40%
1997	19.048	10.558	8.850	45%
1998	20.087	11.345	8.742	44%
1999	20.591	10.932	9.659	47%

Fonte: DECEX, MAARA, SUNAB, LEITE BRASIL, ABLV e ABIQ, apud JANK et alii (1999:52), reproduzida da tabela anexa 1. As informações para 1999 baseiam-se em estatísticas da LEITE BRASIL.

Gráfico 2.5. Produção brasileira de leite

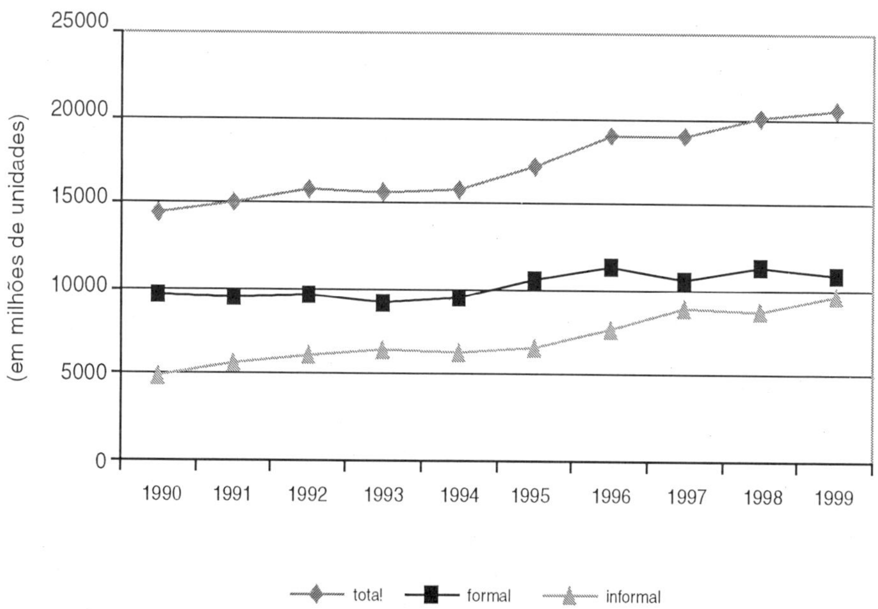

Fonte: DECEX, MAARA, SUNAB, LEITE BRASIL, ABLV e ABIQ, apud JANK et alii (1999:52), reproduzida da tabela anexa 1. As informações para 1999 baseiam-se em estatísticas da LEITE BRASIL.

mal, mas também o enorme segmento que, embora responsável por 47% do volume produzido no País, opera na clandestinidade. A taxa média de crescimento da produção estimada de leite cru entre 1990 e 1999 foi de 4,0% a.a.

Também. é possível observar um comportamento diferenciado entre os segmentos formal e informal. A produção informal no País em 1999 foi 98% maior do que era em 1990 (7,9% a.a.), enquanto a mesma comparação para o setor formal aponta uma taxa de 13,8% (1,4% a.a.). Constata-se que o segmento informal tomou parte do "espaço" anteriormente ocupado pelo formal no mercado de leite.

Não se verificou, portanto, queda da produção de leite em qualquer dos anos desta década (exceto em 1993). Houve, sim, um crescimento da informalidade em detrimento do setor formal (cuja produção apresentou declínio de 7% em 1997).

Esse processo está intimamente relacionado ao fato de que parcela significativa dos integrantes do complexo agroindustrial do leite, incluídos produtores de leite cru e transformadores, não possui os atributos necessários para competir em um setor que vem sendo alvo de modernização e da entrada de importantes *players* internacionais em seus diversos elos, seja mediante a comercialização de produtos, seja pela instalação para produção no País.

A forma encontrada por esse segmento de baixa produtividade para subsistir diante das novas circunstâncias é o ingresso na informalidade. A sonegação permite aos laticínios clandestinos pagar mais pelo leite cru e ainda assim auferir uma renda satisfatória, o que também motiva os produtores desta matéria-prima a deslocarem-se para a informalidade.

Embora não se disponha de dados estatísticos que comprovem o fenômeno, acredita-se que grande parte do leite que escapa à fiscalização sanitária não seja dirigida ao consumo final na forma de leite fluido como vêm apregoando os meios de comunicação, mas à produção de derivados de leite, dos quais se destaca o queijo muzzarela.

Verifica-se, portanto, que a insuficiente fiscalização propicia uma concorrência desleal entre dois segmentos do complexo leiteiro, tendo como principal prejudicado o consumidor, levado a adquirir produtos de pior qualidade que ameaçam sua saúde.

Não se prevê, ademais, que este processo seja revertido no curto prazo. Segundo gomes (*idem, ibidem*) "(...) projeta-se, para os próximos anos, o aumento da velocidade das transformações em curso, especificamente as taxas de crescimento da produtividade, o volume de leite produtor, a saída de produtores do mercado formal e a coleta de leite a granel".

3.3. Consumo, Importações e Produção entre 1990 e 1998

3.3.1. Evolução do Consumo

A evolução do consumo de leite e derivados entre 1990 e 1998 pode ser subdividida em dois períodos: pré e pós implementação do Plano Real. Entre 1990 e 1993 sua taxa média de crescimento foi de 2,0% ao ano, ao passo que entre 1994 e 1998 esta elevou-se para 6,4%.

O gráfico mostra que no primeiro período o consumo foi estável, mantendo-se em torno dos 16 bilhões de litros. A partir de meados de 1994 passou a apresentar nítida tendência ao crescimento, que refletiu a inclusão no mercado de uma ampla fatia da população brasileira antes privada até mesmo da aquisição freqüente de gêneros de primeira necessidade. A elevada elasticidade-renda da demanda por leite e derivados lácteos, a estabilização dos preços e o conseqüente aumento de poder de compra da população brasileira permitiram que classes de menor poder aquisitivo tivessem acesso, entre outros, ao mercado de leite e derivados.

Gráfico 3.1. Consumo de leite e derivados[1]

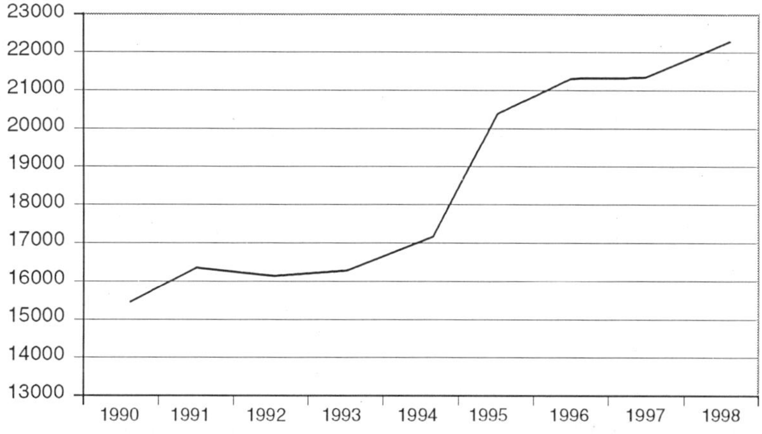

Fonte: DECEX, MAARA, SUNAB, LEITE BRASIL, ABLV e ABIQ., apud JANK et alii.
Dados básicos encontram-se na tabela anexa 1

[1] Em equivalente leite.

A ascensão do consumo de leite para o patamar dos 22 bilhões de litros foi também propiciada pela racionalização e modernização do processo produtivo nos diversos elos do complexo-agroindustrial do leite, notadamente das indústrias de laticínios, que tornaram esses alimentos mais acessíveis.

Resulta dessa conjunção de forças, o crescimento de 28% no consumo *per capita* de leite entre 1993 e 1998, indicador este que atingiu os 137,8 litros/hab. em 1998, como mostra a tabela 3.1.

Tabela 3.1. Consumo per capita de leite e derivados[1] (l/hab/ano)

	1986	*1987*	*1988*	*1989*	*1990*	*1991*	*1992*	*1993*	*1994*	*1995*	*1996*	*1997*	*1998*
Consumo Aparente[2]	110	101	98	109	106	112	108	108	112	130	135	134	138

Fonte: IBGE, MAARA, MF, CNA, apud JANK et alii (1999:52)

1 Em equivalente leite.

2 Consumo Aparente = Produção Total + Importações

3.3.2. Importações e Produção

Um crescimento do consumo de leite e derivados dessa magnitude e em tão curto intervalo de tempo não ocorre sem uma significativa alteração na estrutura de oferta (vide gráfico 3.2). O esforço de ampliação da produção doméstica pode advir da modernização e elevação da produtividade do rebanho e/ou do aumento extensivo da produção.

No primeiro caso há inevitavelmente um hiato temporal entre o aumento percebido da demanda e a maturação de investimento em produtividade. No segundo, a ampliação "na margem" da produção leiteira dá-se com a incorporação de unidades menos eficientes e, portanto, como uma produtividade marginal decrescente (até mesmo em termos puramente físicos, no caso).

Ambas as razões determinam as restrições ao acelerado crescimento da produção doméstica. Não é certamente fortuito que em 1995 verificou-se o maior quantum importado de leite e derivados, que posteriormente mostrou clara tendência ao declínio, como mostra o gráfico 3.3. Tratava-se de complementar a produção doméstica, mudando ainda que temporariamente a fonte de suprimento do leite para o atendimento ao mercado consumidor em elevado e abrupto crescimento.

Gráfico 3.2. Consumo, produção e importações de leite e derivados[1]

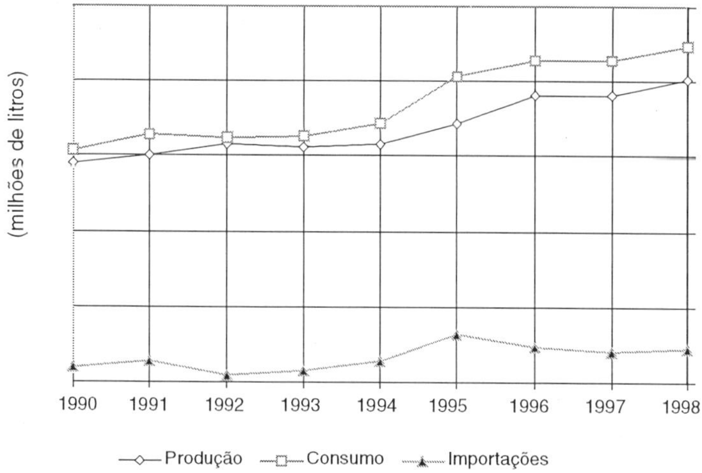

Fonte: DECEX, MAARA, SUNAB, LEITE BRASIL, ABLV e ABIQ, apud JANK et alii (1999:52). Dados básicos encontram-se na tabela anexa 1

[1] Em equivalente leite.

Gráfico 3.3. Importações de leite e derivados[1]

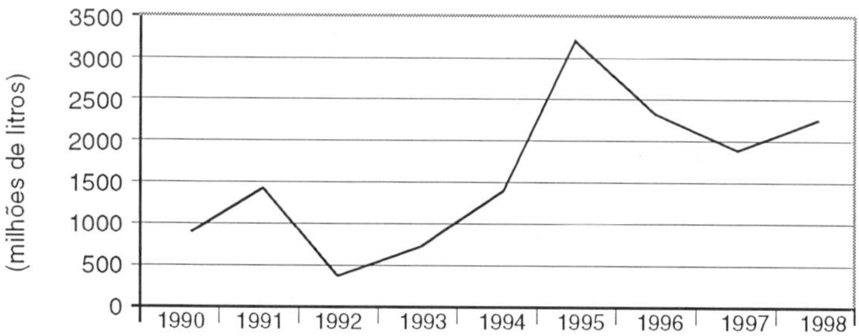

Fonte: DECEX, MAARA, SUNAB, LEITE BRASIL, ABLV e ABIQ, apud JANK et alii (1999:52). Dados básicos encontram-se na tabela anexa 1

[1] Em equivalente leite.

É bastante evidente a existência de um hiato entre o consumo e a capacidade doméstica de produção de leite *in natura* nos primeiros anos após a estabilização econômica. Em outras circunstâncias, as conseqüências prováveis seriam a elevação do preço interno combinada com o desabastecimento. Produtores marginais possivelmente se apropriariam do excedente gerado, no interregno entre a realização de investimentos pelos produtores especializados e sua maturação.

Em uma economia aberta há, ao contrário, a contribuição da produção externa para o equilíbrio entre oferta e demanda domésticas. De fato, o gráfico permite constatar que a trajetória dessas importações não foi linear, apresentando períodos de elevado crescimento e declínio entre 1990 e 1998. Afora a suplementação da escassa produção local de leite *in natura*, os componentes de crescimento e oscilação das importações devem-se também a dois conjuntos de fatores já explorados nos itens anteriores deste trabalho.

No primeiro conjunto, o das variáveis macroeconômicas, destaca-se a taxa de câmbio, cujo comportamento foi condicionado pela explícita prioridade da política econômica: o alcance da estabilidade. O efeito renda real, responsável pelo crescimento da demanda, e a entrada maciça de capitais externos, que favoreceu a manutenção do câmbio valorizado, determinaram o crescimento de 329% nas importações de leite e derivados entre 1993 e 1995.

Do segundo conjunto constam os fatores relacionados à abertura econômica e às mudanças estruturais ocorridas no interior do complexo leiteiro e nos setores à jusante. Os efeitos das pressões pela modernização da estrutura produtiva e busca de maior eficiência transpareceram principalmente a partir de 1995, como mostra o gráfico 3.4.

Nos anos de 1995 e 1996 a produção total de leite elevou-se em 8,9% e 10,7%, respectivamente. A esse substancial crescimento da produção seguiu-se uma queda das importações de leite e derivados, que as conduziu a um patamar inferior no qual se mantêm até o período recente.

Gráfico 3.4. Evolução da Produção de leite e derivados[1]

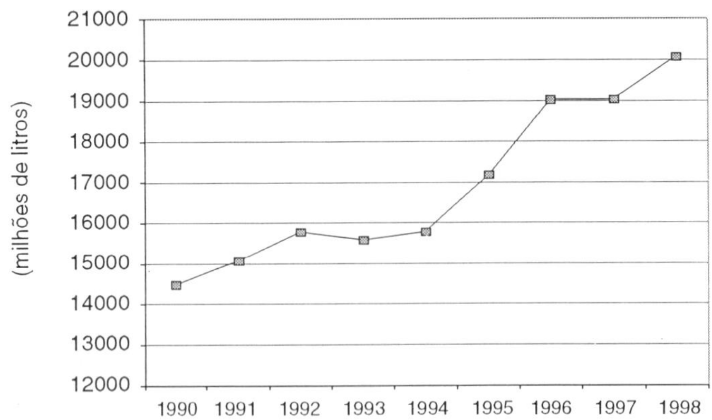

Fonte: DECEX, MAARA, SUNAB, LEITE BRASIL, ABLV e ABIQ. , apud JANK et alii.
Dados básicos encontram-se na tabela anexa 1

[1] Em equivalente leite.

O comportamento da produção interna e da importação de leite e derivados ilustram as considerações até aqui tecidas, evidenciando que o mercado de leite encontra-se em meio a um processo de ajuste à nova etapa do desenvolvimento brasileiro, não mais calcado no protecionismo e intervencionismo, mas sim na eficiência e competitividade que só podem ser obtidas mediante exposição à concorrência internacional.

Composição das importações

O leite em pó manteve nos anos 90 a posição de principal produto da pauta de importações de leite e derivados, como se depreende do gráfico 3.5. Este tipo de leite é tradicionalmente adquirido para complementar o abastecimento interno, especialmente no período da entressafra.

De acordo com o gráfico a participação do leite em pó situou-se entre 55% (1995) e 76% (1998). É curioso observar que sua trajetória distingue-se daquela observada para importações totais de lácteos (gráfico 3.3), evidenciando o fato de que os queijos e outros derivados contribuíram de forma mais acentuada para o grande crescimento observado em 1995.

Já o leite longa vida, o outro produto cuja prática de *dumping* vem sendo objeto de investigação, possui uma participação inexpressiva nas importações de lácteos. Partindo dos 0,2% em 1990, atinge a marca dos 6% em 1998. Esse crescimento está relacionado sobretudo à mudança dos hábitos de consumo dos brasileiros, bem como à disseminação de sua produção nos países vizinhos.

Gráfico 3.5. Composição das importações de leite e derivados

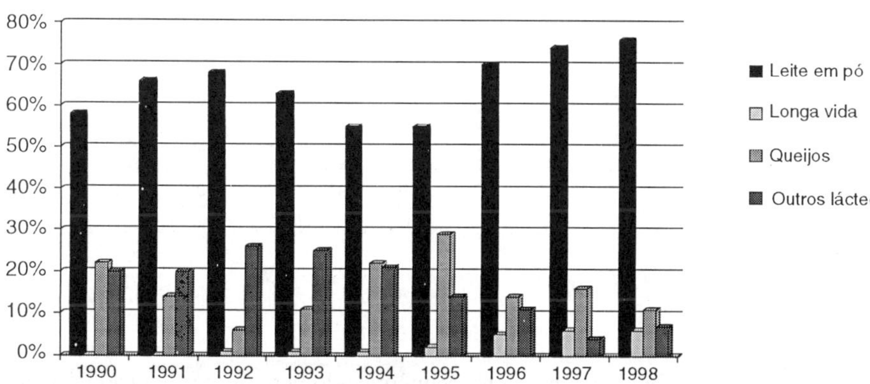

Fonte: DECEX, MAARA, SUNAB, LEITE BRASIL, ABLV e ABIQ, apud JANK et alii (1999:52). Dados básicos encontram-se na tabela anexa 1

[1] Em equivalente leite.

3.3.3. Importações e Consumo

À exceção dos anos 1995 e 1996, que podem ser considerados atípicos[13], nota-se pela observação do gráfico 3.6 que a participação das importações de lácteos no consumo aparente nacional até 1998 foi inferior a 10%.

Especificamente no caso do longa vida, único produto importado do Uruguai sob investigação de *dumping* por parte das autoridades brasileiras, o gráfico 3.7 revela que a parcela do consumo nacional suprida por importações atingiu sua mais alta participação em 1996 (6,8 %) declinando nos anos seguintes para nível inferior a 5%.

O que se observa, portanto, é o papel claramente coadjuvante desempenhado pelas importações na evolução da indústria de laticínios brasileira e, em particular, da pecuária leiteira. Sob os impactos de mudanças macroeconômicas (abertura às importações, valorização

Gráfico 3.6. Participação das importações no consumo de leite e derivados[1]

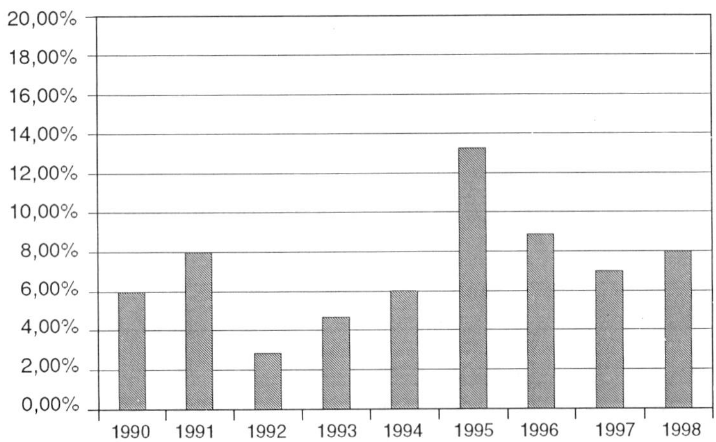

Fonte: DECEX, MAARA, SUNAB, LEITE BRASIL, ABLV e ABIQ, apud JANK et alii (1999:52). Dados básicos encontram-se na tabela anexa 1

[1] Consumo = Produção + importações.

[13] A atipicidade é atribuída à conjuntura econômica do período pós adoção do plano de estabilização da economia e às particularidades do processo de ajuste estrutural do setor leiteiro já analisadas anteriormente.

Gráfico 3.7. Participação das importações no consumo[1] de leite longa vida

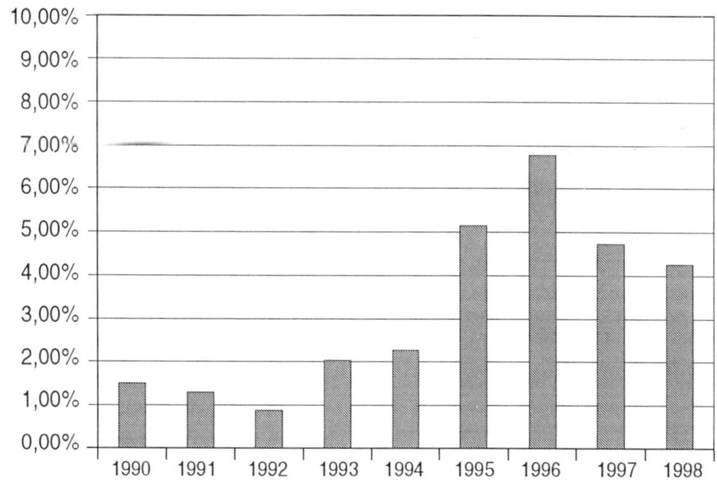

Fonte: DECEX, MAARA, SUNAB, LEITE BRASIL, ABLV e ABIQ, apud JANK et alii (1999:52). Dados básicos encontram-se na tabela anexa 1

[1] Consumo = Produção + importações.

cambial e crescimento da demanda) e estruturais (acirramento da competição nos mercados à jusante e pressões competitivas sobre os elos iniciais da cadeia produtiva), o conjunto da indústria de laticínios vem passando por um virtuoso processo de restruturação, com elevação da diversificação dos produtos ofertados, melhoria da qualidade e ganhos de produtividade.

As importações de leite e derivados, como uma alternativa de suprimento e, conseqüentemente, ao desabastecimento e à elevação de preços, dada a rigidez da oferta doméstica (ao menos quando o crescimento da demanda alcança níveis como os verificados), não são nada mais do que instrumentais nas transformações ainda em curso.

3.4. Evolução das importações em 1999

A mudança do regime cambial ocorrida em janeiro de 1999 teve impacto significativo sobre a pecuária leiteira, conforme relatado no item 1 deste trabalho. A adoção do câmbio flutuante elevou imediatamente o custo das importações em mais de 40%. Contudo, esse encarecimento não se refletiu, imediatamente no volume de leite importado.

Analisando as importações mensais dos produtos investigados[14] (gráfico 4.1 e tabela 4.1), observa-se uma trajetória que se afasta daquela normalmente verificada ao longo do ano, sobretudo no início de 1999. Nos meses de janeiro e fevereiro, quando em geral ocorre a queda das importações, verificou-se crescimento de 46,8% e 14,5%, respectivamente, em relação a igual mês do ano anterior. É possível supor que houve um movimento de antecipação das compras no final do ano de 1998, motivado pelas expectativas de desvalorização do câmbio, que teria resultado na entrada dos produtos no início de 1999.

Gráfico 4.1. Importações dos produtos sob investigação

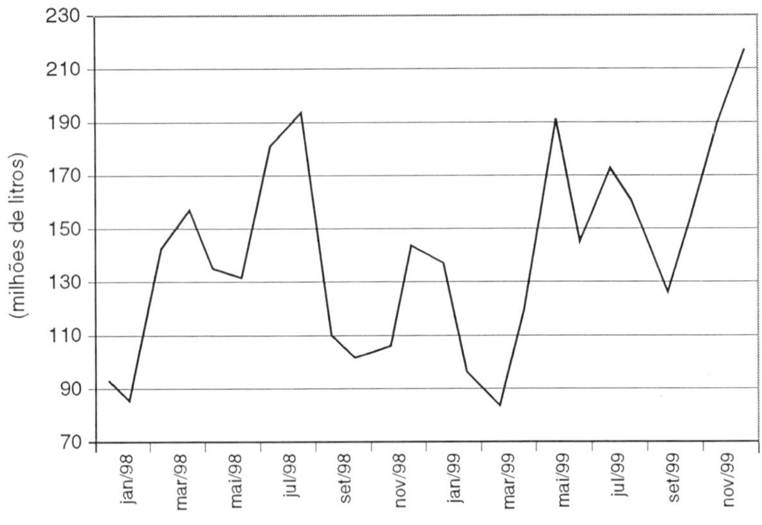

Fonte: SECEX. Sistema Alice

Em seguida as transações com o exterior reduziram-se significativamente devido às incertezas associadas ao comportamento futuro da taxa de câmbio e às antecipações de contratos realizadas anteriormente à desvalorização do câmbio gerando quedas de 42,3% e 23,0% nos meses de março e abril, respectivamente, comparados a igual mês do ano anterior.

[14] Produtos que têm as seguintes classificações tarifárias: NCM 0401.10.10, 0401.10.90, 0401.20.10, 0401.20.90, 0401.30.10, 0402.10.10, 0402.10.90, 0402.21.10, 0402.21.20, 0402.29.10 e 0402.29.20.

Já em meados do ano, época da seca no centro-sul do País, houve recuperação do volume de leite importado, mas este movimento não persistiu. Em julho e agosto foram verificadas reduções de 7,0% e 18,4% em relação a igual mês do ano anterior.

Tabela 4.1. Importações dos produtos sob investigação

Mês	*Importação* *(milhões de litros)*	*Variação Mensal*[2]	*Variação acumulada*[3]
Jan/99	134,5	46,8%	46,8%
Fev/99	96,9	14,5%	31,3%
Mar/99	82,8	-42,3%	-1,8%
Abr/99	120,8	-23,0%	-8,8%
Mai/99	192,1	43,9%	2,8%
Jun/99	139,2	5,2%	3,2%
Jul/99	171,9	-7,0%	1,2%
Ago/99	156,6	-18,4%	-2,2%
Set/99	122,6	10,6%	-1,0%
Out/99	150,5	52,1%	2,9%
Nov/99	190,7	80,4%	8,6%
Dez/99	219,6	49,5%	12,4%

[1] Convertidas e agregadas de acordo com coeficiente de equivalente leite definido no parecer DECOM. Nº 99/6 (p. 12 e 15)
[2] Variação em relação a igual mês do ano anterior.
[3] Variação do acumulado até o mês em relação a igual período do ano anterior.
Fonte de dados brutos : SECEX. Sistema Alice

Considerando a variação das importações acumuladas no mês, comparadas a igual período do ano anterior, constata-se que o resultado desse comportamento oscilante ao longo do ano foi a diminuição de 1% no volume importado dos produtos objeto da investigação, entre janeiro e setembro de 1999. Tal evolução, pós desvalorização cambial, mostra o declínio das importações nos meses de pico da entressafra no País.

A partir de outubro verifica-se incremento nas importações de produtos sob investigação, sendo o acréscimo sobre o mês anterior da ordem de 22,8%. A tendência de alta estende-se aos dois últimos meses do ano, registrando um incremento de 63,3% nas importações realizadas entre os meses de janeiro e dezembro de 1999.

4. Considerações finais

Por cerca de 40 anos, os preços do leite foram tabelados e as importações controladas, o que criou um ambiente pouco propício à concorrência e ao investimento. A indústria nacional foi protegida das importações e o mecanismo de preço não funcionava como instrumento de competição. Consequentemente, não se verificaram aumentos significativos na produtividade do leite durante o período da regulamentação.

No início da presente década um novo ambiente institucional foi estabelecido. A partir de 1989, houve a eliminação dos controles quantitativos das importações, seguida pela redução das tarifas de importação e pela liberação dos preços.

Desde então o complexo-agroindustrial leiteiro vem passando por importantes transformações cujo impacto é condicionado pelas mudanças da política macroeconômica que ora acentuam, ora amenizam seus efeitos. Todavia, o movimento resultante aponta a modernização dos diversos elos do complexo agroindustrial leiteiro, com aumento de produtividade e queda de preços.

A natureza dessas transformações, descritas no item 2, pode ser assim sintetizada:

1. Mudanças no padrão de consumo de leite fluido em favor do longa vida, que tem como principais conseqüências: a) a perda de participação relativa dos pequenos fabricantes de leite pasteurizado no mercado de leite fluido; b) a necessidade de adaptação das empresas remanescentes, mediante a realização de investimentos para produção de leite longa vida; e c) a alteração do padrão de formação de preços do mercado, com a diminuição da variação sazonal de preços, em decorrência da oferta "anticíclica" de leite longa vida.

2. Mudanças na distribuição de laticínios em decorrência do aumento da participação dos hiper e supermercados e do processo de concentração ocorrido no varejo. Tal processo fortalece a posição do varejo nas negociações com a indústria e favorece a imposição de rígidos requerimentos em termos de volume e capacidade de abastecimento aos laticínios, que resultam em maior pressão sobre as margens de rentabilidade, entre outros, dos fabricantes de leite.

3. Mudança na estrutura de produção de laticínios com acirramento da concorrência e modernização da indústria de alimentos. Os grandes

players da industria mundial, ao assumir a liderança do setor, impõem aos produtores de leite a adoção de técnicas modernas de produção, além de rígidos padrões de qualidade. Esse processo tem como contrapartida a inevitável redução do número de fornecedores de leite, permanecendo no mercado aqueles que tem condições de alcançar a escala mínima e o novo patamar tecnológico imposto.

Outra importante implicação desse processo é o crescimento da informalidade, que assegura uma "sobrevida" a produtores que não preenchem os requerimentos necessários para sua manutenção no mercado no longo prazo. A sonegação permite aos laticínios clandestinos pagar mais pelo leite cru e ainda assim auferir uma renda satisfatória, o que também motiva os produtores de leite cru a deslocarem-se para o segmento informal.

Em meio à abertura comercial, ao acirramento da concorrência na indústria de alimentos e no varejo, à sobrevalorização do real entre os anos de 1994 e 1998, o crescimento da demanda por leite e derivados, aliado à baixa flexibilidade da produção de leite *in natura* estimularam a ampliação complementar das importações de leite e derivados Findo o momento mais agudo de escassez de oferta doméstica, houve o arrefecimento do *quantum* importando, ao mesmo tempo em que os investimentos em curso favoreceram a elevação da produção local[15].

Elevação da produção de leite e queda preço pago aos produtores, fenômenos aparentemente contraditórios, tornaram-se factíveis, segundo Gomes[16], por três fatores específicos:

– Crescimento da produtividade do rebanho (litros/vaca), que aumentou, em média, 3,1% ao ano;

– Queda dos preços de importantes fatores de produção, tais como terra, mão-de-obra, fertilizantes e concentrados;

– Crescimento do volume de leite por produtor, o qual aumentou, em média, 14% ao ano.

Ainda segundo o autor, os aumentos da produtividade e do volume por produtor ocorridos na década dos 90 teriam mantido a renda do

[15] A produção de leite cresceu à taxa média anual superior a 4%, inferior apenas àquelas auferidas pela avicultura (9,31%) e pela soja (7,19%) entre 1990 e 1999. Cf. GOMES, S.T., op. cit.

[16] GOMES, S.T., op. cit.

pecuarista em níveis satisfatórios a despeito da queda dos preços recebidos pelo leite.

Sendo assim, com base nas informações descritas e analisadas nos itens anteriores deste estudo, é possível concluir que:

– A década dos 90 foi caracterizada pelo aumento da produção de leite cru, à taxa média anual da ordem de 4% a.a.. O desempenho positivo pode ser atribuído, sobretudo, ao setor informal, cuja produção cresceu 7,9% a.a. entre 1990 e 1999. Já a produção do setor formal apresentou o modesto crescimento de 1,4% a.a.. Não se pode, portanto, alegar a existência de dano sobre a produção em decorrência de prática de *dumping*.

– Tampouco a queda de preços verificada ao longo dos anos 90 pode ser atribuída a políticas comerciais adotadas por fornecedores externos em meados da década. Deve sim, ser creditada às Políticas Setorial e Macroeconômica adotadas pelo Brasil, ao atraso da pecuária leiteira sufocada durante décadas pelo aparato regulatório estatal e às mudanças nas relações inter e intrasetoriais ainda em curso. Tais transformações implicam aumento das pressões sobre os produtores de leite cru tanto para imposição de maior eficiência quanto de preços mais adequados.

Essas constatações descaracterizam a existência de dano e de nexo causal relacionado diretamente às importações dos produtos objeto da investigação. Vale frisar novamente, que as dificuldades enfrentadas pelos diversos segmentos do complexo leiteiro nos anos recentes devem ser atribuídas ao impacto da desregulamentação do setor, à abertura comercial empreendida pelo País e à política macroeconômica em seus diversos momentos.

Setembro de 2000.

GLIFOSATO – SIMILARIDADE DO PRODUTO

Edgard Antonio Pereira
João Paulo G. Leal

1. Introdução

A definição da similaridade entre dois produtos é certamente uma das questões mais controversas e importantes envolvidas na investigação de práticas desleais de comércio. Entre os diversos dispositivos estabelecidos pela Organização Mundial de Comércio (OMC), é feita menção à similaridade, por exemplo, no § 2º do artigo III do Acordo Geral sobre Tarifas e Comércio – 1994 ("GATT 1994"):

"Os produtos do território de qualquer parte contratante importados para o território de qualquer outra parte contratante não estarão sujeitos, direta ou indiretamente, a impostos internos ou outros taxas internas de qualquer tipo que excedam àqueles aplicados, direta ou indiretamente, aos produtos domésticos similares. Ademais, nenhuma parte contratante aplicará, de qualquer outro modo, impostos internos ou outros taxas internas aos produtos importados ou produtos domésticos de modo contrário aos princípios enunciados no parágrafo 1" (tradução livre)[1].

O Artigo III diz respeito ao princípio de *tratamento nacional* consagrado pelo GATT já em 1947 e mantido no GATT 1994, segundo o qual a única forma admitida de distinção entre o produto importado e o similar nacional é a conferida pelo imposto de importação, sendo que o produto importado internado deve receber tratamento nacional, sem qualquer forma de discriminação.

[1] "The products of the territory of any contracting party imported into the territory of any other contracting party shall not be subject, directly or indirectly, to internal taxes or other internal charges of any kind in excess of those applied, directly or indirectly, to like domestic products. Moreover, no contracting party shall otherwise apply internal taxes or other internal charges to imported or domestic products in a manner contrary to the principles set forth in paragraph 1" ("GATT 1994", artigo III").

No Acordo sobre a Implementação do Artigo VI do GATT 1994 ("Acordo Anti*dumping*"), o § 8º do Art. 2º assim se refere à definição de produto similar:

> "Ao longo deste Acordo, o termo 'produto similar' (*like product, produit similaire*) deverá ser entendido como produto idêntico, i.e., igual sob todos os aspectos ao produto que se está examinando, ou, na ausência de tal produto, outro produto que, embora não exatamente igual sob todos os aspectos, apresenta características muito próximas às do produto que se está considerando" (Decreto 1.355 de 30/12/94).

No presente caso, o produto objeto do pedido de investigação de *dumping é o glifosato* [N-(fosfonometil)glicina] importado da República Popular da China. Pelas razões expostas adiante, considerando a disciplina legal mencionada, a jurisprudência estabelecida pela OMC, pela Secretaria de Comércio Exterior (SECEX) e congêneres de outros países, bem como as características técnicas e econômicas do produto em questão, entende-se que o glifosato importado é *similar* ao produto fabricado e comercializado pela indústria doméstica, que em sua totalidade apóia o presente pedido de investigação.

2. Caracterização do Produto

O glifosato é um herbicida de uso bastante difundido entre as mais variadas culturas, como soja, milho, algodão, arroz e feijão. No sistema de plantio direto, o produto é aplicado sem que seja necessária preparação prévia do solo, agindo seletivamente sobre as plantas daninhas, dessecando-as. O produto também é utilizado na pré-colheita, facilitando o uso de máquinas e implementos agrícolas. Em culturas perenes, como de café e citros, o herbicida combate as ervas daninhas nas "ruas", substituindo o controle mecânico das mesmas.

O glifosato para efeitos tarifários é classificado em três posições da Nomenclatura Comum do Mercosul (NCM): glifosato ácido e seu sal de monoisopropilamina (NCM 2931.00.32)[2]; outros sais (NCM

[2] Esta NCM, conforme Circular SECEX nº 14 (DOU de 20.03.01) mencionada na petição, deverá sofrer alteração, passando a englobar todas os demais sais de glifosato. Trata-se de uma solicitação setorial conjunta das indústrias químicas do Brasil e Argentina.

2931.00.39)[3]; herbicida à base de glifosato ou de seu sal de monoisopropilamina, de imazaquim ou de lactofen (NCM 3808.30.23)[4].

A essas posições NCM correspondem aproximadamente os diferentes graus de concentração do produto. O *glifosato ácido* – um pó branco cristalino de baixa solubilidade em água – apresenta grau de concentração de 95% em termos do ácido 100% equivalente. *O glifosato sal* apresenta-se na forma de uma solução aquosa, com grau de concentração normalmente de 62%. O *glifosato formulado* contém usualmente 36% de concentração do ácido-100% equivalente.

A obtenção do sal de glifosato dá-se mediante a neutralização do glifosato ácido com uma base, como a monoisopropilamina. Trata-se de um processo de neutralização do ácido, efetuado em tanque com agitador. Ademais, enquanto o glifosato ácido possui baixa solubilidade, o sal tem por propriedade ser solúvel em água.

O glifosato formulado, por sua vez, é obtido pela diluição do sal glifosato, com adição de surfactantes, sem qualquer alteração nas propriedades químicas já presentes no glifosato ácido ou no sal Os surfactantes propiciam a estabilização da solução aquosa, facilitando a distribuição uniforme do produto nas folhas e sua penetração até atingir a seiva da planta.

3. Similaridade

A similaridade do produto importado alegadamente a preço de *dumping* e o produto doméstico pode ser avaliada a partir de suas características técnico-econômicas, bem como pelos aspectos concorrenciais presentes no mercado de atuação dos produtores domésticos. No presente caso, entretanto, entende-se que o produto similar deve ser definido como *glifosato*, independentemente de sua forma de apresentação ou grau de concentração, pela aplicação de ambos os critérios.

---

[3] Com a alteração mencionada na nota de rodapé 219, essa NCM deixa de ser objeto do presente pedido de abertura de investigação.

[4] De acordo com informações constantes da petição, as importações de herbicidas de imazaquim e/ou de lactofen devem ser provenientes exclusivamente de Porto de Rico, cujas importações foram desconsideradas e não constam do pedido de abertura de investigação.

Em tese, o exame de cada um desses elementos não necessariamente conduz ao mesmo e inequívoco resultado, daí a importância do poder discricionário da autoridade encarregada da investigação. Quando da investigação sobre tratamento discriminatório de bebidas importadas (como vodka) e produtos domésticos japoneses (*shochu*), no âmbito do Artigo III, § 2º do GATT 1994, acima referido, o Órgão de Apelação da OMC afirmou[5]:

"Nós concordamos com a prática do GATT 1947 de determinação se produtos importado e doméstico são 'similares' em caso a caso. O Relatório da Comissão de Trabalho sobre Border Tax Adjustments, adotado pelas PARTES CONTRATANTES em 1970, estabeleceu a abordagem básica para interpretar 'produtos comuns ou similares' genericamente nos vários dispositivos do GATT 1947:
'... a interpretação do termo deveria ser examinada caso a caso. Isto permitiria uma apreciação justa em cada caso de elementos diferentes que constituem um produto 'similar'. Alguns critérios foram sugeridos para determinação, caso a caso, se um produto é 'similar': os usos finais do produto em um dado mercado; os gostos e os hábitos dos consumidores, que mudam de um país para outro; as propriedades, a natureza e a qualidade dos produtos'" (tradução livre)[6].

3.1. Aspectos Técnico-Econômicos

A similaridade do produto, qualquer que seja sua forma de apresentação, assenta-se fundamentalmente (além de outras considerações feitas adiante) em dois fatores:

---

[5] Relatório do Órgão de Apelações. *Japão – Impostos sobre Bebidas Alcoólicas*. Outubro de 1996 (WT/DS8/AB/R, WT/DS10/AB/R e WT/DS11/AB/R).

[6] "We agree with the practice under the GATT 1947 of determining whether imported and domestic products are 'like' on a case-by-case basis. The Report of the Working Party on *Border Tax Adjustments*, adopted by the CONTRACTING PARTIES in 1970, set out the basic approach for interpreting 'like or similar products' generally in the various provisions of the GATT 1947:
'... the interpretation of the term should be examined on a case-by-case basis. This would allow a fair assessment in each case of the different elements that constitute a 'similar' product. Some criteria were suggested for determining, on a case-by-case basis, whether a product is 'similar': the product's end-uses in a given market; consumers' tastes and habits, which change from country to country; the product's properties, nature and quality'" (fonte: vide nota de rodapé 222).

– primeiro, a característica básica do produto – a propriedade química que lhe confere utilidade econômica como herbicida – já está contida no glifosato ácido (e no sal), não sendo adquirida pelo produto formulado quando da transformação do ácido em sal ou do sal em formulado;

– segundo, o glifosato ácido, sal e formulado estão dispostos ao longo de um mesmo processo de produção, cuja única finalidade é a obtenção do glifosato formulado comercializado para consumidores finais, agricultores em geral.

De fato, essas considerações corroboram precedente vigoroso, que afirma a similaridade do glifosato ácido, sal e formulado. Em investigação em tudo semelhante a ora proposta (vide documentação anexa à petição), o Conselho da União Européia decidiu, para efeito de estabelecimento de direito anti*dumping* provisório e definitivo (RC nº 1.731/97 e RC nº 368/98), que o glifosato fabricado e comercializado pela indústria local é similar ao produto importado da China, independentemente do estágio alcançado no processo fabril.

Deve-se destacar uma particularidade dessa ação anti*dumping*: sendo a China um país de economia não predominantemente de mercado, o "terceiro país" utilizado como referência nessa investigação foi o Brasil, o que significa que a similaridade do produto foi analisada pelo Conselho da União Européia com relação diretamente à China e ao Brasil.

De acordo com a análise desenvolvida pelo Conselho da União Européia, as razões que atestam a similaridade do produto são *inter ali*:

"(7) Conforme declarado no considerando 10 do Regulamento do Imposto Provisório, o produto sob consideração é o glifosato. Este produto pode ser produzido em diferentes graus ou estados de concentração, dos quais os principais são os seguintes: formulado (geralmente com 36% de teor de glifosato), sal (com 62%), massa (com 84%) e ácido (com 95%).
A fim de reduzir os custos com transporte, os distribuidores normalmente compram glifosato no estado concentrado (normalmente ácido, mas também em sal), que é posteriormente processado para obter o glifosato formulado, **o único estado que pode ser usado como produto final, ou seja, como um herbicida não seletivo**.
(8) As exportadoras chinesas e várias importadoras da Comunidade reivindicaram que os diversos estados do glifosato acima mencionados não poderiam ser considerados um único produto, porque eles apresentavam diferenças significativas em termos de custo, estrutura de cliente, preço e uso final. Uma importadora argumentou, em especial, que a transfor-

mação do ácido em glifosato exige processo químico adicional e que o produto formulado resultante era de composição química diferente do estado ácido. As importadoras consideraram que, como conseqüência, o estado ácido, que representa a maior parte de todo o glifosato importado da República Popular da China durante o período de investigação, e o estado formulado, que representa a maior parte das vendas do setor na Comunidade no mesmo período, não poderiam ser considerados um único produto.
(9) Entretanto, essas reivindicações não foram consideradas justificadas devido aos seguintes motivos principais:
determinou-se que, no curso da investigação, não existiam diferenças básicas nas características e propriedades químicas de todos os estados de glifosato acima mencionados. **Na verdade, embora o ácido constitua uma fase intermediária na produção do estado formulado, o ácido já contém as propriedades químicas essenciais do produto formulado**;
além disso, embora os estados de glifosato acima mencionados apresentem diferentes graus de concentração, justificando assim as diferenças no custo ou preço, **os custos de transformação de um para o outro não são significativos**;
por fim, deve-se observar que todos os estados se destinam ao mesmo uso final, ou seja, como herbicida, embora no caso do ácido, sal e massa, após processamento posterior para formulado, e **não poderão ser usados para qualquer outro fim**.
(10) Conclui-se, portanto, que todos os estados deverão ser considerados como um único produto para o fim da investigação, independente da concentração do glifosato" (RC nº 368/98; vide documentação anexa à petição; enfatizou-se[7]).

O Conselho da União Européia faz menção a duas das características fundamentais que sustentam a similaridade do produto, as quais

---

[7] E ainda:
"(11) Uma importadora reclamou que o processo de produção de glifosato usado na Comunidade e no Brasil (o país análogo) é diferente daquele usado na República Popular da China e que, como conseqüência, os produtos resultantes desses diferentes processos não são semelhantes.
(12) A investigação confirmou que o processo de produção usado na Comunidade e no Brasil, de um lado, e aquele usado na República Popular da China, de outro lado, eram diferentes. Entretanto, o glifosato produzido em ambos os processos foi considerado idêntico em todos os aspectos"(RC nº 368/98, vide documentação anexa à petição).

já foram referidas acima: a propriedade química que torna o glifosato um herbicida já está presente no ácido, não sendo adquirida ou transformada por mudanças no grau de concentração a jusante; e o glifosato em formas mais ou menos concentradas têm o mesmo e único uso final. O Conselho atesta ainda que os custos de formulação do glifosato não são significativos (como se pode observar nas informações confidenciais na petição).

Decisões anteriores da SECEX atestam realmente que a questão do custo de processamento deve ser vista com a cautela devida e o percentual acima indicado é pouco significativo para descaracterizar os produtos como similares. É o caso, por exemplo, da decisão pela imposição de direitos antidumping contra as importações de leite em pó[8] em benefício da indústria doméstica de leite *in natura*.

Note-se que, sob vários aspectos (técnico-econômicos e concorrenciais, sendo estes analisados no próximo item), são acentuadas as semelhanças com relação à definição da similaridade dos produtos entre o processo em referência e o presente pedido de abertura de investigação. Em ambos, os produtos em questão estão dispostos verticalmente ao longo do processo de produção[9]: o leite *in natura* constitui-se em matéria-prima para a produção do leite em pó, assim como o glifosato ácido (e o sal) é matéria-prima para a produção do formulado.

Enfim, como mencionado anteriormente, à luz dos critérios possíveis e do exame caso a caso do produto sob investigação, a determinação da similaridade faz-se discricionariamente e, em caso afirmativo, não é forçoso que todos os critérios apontem inequivocamente para a similaridade do produto (vide a segunda parte do § 1º, art. 5º do Decreto 1.602).

[8] Leite em pó, integral e desnatado, não fracionado (NCM 0402.10.10, 0402.10.90, 0402.21.10, 0402.21.20, 0402.29.10 e 0402.29.20) originárias da Austrália, Argentina, Nova Zelândia, União Européia e Uruguai (Processo MICT/SAA/CGSG 52100-000001/99-89. Vide CAMEX, Resolução nº 1 de 2 fevereiro de 2001; SECEX, Circular nº 9 de 21 de fevereiro de 2001; e SECEX, Circular nº 49, de 8 de dezembro de 2000).

[9] Alternativamente, pode-se interpretar que a produção doméstica de leite in natura concorre com o produto importado, uma vez que este foi definido como "acondicionado em embalagens não destinadas a consumo no varejo" e, portanto, próprios para uso industrial como matéria-prima para a produção de derivados de leite a jusante da cadeia produtiva. Essa vertente da análise será retomada no item II.2.

É o que se depreende, por exemplo, das definições empregadas nos processos infra, entre outros:

"B. Do produto sob investigação

O produto objeto da presente investigação de revisão é o carbonato de bário [...] **sua comercialização se dá em função da especificação química, ou seja, do teor de $BaCO_3$ contido**, estando o preço diretamente relacionado à sua composição [...]
B.1. Da similaridade
O carbonato de bário, em pó ou em grão, fabricado no Brasil, possui características suficientemente semelhantes ao produto fabricado na China, que permitem considerá-lo similar ao produto chinês, nos termos do § 1º do art. 5º do Dec. nº 1.602/95" (Processo MICT/SAA/CGSG 52100-000425/97-63. Portaria Interministerial nº 14 de 29 de junho de 1998).
"2. Do produto
O ferro-cromo alto carbono (FeCrAC) é uma liga de ferro e cromo, com percentuais residuais de silício, fósforo, enxofre e outros elementos [...]
2.1. Da similaridade
As diferenças nas composições químicas do produto importado e do fabricado internamente, de acordo com as informações obtidas no curso da investigação, não levam a que sejam caracterizados como produtos distintos, visto apresentarem características físico-químicas suficientemente semelhantes" (Processo MICT/SAA/CGSG 52100-000517/97-26. Portaria Interministerial nº 19 de 7 de outubro de 1998).
"C. Do produto sob investigação
O produto objeto da presente investigação de revisão é o PVC [...]
C.1. Da similaridade
O PVC fabricado no Brasil **possui características suficientemente semelhantes** ao produto fabricado nos Estados Unidos da América e no México, que permite [sic] considerá-lo similar ao fabricado naqueles países, nos termos do disposto no § 1º do art. 5º do Dec. nº 1.602/95" (Processo MICT/SAA/CGSG 52100-000558/97-67. Portaria Interministerial nº 25 de 11 de dezembro de 1998).
"2.2. Da Similaridade do Produto
Com base nas informações trazidas no processo e no conceito de produto similar contido no § 1º do art. 5º do Decreto nº 1.602, de 1995, o DECOM considerou que o cimento *portland* fabricado pela indústria doméstica, no

caso o CPII, e o cimento *portland* importado do México e da Venezuela, no *caso o CPI*, são similares, **uma vez que apresentam características muito próximas** (Processo MICT/SAA/CGSG 52100-000159/98-22. Portaria Interministerial nº 46 de 12 de julho de 2000).

3.2. Aspectos Concorrenciais

A investigação de práticas de *dumping* e a eventual imposição de direitos anti*dumping* visam a remediar os danos causados pela **concorrência desleal** à indústria doméstica. Há, por certo, aspectos técnicos e procedimentais que devem ser rigidamente observados para se evitar o abuso desse instrumento de *defesa comercial* para fins de *proteção comercial*. Porém, não se deve perder de vista o marco concorrencial em que se insere a ação antidumping, como apontado com clareza pela OMC ou, mais precisamente, pelo Órgão de Apelação em processo já mencionado (vide nota de rodapé 222) contra o tratamento discriminatório de bebidas importadas (como vodka) pelo Japão[10]:

"Neste caso, o Painel enfatizou a necessidade de olhar não somente tais questões como características físicas, usos finais comuns e classificações tarifárias, mas também o 'mercado'. Isto parece apropriado. O GATT 1994 é um acordo comercial e a OMC está preocupada, no mais, com mercados. Não parece inapropriado olhar a competição nos mercados relevantes como um meio entre outros de identificação de ampla categoria de produtos que devem ser descritos como 'diretamente concorrentes ou substituíveis'.
Tampouco parece inapropriado examinar a elasticidade de substituição como um meio de exame daqueles mercados relevantes. O Painel não disse que elasticidade-preço cruzada da demanda é 'o critério decisivo` de determinar se produtos são 'diretamente concorrentes ou substituíveis'. O Painel estabeleceu o seguinte:
'Na visão do Painel, o critério decisivo para determinar se dois produtos são diretamente concorrentes ou substituíveis é se eles tem usos finais

[10] Vide também a decisão do Painel (*Indonésia – Determinadas Medidas que Afectan a la Industria Del Automóvil.* WT/DS54/R, WT/DS55/R, WT/DS64/R), de julho de 1998.

comuns, *inter alia*, como mostrado pela elasticidade de substituição'" (tradução livre; negritou-se)[11].

No âmbito da Comunidade Européia os mesmos aspectos concorrenciais foram privilegiados na investigação de *dumping* nas importações de certos tipos de sapatos[12] provenientes da República Popular da China e da Indonésia:

"A conclusão a que se chega do acima é que, não obstante as diferenças técnicas no processo de manufatura utilizado, **calçado vulcanizado** *está em competição direta com calçado de injeção de molde*. De fato, estes tipos de calçado são tão similares em todos os aspectos que o consumidor médio não seria capaz de diferenciá-los.

---

[11] "In this case, the Panel emphasized the need to look not only at such matters as physical characteristics, common end-uses, and tariff classifications, but also at the 'market place'. This seems appropriate. The GATT 1994 is a commercial agreement, and the WTO is concerned, after all, with markets. It does not seem inappropriate to look at competition in the relevant markets as one among a number of means of identifying the broader category of products that might be described as 'directly competitive or substitutable'.
Nor does it seem inappropriate to examine elasticity of substitution as one means of examining those relevant markets. The Panel did not say that cross-price elasticity of demand is 'the decisive criterion' for determining whether products are 'directly competitive or substitutable'. The Panel stated the following:
'In the Panel's view, the decisive criterion in order to determine whether two products are directly competitive or substitutable is whether they have common end-uses, *inter alia*, as shown by elasticity of substitution'" (Fonte: vide nota de rodapé 222).

[12] "Para o propósito de suas decisões preliminares, a Comissão considerou sapatos 'não esportivos' com solado exterior de borracha ou plástico e superiores de materiais têxteis, destinados para uso em recinto coberto ou aberto (classificação código CN 6404 19 10 e ex 6404 19 90), como uma única categoria de produtos. A esse respeito, certas partes interessadas reclamaram que chinelos e calçado para uso em recinto aberto são muito diferentes, em particular em termos de uso, para pertencerem à mesma categoria de produtos". Tradução livre de: "For the purpose of its preliminary findings, the Commission considered 'non-sports' footwear with outer soles of rubber or plastics and uppers of textile materials, intended for use either indoors or outdoors (falling within CN codes 6404 19 10 and ex 6404 19 90), as one single category of products. In this regard, certain interested parties claimed that slippers and outdoor footwear were too different, in particular in terms of use, to belong to the same category of products" RC nº 2155/97.

Não há portanto razão para considerar o calçado vulcanizado produzido na República Popular da Chia e na Indonésia e exportado para a Comunidade não é um produto similar ao calçado de injeção de molde produzido na Comunidade, no sentido do Artigo 1 (4) da Regulação (EC) n° 384/96" (tradução livre; negritou-se)[13].

Em outros termos, vista a questão da similaridade estrita e restritivamente sob um prisma técnico (conformação física do produto, sua composição físico-química etc.), deixa-se de lado precisamente o objetivo precípuo da legislação anti*dumping* (e de outros instrumentos de defesa comercial), que é remediar o dano causado pelas importações à indústria doméstica, por força **das relações concorrenciais estabelecidas entre o produto importado e o similar nacional no mercado**. Dificilmente duas bebidas quaisquer serão consideradas idênticas em uma análise química, assim como dois pares de sapatos terão o mesmo design ou serão manufaturados com os mesmos materiais. Não obstante, conforme os entendimentos expressos acima, esses produtos são concorrentes entre si.

Bronckers e McNelis[14] apresentam importante contribuição doutrinária, que sistematiza os avanços jurisprudenciais já observados na OMC e em autoridades nacionais de investigação no sentido da incorporação cada vez mais pronunciada e decisiva de aspectos concorrenciais para a determinação da similaridade de produtos em matéria anti*dumping*. De acordo com os autores:

"A suposição do anti*dumping* é que um exportador, pela venda de produtos no exterior a um preço menor do que o local, está engajado em uma **com-**

[13] "The conclusion to be drawn from the above is that notwithstanding technical differences in the manufacturing process used, vulcanized footwear is in direct competition with injection moulded footwear. Indeed, these types of footwear are so similar in all respects that the average consumer would not be able to differentiate them.
There is thus no reason to consider that vulcanized footwear produced in the People's Republic of China and Indonesia and exported to the Community is not a like product to injection moulded footwear produced in the Community, within the meaning of Article 1 (4) of Regulation (EC) No 384/96" (Fonte: vide nota de rodapé 12).

[14] Bronckers, Marco & McNelis, Natalie. "Rethinking the 'Like Product' Definition in WTO Antidumping Law". Journal of World Trade, 33(3), 1999.

petição desleal. Seus preços baixos estão causando dano aos produtores domésticos, em outras palavras, os produtores domésticos **não podem competir contra tais importações a preços baixos** [...]
Entretanto, a abordagem do antidumping da perspectiva do mercado seria um passo adicional para comparar 'similar' com 'similar', evitando comparações arbitrárias entre maças e laranjas em procedimentos anti*dumping*" (tradução livre; negritou-se)[15].

Os autores, com bastante felicidade, diga-se de passagem, chamam a atenção para o fato de que considerações sobre a competição ou as possibilidades de substituição dos produtos não são panacéia. Deve haver a aplicação dos critérios técnicos já mencionados, que indiquem a presença de características suficientemente semelhantes dos produtos, para posterior complementação com a análise competitiva em tela. E é esse o caso precisamente do presente pedido de abertura de investigação, como parece ter sido esse o entendimento da autoridade nacional de investigação no processo supra citado envolvendo importações de leite em pó para uso industrial e o similar doméstico – leite in natura:

"Na análise da similaridade foram consideradas as características do produto, **o seu uso, o mercado a que se destina e a intercambialidade entre os produtos**. Para fins de determinação final considerou-se que o leite in natura é similar ao leite em pó desnatado e integral, não fracionado, ou seja, em embalagem que [sic] não esteja pronto para o consumo no varejo" (CAMEX, Resolução nº 1, de 2 de fevereiro de 2001; negritou-se).

Essa citação diz respeito à imposição do direito anti*dumping* definitivo sobre o produto importado. Porém o exame do processo quando da

---

[15] "The assumption of antidumping is that an exporter, by selling products at lower price broad that at home, is engaging in unfair competition. His low prices are causing injury to domestic-producers, in other words, domestic producers cannot compete against said low-prices imports
[...]
However, approaching antidumping from the perspective of the market would be a further step toward comparing 'like' to 'like', and avoiding arbitrary comparisons between apples and orange in antidumping proceedings" (op. cit., p. 85 e 91).

abertura das investigações revela maiores detalhes sobre o curso da análise empreendida pela SECEX (vide Circular nº 17, de 23 de agosto de 1999). A investigação fora iniciada tendo por referência os seguintes produtos importados: o leite UHT (líquido; desnatado e integral) e em pó (desnatado e integral, sem distinção quanto ao fracionamento ou não do mesmo). De acordo com a SECEX:

"2.2.1. Das características do produto
[...]
O leite, tendo em vista seu alto grau de perecibilidade, para ser comercializado, em especial quando envolve grandes distâncias, e estocado, deve ser submetido a tratamento que permita sua maior conservação. Assim sendo, o produto alegadamente objeto de dumping, leite, é importado sob a forma líquida, em pó ou granulada.
O leite importado na forma líquida pode conter pequenas quantidades de estabilizantes que permitem conservar a consistência natural do leite durante o seu transporte sob o estado líquido, bem como pequenas quantidades de antioxidantes ou vitaminas que o leite não contém normalmente. Podem ainda ter pequenas quantidades de produtos químicos que também visam a sua conservação.
[...]
Na forma em pó ou granulada, o leite importado pode ou não conter emulsionantes (anticoagulantes). O leite sob a forma em pó ou granulada possibilita o transporte, a estocagem e a sua comercialização em menor volume e, conseqüentemente, com custos mais baixos, pois cada quilograma do leite em pó gera, por hidratação, dez litros e meio de leite fluido no caso do leite em pó desnatado e oito litros no caso do leite em pó integral. Para ser consumido, o leite em pó é reidratado, retornando à sua forma líquida original.
2.2.2. Do produto similar
A diferença entre o produto fabricado pela indústria doméstica (leite em seu estado natural – obtido a partir da ordenha da vaca) e o produto importado na forma líquida é o tratamento a que este último foi submetido: processo de pasteurização e adição de alguns produtos químicos, visando a sua conservação para o transporte e posterior consumo. Na comparação entre o produto importado na forma em pó ou granulada e o produto fabricado pela indústria doméstica deve-se acrescentar a ausência de água no produto importado, resultado de processo de desidratação.
Todos os componentes, excetuando-se as vitaminas que o leite não contém naturalmente e os produtos químicos adicionados com o objetivo de conser-

vação, seriam os mesmos, em ambos os casos. Assim, entende-se que o leite importado, seja no estado líquido ou no granulado, apresenta as mesmas características do leite produzido pela indústria doméstica" (enfatizou-se).

A analogia com o presente feito é bastante evidente.

– Quanto à elementar conformação física, o leite in natura apresenta-se na forma líquida, enquanto que o leite em pó é um sólido; da mesma forma que o glifosato ácido é um pó e o glifosato formulado é um líquido (também comercializado em pó, diga-se de passagem).

– Os componentes adicionados ao leite in natura (vitaminas e produtos químicos, como anticoagulantes e conservantes), no entendimento da SECEX, não modificam substancialmente as propriedades básicas do produto em comparação com o leite UHT e em pó; do mesmo modo que o princípio ativo, que confere ao glifosato sua utilidade econômica, está presente na apresentação ácida e no formulado, não sendo alterada, por processo posterior de formulação.

– Da mesma forma que, visando diminuir os custos de transporte do produto, o leite é desidratado, no presente caso o glifosato ácido, que apresenta maior concentração do princípio ativo, não passa pelo processo de diluição, que ocorre até a formulação do produto.

Porém, nas investigações, entendeu a SECEX que o direito anti*dumping* seria imposto sobre o leite em pó não fracionado importado, *considerando o mercado a que se destinam os produtos*. É possível inferir que, entre os produtos importados inicialmente arrolados como similares, somente os que "competiam" diretamente com o produto doméstico foram considerados para efeito de imposição do direito antidumping definitivo, em que pese a semelhança técnica entre o conjunto inicial de produtos importados e o similar nacional.

Ou seja, tanto o leite UHT quanto o leite em pó fracionado são destinados ao consumo final, comercializados por distribuidores e varejistas, ao passo que o leite *in natura* e o leite em pó não fracionado, de acordo com o que se pode interpretar do entendimento expresso pela SECEX, têm o mesmo destino final – matéria-prima para a produção de derivados lácteos – e, portanto, são diretamente concorrentes entre si.

No presente caso, verifica-se não só a semelhança técnica do produto importado e o doméstico, como também relações de concorrência bem definidas. O glifosato ácido, sal e formulado, como já mencionado, estão dispostos ao longo de um mesmo processo produtivo, sendo que a única a finalidade do produto, mesmo em suas formas intermediárias, é dar origem ao herbicida glifosato que, para o consumo final, é comercializado como um formulado.

Poder-se-ia argumentar que o glifosato ácido e o sal têm como mercado de destino os chamados formuladores, que executam a diluição do produto para posterior comercialização ao usuário final, enquanto que o glifosato formulado e o similar nacional têm como mercado de destino o usuário final. As objeções a essa linha de argumentação são várias.

Como já amplamente destacado, inclusive em decisão proferida pela Comissão da Comunidade Européia, o glifosato ácido e **o sal de glifosato não possuem qualquer outra aplicação econômica** que não seja servir de matéria-prima, a qual já contém o princípio ativo do herbicida, para a diluição e transformação no glifosato formulado. **Assim, considerando o destino final das diferentes formas de apresentação do glifosato, o que se tem, em suma, é um mesmo e único produto, o herbicida glifosato**.

De mais a mais, os formuladores encontram permanentemente à disposição a opção de escolha entre o produto ácido, sal ou formulado para atuação no mercado. Sob esse prisma, a questão que estaria colocada seria estabelecer, teoricamente, qual o diferencial de preços entre as diversas formas de apresentação do produto que ensejaria a substituição de um pelo outro, sendo certo que todas as formas de apresentação são tecnicamente intercambiáveis. Mais precisamente, caberia à autoridade de investigação: (i) definir qual a elasticidade-preço cruzada da demanda entre as diversas apresentações; e (ii) arbitrar o valor a partir do qual os produtos possam ou não ser considerados similares.

Vale mencionar mais uma vez a decisão proferida pelo Painel e corroborada pelo Órgão de Apelação que analisaram o processo envolvendo a importação de bebidas pelo Japão, já mencionado: '**Na visão do Painel, o critério decisivo para determinar se dois produtos são diretamente concorrentes ou substituíveis é se eles tem usos finais comuns**, *inter alia*, como mostrado pela elasticidade de substituição'" (tradução livre, negritou-se).

Portanto, resta bastante evidente que não há, em matéria de defesa comercial com práticas desleais, um "mercado de matérias-primas" (glifosato ácido e sal) constituído, pelo lado da demanda, pelos formuladores, em oposição a um "mercado do produto final" (glifosato formulado), destinado ao uso na lavoura como herbicida. Simplesmente, **porque os formuladores necessariamente processam o produto intermediário para obtenção da única apresentação na qual o herbicida é comercializado: o glifosato formulado**. Ao longo da cadeia de processamento, verifica-se que o destino final das formas de apresentação é a fabricação e a comercialização do herbicida glifosato.

4. Considerações Finais

A análise desenvolvida anteriormente procurou abordar a questão da similaridade do produto em matéria de defesa comercial sob critérios técnico-econômicos e concorrenciais, aplicando-os especificamente às diferentes formas de apresentação do glifosato (ácido, sal e formulado). Os resultados da análise justificam plenamente considerar o produto importado, qualquer que seja sua forma de apresentação, similar ao fabricado e comercializado pela indústria doméstica.

Em breve síntese as razões que permitiram essa conclusão são:

– O princípio ativo, isto é, o conjunto das propriedades químicas que fazem com que o produto tenha atuação como herbicida e, portanto, finalidade econômica, está presente no glifosato ácido, sal e formulado, não sendo alterado ou adquirido por força de modificações posteriores na forma de apresentação do produto.

– As formas intermediárias de apresentação do produto, sejam elas importadas de terceiros pelos chamados formuladores, sejam elas produzidas pela indústria doméstica verticalmente integrada, têm uma única e exclusiva destinação, a obtenção do herbicida, comercializado em grau menor de concentração, mediante processo de diluição e adição de reagentes químicos que não alteram ou adicionam propriedades fundamentais já presentes nas formas intermediárias.

– O comércio internacional do produto, vale dizer, para o transporte em longas distâncias, dá-se preferencialmente na forma mais concentrada do produto (o glifosato ácido), apenas e tão-somente por razões econômicas associadas ao custo de transporte do mesmo.

– Não se verifica para fins de determinação da similaridade dos produtos em matéria de defesa comercial (anti*dumping*) a existência de um "mercado" (consumo final) que contemple as formas intermediárias dos produtos, as quais necessariamente destinam-se ao processamento e obtenção do herbicida formulado, por não disporem de outra finalidade econômica.

Concluindo, de uma perspectiva mais geral, a concorrência que se busca preservar contra práticas desleais de comércio, e para a qual se destina o Acordo Antidumping, no presente caso refere-se ao herbicida glifosato. O dano e do nexo causal que se pretende sejam analisados com o pedido de abertura de investigação em tela está intrinsecamente relacionado à indústria doméstica do glifosato e, conseqüentemente, às importações do glifosato em suas diferentes formas de apresentação e graus de concentração.

Março de 2001.

Impresso nas oficinas da
Gráfica Palas Athena